왕생론주 강설

왕생론주 강설
往生論註 講說

이태원

운주사

머리말

이 책은 인도 유가(瑜伽)의 대학승인 천친보살이 극락세계의 장엄을 29종으로 나누어 설명하면서 5념문을 강조한 것으로 원래 이름은 『무량수경우바제사원생게(無量壽經優婆提舍願生偈)』인데 일본의 정토종에서는 '왕생론'이라 하고, 진종에서는 '정토론'이라고 한다. 이 책은 지금까지 산스크리트어로 된 것이 발견되지 않아 원래의 책명이 어떻게 되어 있는지 알 수가 없다. 그렇지만 이 책을 보리유지가 낙양의 영녕사(永寧寺)에서 531년에 번역하였으며, 전체적인 사상의 흐름이 무착의 18원정을 세분화해서 29종 장엄으로 발전시키고, 다섯 가지 문을 만들어 수행하게 한 것으로, 이것은 천친보살이 직접 지은 것으로 인정이 된다. 이 번역된 책을 공사상(空思想)의 대가인 담란이 인생의 후반기에 만나 심혈을 기울여 해석한 것이 이 주석서다.

내가 이 주석서에 대해 관심을 갖게 된 것은 일본에서 유학하면서 교수들로부터 강의를 듣고 난 후이지만, 본격적인 관심은 학위논문을 쓰기 위해 탐독한 것이 계기가 되었다. 담란의 주석서를 한 줄 한 줄 읽을 때마다 감탄하곤 하였는데, 그것은 공관적(空觀的)인 사상 위에서 정토의 묘유(妙有)에 대한 견해를 피력한 것은 지금까지 그 누구도 해내지 못한 일이기 때문이다. 즉 공(空)과 유(有)는 불교교리 안에서 서로 반대되는 논리로, 이것을 융합시키는 것은 탁월한 식견 없이는 해결할 수 없다.

예를 들면, 우리가 정토에 왕생하기를 원하는데 과연 이와 같이 태어난다는 생이 무엇이냐는 것에 대해 담란은 한 마디로 '태어남이 없이 태어나는 무생(無生)의 생(生)'이라 하여 정토에 태어나는 것은 태어남이 없이 태어나는 법신의 생이라 하였고, 반야에 대해서는 무지(無知)의 지(知), 즉 앎이 없이 아는 것이라 하였다. 즉 이 지혜는 우리들이 지금 생각하고 있는 분별하는 지식을 뛰어넘은 근본적으로 아는 것이 없는 지, 즉 근본무분별지(根本無分別知)로 부처님의 지혜이다. 이 무지의 사상을 가지고 아미타불의 본원력을 밝히고 있다. 이 분별지의 세계에 있는 우리가 염불이라는 수행에 의해 무분별지의 세계인 정토에 태어나 깨달음을 얻으면 무지의 지를 갖출 수 있다는 것이다.

담란이 이렇게 탁월한 견해를 발휘하게 된 것은 인도의 용수보살과 구마라집, 중국의 승조법사의 공관(空觀)사상, 그리고 노장사상의 영향을 받았기 때문이다. 이러한 견해에서 정토의 장엄과 염불수행을 피력함으로 인해 중국에서는 5세기부터 정토사상이 급속도로 일반민중에게 새롭게 인식되게 되었고, 또 정토발전에 기여한 것에 대해 자타가 다 인정하고 있다.

필자가 이 책을 강설하여 출판하게 된 것은 선불교와 공사상의 우월주의에 사로잡혀 있는 한국인들이 접하게 되면 정토에 대한 새로운 전환점이 되리라고 생각해서이다. 아무튼 이 책을 많은 사람들이 읽고 아미타불의 본원력을 입어 정토에 왕생하여 물러남이 없는 지위에 올라 빨리 부처가 되기를 두 손 모아 기원한다.

끝으로 이 책의 한문 교정을 본 현산스님, 한글 교정을 본 김대원성, 조대선해 불자와 김무상성 외 보국사 신도님들, 출판을 원만히 진행하여 책을 출판한 도서출판 운주사 관계자 여러분에게 감사한 마음을 표합니다.

불기 2547년 4월 10일
염불도량 보국사 백련실에서
염불행자 西舟 太元 識

왕생론주 강설

머리말·5

Ⅰ. 담란의 생애와 저서 · 13

Ⅱ. 담란이 영향을 받은 사상 · 17

Ⅲ. 원문 번역과 강설 · 22

 제1절 왕생론의 본지(本旨) …… 22
  1) 용수(龍樹)의 교판관(敎判觀) ·············22
  2) 왕생론이란 제명(題名)과 저자 ·············31

 제2절 총설분 …… 50
  1) 원생게 분류 ·············50
  2) 예배문·찬탄문·작원문 ·············53
   (1) 예배문 ·············61
   (2) 찬탄문 ·············64
   (3) 작원문 ·············70
   (4) 원생게를 짓는 의도 ·············82
  3) 관찰문(觀察門) ·············89
   (1) 청정한 기세간(器世間) 관찰 ·············89
    ① 청정한 공덕 성취 ·············89

② 양공덕성취(量功德成就) ·· 101
③ 성공덕성취(性功德成就) ·· 105
④ 형상공덕성취(形相功德成就) ·· 116
⑤ 종종사공덕성취(種種事功德成就) ································ 118
⑥ 묘색공덕성취(妙色功德成就) ·· 121
⑦ 촉공덕성취(觸功德成就) ·· 126
⑧ 삼종공덕성취(三種功德成就) ·· 130
⑨ 우공덕성취(雨功德成就) ·· 138
⑩ 광명공덕성취(光明功德成就) ·· 141
⑪ 묘성공덕성취(妙聲功德成就) ·· 143
⑫ 주공덕성취(主功德成就) ·· 147
⑬ 권속공덕성취(眷屬功德成就) ·· 150
⑭ 수용공덕성취(受用功德成就) ·· 153
⑮ 무제난공덕성취(無諸難功德成就) ································ 156
⑯ 대의문공덕성취(大義門功德成就) ································ 159
⑰ 일체소구만족공덕성취(一切所求滿足功德成就) ········ 172
　(2) 청정한 기세간(器世間)에 대한 결론 ······················174
　(3) 청정한 중생세간 관찰 ··176
　　① 부처님 장엄 관찰 ·· 179
　　② 보살장엄 관찰 ·· 212
4) 회향문(廻向門) ···231
5) 여덟 가지 문답 ···234
　(1) 어떤 사람이 왕생하는가? ··234
　(2) 오역죄인과 정법을 비방한 사람 중
　　　　　　　누가 왕생할 수 있는가? ········240
　(3) 오역죄는 없고 정법만 비방하면
　　　　　　　왕생할 수 없는가? ········242
　(4) 법을 비방하는 죄는 어떤 것인가? ························245

(5) 오역죄보다 왜 법을 비방하는 죄가 무거운가? ····246
　　(6) 업도경과 관무량수경의 같은 점과 다른 점은? ····248
　　(7) 일념(一念)이란? ···257
　　(8) 염(念)의 다소(多少)를 알 수가 있는가? ················259
제3절 해의분(解義分) ······ 263
　1) 원생게의 대의 ···263
　2) 관(觀)을 일으키고 신(信)을 일으킴 ·························266
　　(1) 예배문 ··269
　　(2) 찬탄문 ··275
　　(3) 작원문 ··284
　　(4) 관찰문 ··288
　　(5) 회향문 ··292
　3) 관하는 대상의 모습 ··294
　　(1) 기세간의 모습 ··296
　　　① 국토의 모습 ·· 296
　　　② 여래가 보인 자리와 이타 ································ 351
　　　③ 제일의제(第一義諦)에 들어감 ·························· 353
　　(2) 중생의 모습 ··367
　　　① 부처님 장엄을 관함 ··· 368
　　　② 보살 장엄을 관함 ··· 404
　4) 깨끗한 원심(願心)의 장엄 ··415
　　(1) 깨끗한 원심에서 비롯된 장엄이란 ··················415
　　(2) 서로 함유하는 법성과 방편 ·······························416
　　(3) 한 법구는 청정구(淸淨句) ···································419
　　(4) 두 가지 청정 ··423

5) 미묘한 방편의 교화 ················428
　　　(1) 사마타와 비파사나의 수행 ···········428
　　　(2) 미묘한 방편 회향 ··················432
　　6) 깨달음에 장애되는 문 ················437
　　7) 깨달음에 이르는 문 ·················443
　　8) 명칭과 의미와의 연관관계 ···········449
　　　(1) 반야와 방편 ······················449
　　　(2) 장애 없는 마음 ···················453
　　　(3) 묘한 즐거움과 뛰어나게 참된 마음 ·······454
　　9) 원하는 일 성취 ····················458
　　10) 이롭게 하는 행 만족 ···············461
　　　(1) 다섯 가지 문 ····················461
　　　(2) 다섯 가지 공덕의 모습 ············463
　　　(3) 자리와 이타의 행 완성 ············471
　　　(4) 속히 부처의 깨달음을 얻음 ········474

제4절 결론 ······ 485

참고문헌 · 489

Ⅰ. 담란의 생애와 저서

담란의 생애에 대한 전기는 도선의 『속고승전』[1](645編), 가재(迦才)의 『정토론』[2](645~663), 소강과 문심의 『왕생서방정토서응전』[3](805年 少康寂), 계주의 『정토왕생전』[4](1068~1077), 왕일휴의 『용서증광정토문』[5](1160撰), 종효의 『낙방문류』[6](1200編), 지경의 『불조통기』[7](1269撰), 보도의 『여산연종보감』[8](1305編) 등 여덟 종류의 책에 열거되어 있다. 그 중에서 가장 상세한 것은 『속고승전』이다. 이 『속고승전』에는 담란의 입적 연대가 기록되어 있지만, 이외 다른 책에는 생몰(生沒)에 대한 기록이 되어 있지 않다. 『속고승전』에서 "위나라 흥화 4년에 병들어 평요산사(平遙山寺)에서 나이 67세로 죽었다."고 되어 있다. 여러 기록을 종합해 볼 때, 그는 476년에 산서성의 안문에서 태어났고, 말년에는 분주북산(汾

---

1) 대정장 50권 p.470a~c
2) 대정장 47권 p.97c
3) 대정장 51권 p.104a~b
4) 대정장 51권 p.113b~c
5) 대정장 47권 p.266b~c
6) 대정장 47권 p.194a~b
7) 대정장 49권 p.273b
8) 대정장 47권 p.322a~b

州北山)의 석벽(石壁) 현중사로 옮겨와 살았으며, 그 후 평요산사에서 542년 67세로 입적한 것으로 추측할 수 있다.

담란의 행적을 조사해 보면 다음과 같다. 그는 태어난 곳에서 멀지 않은 곳, 즉 문수보살의 성지로 널리 알려진 오대산에 올라가 출가한 후 먼저 사론(四論)과 불성을 연구하였다.9) 사론이란 용수의 『중론』·『십이문론』·『대지도론』과 용수의 제자 제바의 『백론』을 말한다. 이러한 책들은 중관학파의 공사상(空思想)을 나타낸 것이기 때문에 담란은 중관사상에 깊은 조예를 갖추었을 것이다. 그래서 흔히 담란을 북지(北地) 사론종의 종조(宗祖)라 하고, 가상사 길장(嘉祥寺 吉藏)을 남지(南地) 삼론종의 종조라 한다. 여기서 말한 삼론이란 사론 가운데 『대지도론』을 제외한 것을 말한다. 아무튼 담란의 저서에 중관사상을 가지고 정토사상을 피력하려고 노력한 부분이 많은 것을 보면 사론에 조예가 깊었던 것은 사실이다. 또 담란이 불성(佛性)을 연구하였다고 본다면 그는 "일체 중생은 다 불성이 있다."고 설한 『열반경』을 연구하지 않았나 생각된다. 이렇게 보면 담란은 사론과 『열반경』을 연구한 대학자로서 중관(中觀)의 공사상과 불성에 조예가 깊다고 하지 않을 수 없다. 그런 그가 도사(道士) 은거(隱居, 陶弘景)를 방문하기 전에 『대집경』 60권을 읽었지만, 본인이 이해하기 어려워서 이 경에 대한 주석서를 쓰는 도중에 병에 걸리어 중단하였다.

그는 이것이 계기가 되어 늙지 않는 신선의 술법을 배우려고 생각하여 도은거를 찾아가서 『선경(仙經)』 10권을 받아 낙양으로 돌아오던 도중 보리유지(Bodhiruci ?~527)를 만났다. 보리유지는 북

---

9) 대정장 50권 p.470a

인도 승려로서 『금강반야경』・『입능가경』을 비롯해 천친의 『왕생론』을 번역한 사람이다. 담란은 보리유지를 향해서 질문하기를 "중국의 『선경』보다 나을 정도로 늙지 않고 오래 사는 법이 부처님 경전 가운데 있습니까?"라고 하니, 보리유지는 땅에 침을 뱉고 대답하여 말하기를, "당치도 않은 말을 한다. 『선경』은 경전과 도저히 비교될 수 없다."고 하면서 담란에게 『관무량수경』을 주면서 "이 경은 대선(大仙, 붓다)의 법이다. 이것에 의해 수행하면 생사를 해탈할 수 있을 것이다."라고 하였다. 그때 담란은 즉시 이 경을 받은 후 가지고 있던 『선경』을 불태워 버리고 정토문에 귀의하였다고 한다. 그 때에 담란의 나이가 50~55세 경으로 입적하기 10여년 전이라고 하는 것이 일반적인 견해이다.[10]

그 후 그는 황제의 명에 따라 병주 대엄사에서 주지를 역임하였고, 만년에는 분주북산 석벽 현중사로 옮겨와 67세가 되는 해 평요산사에서 입적했다고 한 것은 앞에서 밝힌 바와 같다. 이렇게 보면 담란은 54~55세 경에 정토문에 귀의해서 67세까지 12~13년 간 정토의 업을 수행했다고 생각할 수 있고, 이 시기에 그의 정토 관계에 대한 저서도 완성되었다고 추측할 수 있다.[11] 왜냐하면 보

---

10) 하야시마쿄쇼・오오타니코센 『淨土論註』 p.18 (『佛敎講座』 제22권)
    미꼬가미에류 『往生論註解說』 p.7
11) 토도교순 『無量壽經論註の硏究』 p.8의 註1에서는 北魏시대의 작품이라고 단정하고 있지만, 이것은 무리라고 생각한다. 왜냐하면 담란이 정토문에 귀의한 것은 AD. 530~531년경 그의 나이 54~55세 때이다.(이것은 토도교순 선생도 이 註 가운데서 인정하고 있다) 北魏가 폐망한 것은 AD. 534년이다. 이 3~4년 사이에 3부 4권을 저술하였다는 것은 무리다. 만약 그가 3~4년 사이에 3부 4권의 책을 지었다고 한다면 정토에 귀의하기 전에 『열반경』과 『대집경』을 연구하였는데 왜 이것에 대해서는 한 권의 저술이 없는지 의심스럽다. 그렇기 때문에 담란은 정토에 귀의하고 나서 입적하기 전까지 3부 4권의 책을 지었다고 생각된다.

리유지가 『무량수경우바제사원생게』를 번역한 것은 담란의 나이 55세, 즉 기원 후 531년[12]에 번역하였기에 이후에 이 책을 열람하다가 감동을 받아 주석서를 저술하였다고 생각되기 때문이다.

그의 저서는 『왕생론주』 2권, 『약론안락정토의』 1권[13], 『찬아미타불게』 1권 등이 있는데 여기서는 이 가운데 『왕생론주』에 대해 번역하고 주석을 달고 강설하였다.[14]

---

12) 담란이 입적하기 전 12년이다.
13) 이 책에 대해서 眞僞撰說이 있지만, 본 저서에서는 모치쯔끼신코 박사의 견해와 같이 眞撰說을 인정하고 연구하기로 한다. (모치쯔끼신코 『中國淨土敎理史』 p.73)
14) 이태원 著 『염불의 원류와 전개사』 pp.287~290의 내용을 요약한 것임.

Ⅱ. 담란이 영향을 받은 사상

　담란이 태어난 북쪽지방은 인도 대승불교의 최고봉이라고 불리는 용수에 의해 이루어진 교학을 수용한 반야적인 불교가 석도안 등에 의해 주류를 이루었고, 다른 면에서는 한나라 말 이래 민간인에게 널리 퍼져 수행되고 있던 신선방술적(神仙方術的)인 불교도 발달한 곳이다.15) 이 시기에 태어난 담란은 자연히 이러한 사상을 받고 성장하였을 것이다. 즉 앞에서 언급한 바와 같이 용수의 『중론』·『십이문론』·『대지도론』 등 세 가지 논과 제바의 『백론』, 여기에다 『대반열반경』·『대방등대집경』 등을 담란이 수학하고 연찬하였다고 한 것은16) 이 시대에 북쪽지방에서 융성하게 행해진 사상의 영향을 받은 것이라고 볼 수 있다. 또 담란은 병에 걸려 인간의 수명이 무상함을 느끼고, 신선의 법과 불로장수 법을 구하러 강남으로 가서 도은거를 만나 신선이 오래 사는 법17)을 받아오는 도중 보리유지를 만나 『관무량수경』을 받았다. 그때 담란은 즉시

---

15) 쯔카모도젠류 『中國淨土敎史硏究』 p.33
16) 心神歡悅便卽出家 內外經籍具陶文理 而於四論佛性所窮硏 讀大集經(『續高僧傳』 제5권, 大正藏 50권 p.470a)
17) 神仙長壽法은 『抱朴子』라고 한 仙經이라고도 한다.(가가와다까오 『淨土敎の成立史的硏究』 p.308에서는 토도교순의 설을 인용하고 있다)

『선경』을 불태워 버리고 정토교에 귀의했다고 『속고승전』에 기록되어 있다.18) 이러한 것을 보면 담란시대에 이 지방에서는 중관사상적인 불교와 신선방술적인 도교가 활발하게 성행하고 있었다고 볼 수 있다. 그렇기 때문에 담란은 용수의 중관사상과 도교의 신선방술적인 영향을 받아 정토사상을 정립시킨 것이다.

용수에 대한 담란의 마음 자세를 보면, 『왕생론주(往生論註)』서두에서 '근안용수보살(謹案龍樹菩薩)'19)이라는 경건한 말로 용수를 지칭하고 있는데, 이것에서 담란이 얼마나 용수를 존경하였는지를 엿볼 수 있다. 또 담란의 주된 사상인 정토사상을 피력하기 위해서 용수의 난행도와 이행도를 가지고 천친의 『왕생론』을 해석한 것은 용수의 사상을 가지고 정토사상을 이해하려고 했다고 볼 수 있다.

또 그가 지은 『찬아미타불게』의 끝 부분에 '본사용수마하살(本師龍樹摩訶薩)'이라고 찬양하면서 '나무자비용수존 지심귀명두면례(南無慈悲龍樹尊 至心歸命頭面禮)'라고 하여 귀의하면서 예배하는 것은 존경하는 마음을 최고로 표현한 것이라고 생각한다. 즉, 이것은 담란이 부처님 다음으로 존경하는 대상이 용수보살임을 알 수 있다.

그의 저서 가운데 가장 분량이 많은 것은 『왕생론주』다. 이 책 가운데 다른 경과 논, 그리고 중국고전 글을 인용한 횟수가 대략 총 161회인데 그 가운데 용수의 글을 인용한 것은 총 70회로 가장 많이 차지하고 있다. 이 70회 중 『대지도론』이 64회로 가장 많이 인용되고 있는 것에서 담란이 사론(四論) 중에 반야경의 주석서인

---

18) 대정장 50권 p.470a~b
19) 대정장 40권 p.826a

『대지도론』의 사상에서 가장 많은 영향을 받았다고 할 수 있다.[20]

또한 중국고전의 글을 인용하고 있는데, 그 인용구를 보면 노장사상(老莊思想)을 세 번[21], 『장자(莊子)』는 네 번[22], 『논어』는 세 번[23]을 인용하였다.

이것은 담란이 정토사상을 중국인들에게 피력하기 위해 중국 고유의 노장사상(老莊思想)을 인용하여 설명한 것이라 할 수 있다. 다시 말하면 담란은 용수의 중관사상(中觀思想)과 중국의 노장사상 위에서 유가(瑜伽)의 대가(大家)가 지은 천친의 『왕생론』을 조화시켜 이해하려고 한 탁월한 견해를 가진 사람이다. 또 천친의 『왕생론』을 주석하면서 천친의 사상보다 용수의 사상에서 영향을 많이 받은 것을 엿볼 수 있다. 예를 들면 천친의 왕생에 대해서,

> 대승경론 가운데 여러 곳에서 "중생은 필경 무생(無生)하여 허공과 같다."고 설하였다. 어찌하여 천친보살은 "태어나기를 원한다."고 하는가?
> 답하기를, "중생이 태어남이 없는 것이〔無生〕허공과 같다."고 말한 것에 두 가지가 있다. 첫째는 범부가 말한 것처럼 실제로 여러 번 태어나는 것〔衆生〕으로 범부가 현실에서 태어나고 죽는 것을 보는 것과 같다. (그러나) 이 보는 것들은 결국 있는 것이 아니기에 거북이 털과 같고 허공과 같다. 둘째는 모든 법은 인연으로 생겨나기 때문에 곧 이것은 태어나는 것이 아니며, 있는 것이 아니기에 허공과 같다. 천친보살이 "태어나기를 원한다."는

---

20) 이태원 著 『염불의 원류와 전개사』 pp.292~293을 참조할 것.
21) 같은 책, p.293을 참조할 것.
22) 같은 책, p.293을 참조할 것.
23) 같은 책, p.293을 참조할 것.

생(生)은 이 인연생(因緣生)을 뜻한다. 인연의 뜻이기 때문에 가명(假名)으로 생(生)이라 이름한 것이다. 범부가 실제로 여러 번 태어난다거나 생사가 있다고 말한 것과 같지 않다.[24]

라고 하여 중관사상의 '생즉무생(生卽無生)'으로 '원생(願生)'을 설명하고 있을 뿐만 아니라, 정토에 대해서도 '출유이유(出有而有)'[25]라 하여 유와 무를 초월하여 존재한 것이라고 함은 중관사상의 입장에서 왕생과 정토를 피력하였다고 할 수 있다. 또 정변지(正遍知)에 대해서도 "아는 것이 없기 때문에 알지 못한 것이 없다."[26]라 하고, 중생에 대해서는 '무생무멸(無生無滅)'[27]이라고 하였으며, 법신에 대해서는 "법신은 색(色)이 아니고 비색(非色)이 아님을 밝힌다."[28]라 하고, 무애(無碍)에 대해서는 "생사가 곧 열반인 줄 알라."[29] 등으로 해석한 것은 중관적 입장에 의해서 본 것이라고 하지 않을 수 없다.

이밖에 담란이 인용한 경과 논은『유마힐소설경』9회,『화엄경』5회,『법화경』7회,『보살영락본업경』1회,『대반열반경』3회,『부증불감경』·『대집경』·『수능엄경』·『업도경』·『평등각경』각 1회,『대보적경』2회,『무량수경』14회,『아미타경』2회,『관무량수경』4회 등이다.[30]

이와 같이 담란은 많은 경전과 천친의『십지경론』과 승조의『주

---

24) 대정장 40권 p.827b
25) 대정장 40권 p.830a
26) 以無知故不無知也 (대정장 40권 p.832a)
27) 대정장 40권 p.831b
28) 明法身非色非非色也 (대정장 40권 p.841b)
29) 知生死卽涅槃 (대정장 40권 p.843c)
30) 이태원 저『염불의 원류와 전개사』pp.294~295를 참조할 것.

유마경』・『조론』 등을 인용하여 『왕생론』을 주석하였고, 또 『약론정토의』는 『왕생론주』에서 인용한 『대지도론』・『무량수경』・『관무량수경』・『업도경』 등에 의해 주석하였다.

이상으로 보면 담란은 용수의 중관사상과 중국의 노장사상, 그리고 다른 많은 경과 논의 사상을 가지고 유가행파(瑜伽行派)의 태두인 천친의 정토사상을 소화시키려고 노력하였다고 할 수 있다.

이러한 점에서 담란은 중국에 정토사상이 교학적인 면으로 뿌리를 깊이 내릴 수 있는 획기적인 계기를 마련하여 실천하게 하였다고 생각된다.[31]

---

31) 같은 책, pp.290~296의 내용을 요약한 것임.

Ⅲ. 원문 번역과 강설

제1절 왕생론의 본지(本旨)

1) 용수(龍樹)의 교판관(敎判觀)

論註 : 謹案龍樹菩薩十住毘婆沙云 菩薩求阿毘跋致有二種道 一者難行道 二者易行道 難行道者 謂於五濁之世於無佛時求阿毘跋致爲難 此難乃有多途 粗言五三以示義意 一者外道相善亂菩薩法 二者聲聞自利障大慈悲 三者無顧惡人破他勝德 四者顚倒善果能壞梵行 五者唯是自力無他力持 如斯等事觸目皆是 譬如陸路步行則苦 易行道者 謂但以信佛因緣願生淨土 乘佛願力便得往生彼淸淨土 佛力住持卽入大乘正定之聚 正定卽是阿毘跋致 譬如水路乘船則樂 此無量壽經優婆提舍蓋上衍之極致不退之風航者也

논주 : 삼가 생각하건대 용수보살이 『십주비바사론』32)에서 말하기를 "보살이 아비발치33)를 구하는 데 두 가지 길이 있

---

32) 『화엄경』「十地品」을 註解한 것이다.
33) avinivartanīya 또는 avaivartika의 音寫로 한문으로는 不退轉이라 한다. 즉

다."[34]고 하였다. 첫째는 실천하기 어려운 길이고, 둘째는 실천하기 쉬운 길이다. 실천하기 어려운 길이란 오탁(五濁)의 악한 세상과 부처님이 계시지 않는 시기에 아비발치 지위를 구하는 것을 말한다. 이 어려운 길에는 많은 것이 있는데 대략 말하면 다섯 가지, 혹은 세 가지를 들어 그 뜻을 나타낼 수 있다.

첫째는 외도(外道)[35]가 상대적인 선을 주장하므로 보살법을 어지럽히는 것이고, 둘째는 성문은 자기만의 이익만을 가지려고 하기 때문에 대자비심에 장애를 주는 것이다. 셋째는 돌아보지 않는 악한 사람은 다른 사람의 수승한 덕을 파괴하는 것이고, 넷째는 전도된 선과(善果)로 능히 깨끗한 행[36]을 파괴시키는 것이다. 다섯째는 오직 자력(自力)만을 의지하고 타력(他力)을 의지하지 않는 것이다. 이와 같은 등의 일은 눈에 보이는 대로이다. 비유하면 육로(陸路)를 걸어가면 고통이 따르는 것과 같다.

수행하기 쉬운 길이란 부처님을 믿는 인연으로써 청정한 정토에 태어나기를 원하면 부처님의 원력[37]을 입어 곧 저 청정한 국토에 왕생할 수 있음을 말한다. 부처님 힘에 주지하여 대승(大乘)의 정정취(正定聚)[38]에 들어간다. 정정(正定)이란 곧 이 아

불도수행의 과정으로 깨달음의 지위에서 뒤로 물러나지 않는 지위다.
34) 佛法有無量門 如世間道有難有易 陸道步行則苦 水道乘船則樂 菩薩道亦如是 或有勤行精進 或有 以信方便易行疾至阿惟越致者(대정장 26권 p.41a)
35) 불교 이외의 종교나 사상가를 말함.
36) 원문에는 梵行이라 하였다. 이 범행은 범어 brahma-caryā로 깨끗한 행위로써 음욕을 여의는 것 등으로 계를 지키는 것이다. 원시불교에서는 깨끗한 출가생활을 뜻하고, 일반적으로는 보살이 닦는 佛道를 뜻한다.
37) 보살이 수행할 때 원을 일으켜 완성한 힘을 말하는 것으로 本願力이다. 여기서는 아미타불이 중생을 구제하는 힘을 의미한다.
38) 중생을 세 가지로 분류하는데 첫 번째 正定聚란 반드시 깨달음을 얻는 것이 결정된 사람으로 이 사람은 뒤로 물러나지 않는다. 두 번째 不定聚

비발치(阿毘跋致)를 말한다. 비유하면 물 위에서 배를 타면 즐거움이 있는 것과 같다.
 이 무량수경우바제사(無量壽經39)優婆提舍40))는 한 마디로 대승(大乘)41)의 극치이며 뒤로 물러나지 않고 바람을 타고 항해하는 것이다.

【講說】
 이 문장은 담란이 용수의 교판설을 인용하여 『무량수경』의 지위를 분석한 것이라 할 수가 있다. 먼저 용수(nāgārjuna)의 생애에 대해 살펴보자. 용수의 생애에 대해서 그 생존 연대를 유럽의 학계에서는 기원후 1세기 또는 2세기라고 하는 학자도 있으며, 일본에서는 기원후 150년~250년의 연대가 일반적으로 사용되고 있다.42) 그러나 이 생존 연대는 유감스럽게도 확실한 것이 아니고 추측한 것에 불과하다.43)

　　란 수행을 잘못하면 뒤로 물러날 수도 있고, 잘 하면 앞으로 전진할 수도 있는 사람이며, 세 번째 邪定聚란 수행하지 않아 반드시 악도에 떨어질 사람이다.
39) 法藏比丘가 48원을 일으켜 성불하여 아미타불이 되어 일체 중생을 구제하는 내용이 설해져 있는 경전이다. 이 경전은 초기 경전인 『대아미타경』과 『평등각경』이 있고, 후기 경전인 『무량수경』·『무량수여래회』·『장엄경』 등이 있으며, 범본 무량수경과 티베트본도 현존한다. (이태원 역 『정토삼부경개설』 pp.33~43 참조 바람)
40) 범어 upadeśa의 음역으로 경전의 본 뜻을 알기 쉽게 설명한 것.
41) 원문에서는 上衍(yāna)로 乘이라 번역하지만, 여기서는 大乘을 말한다.
42) 다께우찌 쇼꼬 「龍樹·中觀思想と菩薩道」 『淨土佛敎の思想』 p.3
　　후지하라 료세쯔 『念佛思想の硏究』 p.70
　　위 두 사람은 우이하꾸쥬 『인도철학사』를 인용하여 AD.150~250이라고 인정하고 있다.
43) 용수에 대해서 알 수 있는 전기는 구마라습(AD. 350~405)의 번역이라고 전해지는 『용수보살전』(대정장 50권 184a~186c), 길가야와 담요가 함께 번역한 『부법장인연전』(대정장 50권 317a~318c) 등의 漢譯 문헌에 있다.

용수는 남인도 출신으로 소년시절에는 바라문의 아들로서 네 종류 베다(Veda)를 비롯하여 바라문교학을 배우면서 성장하다가 출가할 인연44)을 만나 출가한 용수는 90일 만에 소승경론을 독파하여 체득한 다음, 다른 경론을 구하기 위해 여러 곳을 다니면서 불교도와 외교도를 상대하여 토론하면서 그들을 교화시켰다고 한다. 또 용수는 대룡(大龍, Mahānāga) 보살의 인도를 받아 바다 밑 용궁에 들어가 대승경전인 『반야경』을 받아 와 9일만에 배워 심오한 이치를 깨달았다. 그 후에 용수는 남인도에서 많은 이교도와 소승불교도를 신통력으로 굴복시켰을 뿐만 아니라 국왕까지도 교화시켰다고 한다. 다시 말하면 용수는 태어날 때부터 재능이 탁월하여 그 시대 최고의 학문인 네 종류의 베다를 배우고 난 후 불교의 소승과 대승을 논파한 천재로서 인도 여러 곳을 다니면서 자유자재로 이교도와 불교도를 교화한 사람임을 알 수 있다. 이를 뒷받침할 수 있는 근거로 용수가 남긴 저작 가운데 소승불교 교학을 자세히 소개하고 비판할 뿐만 아니라 대승불교에 대한 주석서를 남긴 것을 들 수 있다. 그래서 용수를 석존 이후 가장 훌륭한 인물

그러나 이러한 자료는 용수의 생애와 인간성을 알 수 있는 역사적인 자료는 아니고 과장된 전설이 많이 포함되어 있다. 이 자료에 의해 보면 용수를 지혜와 자비를 구하는 대승보살도의 실천자로서 대승경전에서 이야기한 보살과 같이 下化衆生의 보살로 보고 다루었다.

44) 용수는 청년시절의 어느 날 친구 세 사람과 의논하기를, 서로 학문적인 명예는 이미 얻었으므로 다음에는 쾌락을 얻자고 하여 은신술을 이용해 왕궁에 잠입하여 궁중의 여자들을 간통했다. 이리하여 왕궁의 여성들이 잇달아 임신하여 왕궁은 대소동이 일어나 세 사람의 친구들은 모두 왕궁의 신하에게 발각되어 사형 당했다. 그러나 용수는 간신히 피해 숨어지내는데 근심은 날로 더해갔다. 그때 용수는 이성에 대한 욕정이 고통의 원인임을 깨달아 만약 목숨을 구하게 되면 출가하기로 결심했다. 그 후 그는 목을 베어 죽는 것을 면했기 때문에 설산에 들어가 출가했다고 전해지고 있다.

이라고 하고, 또 대승불교를 발흥시킨 여덟 종파의 조사라 칭하고[45] 있는지도 모른다.

담란은 이러한 용수를 존경하여 그의 사상에서 영향을 많이 받아『왕생론』을 주석하였다고 본다. 교판도 용수가 지은『대지도론』・『십주비바사론』・『중론』・『십이문론』・『일륜노가론(壹輪盧迦論)』・『대승파유론』등 여러 저서 가운데『십주비바사론』의 글을 인용하였다. 담란은 이『십주비바사론』가운데 "불법(佛法)에는 한량없는 문이 있는데, 마치 세간에 어려움이 있고 쉬움이 있는 것과 같다. 육지의 길에서 보행하면 고통이 있고, 물 위에서 배를 타면 즐거움이 있듯이 보살의 길도 또한 이와 같다. 혹은 부지런히 수행하여 정진하는 것이 있고, 혹은 신방편(信方便)[46]의 이행으로 빨리 아유월치에 이르는 것이 있다."[47]라는 글을 인용하여 자기의 주석을 붙여 용수의 교판을 확고히 하였다.[48]

다시 말하면 용수보살이 부처님 말씀을 두 가지로 나누어 논한 난행문설과 이행문설을 인용하여 담란이 정토교 입장에서 교상판석한 것이다. 이 신방편의 이행문 사상은 후대 도작(562~645)[49]과 선도(613~681)[50]에게 이어져 무불시대(無佛時代)와 말법시대, 그리고 죄업이 많은 중생과 끊임없이 윤회를 계속한 우리들은 아미

---

45) 모찌즈끼 신꼬『불교대사전』p.4996c
46) 믿음을 가지고 염불수행하는 것이다.
47) 대정장 26권 p.41a.
48) 이태원 著「淨土敎判說에 대한 一考察」(伽山 李智冠스님 華甲紀念論叢『韓國佛敎文化思想 史』하권 pp.729~732에서 자세하게 논하였다.
49) 도작의 생애와 저서에 대해서는 이태원 著『염불의 원류와 전개사』pp.339~340에 언급하였다.
50) 선도의 생애에 대해서는 이태원 著 앞의 책 pp.418~424에 자세하게 언급하였다.

타불 염불로 정토에 왕생하지 않으면 안 된다고 하는 데까지 발전하였다.

　용수는 이행도에 대해서 신방편이란 행도를 말한 것은 아미타불의 본원력, 즉 타력에 의해 깨달음을 얻으려고 하는 법으로 오늘날 염불하여 왕생하려 하는 정토교와 같은 것을 의미한다. 난행도에 대해서는 용수는 육지에서 걸어가는 것과 같다고 하여 불교 가운데 어떤 실천방법을 말하는지 확실하게 밝히지 않고 있다. 아마도 이것은 순수한 자기의 힘에 의해 깨달음을 얻으려고 하는 법으로 오늘날 참선과 같은 것이라 생각된다. 부처님 제자가 발심하여 수행하는 것은 불퇴전의 지위를 얻어 성불하여 많은 중생을 제도하려는 데 목적을 둔 보살도 실천이라 볼 수 있다. 여기서 이야기한 불퇴전이란 보살도를 실천하여 불과(佛果)를 성취하는 과정에서 다시는 뒤로 물러나지 않는 지위를 말한다. 이 불퇴전의 지위에 도달하면 불과를 머지 않아 얻을 수가 있다. 이 불퇴전을 얻는 방법은 수 없이 많을 것이다. 이 방법 가운데 자기의 능력에 맞고, 시기에 적절한 길을 선택하여 목적하는 바를 이루면 되지만, 만약 수행하는 방법이 자기의 능력과 시대에 맞지 않는다면 목적하는 것을 이루기가 힘들 뿐만 아니라 잘못하면 세 가지 악도에 떨어져 한없는 고통을 받게 될 것이다. 그러므로 담란은 부처님이 계시지 않는 시대, 오탁악세에는 부처님의 본원력을 입지 않으면 안 된다고 하여 완전한 이행문을 강조한 것은 그의 탁견이라 하지 않을 수 없다. 그러면 담란이 말한 난행도와 이행도에 대해서 자세히 살펴보자.

　담람은 용수가 "육지에서 걸어가는 것은 고통이 따른다."는 난행도에 대해 두 가지 근거를 들어 말하고 있다. 첫째는 오탁의 세상이고, 둘째는 부처님이 계시지 않는 무불(無佛)의 세상이라는 것이다. 첫째 오탁이란 범어 pañca-kaṣāya를 번역한 것으로 악한 세상에 겁탁51)·견탁52)·번뇌탁53)·중생탁54)·명탁55) 등 다섯 가지에 의해 혼탁해지는 것을 말한다. 이것은 인간들의 수명이 짧아질 뿐만 아니라, 몸과 마음이 흐려 정법에 관심을 갖지 않고 사도(邪道)에 더욱 관심을 가지며, 육체적인 쾌락에 빠져 물질문명만을 추구하기 때문에 보살도를 실천하기가 어렵다는 것이다. 둘째는 부처님이 출현하지 않는 시대이기 때문에 우리가 직접 부처님으로부터 법을 듣지 못하고 의심이 되는 부분이 있어도 묻지 못하는 안타까움이 있을 뿐만 아니라, 잘못되는 길로 걸어도 인도를 받지 못하기 때문에 보살도를 실천하기가 어려운 것이다. 이러한 사상이 정법·상법·말법이라는 삼계교56)적인 사상으로 발전하였다고

---

51) 시대적인 것으로 사회에 饑饉과 疾病, 그리고 요즘과 같은 지진이나 전쟁 등 여러 가지 좋지 못한 일들이 일어나는 것이다.
52) 부처님의 진리를 바로 보지 못한 邪惡한 사상이나 견해를 일으키는 것을 말한다.
53) 인간들의 심성이 악하여 남의 물건을 탐하고, 남에 대해 질투하고 화내는 정신적인 나쁜 작용을 말한다.
54) 사람들 몸과 마음의 자질이 저하되는 것이다.
55) 인간의 수명이 점차 짧아지는 것으로, 즉 인간의 수명이 점차로 감소하여 8만 세에서 2만 세가 됨에 이르러 五濁의 현상이 나타나기 시작한다는 것이다.
56) 삼계법에서 세운 불법이다. 즉 수나라 시대 信行선사에 의해 세워진 교로, 송나라 시대까지 약 400년간 존속되었다. 最上利根一乘의 근기를 第1階라 하고, 利根으로써 正見을 가지고 있는 3乘을 第2階라 하며, 이근이지만 혹은 空見에 머물고, 혹은 有見에 머물기 때문에 부처님도 교화할 수 없고, 불법으로도 제도할 수 없는 부류, 또는 근기가 둔하여 지은 죄를 참회할 줄 모르며, 5역죄와 열 가지 악을 저지르는 사람을 第3階라 한다. 이것을 시대에 의해 구분하면 부처님이 열반에 드신 후 1000년에서 1500년까지를 제1계, 혹은 제2계라 하고, 그 이후의 말법시대를 제3계라 한다.

생각한다.

이 두 가지가 왜 난행도가 되는가를 다시 다섯 가지로 이야기하고 있다.

첫째, "외도가 상대적인 선을 주장하므로 보살법을 어지럽히는 것이다."고 한 것은, 불교 이외 다른 종교와 사상가들이 공(空)의 원리에 근거한 절대적인 선근인 무상선근(無相善根)을 말하지 않고 상대적인 선근, 즉 차별적인 선근을 주장하여 보살도를 어지럽힌다는 것이다.

둘째, "성문은 자기만 이익되게 하기 때문에 대자비심에 장애를 주는 것이다."고 한 것은, 불교 수행자들 가운데 보살은 자리와 이타적인 정신으로 살아야 하는데, 성문법과 연각법만을 좋아하는 소승의 사람은 이러한 것이 결여되어 대자비심을 설한 보살법에 관심을 갖지 않기 때문에 대자비심에 장애를 준다는 것이다.

셋째, "돌아보지 않는 악한 사람은 다른 사람의 수승한 덕을 파괴하는 것이다."고 한 것은, 악한 사람은 주위에서 고통받는 사람들을 돌보지 않을 뿐만 아니라, 다른 사람이 자리와 이타를 완성하려는 보살행의 훌륭한 덕목(德目)마저 파괴시키기 때문에 보살이 불퇴전의 지위를 얻는 데 장애를 준다는 것이다.

넷째, "전도된 선과(善果)로 능히 깨끗한 행을 파괴시킨다."고 한 것은, 인천교(人天敎)[57]는 불교의 궁극적인 해탈과 성불을 설하여 구하려 하지 않고, 철저하게 인간계와 천상계에 태어나는 선의 과보만을 국집하여 대승의 범행을 파괴시키는 것이다. 불교 안에

---

57) 다섯 가지 계를 실천하여 인간 세상에 태어나고, 열 가지 선을 행하여 천상의 세계에 태어나는 것만 설하고, 종교적인 해탈을 설하지 않는 세속적인 가르침이다.

서는 소승교가 이에 해당되며, 다른 종교로는 기독교가 이에 해당한다.

다섯째, "오직 자력만을 의지하고 타력을 의지하지 않는다."고 한 것은, 대승 보살도를 실천하는 사람들 가운데 오직 자력만을 믿고 아미타불의 본원력인 타력을 믿지 않는 것이다. 이것은 일본에서 정토종을 창시한 법연이 그의 저서인 『선택집』58)에서 말한 성도문(聖道門)59)으로, 자력만을 의지하는 것과 같다고 볼 수 있다.

이상 담란이 말한 난행도의 다섯 가지 중에 첫 번째는 불교 이외의 다른 종교나 사상가를 말하지만, 나머지 네 가지는 불교 안에 수행자들을 분류하여 말한 것으로, 이 다섯 부류는 보살도 어지럽게 할 뿐만 아니라, 불퇴전의 지위에 도달하는 데 장애를 준다는 것이다.

담란이 말한 이행도란 용수가 말한 '신방편'60)을 '신불인연(信佛因緣)'이라 하여 부처님을 믿는 신심을 뜻하고 있다. 다시 말하면 아미타불에 대한 신심이 하나의 종자가 되고, 정토에 태어나기를 원하는 것이 하나의 조건이 되어 아미타불의 본원력을 입어 반드시 정토에 태어난다는 것이다. 용수가 말한 '신방편'은 여러 부처님의 명호를 듣고 믿거나 이외 여러 가지 법을 믿는 포괄적인 면

---

58) 대정장 83권 p.2b.
59) 大乘 가운데 顯教・密教・權教・實教(眞言宗・三論宗・佛心宗・法相宗・天台宗・地論宗・華嚴宗・攝論種) 등이고, 小乘 가운데서는 聲聞緣覺・斷惑證理・入聖得果道(俱舍宗・成實種・諸 部律宗) 등이다.
60) 방편이란 범어 upāya로 어느 목적에 '접근하다', '도달하다'는 의미가 포함되어 있다. 즉 부처님이 좋은 방법과 수단을 사용하여 중생을 인도하는 훌륭한 교화방법이다. 여기서 말한 '신방편'이란 큰 의미로 부처님의 모든 진리를 믿는 것이라고 말할 수 있다.

이 있지만, 담란이 말한 '신불인연'은 아미타불 한 부처님에 대한 신앙으로 귀결시켜 정토사상을 고취시켰다고 본다. 그리고 담란은 정토에 태어난 사람은 누구나 부처님의 힘에 의해 불과(佛果)를 얻을 지위에서 물러나지 않는 불퇴전 지위인 대승의 정정취에 들어가 성불을 기약한다고 강조하였다. 즉 불교의 궁극적인 목적인 성불을 달성하는 것이 자기의 힘에 의해 이루어지는 것이 아니고, 아미타불의 힘으로 이루어지기 때문에 이행문이다.

이러한 이행문 사상에 근거하여 천친보살이 지은 『무량수경우바제사』, 즉 『왕생론』을 한 마디로 표현하면 뒤로 물러나지 않고 어떠한 장애도 받지 않고 순풍에 의지하여 앞으로만 향해 가는 것처럼 불과를 얻는 길을 논한 것이다. 그러기에 담란은 대승의 극치를 말한 것이 이 논이라고 강조하여 표현하였다.

2) 왕생론이란 제명(題名)과 저자

論註 : 無量壽是安樂淨土如來別號 釋迦牟尼佛在王舍城及舍衛國 於大衆之中 說無量壽佛莊嚴功德 即以佛名號爲經體

논주 : 무량수[61]란 안락정토[62]에 계시는 여래[63]의 다른 이름

---

61) amita-āyus의 의역으로 헤아릴 수 없는 수명을 의미하는 아미타불이다. 그밖에 아미타불은 amita-ābha라고 하여 헤아릴 수 없는 광명을 가지고 있어 無量光이라는 의미도 있지만, 중국 사람들에게는 광명보다 수명을 좋아하는 도교의 사상이 깃들어 있기 때문에 무량수를 자주 사용하고 있는 것 같다.
62) 산스크리트어로는 sukhāvatī인데 이를 의역하면 묘한 즐거움이 있는 곳, 행복이 넘치는 곳이라는 의미가 있다. 이것을 중국에서는 극락・안락・

이다. 석가모니⁽⁶⁴⁾ 부처님이 왕사성⁽⁶⁵⁾ 및 사위국⁽⁶⁶⁾에 계시면서 대중들에게 무량수불의 장엄⁽⁶⁷⁾공덕을 설하셨는데, 이 부처님의 명호⁽⁶⁸⁾를 가지고 경의 체(體)⁽⁶⁹⁾로 하였다.

안양이라 번역하였다. 다음 정토는 불국정토를 말하는 것으로 부처님이 因行時에 서원을 세운 本心莊嚴에 의해 이루어진 깨끗한 국토이다. 여기서 말하는 안락정토는 아미타불의 서방정토이다.
63) 산스크리트어로는 tathāgata인데 이를 의역하면 如去라고도 한다. 진리 즉 진리에 따라 왔다가 진리에 따라 간다는 의미로 진여에서 출현한 이, 곧 부처님을 말한다.
64) 산스크리트어로는 Śākya-muni, Sakya-muni인데 이를 의역하면 能仁 또는 寂默이라고 번역한다. 여기서 석가(Śākya)란 출신 종족이 석가족이기 때문에 붙여진 이름이고, 牟尼(muni)는 성자라는 뜻으로 석가족의 성자를 말한다. 이 분은 불교의 교조인 석존으로서 기원전 600여 년경 중인도 가비라성의 城主인 정반왕의 태자로 태어나 출가하여 6년간 수행하여 대각을 이루어 중생을 제도하였다.
65) 산스크리트어는 Rāja-grha, Rajagaha인데 이를 번역한 것으로 중인도 마갈타국 고대의 수도이다. 지금의 벵갈주 파트나(Patna)시 남방이다. 『무량수경』과 『관무량수경』은 석존이 왕사성에서 설법하시었다.
66) 산스크리트어 Śrāvastī, Sāvatthī의 음역으로 성의 이름이었으나, 국호가 되었다. 중인도 교살국의 都城으로 부처님이 계실 때 바사익왕과 유리왕이 살았다. 이 성 남쪽에 유명한 기원정사가 있는데 이곳에서 『아미타경』을 설하셨다.
67) 산스크리트어 vyūha, alamkara의 의역으로 부처님의 지혜 작용에 의해 부처님 몸과 국토가 장엄된 것이다. 이태원 저 「淨土思想에 나타난 莊嚴」(중앙승가대학 논문집 제3집 pp.40~93에서 자세히 논하였다.)
68) 산스크리트어 nāmadheya의 의역으로 부처님이나 보살들의 이름을 말한다. 명호에는 如來(tathāgata)·應供(arhat)·正遍知(samtaksambuddha)·明行足(vidyācaraṇa-sampanna)·善逝(sugata)·世間解(lokavid)·無上士(anuttara)·調御丈夫(puruṣadamya-sārathi)·天人師(śāstā-devamanuṣyānām)·佛世尊(buddha-lokanātha) 등 十號가 있지만, 이것은 모든 부처님들이 공통적으로 가지고 있고, 아미타불이나 석가모니불, 그리고 아촉불 등 부처님마다 각기 다른 이름을 가지고 있는 別號가 있다.
69) 경전에 설해진 내용 가운데 중심적인 것을 말한다.

【講說】

여기서는 논의 제목 가운데 나오는 무량수에 대해 설명하고 있다. 즉 무량수란 아미타불이 가지고 있는 무량수(amita-āyus)와 무량광(amita-ābha) 가운데 하나로 서방 극락세계에 계신 부처님을 달리 부르는 이름이다. 정토삼부경 가운데 『무량수경』과 『관무량수경』은 마갈타국의 고대 수도인 왕사성에서 설하였고, 『아미타경』은 교살라국의 도성(都城)인 사위국의 기원정사에서 설하였다. 이 세 가지 경에서는 석가모니 부처님이 대중들을 향해 아미타불이 인행시(因行時)에 서원을 세워 이룩하고 훌륭하게 장엄된 공덕을 강조하셨기 때문에 아미타불의 명호를 가지고 경의 제목을 삼은 것이다. 즉 담란은 『무량수경』과 『관무량수경』, 그리고 『아미타경』이 세 가지 경의 제목은 아미타불의 명호에서 비롯되었다고 한 것이다. 그리고 경의 중심된 내용은 무량수에 있다는 것이다. 한량없는 수명이란 영원히 죽지 않는다는 의미일 것이다.

이 지구상에 사고력을 가진 인간이 존재하면서부터 죽지 않고 영원히 살 수 있는 방법을 계속 연구해 왔다고 해도 과언이 아닐 것이다. 오늘날 의약이 발달되는 것도 어떻게 하면 아프지 않고 오래 살 수 있을까 하는 노력의 결과인 것이다. 그리고 기독교에서 이야기하는 '영생(永生)'이나 도교에서 이야기하는 '불로장수(不老長壽)', 불교의 '무량수'는 모두 오래 살려고 하는 내용을 지니고 있다. 그렇다면 『정토삼부경』은 이 지구상에 있는 인간들이 가장 갈망하는 문제를 해결하는 내용을 가지고 집중적으로 설하고 있음을 알 수 있으며, 아울러 『정토삼부경』이 얼마나 중요한 경인지 다시 생각하게 한다.

論註 : 後聖者婆藪槃頭菩薩 服膺如來大悲之教 傍經作願生偈 復造長行重釋 梵言優婆提舍 此間無正名相譯 若擧一隅可名爲論 所以無正名譯者 以此間本無佛故 如此間書就孔子而稱經 餘人製作皆名爲子 國史國紀之徒各別體例 然佛所說十二部經中有論議 經名優婆提舍 若復佛諸弟子解佛經敎與佛義相應者 佛亦許名優婆提舍 以入佛法相故 此間云論直是論議而已 豈得正譯彼名耶 又如女人於子稱母於兄云妹 如是等事皆隨義各別 若但以女名汎談母妹 乃不失女之大體 豈舍尊卑之義乎 此所云論亦復如是 是以仍存梵音曰優婆提舍

    논주 : 후에 성인이신 바수반두보살[70]이 여래대비(如來大悲)의 가르침을 간직하고 받들어서 경[71]에 기초하여 원생게(願生偈)[72]를 지었고, 다시 장행(長行)[73]을 지어서 거듭 해석을 하였다. 인도에서는 우바제사라고 하는데 중국에는 우바제사를 직접 해석할 어휘가 없다. 만약 한 쪽을 들어 이름을 붙이면 논이라고 할 수 있을 것 같다. 바르게 이름을 해석할 수 없는 것은 중국에 본래 부처님이 계시지 않았기 때문이다. 중국에서는 서물(書物)과 같은 것으로 공자가 쓴 것은 경[74]이라고 부르고, 다른 사람이 지은 것은 모두 다 자(子)라고 이름하는데 국사(國

---

70) 다음 단원 강설에서 언급하였다. 이보다 자세한 것은 『염불의 원류와 전개사』 pp.231~234를 참고할 것.)
71) 『무량수경』이다.
72) 극락정토에 태어나려고 하는 원을 세워 지은 게송이다. 여기서 말한 게란 산스크리트어로는 gāthā인데 韻文으로 쓴 시구이다.
73) 산스크리트어 gadya의 의역인데 경과 율, 그리고 논 가운데 산문의 형식으로 된 부분이다.
74) 중국에서는 經·史·子·集 등 네 가지 부로 나누는데, 경은 네 가지 중 하나이다. 諸子百家가 쓴 책을 총 망라한 것이 이 4부이다.

史)75), 국기(國紀)76)라고 하는 그런 것들이 각기 다른 형태의 예이다.

그런데 부처님께서 설하신 12부경77) 가운데 논의경(論議經)78)이 있는데 우바제사라 부른다. 만약 부처님의 모든 제자가 부처님의 가르침을 다시 해석하여 부처님의 뜻과 더불어 상응79)한다면, 부처님께서 우바제사라는 이름으로 허락하셨을 것이다. 부처님의 법상(法相)80)에 들어가기 때문이다. 중국에서 논이라고 말한 것은 바로 이 논의(論議)이다. 어찌 저 이름을 바르게 해석할 수 있으랴. 마치 한 여인이 자식에게는 어머니라 불리고, 형에게는 누이라고 불리는 것과 같다.81) 이와 같은 사실은

---

75) 한 나라의 역사.
76) 한 나라의 규율.
77) 경전의 형태를 내용에 따라 분류하는 것으로 곧 ① sūtra를 수다라라고 음역하고, 경 또는 契經이라고 의역하기도 하며, ② geyya는 祇夜라고 음역하고 應頌이니 重頌이라고 의역한다. ③ veyyākaraṇa는 和伽羅那라고 음역하며, 授記이니 別記라고 의역한다. ④ gāthā는 伽陀라고 음역하며, 게나 孤起頌이라고 의역한다. ⑤ udāna는 優陀那라고 음역하며, 無問自說이니, 諷誦이라고 의역한다. ⑥ nidāna는 尼陀那라고 음역하며, 인연이라는 의미가 있다. ⑦ apadāna는 阿波陀那라고 음역하고 비유를 들어 설한 것이다. ⑧ itivuttaka는 伊帝日多伽라고 음역하며, 如是語니 本事라고 의역한다. ⑨ jataka는 闍陀迦라고 음역하며, 本生이니 生經이라고 의역한다. ⑩ vedalla는 毘佛略이라고 음역하며, 方等이니 方廣이라고 의역한다. ⑪ apadāna 는 阿浮陀達磨라고 음역하며, 未曾有라고 의역한다. ⑫ upadesa는 優波提舍라고 음역하며, 論議라고 의역하는 것 등이다. 이 가운데 尼陀那・阿波陀那・우바제사 등 세 가지, 또는 優陀那・阿波陀那・우바제사 등 세 가지, 優陀那・阿波陀那・毘佛略 등 세 가지를 뺀 9部說이 선행되었다.
78) 묻고 답하는 형식으로 경의 내용을 자세하고 분명히 밝히는 것이다.
79) 평등하게 화합한다는 의미로, 부처님의 제자가 설한 법이 부처님의 본의와 더불어 같다면 이것은 우바제사라 한다는 것이다.
80) 모든 법이 가지고 있는 본질의 相, 즉 모든 법이 가지고 있는 본래의 내용을 말하는데 여기서는 부처님이 말씀하신 모든 법의 본질을 말한다.
81) 여기에 한 여자가 있는데 이 여자에게 자식이 있으면 어머니이고, 손자

모두 뜻(경우)에 따라 이름을 달리한다. 단지 여자란 이름만 가지고 널리 어머니나 누이라고 말한다면 이것은 여자의 근본을 잃지 않지만, 어찌 존귀하다던가 비천하다는 뜻이 포함되어 있겠는가! 여기에서 말한 바 논이라고 한 것도 이와 같다. 그렇기 때문에 인도 산스크리트 말인 우바제사를 그대로 두어 말한 것이다.

【講說】

이 대목은 무착의 동생인 천친이 세존께서 대자 대자비하신 마음으로 고통 속에 헤매는 중생들을 구제하시기 위하여 말씀하신 가르침 중 『무량수경』을 기초로 하여 극락정토에 왕생하려는 마음에서 5언구의 게송을 지었고, 다시 장행(長行)으로 이 5언구의 게송을 해석하였다는 것이다. 그리고 이 게송과 장행을 우바제사라고 하는데 이 우바제사가 어떤 의미를 가지고 있는가를 담란 나름대로 자세하게 피력하였다.

먼저 우바제사를 중국말로 번역하지 않고 그대로 인용한 것에 대해서 담란은 "중국에 부처님이 탄생하여 교를 설하지 않았기 때문에 이에 적당한 언어가 없었다"고 하였다. 즉 언어란 하나의 기호로 여러 사람들이 대화를 하거나 서신을 주고받으면서 자기의 의사를 전할 때 사용한다. 이것은 서로의 의견을 교환하는 것으로 하나 하나의 기호에 대해 서로가 인지해야만 견해가 통할 수 있다. 이러한 하나의 기호가 형성되기 위해서는 사상과 역사적인 현실에 의해 필요에 따라 하나의 언어나 기호가 생겨난다고 본다.

가 있으면 할머니이며, 남동생이 있으면 누나가 되듯이 고정된 한 가지만의 이름으로 이 여자를 표현할 수 없다는 것이다.

예를 들면 중국에서는 공자가 설한 것을 『시경(詩經)』82)이니, 『서경(西經)』83)이니 하여 '경(經)'이란 이름을 붙여 사용하였고, 공자이외 다른 사람이 쓴 것을 '자(子)'라 하며, 국사(國史)니 국기(國紀)니 하는 것을 '사(史)'라고 사용한 것 등은 일찍부터 중국에 이런 사람들이 나와 책을 저술하였기 때문이다. 즉 중국에는 경(經)·사(史)·자(子)·집(集)이니 하는 책에 대한 이름은 있으나, 세존에 대한 사상과 역사가 없었기 때문에 12부경(部經)이란 단어가 형성될 수가 없었다. 우바제사는 이 12부경 가운데 마지막에 나오는 술어인데 중국말로 번역하지 않은 것은 본래의 참된 뜻을 잃을 우려가 있기 때문이다.

 담란은 "만약 한 부분을 사용하면 '논'이라고 번역할 수 있다."고 하였다. 그러나 '논'이라고만 번역하면 논의(論議)라는 의미는 나타내지만 법의(法義)·설의(說義)·법설(法說)·광보(廣普)·주석장구경(註釋章句經) 등 다른 내용이 이 논이라는 말에 포함되어 있지 않기 때문에 많은 의미를 잃을 우려가 있다는 것이다. 여자를 부르는 이름은 담란이 예로 든 어머니, 누이 이외에도 할머니, 고모·여사·아주머니 등 많다. 이 이름들은 모두 남자가 아닌 여자를 나타내는 이름이다. 그런데 이 가운데 하나만을 선택하여 이것이 여자라고 단정한다면 다른 것의 의미를 잃을 뿐만 아니라 여자의 내면에 들어 있는 고귀하거나 천한 인격에 대해서 전혀 알 수가 없다고 하였다. 그렇기 때문에 우바제사도 하나의 중국말로 번역할 수는 있지만, 다른 의미를 잃을 수 있기 때문에 범어 그대로

---

82) 오랜 옛날의 시를 모은 책인데, 원래 삼천여 수인 것을 공자가 추려 311편으로 하였다.
83) 요·순나라 때부터 주나라 때까지 政事에 관한 문서를 수집하여 공자가 편찬한 책.

사용한다는 것이다.

　다음 우바제사란 "가까이에서 설해 보인다"는 뜻이 포함되어 있다. 이는 후세 부처님의 제자 중에 총명하고 유능한 사람이 부처님의 진리에 부합하여 중생들에게 알기 쉽게 자세하게 설명한 것을 말한다. 다시 말하면 우바제사는 세존이 직접 말씀한 것이 아니지만 경을 그 시대 사람들에게 알기 쉽게 설명하는 내용이 세존이 말씀하신 법의 본질에 부합하는 책이다. 즉 천친보살이 지은 『무량수경우바제사』는 『무량수경』의 취지인 아미타불의 본원사상을 석존을 대신하여 천친이 법의 본질에 어긋나지 않게 우리들에게 설명한 것이다. 그렇기 때문에 넓은 뜻으로 풀이하여 mātṛkā[84])나 abhidharma[85])까지도 우바제사의 이명(異名)이라 했는지 모른다. 시대가 변함에 따라 문화가 달라지고 인간들이 사고하는 양상도 달라 새로운 언어가 등장하기 때문에 세존의 교설도 그 시대 사람들에게 맞는 언어와 방법을 사용하여 이해시키는 것이 중요하다고 본다. 21세기를 들어선 오늘날 고도의 과학문명이 발달하여 온 세상의 정보를 시시각각으로 알아볼 수 있을 뿐만 아니라, 유전자 조작에 의해 복제인간도 만들어내는 시대이기 때문에 2500여 년 전 세존의 시대와는 많이 변하였다. 예를 들면 세존의 시대에는 물질의 원소가 지(地)·수(水)·화(火)·풍(風) 4대(大)로 되었다고 하였지만, 오늘날은 백여 가지가 넘는 원소로 되었다고 한 것이

---

84) 음역으로는 摩怛理迦·摩窒里迦·摩多羅迦·摩得勒迦 등이고 의역으로 母·本母·智母·行 母·論母·行境界라 한다. 경이나 논 가운데에서 반복 연찬해서 진정한 세존의 교의를 해석한 것이다. 여기서 母라 함은 智와 行을 낳는다는 뜻에서 비롯되었다.
85) 음역으로는 阿毘曇·毘曇이라고 하고, 의역으로는 對法·無比法·向法·勝法, 혹은 단지 논이라고도 한다. 경과 율과 더불어 삼장 가운데 하나로 阿毘達磨藏·阿毘曇藏·對法藏·論藏이라 불린다.

과학적으로 규명되고 있기 때문에 세존의 교설을 이러한 시각에 의해 부합하게 논리 정연하게 설명하지 않으면 안될 것이다. 이렇게 설명하여야 이 시대의 사람들이 세존의 본의를 이해하고 열심히 정진하여 본래의 면목을 찾을 수 있을 것이다. 즉 현실에 맞게 설명한 내용이 세존이 말씀하신 법의 본질과 어긋나지 않으면 이것이 우바제사이다.

論註 : 此論始終凡有二重 一是總說分 二是解義分 總說分者 前五言偈盡是 解義分者 論曰已下長行盡是 所以爲二重者有二義 偈以誦經爲總攝故 論以釋偈爲解義故

  논주 : 이 논(왕생론)은 전체적으로 중요한 것이 두 가지다. 첫째는 총설분(總說分)이고, 둘째는 해의분(解義分)이다. 총설분이란 논 앞 부분에 나오는 5언의 게송이 모두 이것이고, 해의분이란 '논왈(論曰)' 이하의 장행(長行)이다. 두 가지가 중요하다는 것은 두 가지 뜻이 있기 때문이다. 게(偈)는 경을 외움으로써 모든 것을 포섭하기 때문이고, 논은 게를 해석함으로 그 뜻을 이해하기 때문이다.

【講說】
  앞에서는 『왕생론』이란 책의 이름을 해석하였고, 여기서는 책에 있는 내용의 구성을 설명하였다. 책의 구성을 먼저 게송으로 이루어진 원생게(願生偈)인 총설분과, 다음 뒤를 이어 나온 산문형식(散文形式)으로 원생게의 뜻을 해석한 해의분 두 가지로 나누었다. 즉 담란은 원생게를 '총설분'이라 하고, 해의분은 똑같이 '해의분'이라고 하여 그의 저서인 『왕생론주』 상권에서는 총설분, 하권에서는 해의분으로 배치하여 논하고 있다. 보통 일반적인 경전들은 '이와 같이 나는 들었다'에서 시작하여 본문에 들어가기 전까지를 서분(序分)이라 하고, 본론에 해당하는 부분을 정종분(正宗分)이라 하며, 그리고 경의 공덕을 설하여 널리 전할 것을 권한 결론적인 부분을 유통분(流通分)이라고 하여 세 가지로 나눈다. 그런데 이 원생게는 이러한 것이 없이 총설분과 해의분 두 가지로 되어 있는 것이 특색이다. 이 총설분의 원생게는 24행(行)의 5언(言) 4구(句)로 되어 있으며, 구로는 총 96구이다. 어떤 학자[86]는 이 총설분을 구분하여 일반적인 다른 경전의 구성과 마찬가지로 취급하여 서분과 정종분, 그리고 유통분으로 나누었다. 즉 서분을 "世尊我一心 歸命盡十方 無碍光如來 願生安樂國 我依修多羅 眞實功德相 說願偈總持 與佛敎相應"라 하여 이 가운데 처음 네 게송인 제1행은 부처님을 공경하면서 귀의하는 것이기 때문에 귀경게(歸敬偈)라 하며, 다음 네 게송인 제2행은 이 책을 쓰게 된 동기를 말하는 것으로 발기서(發起序)라 하여 서분으로 하였고, 다음 제3행인 "觀彼世界相 勝過三界道 究竟如虛空 廣大無邊際"에서부터 23행 "何等世界無 佛法功德寶 我皆願往生 示佛法如佛"까지를 정종분이라 하였으며, 마지막 "我作論說偈 願見彌陀佛 普共諸衆生 往生安樂國"의 24행을 유통분이라 하여 일반적인 경전처럼 세 단원으로 나누었다.

  다음 장행(長行)으로 된 해의분은 원생게를 해석한 것으로 『무량수경』의 본 뜻을 분명히 밝힌 것이다. 즉 게송은 『무량수경』의

---

[86] 하야시마 쿄쇼(早島鏡正)과 오타니 쿄신(大谷光眞) 著 『정토론주』 pp.26~33.

내용을 시구로 간단하게 함축하였지만, 장행은 함축적인 게송의 뜻을 풀이하여 논한 것이라고 보면 될 것이다.

論註 : 無量壽者 言無量壽如來壽命長遠不可思量也 經者常也 言安樂國土佛及菩薩淸淨莊嚴功德 國土淸淨莊嚴功德 能與衆生 作大饒益 可常行于世 故名曰經 優婆提舍是佛論議經名 願是欲 樂義 生者天親菩薩願生彼安樂淨土 如來淨華中生 故曰願生 偈 是句數義 以五言句略誦佛經故名爲偈

논주 : '무량수(無量壽)'란 무량수 여래의 수명이 한량없어 능히 헤아릴 수 없는 것이고, '경'이란 '항상하다'는 것을 말한다. 안락국토의 부처님과 보살들의 청정장엄공덕, 그리고 국토의 청정장엄공덕을 말하면 능히 중생들을 위해 큰 이익을 주는 일이 항상 세상에 행해지고 있다. 그렇기 때문에 이름하여 경이라 한다. '우바제사'란 부처님 말씀을 해석한 경의 이름이다. '원'이란 바란다는 뜻이고, '생'이란 천친보살이 저 안락국토 여래의 깨끗한 연꽃 가운데 태어나기를 원하는 것이다. 그렇기 때문에 '원생(願生)'이라 한다. '게'란 구절의 수가 5언구로 되어 간략하게 부처님 경전을 외우는 것이다. 그렇기 때문에 게(偈)라 한다.

【講說】
 이 문장에서는 다시 한번 『무량수경우바제사원생게』에 대한 책 이름에 대해 설명하였다.
 ① '무량수'에 대해서 보면, 산스크리트어로 된 책 『무량수경』

가운데는 아미타불의 특성에 대해 Amitābha(無量光)과 Amitāyus(無量壽) 두 가지를 말하고 있다. 여기서 말하는 Amitābha는 공간적으로 지혜가 충만한 것을 말하며, Amitāyus는 시간적으로 무한하게 오래 생존하는 것을 말하기 때문에, 아미타불의 명호에는 공간과 시간을 충족시키는 공덕이 있다고 보아도 무리는 아니다. 무량수여래란 이 두 가지 가운데 시간적으로 무한하게 오래 생존한다는 Amitāyus를 말하는 것으로, 헤아릴 수 없는 수명을 가진 tathāgata를 말한다.

② '경'이란 산스크리트어로는 sūtra인데 이를 의역하면 계경(契經), 또는 정경(正經)이라 한다. 이것은 12부경 가운데 첫 번째 나오는 것이며, 경·율·논 등 삼장 가운데 하나이다. 원래 sūtra는 고대 인도에서는 일반적으로 종교나 학술의 기본적인 설을 정리한 짧은 문장을 말하는 것으로 불교에서도 석존의 교설을 경이라고 한다. 즉 sūtra는 선(線)·조(條)·사(絲)·유(紐)의 의미이고, 이것이 변하면 모든 법을 실로 꾀어 묶어서 중생을 보호하고 거두어 지닌다는 뜻이다. 한문에서 '경'이란 '날실'이란 뜻으로 여기에도 같은 뜻이 포함되어 있고, 영원히 변하지 않는 규범이 된다[恒常]는 의미도 있다. 『잡아비담심론』[87]에서는 첫째는 모든 뜻이 생겨난다는 의미가 있으며, 둘째는 다함이 없는 진리가 샘처럼 솟아난다는 뜻이 있고, 셋째는 모든 진리를 나타낸다는 뜻이 있으며, 넷째는 목수의 먹줄과 같이 사(邪)와 정(正)을 가린다는 의미가 있고, 다섯째는 모든 법을 꾀어서 묶는다는 의미가 있다고 하였다.

담란은 한문에서 말하는 의미를 가지고 경의 뜻을 해석하였고,

---

87) 대정장 28권 p.931c.

또 『무량수경』은 안락국토에 계신 아미타 부처님과 여러 보살들이 가지고 있는 청정한 장엄공덕과 그리고 국토가 가지고 있는 청정한 장엄공덕을 설하여 능히 모든 중생들에게 큰 이익을 주기 위해 항상 실천하고 있기 때문에 '경'이라 한다고 하였다. 다시 말하면 『무량수경』은 고통에 헤매는 중생들에게 영원한 지혜와 수명을 갖추어 성불하게 하는 경으로 영원히 변하지 않는 '항상(恒常)'의 의미를 지니고 있다는 것이다.

③ '우바제사'란 앞에서 한 번 언급한 것처럼 12부경 가운데 마지막에 나오는 것으로 부처님의 말씀인 경전을 알기 쉽게 해설한 논의경(論議經)을 말한다.

④ '원'이란 미리 어떠한 목적을 설정해 놓고 그것이 이루어지기를 간절히 원하는 마음이다. 담란은 이 '원'을 '욕락(欲樂)'이라 하여 "원하고 구하는 것"으로 풀이하였다. 인생이 살아가는데 이 원이 없는 사람은 목적의식이 없는 사람으로 삶이 무미건조할 것이다. 즉 원을 설정하였으면 그 원을 이룩하려는 실천이 뒤따라야 한다. 아무리 훌륭한 원이라도 실천이 따르지 않으면 원은 이루어지지 않는다. 원을 꼭 이루고자 하는 욕망이 간절한 사람은 확고한 신념 속에 실천하면서 어떠한 어려운 난관이 있더라도 꼭 이겨내 성취할 것이다. 이러한 관점에서 천친의 원은 극락정토에 왕생하는 것이고, 이 원을 달성하기 위해서 오념문이란 수행방향을 설정하였다.

⑤ '생(生)'이란 위에서 원을 이룩하려는 수행을 실천하여 목적을 달성한 것을 말한다. 즉 천친보살이 오념문을 수행하여 아미타불이 계신 안락국토의 깨끗한 연꽃 가운데 태어나는 것이 '생'이다. 이러한 맥락에서 보면 천친이 『무량수경우바제사』를 쓸 때는

아직 목적을 이룩하지 못하였고, 다만 원만을 세워 극락세계의 연꽃 가운데 태어나기를 원하는 것이기 때문에 '원생(願生)'이라 한다.

⑥ '게(偈)'란 일반적으로 산문체(韻文體)의 가요(歌謠)・성가(聖歌)・시구(詩句)・게문(偈文)・송문(頌文)을 뜻하고, 좁은 의미로는 12부경 가운데 하나인 gāthā로 게(偈), 또는 고기송(孤起頌)이라고 의역한다. 여기서 말하는 게(偈)란 천친이 쓴 5언4구로 된 24행이며, 구(句)로는 총 96구이다. 이것은 세존이 설하신 『무량수경』의 내용을 시구(詩句)로 간략하게 표현한 것이다.

論註 : 譯婆藪云天 譯槃頭言親 此人字天親 事在付法藏經 菩薩者 若具存梵音 應言菩提薩埵 菩提者是佛道名 薩埵或云衆生或云勇健 求佛道衆生有勇猛健志故名菩提薩埵 今但言菩薩譯者略耳 造亦作也 庶因人重法故云某造 是故言無量壽經優婆提舍願生偈婆藪槃頭菩薩造 解論名目竟

논주 : '바수(婆藪)'를 번역하면 천(天)이고, '반두(槃頭)'를 번역하면 친(親)이므로 이 사람을 천친이라 부른다. 이러한 것은 『부법장경』에 기록되어 있다. '보살'이란 만약 산스크리트어로 갖추어 말하면 마땅히 '보리살타'라 한다. '보리'란 부처님의 진리를 이름한 것이고, '살타'란 혹은 중생, 혹은 용건(勇健)이라 한다. 부처님의 진리를 구하는 중생이 용맹하고 굳건한 의지가 있기 때문에 '보리살타'라 부르는 것이다. 지금 단 보살이라고 한 것은 간략하게 했을 뿐이다. '조(造)'란 또한 짓는다는 것으

로 사람으로 인하여 법이 존중되기 바라기 때문에 "아무개가 지었다."고 했다. 그렇기 때문에 『無量壽經優婆提舍願生偈婆藪槃頭菩薩造』라고 말한다. 이것으로 논의 제목을 해석하여 마친다.

【講說】

담란은 먼저 천친(天親, Vasubandhu)이라는 이름을 산스크리트어를 번역하여 해석하였다. 즉 Vasu는 산스크리트어를 그대로 음사(音寫)한 것으로 신들을 총칭하여 부르는 이름인데 한문으로는 천(天)이라 하기도 하고 세(世)라고도 하며, bandhu도 산스크리트어를 그대로 음사한 것으로 한문으로는 친(親)이라 번역한다. 이것은 친하다는 의미로 친류(親類), 친구, 또는 붕우(朋友)라는 의미가 내포되어 있다. 그래서 옛날 번역인 구역(舊譯)에서는 천친(天親)이라 하고, 새로운 번역인 신역(新譯)에서는 세친(世親)이라 한다. 담란은 천친의 생애에 대해서 『부법장인연전』[88]에 수록되어 있다고 하였지만 이보다 더 자세한 것은 인도에서 온 역경승인 진제가 번역한 『바수반두법사전』[89]이다. 이외 『대당서역기』[90], 『성유식론요의등』[91]에도 열거되어 있다. 이들 전기를 중심으로 천친의 생애를 간단히 살펴보면 다음과 같다.

천친은 북천축의 부루사부라에서 태어났다. 부루사부라라는 지역은 불상으로 유명한 간다라 지방에 위치하고 현재는 파키스탄의 국토이다.[92] 여기에서 '교시가'라는 성을 가진 바라문의 둘째

---

88) 대정장 50권 p.321b.
89) 대정장 50권 pp.188a~191a
90) 대정장 51권 p.896b.
91) 대정장 43권 p.659b~c
92) 다께우치쇼코 「世親—唯識思想と淨土敎—」 『淨土佛敎の思想』 pp.97~

아들로 태어났다. 그는 어려서부터 머리가 뛰어나 기억력이 좋아 무엇을 한 번 들으면 잊어버리지 않는 천재였다. 처음 소승인 설일체유부에 출가하여 아비달마 교리에 통달하여 소승의 교리를 전파하는데 전력하다가, 형인 무착의 권유에 의하여 대승으로 전향하여 화엄·반야 등 대승교리를 깊이 연구하고 이해하여 대승경전과 논서(論書)를 많이 주석하였다.

천친은 무착이 죽은 후 논을 지어 많은 대승경전을 해석하였는데, 화엄·열반·법화·반야·유마·승만 등의 경전에다 논석(論釋)을 붙여 일반인들이 쉽게 이해하도록 하였다. 또『유식론』·『섭대승론』·『삼보성』·『감로문』[93] 등의 논에다 주석을 붙인 해박한 지식을 가진 주석가이다.

다음으로 천친의 저서를 보면, 대승경전을 주석한『묘법연화경우바제사』2권·『묘법연화경논우바제사』1권·『십지경론』12권·『무량수경우바제사』1권과 이밖에 여섯 종류가 더 있고, 미륵과 무착의 논서(論書)를 주석한『섭대승론석』15권·『섭대승론석론』10권·『섭대승론석』10권과 이외에 네 종류가 더 있으며, 교리에 관한 저서로는『아비달마구사론』30권·『아비달마구사석론』22권·『아비달마구사론본송』1권과 이외에 열 종류가 더 있고, 경에 대한 주석인지 또는 교리에 대한 논서인지가 확실하지 않은 저서로는『열반론』1권과『발보리심경론』2권도 있다.[94] 이렇게 많은 저서는 대부분 유가에 대한 것이고, 정토사상에 대한 것은『무량수경우바제사원생게』하나로 극히 적은 분량의 책이다. 하지만 유

196에서 천친의 생애에 대하여 자세하게 논하고 있으니 참조 바람.
93) 『甘露門』은 『無量壽經優波提舍願生偈』가 아닌가 말하고 있다. (다께우치쇼코 앞의 책 p.101)
94) 拙著『염불의 원류와 전개사』pp.231~234까지를 참조하기 바람.

제1절 왕생론의 본지 47

가의 학승이 극락세계의 장엄을 29종으로 나누어 설명하면서 5념문을 강조한 것은 후대 정토발전에 큰 이바지를 하였다고 본다.[95]

다음으로 '보리살타'에 대해 설명하였다. '보살'이란 산스크리트어 bodhi-sattva를 줄여서 말한 것으로 담란은 'bodhi'와 'sattva'를 분리하여 설명하였다. 담란은 먼저 bodhi[96]에 대해 "부처님이 깨달은 진리를 이름한다."고 하였다. 이 bodhi에 대해 용수는 『지도론』에서 "첫째 발보리심(發心菩提)이란 보살이 깨달음을 구하기 위하여 발심하는 것이고, 둘째 복심보리(伏心菩提)란 번뇌를 항복 받고 바라밀을 행하는 것이며, 셋째 명심보리(明心菩提)란 모든 실상을 깨달은 반야바라밀의 모습을 말하고, 넷째 출도보리(出到菩提)란 반야바라밀에 의한 방편의 힘을 얻었더라도 반야바라밀에 집착하지 않고 번뇌를 끊고 일체지(一切智)에 이르는 것을 말하며, 다섯째 무상보리(無上菩提)란 부처님만이 깨달은 각지(覺智)의 과(果)를 말한다."[97]고 하는 다섯 가지를 열거하고 있다. 이것은 부처님 제자가 발심에서부터 부처가 되는 깨달음의 절차를 말한 것이다. 불교란 깨달음의 종교이기 때문에 '보리'가 얼마나 중요한 지 우리는 다시 한번 인식해야 할 것이다. 인간의 발전은 깨달음에서부터 시작된다고 본다. 왜냐하면 불교에서 말하는 부처님의 대각(大覺)이

---

95) 같은 책, pp.231~234를 참조 바람.
96) 한역으로는 覺・智・知・道라고 한다. 즉 부처님이나 성문과 연각이 각각 그 果에 따라 얻는 깨달음의 지혜이다. 이 가운데 부처님의 깨달음이 더할 나위 없는 최상의 것이므로 阿耨多羅三藐三菩提라 한다.
97) 復有五種菩提 一者名發心菩提 於無量生死中發心阿耨多羅三藐三菩提故名爲菩提 此因中說果 二者名伏心菩提 折諸煩惱降伏其心 行諸波羅密 三者名明心菩提 觀三世諸法 本末總相別相分別籌量 得諸法實相 畢竟淸淨 所謂般若波羅密相 四者名出到菩提 於般若波羅密中得方便力故 亦不著般若波羅密 滅一切煩惱 見一切十方諸佛 得無生法忍 出三界道薩婆若 五者名無上菩提 坐道場斷煩惱習 阿耨多羅三藐三菩提(대정장 25권 p.438a)

아니더라도 사회적으로 어떤 사업이나 학문을 할 때도 하나 하나의 깨달음의 의해 사업이 발전하고 학문이 깊어지게 되며, 이념이 확립된다고 본다. 그런데 영원한 행복을 추구하는 종교가 내면의 깨달음이 없이는 성립될 수 없기 때문에 '보리'라는 명제는 중요한 의미를 가지고 있다.

다음 'sattva'에 대해서는 담란은 "중생 혹은 용건(勇健)이다."고 하였다. 여기서 '중생'은 흔히 유정(有情), 혹은 함식(含識)이라 번역하여 심식(心識)을 가지고 있는 생류(生類)를 의미한다. 다시 말하면 "생존하는 것"이라든가 "마음"의 뜻이 되기도 하고, "바램〔志願〕"이란 뜻으로 마음을 가지고 있는 일체 모든 생류를 말한다. 그리고 '용건(勇健)'이란 중생들이 부처님의 진리를 구하는데 용맹하고 굳건한 의지가 있기 때문이다. 담란이 말한 보살이란 어떠한 역경에도 굴복하지 않고 굳건한 마음으로 용맹정진하여 무상보리를 얻는 것이다. 여기서 천친을 보살이라고 부르는 것은 천친이 정토에 왕생하려는 간절한 원을 가지고 굳건하게 용맹정진했기 때문에 붙인 것이라 보며, 한 걸음 나아가 생각하면 천친이 보살정신에 입각하여 중생들을 위하여 많은 대승경전의 주석서를 남겼기 때문에 보살이란 칭호를 붙인 것이 아닌가 생각된다.

보살이란 술어가 등장하게 된 것은 다음과 같다. 성문이나 연각을 목적으로 한 출가자들은 한 사원에서 고립된 생활을 하면서 자기들끼리 서로 가르치고 가르침을 받으면서 서로 탁마하는 자리(自利)적인 수행생활만을 하였다. 이것은 일반대중과 같이 호흡하지 않는 원시불교나 부파불교의 특색이다. 이에 대한 새로운 경종을 울리기 위해 등장한 이타(利他)적인 혁신운동이 보살이다. 다시 말하면 보살운동은 출가자에 국한된 수행운동이 재가자에게도 확산되는 것으로 승속(僧俗)의 2원적인 구조가 사라지는 전환점을 마련한 것이다.

다음으로 '조(造)'는 자기가 가지고 있는 어떤 사상을 집필하였다는 뜻일 것이다. 공자는 자기가 펴낸 책에 대해 '술이부작(述而不作)'이라 하여 술(述)과 작(作)을 달리 설명하였다. 여기서 술(述)이란 옛날 문헌을 편집하였다는 뜻이고, 작(作)이란 자기의 사상을 지었다는 뜻으로 해석한 것이다. 이러한 맥락에서 보면 조(造)란 『무량수경』의 사상을 근본으로 하여 천친이 지었다는 작(作)의 의미가 있다고 본다. 즉 이 『무량수경우바제사원생게』란 책은 천친보살이 지었기 때문에 '바수반두보살조(婆藪槃頭菩薩造)'라고 한 것이다.

제2절 총설분

1) 원생게 분류

論註 : 偈中分爲五念門 如下長行所釋 第一行四句相含有三念門 上三句是禮拜讚歎門 下一句是作願門 第二行論主自述我依佛經 造論與佛敎相應 所服有宗 何故云此 爲成優婆提舍名故 亦是成 上三門起下二門 所以次之說 從第三行盡二十四行是觀察門 末後 一行是廻向門 分偈章門竟

논주 : 게송을 나누면 5념문이 되는데, 아래의 장행(長行)[98]에서 해석한 것과 같다. 제1행인 4구(句)에는 세 가지 문이 포함되어 있다. 위 3구는 예배문과 찬탄문이며, 아래 1구는 작원문이다. 제2행은 논을 지은 주인공[99] 스스로 "'내가 부처님의 경전에 의지해 논을 지었으므로 부처님의 가르침과 상응하기를 받들어 행하는 것이 근본이 된다."고 하였다. 무엇 때문에 이렇게 말하는가 하면, 우바제사라는 이름을 성립시키기 위해서이다. 또 이것은 위로 세 가지 문을 이루고, 아래로 두 가지 문을 일으키기 때문에 이어서 설한다. 제3행으로부터 제24행에 이르

---

98) 이 論註 下卷을 말함.
99) 『왕생론』을 지은 천친이다.

기까지는 관찰문이고, 맨끝 1행은 회향문이다. 게송의 장문을 분류하는 것을 마친다.

【講說】

　총설분은 원생게를 예배·찬탄·작원·관찰·회향 다섯 가지로 나누어 해설하는 부분이다. 담란이 5념문을 가지고 원생게를 해설하는 것은 천친보살이 장행에서 "이 원게(願偈)는 무슨 뜻을 밝히고 있는가? 안락세계를 관찰하고 아미타불을 친견하여 저 국토에 태어나기를 원하는 것이다. 어떻게 관찰하며 어떻게 신심을 내어야 하는가? 만약 선남자 선여인이 5념문을 닦아 성취하면 마침내 안락국토에 태어나 아미타불을 친견할 수가 있다. 어떤 것이 5념문인가? 첫째는 예배문이요, 둘째는 찬탄문이며, 셋째는 작원문이며, 넷째는 관찰문이고, 다섯째는 회향문이다."[100]고 말한 것이다. 이 항목은 담란이 천친의 입장[101]에서 원생게를 분류하였고, 논을 지은 의미와 목적을 설명한 것이다. 다시 한번 언급하지만 천친이 지은 원생게는 모두 24행으로 되어 있고, 이것을 다섯 가지 문으로 나누면 첫 번째 구절인 "世尊我一心 歸命盡十方 無碍光如來 願生安樂國"이라는 4구에는 예배문·찬탄문·작원문 세 가지 문이 포함되어 있다. 즉 "歸命盡十方 無碍光如來"은 예배문이며, 이 가운데 "無碍光如來"라고 한 것은 걸림이 없는 광명을 가진 부처님을 찬탄하는 것이기 때문에 찬탄문이고, 다음 "願生安樂國"은 안

---

100) 此願偈明何義 觀安樂世界 見阿彌陀佛 願生彼國土 云何觀 云何生信心 若善男子善女人 修五念門成就者 畢竟得生安樂國土 見彼阿彌陀佛 何等五念門 一者禮拜門 二者讚歎門 三者作願門 四者觀察門 五者廻向門(대정장 26권 p.231b)
101) 장행의 첫머리에서 오념문에 대해 설명한 것을 근거로 하였다.

락국에 태어나기를 원하는 것이기 때문에 작원문이다. 그렇기 때문에 첫 번째 게송인 귀경게에는 5념문 가운데 세 가지 문이 포함되어 있음을 알 수가 있다.

다음 제3행에서부터 제23행까지 긴 단원은 관찰문이며, 마지막 게송인 제24행의 "何等世界無 佛法功德寶 我皆願往生 示佛法如佛"은 회향문이다. 이것을 도표로 보면 다음과 같다.

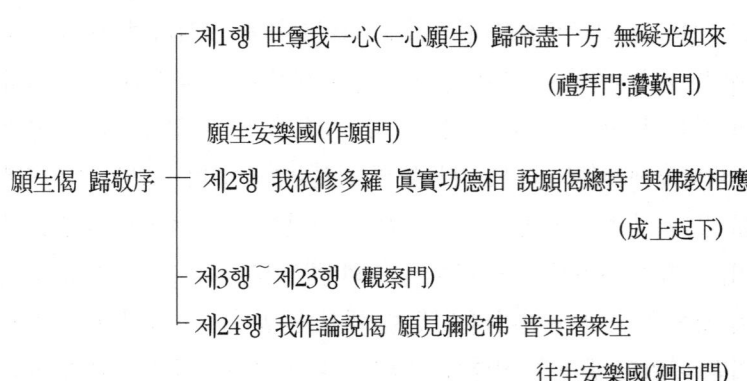

이 가운데 제2행을 "成上起下"라고 한 의미는 앞 제1행에서는 세 가지 문이 성립되었고, 뒤 제3행에서부터 제24행까지 관찰문과 회향문을 일으키는 역할을 제2행이 한다는 것이다. 다시 말하면 뒤에 나오는 관찰문과 회향문의 내용은 천친이 수다라인 『무량수경』의 진실한 공덕의 모습에 의지하여 말한 것으로 부처님의 교설과 똑같다는 것이다.

2) 예배문 · 찬탄문 · 작원문

論 : 世尊我一心 歸命盡十方 無礙光如來 願生安樂國
論註 : 世尊者諸佛通號 論智則義無不達 語斷則習氣無餘 智斷
具足能利世間 爲世尊重故曰世尊 此言意歸釋迦如來 何以得知
下句言我依脩多羅 天親菩薩在釋迦如來像法之中 順釋迦如來經
敎 所以願生 願生有宗 故知此言歸于釋迦 若謂此意遍告諸佛亦
復無嫌 夫菩薩歸佛 如孝子之歸父母忠臣之歸君后 動靜非己出沒
必由 知恩報德理宜先啓 又所願不輕 若如來不加威神 將何以達
乞加神力 所以仰告
我一心者 天親菩薩自督之詞 言念無礙光如來願生安樂 心心相續
無他想間雜 問曰 佛法中無我 此中何以稱我 答曰 言我有三根本
一是邪見語 二是自大語 三是流布語 今言我者 天親菩薩自指之
言 用流布語非邪見自大也

  논 : 세존(世尊)이시여! 저는 일심으로
     모든 시방에 장애가 없는
     광명을 가진 여래(如來)에게 귀의하옵고,
     안락국에 태어나기를 원합니다.
  논주 : '세존'이란 모든 부처님의 통칭적인 명호이다. 지(智)를
가지고 논하면 뜻[義][102]으로써 통달하지 못할 것이 없고, 단
(斷)[103]을 가지고 논하면 습기(濕氣)[104]가 남은 것이 없다. 지

---
[102] 지혜를 완성하였기 때문에 무슨 이치든 통달하지 못한 것이 없다는 것이다.
[103] 모든 번뇌를 다 끊어 버렸다는 것이다.
[104] 산스크리트어 vāsanā의 번역으로 흔히들 習이라 한다. 業의 잠재적 印象,

(智)와 단(斷)이 구족하여 능히 세간을 이롭게 하여 세상에서 존중하기 때문에 세존이라 한다. 여기서는 석가여래(釋迦如來)에게 귀의한다는 뜻을 말한 것이다. 무엇 때문에 그런 줄 아는가 하면, 아래 구절에 "나는 수다라[105]에 의지한다"고 하였기 때문이다. 천친보살은 석가여래의 상법(像法)[106] 시대에는 생존하였고, 석가여래의 가르침을 따라 (극락에) 태어나기를 원하였기 때문에 '원생(願生)'을 근본으로 삼았다. 그렇기 때문에 이 말이 석가모니부처님께 귀의한다는 것인 줄 알라. 만약 이 뜻이 두루 모든 부처님에게 해당된다고 하여도 또한 싫어할 것은 없다. 저 보살이 부처님에게 귀의한다는 것은 효자가 부모의 뜻을 따르는 것과 같고, 충신이 임금을 받드는 것과 같아 모든 행동을 자기 멋대로 하지 않으며, 나아가고 들어오는 것에는 반드시 은혜를 알고 덕에 보답하는 연유가 있는 것과 같다. (그러므로) 이 치로서 마땅히 먼저 (부처님께) 아뢰는 것이고, 또 원하는 것이 가볍지 않다. 만약 여래에게 위신의 가피력이 없다면 장차 어떻게 진리를 통달할 수 있겠는가. 부처님의 위신력을 구하기 때문에 우러러 아뢰는 것이다.

'아일심(我一心)'이란 천친보살이 스스로 읊은 말이다. 무애광

또는 慣習性으로 薰習에 의해 남겨진 기분을 말한다. 이것은 실질적으로 종자와 같은 의미를 가지고 있다. 즉 우리들의 사상이나 행위, 특히 번뇌를 가끔 일으키므로 우리들의 마음속에 새겨지고 물드는 관습의 기분·습성·餘習·殘氣 등이다. 그렇기 때문에 번뇌는 끊어도 아직 習氣는 남는 수가 있다.

105) sūtra의 음역이다.
106) 상법이란 3時의 하나로 부처님이 열반하신 후 500년은 정법이고, 다음 천년은 상법이며, 상법 다음 만년은 말법이라는 설이다. 이 3시의 연대에 여러 가지 설이 있지만 담란은 위의 설을 의지하여 천친을 상법시대의 인물로 보았다. 즉 천친은 320년경에 태어나 380년경에 죽었기 때문에 부처님의 입멸을 기원전 500년경으로 보면 상법에 해당한다.

여래를 마음속에 염하면서 안락세계에 태어나기를 원하는 것으로 마음과 마음이 서로 이어져 다른 생각이 사이에 섞이지 않는 것을 말한다.

묻건대 부처님 법 가운데는 나(我)라고 하는 것이 없다고 하였는데 여기에서는 무엇을 가지고 나라고 말하는가?

답하건대 아(我)라는 말에는 세 가지 근본이 있는데 첫째는 사견어(邪見語)107)이요, 둘째는 자대어(自大語)108)며, 셋째는 유포어(流布語)109)이다. 이제 여기서 나라고 말하는 것은 천친보살 스스로를 가리키는 말로써 유포어를 사용한 것이지 사견어나 자대어가 아니다.

【講說】

세존이란 말을 한자 그대로 이해한다면 세상 사람들로부터 존경을 받는다는 의미가 있는데, 산스크리트어로는 "Bhagavat"110)로 "bhaga"라는 "영광, 번영"이란 의미에 "vat"의 "…을 소요한다"는 뜻이 합친 말로 이는 "영광을 갖춘 사람"이란 의미이다.111) 다시 말하면 "복덕을 구족한 사람"이란 뜻이다.

---

107) 삿된 소견에 국집된 我로 나라고 하는 실체가 있다고 잘못된 견해에서 나오는 말이다.
108) 스스로 자기를 높여 부르는 말로 자만심에서 나오는 말이다.
109) 세간 일반인들이 흔히 사용하는 말로 너와 나를 구별할 때 쓴다. 즉 일인칭 단수의 대명사이다.
110) 음역으로 婆伽婆・婆伽梵・薄伽梵이라 하고, 의역으로는 세존・有德・有名聲이라 한다. 즉 여러 가지 덕이 있는 사람, 威德이 있는 사람, 명성과 존귀함이 있는 사람을 의미하며, 일반적으로 존귀한 사람에 대해 공경히 부르는 말이다.
111) 自在・妙相・稱讚・吉祥・智・精進등 여섯 가지를 원만히 갖춘 사람을 말한다고 하였다.(山口益 著『世親の淨土論』p.50)

56 Ⅲ. 원문번역과 강설

이 말은 석존이 출생하기 이전부터 인도에서는 제자가 스승에 대해 부를 때 사용한 말인데, 불교에서 이것을 도입하여 여래 십호(如來 十號) 가운데 하나로 사용하였다. 담란은 이것을 석가여래뿐만 아니라 여러 부처님을 통상적으로 부르는 이름이라 하여 여래 십호 가운데 하나임을 전제하면서 지덕(智德)과 단덕(斷德)을 가지고 논하였다. 여기서 이야기한 지덕이란 지혜를 완성하여 모든 사물을 분명히 아는 깨달음인 bodhi를 말하고, 단덕이란 모든 번뇌를 완전히 끊어버린 nirvāna의 경지를 말한다. 담란보다 후대의 인물인 우리나라 원효는 『무량수경종요』112)에서 수사발심(隨事發心)113)을 설명하면서, 번뇌가 한량이 없지만 그것을 다 끊으려고 원하는 것이 단덕이요, 선법(善法)이 무량하지만 그것을 다 닦으려고 하는 것이 지덕이며, 중생이 끝이 없지만 다 제도하려고 하는 것이 은덕(恩德)이라고 하였다. 이 세 가지 덕은 천친이 지은 『섭대승론석』114)과 『불성론』115) 가운데 나온 것으로 담란은 이 가운데 지덕과 단덕을 이용하였다고 본다. 다시 말하면 세존이란 부처가 되기 이전 수행자로 있을 때 서원을 세워 추구할 것과 끊어버릴 것을 끊었기 때문에 여러 사람들로부터 존경을 받는 것이다. 세상에는 위로 추구하여 얻어야 할 것이 있고, 아래로는 끊어 얻어야 할 것이 있다. 예를 들면 불교적으로 염불과 참선, 그리고 주력(呪力) 등은 열심히 정진하여 보리를 얻는 것이고, 사회적으로는 선한 행동을 열심히 실천하면 덕을 쌓는 이익이 있고, 불교적으로

---

112) 대정장 37권 p.128c.
113) 현상적인 일을 보고 발심하는 것.
114) 三身卽是三德 法身是斷德 應身是智德 報身是恩德云云(대정장 31권 p.257c.)
115) 果圓滿者 謂智斷恩德云云(대정장 31권 p.794a)

남의 생명을 죽이지 않고 도둑질하지 않으며, 부정한 성관계를 갖지 않으면 죄를 받지 않고 복을 받는 것이고, 사회적으로 담배 피우는 것을 끊으면 폐암에 걸리는 것을 미리 예방하는 것이며, 술을 마시지 않아 간을 보호하는 것은 끊는 것에 의해 얻어진 이익이다.

다음은 천친이 말하고 있는 세존과 무애광여래는 어느 부처님인지 알아보자. 산스크리트어로 된『왕생론』이 있으면 분명히 알 수 있지만, 현존하지 않기 때문에 보리유지가 번역한 한역본을 보고 판단할 수밖에 없다.116) 담란은 세존과 무애광여래를 구분하여 설명하지 않고, 다만 천친이 귀의하는 부처님은 석가여래라고 보았다. 이러한 근거는 뒤 게송에 "나는 수다라에 의지한다."고 하는데, 여기서 나 천친은 석가여래가 쓴 경을 의지하여 안락국에 태어나기를 원한다고 하였기 때문에 여기서 말하는 "의지"란 귀의며, 귀의의 대상은 수다라를 말씀한 주인공인 석가여래인 것이다. 그리고 담란은 "만약 이 뜻이 두루 모든 부처님에게 해당된다고 하여도 또한 싫어할 것은 없다."고 하여 시방에 계신 모든 부처님을 말할 수도 있다고 하였다. 그런데 "世尊我一心 歸命盡十方 無礙光如來"라는 글귀 가운데 앞 세존과 뒤 무애광여래가 다르지 않

---

116) 보리유지가 중국에 와서 경을 번역하기 시작한 것은 508년 담란의 나이 28세 때이다. 담란은 보리유지를 만나 죽지 않고 오래 사는 법을 묻고 『관무량수경』을 받은 것이 보리유지와의 인연이었다. 이때 담란의 나이가 50~55세경으로 입적하기 10여년 전이라고 하는 것이 일반적인 생각이다.(하야시마쿄쇼·오오타니코씬『淨土論註』p.18『佛敎講座』제22권, 미꼬가미에류『往生論註解說』p.7) 그렇다면 담란이 보리유지가 번역한 『왕생론』을 만난 것은 535년 이후로 담란이 입적하기 몇 년 전이라 생각한다. 그렇기 때문에 보리유지의 사상을 존경하여『왕생론』에 대한 주석서를 지었다고 본다.(이태원 저『염불의 원류와 전개사』p.289에 자세하게 언급하였다.)

나 생각된다. 앞에 나오는 세존은 석가여래이고 뒤에 나오는 무애광여래는 아미타부처님이라 본다. 왜냐하면 무애광여래란 한문 그대로 번역하면 장애가 없는 무량한 광명을 가진 부처님으로 아미타불의 명호 가운데 Amitābha를 말하기 때문이다. 이러한 근거는 『무량수경』에 "아미타불의 광명은 백천 부처님의 세계를 비추느니라. 중요한 것을 취해 말하면 곧 동쪽으로 한량없는 부처님 국토를 비추고 남쪽·서쪽·북쪽·위·아래도 이와 같으니라. 혹은 부처님의 광명이 일곱 자를 비추고, 혹은 일유순·이유순·삼유순·사유순·오유순을 비추는데 이와 같이 점점 더해서 한 부처님 세계를 비추느니라. 그렇기 때문에 無量壽佛·無量光佛·無邊光佛·無礙光佛·無對光佛云云"117)이라 하여 아미타 부처님을 시방에 장애가 없는 광명을 가진 부처님으로 말하였고, 또 아미타불의 별호(別號)인 12불(佛) 가운데 무애광불이란 말이 나오기 때문이다. 그러기에 "盡十方 無礙光如來"는 담란이 생각한 것처럼 시방에 계신 여러 부처님이 아니고 시방세계에 장애가 되지 않고 널리 비출 수 있는 광명을 갖추신 부처님인 아미타불이다. 그리고 앞에 나오는 세존은 『무량수경』을 설하신 석가여래라고 생각한다. 왜냐하면 앞 세존과 뒤 무애광여래가 같은 부처님이라면 구태여 뒤에 천친이 무애광이란 단어를 삽입하지 않고 다만 여래라고 했을 것이기 때문이다. 그러나 현 사바세계의 부처님과 서방의 부처님이 다르기 때문에 천친은 달리 표현했다고 생각되어 세존은 현세 석가여래라고 보아야 한다. 다시 말하면 천친은 현세의 "세존이시여!" 하고 석가여래를 우러러보고, "무애광여래"인 아미타불

---

117) 대정장 12권 p.270a~b.

제2절 총설분 59

에게 귀의하면서 그 세계에 왕생하기를 원하였다고 보는 것이 타당하다.

　여기서 귀의(歸依)란 귀명(歸命)이라고도 하는데 어떤 의미가 있는가 알아보자. 원래 귀의란 한문 그대로 번역한다면 나보다 나은 대상에게 돌아가 의지한다는 것이다. 이것을 산스크리트어로 보면 Saraṇam으로, 훌륭한 사람에게 절대적으로 귀순하여 의지한다는 뜻으로 부처님·진리·승가를 믿고 마음을 의지하는 것이다. 이와 비슷한 말로 namas는 南無·那模·那摩·納幕 등으로 음역하는데, 한역으로는 귀명(歸命)·귀경(歸敬)·귀례(歸禮)·신도(信徒) 등이다. 원래 예경한다는 의미를 갖는 명사이지만, 흔히 경례의 대상과 더불어 쓰고 있으며, 그 대상에 대해서 귀의·신앙의 뜻으로 사용하고 있다. 인생을 살아가는 데는 정신적으로 의지하는 스승이나 사상가가 있어야만 그릇된 것과 타협하지 않고 바른 길로 굳건하게 살아갈 수 있을 것이다. 이러한 분을 절대적으로 믿고 따르는 것이 귀의의 의미라고 본다. 그렇기 때문에 불교에서 귀의의 의미는 아주 중요하다고 하지 않을 수 없다. 이것을 담란은 『대지도론』118) 설을 인용하여 마치 효자가 부모의 뜻을 따르고, 충성스런 신하가 임금을 받드는 것과 같이 모든 행동을 자기의 뜻대로 하지 않고, 부모와 임금의 뜻에 의지하여 실천하며 항상 이 분들의 은혜에 보답하려고 노력하는 것이라 표현하였다. 그래서 불교에서의 귀의란 부처님을 절대적으로 믿고 의지하고, 그 분의 가르

---

118) 復次菩薩常敬重於佛 如人敬重父母 諸菩薩蒙佛說法 得種種三昧陀羅尼種種神力 知恩故廣供養(대정장 25권 p.130c)
　　復次佛爲法王 菩薩爲法將 所尊所重唯佛世尊 是故應常念佛 復次常念佛得種種功德利 譬如大臣特蒙恩寵常念其主 菩薩亦如是 知種種功德無量智慧 皆從佛得知恩重故常念佛(대정장 25권 p.109a~b)

침을 따르며, 은혜에 보답하려고 꾸준히 정진하는 것이라고 본다.

다음 천친이 말하는 게송 가운데 '아일심(我一心)'이란 말이 있다. "아(我)"란 산스크리트어로는 ātman이라고 하는데 이것은 리그-베다(B.C 1500)이래 사용한 말이지만, 브라흐만(B.C 1000~800)에서는 인간의 생명활동의 주체인 식(prāṇa 氣息)으로 호흡의 뜻으로 사용하였다. 이것이 변하여 생명·자기·신체·다른 사람에 대한 자아(自我)·자아의 본질·본질자성(本質自性)으로 보고, 이것은 온갖 것의 근원에 내재해서 개체를 지배하고 통일하며, 독립되어 있는 영원한 주체를 의미하게 되었다. 즉 brahman에서는 언어·시력·청력 등 생명현상은 ātman에 의해서 통괄된다고 하고, 또 이것을 prajāpati(造物主)와 완전히 동일시하기도 하고, 우파니샤트(B.C 800~600)시대에는 ātman이 우주를 창조하였다고 하고, 혹은 ātman은 개인아(個人我, 小我)인 동시에 우주의 중심원리(大我)라고도 하며, 또 brahman의 범(梵, 宇宙原理)과 ātman이 일체임을 구하거나, brahman과 ātman을 동일하게 보거나, 또 ātman만이 참된 실재(實在)이며, 다른 것은 모두 māyā(幻)라고도 하였다. 이것이 대승불교에서는 아(我)의 존재를 부정하여 무아설(無我說)을 주장하게 되었고, 이외 불교에서는 아(我)를 진아(眞我)·가아(假我)·자아(自我)·오온아(五蘊我)[119] 등 여러 가지로 표현하여 복잡하게 사용하게 되었다.

이처럼 '아(我)'가 복잡하지만 『왕생론』에서 말하는 '아'는 어렵고 복잡하게 생각할 것이 없다. 천친을 말하는 '아(我)'란 대승불교에서 말하는 '무아(無我)'가 아니고, 일반적으로 사용하는 상대적인

---

119) 色·受·想·行·識 등 오온으로 이루어진 나를 말한다.

너와 나의 관계에서 말하는 단순한 나로 일인칭 대명사이다. 담란은 아(我)를 세 가지로 분류하여 설명하고 있다. 첫째는 '나'라고 하는 실체를 세워 그릇되게 집착하는 사견어(邪見語)이요, 둘째는 스스로 자기를 높이 부르는 자대어(自大語)이며, 셋째는 일반적으로 사용하는 유포어(流布語)로 구분하여 설명하면서 천친이 말하는 "나"란 세 번째 유포어에 해당한다고 하였다.

다음 '아일심(我一心)' 가운데 일심(一心)을 담란은 천친이 한결같은 마음으로 무애광여래에게 귀의하는 그 자체를 "무애광여래를 마음속에 염하면서 안락세계에 태어나기를 원하는 것으로 마음과 마음이 서로 이어져 다른 생각들이 사이에 섞이지 않는 것을 말한다."고 하여 부처님을 생각하는 염불로 보는 것이 색다른 점이다. 다시 말하면 무애광여래에게 일심으로 귀의하는 그 자체를 부처님을 마음속에 생각하는데 다른 생각이 사이에 섞이지 않는 '타상간잡(他想間雜)'이 없는 염불로 본 것이다. 원래 귀의와 염불은 같지 않은 것이지만, 담란이 동일시한 것은 염불을 중히 생각하는 데에서 나온 것이 아닌가 생각한다.

(1) 예배문

論註 : 歸命盡十方無礙光如來者 歸命卽是禮拜門 盡十方無礙光如來卽是讚歎門 何以知歸命是禮拜 龍樹菩薩造阿彌陀如來讚中 或言稽首禮 或言我歸命 或言歸命禮 此論長行中亦言修五念門 五念門中禮拜是一 天親菩薩旣願往生豈容不禮 故知歸命卽是禮拜 然禮拜但是恭敬 不必歸命 歸命必是禮拜 若以此推歸命爲重 偈申己心 宜言歸命 論解偈議 汎談禮拜 彼此相成於義彌顯

논주 : "모든 시방에 장애가 없는 광명을 가진 여래에게 귀명(歸命)하옵고" 가운데 '귀명'은 곧 예배문이고, "모든 시방에 장애가 없는 광명을 가진 여래"는 곧 찬탄문이다. 무엇으로 '귀명'이 예배문인 줄 아는가? 용수보살이 아미타여래에 대해 찬탄한 문[120]을 지었는데 그 가운데 혹은 머리를 조아려 예배〔稽首〕[121]한다고 했고, 혹은 나는 목숨을 다해 귀의〔歸命〕[122]한다고 했고, 혹은 귀명례(歸命禮)[123]라고 했다.

이 논 장행 가운데 또 '5념문을 닦는다'고 했는데, 이 5념문 가운데 첫 번째가 예배문이다. 천친보살이 이미 왕생을 원하는데 어찌 예배하지 않겠는가. 그렇기 때문에 '귀명'이 곧 예배인 줄 알라. 그런데 예배란 단지 공경하는 것이지 반드시 귀명하는 것은 아니나, 귀명은 반드시 예배를 수반한다. 만약 이것으로 미루어 보면 귀명이 중요하다. 게송에서 자기의 마음을 표현하여 의당히 '귀명'이라 했다. 논에서 게송의 뜻을 해석하면 널리 '예배'를 말한다. 저것[124]과 이것[125]은 서로 도와 이룬 뜻이 더욱 분명하다.

【講說】

이 항목은 예배에 대한 것으로 앞에서 한번 논한 것을 다시 언급하였다. 즉 천친보살이 말한 "귀명진시방무애광여래(歸命盡十方

---

120) 용수보살이 지은 『십주비바사론』의 易行品 게송이다.(대정장 26권 p.43 a~c)
121) 無量光明慧 身如眞金山 我今身口意 合掌稽首禮(앞의 책 p.43a)
122) 若人命終時 得生彼國者 卽具無量德 是故我歸命(앞의 책 p.43a)
123) 彼國人命終 設應受諸苦 不墮惡地獄 是故歸命禮(앞의 책 p.43a)
124) 게송에서 말하는 '귀명'이다.
125) 해의분인 장행에서 말하는 '예배'이다.

無礙光如來)" 가운데 '귀명'한다는 것은 무애광여래에게 예배한다는 것이다. 담란은 귀명이 예배에 해당한다는 것을 용수보살이 쓴 『십주비바사론』의 이행품을 근거로 하여 설명하면서 '귀명'과 '예배'에 대한 차이점을 말하였다. 귀명에는 상대방에 대한 공경하는 마음이 있어야 할 뿐만 아니라 그 분의 가르침을 항상 받들며 실천하면서 몸으로는 예배한다는 뜻이 있지만, 예배에는 공경하는 마음은 있을지 몰라도 가르침을 받들며 실천한다는 의미는 포함되어 있지 않기 때문에 귀명의 뜻이 더 중요하다는 것이다. 또 담란은 이 귀명이 예배에 해당된다는 이유를 뒤 해의분인 장행에서 천친보살이 예배라고 하였기 때문이라고 해석하였다.

우리가 불도(佛道)를 이루기 위해 수행할 때 세 가지 업을 닦는데 첫 번째가 신업(身業)이다. 이 신업으로 하는 것이 예배이다. 예배를 한문 그대로 번역하면 어떠한 대상을 향하여 예의를 갖추고 절하는 것이다. 이 예배를 불교적으로 보면 몇 가지 의미가 있다고 본다.

첫째는 자기를 낮추고 상대를 높이는 하심(下心)에서 하는 예배이다. 불교에서는 두 무릎과 두 팔꿈치와 이마를 땅에 붙여 온몸으로 예배하면서 양손으로는 상대방 신체 부분 가운데 제일 밑에 있는 발을 받든다는 의미에서 하는 것이 오체투지(五體投地)이다. 즉 예배하는 사람이 이마를 존경하는 대상의 발 밑에 대는 것은 자기를 가장 낮추는 행위이다. 자기를 높이고 자만심을 가지고 사는 사람은 항상 자기에 대한 국집이 강한 사람이기 때문에 상대가 자기를 존경해 주지 않고 알아주지 않으면 번민과 고통이 따른다. 그러나 자기를 낮추고 하심하는 사람은 이러한 고민과 번민이 없어 마음이 평온하고 안락하여 즐거움을 가질 수 있기 때문에 예배는 중요하다. 그러나 요즈음 형식적으로 하는 악수나 반배로 하는 예배는 그다지 자기를 낮추는 행위가 아니기 때문에 수행의 예배는 아니고 그저 인사하는 예배라고 본다.

둘째는 자기가 과거에 지은 죄업을 참회하는 예배이다. 즉 부처님이나 보살을 향하여 과거에 지은 죄업을 참회하는 마음으로 공손하게 오체투지하면서 앞으로 다시는 이러한 잘못을 하지 않겠다고 다짐하는 것이다. 사람은 누구나 잘못을 저지를 수 있는 가능성을 가지고 있다. 이 잘못을 저지른 사람에게 중요한 것은 잘못을 인정하고 참회하는 것이다. 그런데 요즈음 사람은 자기가 저지른 행위가 잘못인 줄 깨닫지 못한 사람이 있는가 하면, 잘못을 저지르고도 은폐하려고 하는 사람이 있어 사회나 불교계가 맑아지지 않고 있어 마냥 안타까울 뿐이다. 이러한 시대에 불교에서 하는 오체투지의 예배야말로 사회와 불교계를 정화하는 행위가 아닌가 생각한다.

(2) 찬탄문

論註 : 何以知盡十方無礙光如來是讚歎門 下長行中言 云何讚歎門 謂稱彼如來名 如彼如來光明智相 如彼名義 欲如實修行相應故 依舍衛國所說無量壽經 佛解阿彌陀如來名號 何故號阿彌陀 彼佛光明無量 照十方國無所障礙 是故號阿彌陀 又彼佛壽命及其人民無量無邊阿僧祇劫 故名阿彌陀 問曰 若言無礙光如來光明無量照十方國土無所障礙者 此間衆生何以不蒙光照 光有所不照 豈非有礙耶 答曰 礙屬衆生 非光礙也 譬如日光周四天下而盲者不見 非日光不周也 亦如密雲洪霪而頑石不潤 非雨不洽也 若言一

佛主領三千大天世界 是聲聞論中說 若言諸佛遍領十方無量無邊
世界 是大乘論中說 天親菩薩今言盡十方無礙光如來 卽是依彼如
來名 如彼如來光明智相讚歎 故知此句是讚歎門

  논주 : 무엇 때문에 "모든 시방에 장애가 없는 광명을 가진 여래(盡十方無礙光如來)"가 찬탄문인 줄 아는가? 아래 장행 가운데 말하길 "어떤 것이 찬탄문인가? 저 여래의 이름을 칭찬하는 것은 저 여래의 광명지혜의 모습[126]과 같이, 저 여래의 이름의 뜻[127]과 같이 여실히 수행하여 상응하고자 하기 때문이다"[128]고 하였기 때문이다. 사위국[129]에서 설하신 『무량수경』[130]에 의하면, 부처님께서 아미타여래의 명호를 해석하기를 "무엇 때문에 아미타라고 부르는가? 저 부처님의 광명이 한량없어서 시방

---

126) 아미타불이 갖추고 있는 광명은 중생의 無知의 어두움을 깨뜨리는 지혜가 있다.
127) 모든 시방에 장애가 없는 광명을 가진 여래(盡十方無礙光如來)라는 의미이다.
128) 云何讚歎 口業讚歎 稱彼如來名 如彼如來光明智相 如彼名義 欲如實修行相應故(대정장 16권 p.231b)
129) 舍衛라는 음역은 슈라바스띠의 쁘라끄리트(Prākrit, 통속어) 語形인 "Sāvatth"에서 유래된 것이다. 음역으로는 室羅伐・室經伐悉底・尸羅婆提라 하고, 의역으로는 聞者・聞物・豊德・好道라고 한다. 중인도 코살라국의 도성으로 부처님이 계실 때 바사익왕・유리왕이 살았던 곳이다. 원래 코살라국은 남쪽과 북쪽 두 나라로 형성되어 있는데, 보통 북쪽 코살라국은 그냥 코살라왕국이라 부르고, 남쪽 코살라국은 남코살라왕국이라 부르는데 현장의 『대당서역기』에 보면 남쪽을 그냥 "憍薩羅國"이라 하고, 북쪽을 "室羅伐悉底國", 즉 사위국이라고 하였다. 바로 사위국이란 북코살라국 전체를 지칭하는 말로 보아야 할 것이다. 『아미타경』은 『금강경』을 설한 곳과 같은 북코살라국의 수도인 舍衛城 남쪽에 있는 기원정사에서 설한 것이다.(도올 김용옥 저 『금강경 강해』 pp.106~107에 자세히 언급하고 있음)
130) 구마라집이 姚秦의 弘始 4년(402)에 번역한 『아미타경』이다.(쯔보이 순애이 著 이태원 譯 『정토삼부경개설』 p.489를 참조하기 바람)

세계를 비추는 데 장애될 바가 없기 때문에 아미타(amitābha)라고 부른다. 또 저 부처님의 수명과 그 나라의 인민들의 수명이 한량이 없고 끝이 없는 아승지겁131)이기 때문에 아미타(amitā-yus)라 이름한다."132)고 하였다.

묻기를, 만약 무애광여래의 광명이 한량없어 시방국토를 비추는 데 장애될 바가 없다고 말한다면 이 세계에 사는 중생은 무엇 때문에 광명이 비추는 것을 입지 못하며, 광명이 비추지 못하는 곳이 있다면 어찌 장애가 없겠는가?

답하기를, 장애는 중생에게 있는 것이지 광명에 장애가 있는 것은 아니다. 비유컨대 태양이 사천하(四天下)를 두루 비추지만 눈먼 사람이 보지 못하는 것은 태양이 두루 비추지 않는 것이 아닌 것과 같다. 또 짙은 구름이 큰비를 내리지만 견고한 돌 속을 적시지 못하는 것은 비가 흡족하게 오지 않은 것이 아닌 것과 같다. 만약 한 부처님이 삼천대천세계133)를 통솔한다고 한다

---

131) 산스크리트어로는 asaṁkhya 또는 asaṁkhyeya로 한없는 세월이라는 의미를 가지고 있는 단위로 10의 140승을 말한다. 여기서 劫이란 지극히 긴 시간을 말하는데 『대지도론』에서는 개자겁(芥子劫)과 반석겁(磐石劫)을 말하고 있다. 여기서 개자겁이란 둘레가 40리 되는 돌 위에 겨자씨를 쌓아 두고 하늘에 있는 천녀가 백 년에 한 번씩 한 알의 씨앗을 다 가져가 돌 위의 겨자씨가 다 없어질 때를 1겁이라 하고, 반석겁이란 둘레 40리나 되는 반석을 하늘에 있는 천녀가 옷깃으로 백년에 한 번씩 씻어 다 달아 없어질 때를 1겁이라 한다.
132) 대정장 12권 p.437a.
133) 고대 인도인의 세계관에 의한 불교적인 우주관이다. 수미산을 중심으로 그 주위에 네 개의 큰 洲가 있고, 그 둘레를 아홉 개의 산과 여덟 개의 바다가 있는 것을 小世界라 한다. 이 소세계에는 위로는 색계의 初禪天에서부터 아래로는 큰 지하의 風輪까지 이르는 범위이다. 이 세계 가운데 해·달·수미산·네 개의 천하·사천왕·삼십삼천·야마천·도솔천·타화자재천 등이 포함된다. 이러한 세계 천 개를 모은 것을 小天世界라 하고, 이 소천세계 천 개를 모은 것을 中天世界라 하며, 다시 중천세계 천 개를 모은 것을 大天世界라 한다. 이 대천세계 천 개를 세 번

면 이것은 성문론(聲聞論)134)의 설이다. 만약 모든 부처님이 두루 시방의 무량무변한 세계를 통솔한다면 이것은 대승론(大乘論)135)의 설이다. 천친보살이 이제 "진시방무애광여래(盡十方無礙光如來)"라고 말한 것은 곧 저 여래의 명호에 의지한 것이고, 저 여래의 광명지혜의 모습과 같다고 찬탄한 것이다. 그러기 때문에 이 구절이 찬탄문인 줄 알라.

【講說】

우리는 훌륭하고 아름다우며, 또 그것이 모든 사람들에게 도움을 주고 기쁨을 주는 등 좋은 장점을 가진 것을 찬탄하지 나쁜 것을 찬탄하지는 않는다. 또 찬탄할 때는 그저 좋아서 막연히 하는 것도 있겠지만, 찬탄하는 내용이 진리이라면 그와 같은 것을 구비하려고 하는 마음에서 찬탄하고, 찬탄하는 내용이 인격이라면 그와 같은 인격자가 되기를 바라는 마음에서 찬탄하는 수도 있다. 여기서 찬탄은 후자에 속한 것이라 본다. 왜냐하면 천친보살이 뒤 장행에서 "저 여래의 이름을 찬탄하는 것은 저 여래의 광명지혜의 모습과 같이, 저 여래의 이름의 뜻과 같이 여실하게 수행하여 상응하고자 한다."는 것 중 "여실히 수행하여 상응하고자 한다."는 내용이 있기 때문이다. 즉 이것은 천친보살 자신이 아미타불의 지혜 광명을 입어 여실히 수행하여 무량한 광명을 가진 인격자가 되

합한 것이기 때문에 三千世界라 하고, 또 三千大天世界라고도 한다.
134) 아함경전에서 설한 것을 말한다. 즉 여기에는 과거나 현재, 그리고 미래의 모든 부처님을 말하고 있으나, 현재에 두 부처님이 나란히 출현한다는 것은 인정하지 않고, 한 부처님만이 출현한다는 것을 인정하는 것이 성문설이다.
135) 앞 성문설과 반대로 대승경전에서는 시방세계의 모든 부처님은 제각기 출현한다는 十方多佛說을 말한다.

고자 한다는 의미가 있다.

　여기서 우리가 한 가지 주목할 점은,『아미타경』에는 아미타불의 명호에 대한 것이 amitābha(無量光)과 amitāyus(無量壽) 두 가지가 있는데, 이 가운데 천친보살은 amitābha(無量光)만 언급하였지 amitāyus(無量壽)에 대해서는 언급하지 않았다는 점이다. 이러한 점은 인도의 논사들이 수명보다 광명을 중요하게 여겼음을 의미한다고 본다.『무량수경』가운데 아미타불에 대해 무량광불(無量光佛)・무변광불(無邊光佛)・무애광불(無礙光佛)・무대광불(無對光佛)・염왕광불(燄王光佛)・청정광불(淸淨光佛)・환희광불(歡喜光佛)・지혜광불(智慧光佛)・부단광불(不斷光佛)・난사광불(難思光佛)・무칭광불(無稱光佛)・초일월광불(超日月光佛)136)이라 하여 광명에 대한 별호는 있어도 무량수불 이외 수명에 대한 별호는 없다. 그리고 오늘날 전해지고 있는 산스크리트어로 된 책의 이름이 "sukhāvativūha sūtras"인데 이것을 번역하면 "극락장엄경(極樂莊嚴經)"이 된다. 여기서 이야기한 장엄이란 깨끗한 것으로 광명이 나지 않으면 안 되기 때문에 경의 이름 자체도 광명을 중요시했다고 생각한다. 이것으로 보아 인도에서는 광명에 대한 것에 중점을 두었다고 하지 않을 수 없다. 그러나 아미타불 사상이 중국에 들어와서는 도교의 불로장수의 영향을 받아 수명을 중시하여 "무량수"를 자주 사용한 것 같다. 예를 들면 중국과 한국에서는 "무량광불(無量光佛)"은 언급하지 않고 "무량수불"이란 명호를 자주 사용하고 있으며, 법당도 "무량광전(無量光殿)"은 볼 수 없고 "무량수전(無量壽殿)"은 볼 수 있다.

---

136) 대정장 12권 p.270a~b.

이렇게 천친이 아미타불의 광명을 찬탄한 것은 『무량수경』가운데

> 무량수불의 광명은 찬란하여 시방세계를 비추고 그 명성이 모든 부처님의 국토에 들리지 않는 곳이 없다. 다만 나만이 그 광명을 찬탄한 것이 아니고 일체 모든 부처님·성문·연각·모든 보살들이 다 함께 한결같이 찬탄하느니라. 만약 중생이 그 광명의 위신력과 공덕을 듣고 밤낮으로 찬탄하는데 지극한 마음이 끊어지지 않으면 원하는 뜻에 따라서 그 국토에 태어나게 되며, 모든 보살 성문 대중들이 그를 위하여 찬탄하고 그 공덕을 칭찬할 것이며, 그런 후 장차 불도를 얻을 때는 널리 시방세계의 모든 부처님과 보살들이 지금과 같이 그 광명을 찬탄할 것이다.137)

라고 하는 것에서 영향을 받았다고 본다. 이 내용 가운데 고딕체 부분을 보면 찬탄하는 행위 자체가 하나의 수행임을 우리는 알 수 있다. 천친은 이러한 영향을 받아 아미타불의 광명을 찬탄함에 의하여 극락정토에 왕생할 수 있음을 확신하고 "盡十方無礙光如來"라 찬탄하고, 이 부처님께 귀의한다고 하였을 것이다.

그리고 담란은 천친보살이 찬탄한 "시방에 걸림이 없이 두루 비치는 아미타불의 광명"을 우리는 왜 보지 못하는가에 대해, 눈먼 사람이 태양 빛을 보지 못하는 것과 단단한 돌은 비가 흡족하게 내려도 속을 적시지 못한다는 비유를 들어 우리들의 마음이 무명에 싸여 아미타불의 광명을 입지 못하고, 아미타불의 감로수를 받지 못함을 지적하여 끊임없이 수행할 것을 강조하였다.

---

137) 대정장 12권 p.270b.

(3) 작원문

論註 : 願生安樂國者 此一句是作願門 天親菩薩歸命之意也 其安樂義具在下觀察門中 問曰 大乘經論中處處說衆生畢竟無生如虛空 云何天親菩薩言願生耶 答曰 說衆生無生如虛空有二種 一者如凡夫所謂實衆生 如凡夫所見實生死 此所見事畢竟無所有 如龜毛如虛空 二者謂諸法因緣生故卽是不生 無所有如虛空 天親菩薩所願生者是因緣義 因緣義故假名生 非如凡夫謂有實衆生實生死也 問曰 依何義說往生 答曰 於此間假名人中修五念門 前念與後念作因 穢土假名人淨土假名人 不得決定一 不得決定異 前心後心亦復如是 何以故 若一則無因果 若異則非相續 是義觀一異門 論中委曲 釋第一行三念門竟

논주 : "안락국에 태어나기를 원합니다"고 한 이 한 구절은 작원문이고, 천친보살이 귀명한다는 의미이다. 그 안락이란 뜻은 구체적으로 아래 관찰문 가운데 언급하고 있다.

묻기를, 대승경론(大乘經論)[138] 여러 곳에서 "중생은 필경에는 태어남이 없어〔無生〕허공과 같다"고 설하고 있는데, 어찌하여 천친보살은 "태어나기를 원한다"고 하는가?

답하기를, "중생이 태어남이 없는 것이〔無生〕[139] 허공과 같다"고 말한 것에 두 가지가 있다. 첫째는 범부가 말한 것처럼 실제로 여러 번 태어나는 것〔衆生〕으로 범부가 현실에서 태어

---

138) 대승경전과 대승경을 해석한 논들을 말한다. 여기서는 반야경과 『대지도론』을 말하는 것 같다.
139) 일체 현상은 그 본질에 있어서 실체가 없고 空하므로 태어나고 없어지는 변화가 없음을 말한다.

나고 죽는 것을 보는 것과 같다. (그러나) 이 보는 것들은 결국에 있는 것이 아니기에 거북이 털과 같고 허공과 같다. 둘째는 모든 법은 인연140)으로 생겨나기 때문에 곧 이것은 태어나는 것이 아니며, 있는 것이 아니기에 허공과 같다. 천친보살이 "태어나기를 원한다"는 생(生)은 이 인연생(因緣生)을 뜻한다. 인연의 뜻이기 때문에 가명(假名)으로 생(生)이라 이름한 것이다. 범부가 실제로 여러 번 태어난다거나 생사가 있다고 말한 것과 같지 않다.

묻기를, 어떤 뜻에 의해 왕생이라고 하는가?

답하기를, 이 세계에는 거짓으로 이름을 붙인〔假名〕 사람들141) 가운데 5념문을 닦는데 앞의 염(念)은 뒤 염의 원인이 된다. 예토의 가명인(假名人)과 정토의 가명인이 결코 하나가 될 수 없고, 결코 다르다고 할 수도 없다. 앞 마음과 뒤 마음도 또한 이와 같다. 왜 그런가? 만약 한 가지라고 한다면 곧 인과가 없는 것이고, 만약 다르다고 한다면 곧 상속하는 것이 아니다. 이 뜻은 『관일이문론(觀一異門論)』142) 가운데 상세하게 설명되어 있다. 제1행의 3념문을 해석해 마친다.

---

140) 산스크리트어로는 hetupratyaya라고 하는데 因(hetu)과 緣(prayaya)에 의해 果(phala)가 생기는 것이다. 즉 내적인 직접 원인이 因이고, 외부에서 이를 돕는 간접적인 원인이 緣이다. 이것을 內因・外緣이라 하고, 親因・疏緣이라고도 한다.
141) 이 세상 사람들을 말한다. 왜냐하면 이 세상 사람들은 실제로 영원히 존재하지 않고 無常에 의해 잠시 존재했다가 없어지기 때문에 假名人, 즉 거짓으로 잠시 이름을 붙인 사람들이라는 의미이다.
142) 용수보살이 지은 『십이문론』 가운데 제6「觀一異門」(대정장 30권 p.164 a~b)을 말한다.

【講說】

이 단원에서 열거한 문답은 담란이 정토에 왕생하는 문제를 사론종(四論宗)의 종주답게 『중론』과 『십이문론』 등의 설을 인용하여 공관사상(空觀思想)에 근거를 두고 해결하려고 하였다. 다시 말하면 정토사상에서는 극락세계에 왕생하는 자체가 유(有)의 입장인데 반하여 공관사상에서는 왕생이 본래 없기 때문에 무(無)의 입장이다. 이 두 가지 측면에서 천친이 왕생을 원하는 입장을 담란은 '생즉무생(生卽無生)', 즉 '태어나는 것은 곧 태어나는 것이 아니다'는 것으로 해결하려고 하였다. 이 문제는 『왕생론주』 하권에서도 '빙상연화(氷上燃火)'라는 비유를 들어 다시 한번 '생즉무생'을 설명하고 있다. 여기서 말하는 '생즉무생' 가운데 태어난다는 생(生)은 어떤 일정한 곳이 존재하고 거기에 태어나려고 하는 것이기 때문에 유(有)에 대한 것이고, 태어나는 것이 아니다는 무생(無生)은 이 우주 법계 안에 어떤 세계도 영원히 변하지 않고 일정하게 존재하는 것이 아니기 때문에 마땅히 태어나야 할 곳, 즉 존재의 세계가 없을 뿐만 아니라 태어나야 할 필요성도 없기 때문에 공(空)이다. 이 유(有)와 공(空)은 정반대적인 입장을 가지고 있는데도 담란이 생(生)과 무생(無生)을 일치시키려고 한 것은 『십이문론』에서 말하는 유상(有相)과 무상(無相)[143], 일(一)과 이(異)[144], 유(有)와 무(無)[145]를 공관(空觀)에 의해 해결한 용수의 영향을 받은 것이다. 또 여기서 주목해야 할 것은 용수는 공(空)의 사상에 의해 많은 저서를 남긴 중관(中觀)의 사람이고, 『왕생론』을 지은 천친은

---

143) 第5 有相無相門(대정장 30권 pp.163c~164a)
144) 第六 觀一異門(대정장 30권 p.164a~b)
145) 第七 觀有無門(대정장 30권 pp.164b~165a)

무착을 이어 유(有)의 입장에서 모든 것을 해결하려 한 유가(瑜伽)의 사람이다. 이 천친의 유(有)의 세계를 용수의 공사상(空思想)으로 문제를 해결하려 한 것은 담란의 독특한 면이라 할 수 있다.

한 가지 예를 들어 설명해 보자. 여기에 한 물건이 있다고 가정을 하고 생각하면 이 물건을 분해하여 극미립자(極微粒子)로 만들면 이 물건은 형체가 없기에 공이 될 것이다. 그러나 언젠가는 형체가 없는 공에서 어떠한 반연을 만나면 다시 하나의 물건이 형성되는 것이다. 다시 말하면 물이란 수소 원자 두 개와 산소 원자 한 개로 이루어진 유(有)의 존재로, 이 물은 온도가 0℃ 이하로 내려가면 고체가 되고, 100℃ 이상 올라가면 수증기가 되며, 모나는 그릇에 담으면 모나게 되고, 둥근 그릇에 담으면 둥글게 되어 한결같이 일정한 모습을 간직하지 못하고 주위 환경에 의해 변할 뿐만 아니라, 인연이 다하여 수소 원자 두 개와 산소 원자 한 개로 분리되면 공(空)이 된다. 그러나 이 공이 어떤 계기가 되어 수소 원자와 산소 원자가 합하면 물이 되기 때문에 유(有)가 공(空)이 되고, 공이 유가 되는 것이기에 유와 공은 다르지 않다. 이러한 입장에서 보면 생(生)과 무생(無生)을 분리하여 생각하는 것은 소승이나 범부들이 생각하는 것이고, 대승에서는 생과 무생을 분리하지 않는 것이다.

아미타불은 무생법인뿐만 아니라 모든 진리를 깨달은 부처님이며, 극락정토는 아미타불의 본원에 의해 이루어진 곳이다. 그러므로 아미타불의 무생법인에 의해 이루어진 정토에 왕생하는 것 자체가 무생이라고 말하고자 하는 것이 담란의 의도인 것이다. 즉 우리 범부가 생각하는 것처럼 거짓되고 헛된 무상(無常)의 생(生)과는 다르게 태어남이 없이 태어나는 '무생지생(無生之生)'이다. 담란은 생을 두 가지로 분류하였다. 첫째는 현실에서 일반 사람들이 생각하는 것처럼 실제로 태어나고 죽는 것을 인지하는 것인데, 이것은 꿈속에서 보는 현상과 같은 것이기 때문에 거북이 등에 없는 털과 같고, 허공이 텅 비어 없는 것과 같다고 예를 들어 설명하였다. 둘째는 이 세상 모든 것은 인연에 의해 생기는 인연생(因緣生)인데 이것은 실로 영원히 존재하는 것이 아니기 때문에 본래 무생(無生)이다. 다시 말하면, 하나의 생(生)이 진정한 생이라면 불변의 실체로 영원히 존재해야 할 것이다. 그러나 우리가 이 세상에 태어나는 것은 인연에 의해 태어나는 것으로 영원히 존재할 수 없어 언젠가는 없어지기 때문에 실체가 없는 허공과 같다고 하였다. 이 두 가지 중에 천친이 말하는 왕생이란 인연생으로, 이것은 가명(假名)으로 붙인 생(生)이라는 것이다.

　이 가명(假名)의 생(生)이 왜 중요한가에 대해서는 두 번째 문답에서 언급하고 있다. 여기서 이야기한 가명의 생이란 이 세상 사람들을 말하는 것으로, 이 세계 사람들은 천친이 주장한 5념문을 수행하여 왕생할 경우 현세에서 수행하는 것이 원인이 되어 목숨을 마치고 정토에 태어나는 결과를 얻는다. 즉 현세에서 수행하는 것이 전념(前念)으로 인(因)이고, 정토에 왕생하는 것이 후념(後念)으로 과(果)이다. 그런데 이 전념과 후념, 즉 예토의 가명인(假名人)의 5념문 수행[因]과 정토의 왕생[果]하는 가명인의 관계는 결코 한 가지라고도 할 수 없고[不一], 결코 다르다[不異]고도 할 수 없다. 왜냐하면 예토에서 수행한 공덕의 인(因)으로 정토에 왕생하면 모든 업이 녹아 청정한 몸을 얻는 과보를 얻기 때문이다. 즉 한 가지라고 한다면 예토에서 지은 많은 악업으로 많은 고통을 받고 괴로워하고 번민하는 몸과 마음이 그대로 정토에 이어져야 되는데,

정토에서 즐거움만을 받는다는 것은 인과가 없게 되기 때문이다. 그렇다고 해서 만약 다르다고 한다면 예토의 신심과 정토의 신심이 별체(別體)가 되기 때문에 곧 상속하는 것이 아니게 된다. 그렇게 때문에 우리는 불일불이(不一不異) 공관(空觀)의 이치를 잘 이해해야 한다.

담란이 왜 불일불이 공관사상에 입각하여 천친이 왕생을 원하는 것을 해결하려고 하였을까? 불교는 원시불교 후에 부파불교가 형성되면서 윤회의 주체가 각 부파의 중요한 논제로 등장하게 되었고, 대승불교에 들어와서는 무아설(無我說)을 가지고 반야사상을 형성하여 대승불교의 발전을 이룩하게 되었다. 다시 말하면 무아이론(無我理論)과 윤회이론(輪廻理論)은 불교교리 가운데 없어서는 안 되는 커다란 논제이다. 무아이론을 버릴 때 불교는 더 이상 불교가 아니며, 윤회이론을 제거해 버릴 때 불교의 교리는 무너지고 만다. 그렇기 때문에 상반되는 이 두 이론 가운데 어느 한 가지도 버릴 수가 없다.146)

먼저 윤회란 산스크리트어로 saṃsāra라고 하는데 이 말은 원래 'sam'의 '함께'한다는 말과 'sāra'의 '달리다'는 말이 합친 단어로, 자기가 지은 업으로 인해 영혼이 다른 세계로 이동한다는 의미이다. 이것은 인도 고대의 사고방식의 하나로, 태어나는 사람은 반드시 죽어 자기가 지은 업과 함께 다른 세계로 달려가 태어나는 것을 끊임없이 반복한다는 것이다. 즉 이 몸을 버리면 다시 어떤 장소에서 다른 몸을 받는다는 이론으로 인도에서는 불교 이전 우파니사트에서 비롯된 사상인데, 불교에서는 미혹한 세계인 욕계·색

---

146) 윤호진 저 『無我 輪廻問題의 硏究』에서 여러 가지 설을 인용하여 논하고 있다.

계, 무색계인 지옥·아귀·축생·아수라·인간·천상 등 6도를 돌아다니면서 생과 사를 반복하는 사상으로 정착되었다. 그렇기 때문에 생사를 되풀이하는 윤회는 고통을 받지 않으면 안 된다. 이 생사를 반복하지 않고, 죽고 태어나는 고통을 받지 않으려면 한 번 태어나 죽지 않고 오래 살면 될 것이다. 이 오래 살려고 하는 데서 세계의 종교는 발생했다고 본다. 즉 기독교에서는 오래 살기를 원하는 사상에서 '영생(永生)'이라고 하는 단어가 나왔고, 도교에서는 늙지 않고 오래 사는 '불로장수'를 추구하며, 불교의 석존도 출가하기 이전 정반왕에게 "나에게 늙지 않고 병들지 않으며 결국 죽지 않는 법을 가르쳐 주면 출가하지 않겠습니다."고 말하였다. 이처럼 종교의 발단은 오래 살려고 하는 데서 비롯되었다고 볼 수 있다. 이것은 불교의 큰 명제로써, 아함부 경전에서 천상에 태어나기를 바란다든가 대승불교에서 정토에 태어나기를 바라는 것은 다 '무량수'를 원한 것이라고 볼 수가 있다. 그러나 아함부에서 말하는 천상에 태어나는 것은 인간의 세계에서 사는 것 보다 오래 살 수는 있지만, 수명에 한계가 있으므로 수명이 다하면 죽어 언젠가는 죽는 고통이 따르지만, 정토교에서 말하는 극락세계에 태어나는 것은 영원한 생명을 가지고 죽지 않기 때문에 죽는 고통이 없다. 그래서 정토교에서 말하는 왕생이란 죽지 않고 헤아릴 수 없이 오래 살 수 있는 '무량수국(無量壽國)'에 태어나려고 하는 것이다. 다시 말하면 아함경전에 자주 등장하는 하늘에 태어나는 사상이 발달하여 대승불교에서는 왕생사상이 되었다고 할 수 있다.

 그러면 윤회과 무아의 관계를 살펴보자. 먼저 윤회의 요소는 불교 이전의 사상에서는 아트만(Ātman), 불교에서 자아(自我)[147]와 카르만(karman)148)이다. 아트만이나 자아는 윤회하는 주체이고 카르만, 즉 업(業)은 윤회의 주체를 윤회하게 하는 동력이다. 그렇기 때문에 자아는 선업에 의해 좋게 되고 악업에 의해 나쁘게 되는 것으로, 선행을 하면 좋은 곳에 태어나고 악행을 하면 나쁜 곳에 태어나게 된다. 『증일아함경』에서는 "선을 행하면 선의 갚음을 받고, 악을 지으면 악의 갚음을 받는다. 악을 행하거나 선을 행하거나 그 사람의 익힘을 따르나니, 마치 오곡의 종자를 심어 제각기 그 열매를 거두는 것 같네."149)라고 하였다. 다시 말하면 하나의 씨앗에 의해 열매가 맺게 되고, 이 열매가 다시 씨앗이 되는 것으로 이것을 반복하는 것이 윤회이다. 이러한 원리에서 윤회를 하지 않으려면 두 가지 방법이 나올 수 있을 것 같다.

첫째는 선업이든 악업이든, 아무 업도 짓지 않는 방법이다. 왜냐하면 업을 짓지 않으면 윤회하는 주체를 움직이는 동력이 없어지기 때문에 윤회를 하지 않는다. 그래서 선종을 대성시킨 혜능대사150)는 "선도 생각하지 말고 악도 생각하지 말라."151)고 했는지

---

147) 베다에서는 아트만은 생의 호흡, 즉 바람을 가리키고 브라흐마나에서는 제사, 또는 제사의 결과에서 생긴 존재를 의미한다. 왜냐하면 제사는 살아 있는 모든 존재의 조건이므로 모든 존재의 영혼으로서 아트만이라 하고, 사람들이 올리는 제물이 다른 세계에서 아트만이 되기 때문이다. 그래서 아트만은 불변의 존재가 아니지만, 자아는 실체적이고 항구적인 성질을 가진 個的인 영혼을 말하기 때문에 조금 의미를 달리 하고 있다. (윤호진 저 앞의 책 pp.51~56을 참조할 것)
148) 어원은 '하다, 완수하다, 생산하다, 준비하다, 만들다' 등의 의미를 가지고 있지만 중국의 역경사들은 業이라고 하여 '일, 행동, 행위'를 가리킨다.
149) 대정장 2권 p.826c
150) 중국 당나라 승려(638~713)로, 중국 선종 제6조이다. 중국 선종을 대성시킨 사람으로, 제5조 홍인대사로부터 법을 이어 받아 南頓禪을 선양하였다.
151) 不思善不思惡 正與麼時那箇是明上座本來面目 (『六祖大師法寶壇經』대정

모른다. 불교에서 추구하고 있는 해탈(mokṣa)152)이란 이 업에서 벗어나는 것인지 모른다.

둘째는 윤회의 주체인 자아를 부정하는 것이다. 다시 말하면 윤회하는 주체가 없으면 어떠한 행위를 하여 무슨 업을 짓든 윤회라는 것이 있을 수 없기 때문이다. 사실 업을 짓는 것은 아트만이나 자아가 있기 때문이다. 그러므로 이 주체를 부정하면 업을 지을 수가 없다고 보아야 할 것이다. 이러한 맥락에서 보면 대승불교에서 주장한 무아설이 여기에 해당된다고 본다.

현재 존재하고 있는 나란 끊임없이 변하고 있는 물질적인 육체와 정신적인 집합체이다. 즉, 육체는 몇 개의 원소에 의해 이루어진 생물학적인 것으로 모였다가 인연이 다하면 흩어지는 것이고, 정신은 6근(根)153)이라고 하는 감각기관이 대상인 6경(境)154)과 접촉하여 6식(識)이 끊임없이 발생하는 것으로 이것들은 나타났다가 사라지고, 사라졌다가 나타나고 하는 현상의 집합체라고 할 수 있다.155) 그렇기 때문에 여기서 말하는 나인 육체와 정신은 영원히 존재하는 불변의 것이 아니고 있다가 없어지고, 없어졌다가 다시 생기는 것으로 "나(我)"라고 하는 것이 있을 수 없다. 이것이 초기의 무아설(無我說)이다.

여기서 문제가 되는 것은 내(我)가 없는데 무엇이 윤회하며, 무엇이 하늘에 태어나고 왕생하는가 하는 점이다. 그래서 무아설을

장 48권 p.349b)
152) 놓아주다, 해방되다, ……에서 벗어나다 등의 의미를 지니고 있다.
153) 우리 육체에 있는 감각기관으로 불교에서는 감각할 수 있는 대상을 인식하는 근본 뿌리이기 때문에 6根이라 한다. 즉 眼根・耳根・鼻根・舌根・身根・意根 등은 대상인 6境과 접촉하여 6識이 나온다.
154) 6근이 인식할 수 있는 대상인 色・聲・香・味・觸・法을 말한다.
155) 윤호진 저 앞의 책 pp.78~79.

부정하지 않고 윤회의 주체를 인정하려고 하는 점에서 많은 이론이 나오게 된다. 그 한 예가 기원 2세기 중반에 『미린다왕문경』의 성립이다. 이 경전을 보면 "어릴 때 어린애가 장성하여 어른이 된 사람과 같은가, 다른가? 죄를 범한 자와 죄를 범하여 손발이 잘린 벌을 받은 사람이 같은가, 다른가? 어떤 사람이 등불을 켠다면 그 등불이 밤새도록 탈 것이다. 그런데 초저녁에 타는 불꽃과 한밤에 타는 불꽃이 같은가, 다른가? 소에서 막 짜낸 우유와 이를 정제해서 만든 버터가 같은가, 다른가?"156)라는 질문에 의해 나가세나는 "인간과 사물의 연속성은 이와 같아 생(生)과 멸(滅)은 별개의 것이지만 순서에 따라 지속되고, 이러한 존재는 동일하지도 않고 또 서로 다르지 않으면서 최종단계의 의식으로 포섭된다."157)고 결론을 내려 윤회와 무아설이 모순되지 않다고 강조하고 있다. 다시 말하면 초저녁에 타는 불꽃이 새벽에 타는 불꽃과 같다고 볼 수 없기 때문에 이것은 무아설이다. 그러나 초저녁의 불꽃이 연속되어야만 새벽의 불꽃이 있을 수 있기 때문에 윤회설을 부정할 수 없다.

이러한 논리를 바탕으로 하여 유식학(唯識學)의 입장에서 생각하면 지금 우리가 현재 생각하고 행동하는 나, 즉 앞에서 이야기한 6근과 6경 사이에서 일어나는 일시적인 정신작용의 업이 아뢰야식158)에 저장되어 있다가 어떠한 인연을 만날 때 연기가 시작된

---

156) 대정장 32권 p.698b의 내용 축소.
157) 대정장 32권 p.698b의 내용 축소.
158) 산스크리트어 ālaya의 음역으로 無沒識, 또는 藏識이라 번역하고, 제8식·本識·宅識 등 여러 가지 번역이 있다. 여기서 제8식이란 전6식(眼識·耳識·鼻識·舌識·身識·意識)과 제7末那識의 위에 있는 식이란 뜻이고, 無沒識이란 모든 법을 執持하여 잃어버리지 않는다는 뜻이며, 藏識이란 諸法展開의 의지할 바탕이 되는 근본 마음이라는 뜻이다. 이

다. 이러한 아뢰야연기설(阿賴耶緣起說)159)에 의해 보면 우리가 염불하여 왕생하는 것은 수행하는 공덕이 아뢰야식에 저장되어 있다가 임종시에 아미타불과 여러 성현들이 와서 맞이함을 만나 극락세계에 왕생하여 아미타불의 법문을 듣고 무생법인을 증득하게 된다. 무생법인을 증득하면 '생즉무생(生卽無生)', '불일불이(不一不異)'의 도리를 깨닫게 되는 것이 중관사상에서 말하는 최고의 진리이다. 역설적으로 이야기하면 현재 우리가 사고하고 있는 정신작용으로 수행한 가짜인 내가 왕생하여 영원히 변하지 않는 진짜인 나를 깨닫게 된다. 이것이 유(有)의 입장인 유가사상과 공(空)의 입장인 중관사상의 회통이 아닌가 생각한다.

이상으로 보면 담란은 반야의 공(空)적인 입장에서 유(有)의 입장을 택하여 정토신앙을 고취시켰다고 본다. 공과 유는 상반되는 논리로 회통시키기 아주 어려운 문제인데 이것을 잘 융화시켜 중국인들에게 정토신앙을 전파한 것이다. 이러한 것은 담란만이 아니라 중국정토의 창시자라 할 수 있는 여산혜원에게서도 엿볼 수 있다. 여산혜원이 반야대에서 행한 염불수행은 반야와 공사상 위에서 행해졌다고 볼 수가 있다. 초기불교를 노자와 장자의 무위자연사상(無爲自然思想)과 대비하여 이해하려고 노력했던 격의불교(格義佛敎)처럼 정토신앙도 중국인들이 좋아하는 반야와 공사상 위

아뢰야식을 중국에서는 번뇌에 의해 더럽혀진 妄識인가, 自性으로서 청정한 眞識인가에 논의가 많이 일어났다. 즉 唯識宗에서는 妄識의 입장을 취하고, 地論宗에서는 眞識의 입장을 취하였다.

159) 우리의 몸·입·뜻 세 가지에 의해 조작된, 소위 업인 선업·악업의 종자가 모두 아뢰야식 가운데 보존되어 있다가 그것이 나타날 인연을 만날 때에는 그로부터 다시 연기한다고 하는 설이다. 즉 我의 주체는 아뢰야식으로서 이 識으로부터 一切有情인 각자의 자체와 밖의 세계인 器世間을 나타나게 한다는 것이 아뢰야연기설이다.

에서 행해졌다고 보는 것이 타당할 것이다. 그 예로 승현160)이나 도안161)은 공사상을 연찬하다가 정토를 믿고 정토업을 닦은 사람이다. 여기서 반야의 공과 정토의 유는 정반대적인 입장이다. 그런데 반야의 공을 연구한 사람이 인생의 마지막에는 유(有)의 정토에 태어나기를 바란다는 것은 좀 이상하다고 볼 수 있다. 공(空)은 이상적이며 법신의 자리에서 보는 세계이고, 유는 현실적이며 깨닫지 못한 범부의 입장에서 보는 세계이다. 젊고 패기 넘칠 때는 이상적인 공의 진리를 깨닫기 위하여 정진할 수가 있다. 그러나 공의 진리에 대한 견처(見處)가 보이지 않을 뿐만 아니라, 이에 대한 확신이 서지 않고 인생의 황혼기에 접어 들어 죽음이 가까이 오는 것을 인식할 때는 무언가 다음의 세계를 생각하지 않을 수 없다. 그래서 승현이나 도안, 그리고 혜원 등은 정토업을 닦지 않으면 안 되었다고 생각했다. 이러한 맥락에서 보면 담란이 주장한 공사상인 중관적인 기초 위에서 유(有)인 정토사상을 주장한 것은 혜원의 영향을 받은 것이라고도 볼 수 있지만, 도가사상에 물들어 있는 중국인들의 공통적으로 생각하는 사고방식이라고 볼 수도 있다.162)

앞에서도 언급하였지만, 그러기에 담란은 왕생하는 것은 우리가 지금 생각하고 있는 원소와 원소로 이루어진 이 육체와 6근(根)과 6경(境) 사이에서 일어나는 일시적인 정신작용이 실제로 왕생하는 것이 아니기 때문에 '무생지생(無生之生)'이니 '가명생(假名生)'이라고 하여 중관적인 무생(無生)과 정토적인 생(生)을 표현하였다고

---
160) 이태원 저 『염불의 원류와 전개사』 pp.261~262 참조 바람.
161) 앞의 책 pp.266~267 참조 바람.
162) 앞의 책 pp.255~286에서는 중국 초기 정토신앙을 자세히 분석하여 논하였다.

본다. 즉 왕생하고 수행하여 무생법인을 증득하면 영원히 없어지지 않는 여래의 법신을 깨닫게 된다. 다시 말하면 본래 우리의 모습인 여래의 법신을 깨달으면 태어나는 것이 태어나는 것이 아니고, 윤회하는 것이 윤회하는 것이 아니며, 중생이 받고 있는 고통 속에 들어가 중생을 구제하지만 고통을 받지 않는다.

(4) 원생게를 짓는 의도

論註 : 次成優婆提舍名 又成上起下偈
論 : 我依修多羅 眞實功德相 說願偈總持 與佛敎相應
論註 : 此一行云何成優婆提舍名 云何成上三門起下二門 偈言我依修多羅與佛敎相應 修多羅是佛經名 我論佛經義與經相應 以入佛法相故得名優婆提舍 名成竟 成上三門起下二門 何所依 何故依 云何依 何所依者 依修多羅 何故依者 以如來卽眞實功德相故 云何依者 修五念門相應故 成上起下竟
修多羅者 十二部經中直說者名修多羅 謂四阿含三藏等 三藏外大乘諸經亦名修多羅 此中言依修多羅者 是三藏外大乘修多羅 非阿含等經也 眞實功德相者 有二種功德 一者從有漏心生不順法性 所謂凡夫人天諸善 人天果報 若因若果 皆是顚倒 皆是虛僞 是故名不實功德 二者從菩薩智慧清淨業起 莊嚴佛事 依法性入清淨相 是法不顚倒不虛僞 名爲眞實功德 云何不顚倒 依法性順二諦故 云何不虛僞 攝衆生入畢竟淨故 說願偈總持與佛敎相應者 持名不散不失 總名以少攝多 偈言五言句數 願名欲樂往生 說謂說諸偈 論 總而言之 說所願生偈總持佛經與佛敎相應 相應者 譬如函蓋相稱也

논주 : 이 게송이 우바제사란 이름을 성립된 경위와 위로는 (三念門을) 성립시키며, 아래로는 (二念門을) 일으킨다.

논 : 저는163) 수다라164)의
　　　진실한 공덕의 모습에 의지하여
　　　원생게(願生偈)를 설하고 총지(總持)해서
　　　부처님의 가르침과 상응하고자 합니다.

논주 : 이 1행165)이 어째서 우바제사라는 이름을 이루고, 또 어찌하여 위로 세 가지 문(예배문·찬탄문·작원문)이 성립되고, 아래로 두 가지 문(관찰문·회향문)을 일으키는가? 게송에서 "나는 수다라에 의지하여 부처님 가르침과 상응한다."고 말한 가운데 수다라라는 것은 부처님이 말씀하신 경전을 말한다. 내가 부처님 경전의 뜻을 논하는 것이 경전의 내용과 상응하여 부처님 진리의 모습에 들어가기 때문에 우바제사라 말할 수 있다. 이상 이름이 성립되는 경위를 마친다.

위로 세 가지 문을 성립시키고 아래로 두 가지 문을 일으킨다는 것은 무엇을 의지하고, 왜 의지하며, 어떻게 의지하였는가? 무엇을 의지하는가 하면 수다라(『무량수경』)를 의지하였고, 왜 의지하는가 하면(『무량수경』에 설해진 내용이) 여래는 진실한 공덕의 모습을 가지고 있기 때문이며, 어떻게 의지하는가 하면 5념문을 닦아 부처님 법과 상응하기 때문이다. 이상 위로 (세 가지 문을) 성립하고, 아래로 (두 가지 문을) 일으키는 것을 설명하고 마친다.

---

163) 『왕생론』을 지은 천친보살 자기 자신을 말한다.
164) 산스크리트어 sūtra의 음역으로 여기서는 『무량수경』을 말하는데 일본 親鸞은 정토삼부경이라고 하여 경전의 폭을 넓게 잡았다.
165) 五言句로 된 네 게송, 즉 위의 게송을 말한다.

'수다라'란 12부경 가운데 (부처님께서) 직접 설하신 것을 말한다. 네 가지 아함경166)과 삼장167) 등을 말하며, 삼장 외 대승의 경전도 수다라라 말한다. 이 가운데 수다라에 의지한다는 것은 (소승의) 삼장 외 대승 경전으로 아함 등의 경전은 아니다.

"진실한 공덕의 모습"에는 두 가지 공덕이 있다. 첫째는 유루심(有漏心)168)에서 생겨 법성169)을 따르지 않는 것이다. 이른바 범부나 인천(人天) 등의 모든 선(善), 인천의 과보를 말하는데 이는 인(因)과 과(果)가 모두 전도되어 모두 허망하고 거짓된 것이기 때문에 진실치 못한 공덕이라고 한다.

둘째는 보살들의 지혜로부터 청정한 행이 일어나 불사를 장엄하는 것은 법성을 의지하여 청정한 모습에 들어간다. 이 법은 전도되지 않고 허망하거나 거짓되지 않기에 진실한 공덕이라고 한다. 어찌하여 전도되지 않는가 하면, 법성을 의지하여 이제(二諦)170)에 수순(隨順)하기 때문이다. 어떻게 하여 허망하고 거짓되지 아니하는가 하면, 중생을 섭수하여 필경에는 청정한 것에 들어가기 때문이다.

---

166) 아함이란 āgama의 음역으로 원시경전을 말하는데 장아함경 · 중아함경 · 잡아함경 · 증일아함경 등이다.
167) 산스크리트어로는 tri-piṭaka로 여기서는 불교경전 가운데 소승의 경 · 율 · 논을 말한다.
168) 여기서 말하는 유루란 산스크리트어 sāsrava로 漏는 漏泄의 의미로 번뇌를 말한다. 즉 번뇌가 있는 것을 유루라 하고, 번뇌가 없는 것을 무루라 한다. 그러기에 有漏心이란 번뇌를 가지고 있는 마음을 의미한다.
169) 산스크리트어 dharmatā 또는 dharmadhāu의 번역으로 법의 體性이란 뜻인데 우주의 모든 현상이 지니고 있는 진실하고 영원히 변하지 않는 본성이다. 이것을 진여법성 · 眞如性 · 眞性이라고도 하고, 진여의 다른 이름으로 흔히들 사용하고 있다.
170) 절대적인 입장에서 보는 진리인 眞諦와 세간적이고 상대적인 입장에서 보는 진리인 俗諦를 말한다.

"원생게(願生偈)를 설하고 총지(總持)해서 부처님의 가르침과 상응하고자 합니다."고 말한 가운데 '지(持)'란 산란하지 않고 잃어버리지 않는 것을 말하며, '총(總)'이란 적은 것으로써 많은 것을 포섭하여 가지는 것을 이름하고, '게(偈)'란 다섯 글자로 된 구절의 수이다. '원(願)'이란 왕생하기를 원하는 것을 말하며, '설(說)'이란 모든 게송171)과 논172)으로 설한 것을 말한다. 총체적으로 말하면 왕생하기를 원하는 게송을 설하는 것은 부처님 경전을 총지해서 불교와 더불어 상응하고자 하는 것이다. 상응이란 비유컨대 상자와 뚜껑이 서로 딱 맞는 것이다.

【講說】
여기에 나오는 게송은 『왕생론』 두 번째 게송이다. 이 게송의 내용 가운데 중요한 것은 첫째, 천친보살 자신이 논을 무작정 짓지 않고 『무량수경』에서 말씀한 진실한 공덕인 아미타불의 훌륭한 모습을 근본으로 하여 원생게를 지었다는 것이다. 게송에서 말한 나란 천친 자신을 말하는 것으로 천친이 원생게를 짓는 자세를 엿 볼 수 있다. 즉 현세에 출현하신 석가모니 부처님이 『무량수경』에서 진실한 공덕을 말씀한 것에 의지하여 천친보살이 지은 원생게가 부처님의 사상과 조금도 다름없이 부합되기를 바라면서 지었기 때문에 우바제사라 한다는 것이다. 이것은 저자가 처음 글을 쓰는 간절한 입장을 표현하였다. 둘째 5념문을 닦아 가지고 부처님의 본지와 상응하고자 하는 의도에서 게송을 지었다고 밝히고 있다. 이것은 천친 자신뿐만 아니라 많은 사람들이 이 논을 읽

---

171) 『왕생론』의 五言句로 된 게송이다.
172) 『왕생론』 가운데 五言句로 된 게송 뒤에 나오는 長行의 論이다.

고 5념문을 닦아 아미타불의 본래의 뜻에 부합하기를 바라는 저자의 심정이라 볼 수가 있다.

이 게송은 지금까지 첫 번째 게송에서 말한 예배문(禮拜門)·찬탄문(讚歎門)·작원문(作願門)이 성립된 동기를 밝힌 것이고, 다음에 열거할 관찰문(觀察門)과 회향문(廻向門)을 논하게 되는 동기를 밝힌 것이다. 그리고 담란은 천친이 논을 지을 때 무엇을 의지하고, 왜 의지하며, 어떻게 의지하였는가의 질문에 의해 해답을 구하려고 하였다. 즉 무엇을 의지하였는가 하면 많은 경전 가운데 『무량수경』을 선택하여 이 경전에 의지하였고, 왜 『무량수경』을 의지하는가 하면 『무량수경』만이 아미타불의 진실한 모습을 설하고 있기 때문이며, 장차 우리가 어떻게 의지하면 좋은가 하면 논에서 강조한 5념문을 많은 사람들이 닦아 아미타불의 본원과 부합하기를 바란다고 하여 담란 나름대로 해답을 찾았다.

다음 담란은 경에서 말한 "진실한 공덕의 모습"을 유루심의 선근과 무루심의 선근으로 구분하였다. 범부나 인천(人天)이 지은 선은 유루심에 의지하여 생긴 것이기 때문에 법성을 따르지 않을 뿐만 아니라 인과가 전도되기 때문에 진실한 공덕이라 하지 못하며, 보살들의 지혜로부터 청정한 선근을 지은 것은 법성에 의지하여 청정한 모습에 들어가기 때문에 이것만을 진실한 공덕이라 이름한다고 하였다. 다시 말하면 유루심에서 지은 선근은 "진실한 공덕의 모습"이 아니고, 오직 무루심에서 지은 공덕만이 "진실한 공덕의 모습"이라는 것이다. 이것은 지혜에 의지하여 선근을 짓느냐 안 짓느냐는 것이고, 선근 자체가 청정하냐 안 하느냐는 것이다. 번뇌가 있는 범부나 인천(人天)이 지은 선근은 지혜에 의지한 것이 아니기 때문에 공덕 자체가 청정하지 못할 뿐만 아니라 법성에 역행하지만, 번뇌가 없고 지혜가 있는 보살들이 지은 선근은 청정할 뿐만 아니라 법성에 의지하여 청정한 본연의 자리에 들어가는 공덕이기 때문에 "진실한 공덕의 모습"이라 할 수 있다.

여기에 나온 법성(法性)이란 단어는 불교에서 아주 중요한 것으로 이것을 제대로 인식하지 않으면 안 된다. 한문 그대로 풀이하면 법이 가지고 있는 본래의 성질을 말한다. 여기서 법이란 산스크리트어로는 dharma인데 여러 가지 의미를 가지고 있다. 일본의 나까무라 하지매 박사는 열한 가지[173] 이상의 의미를 열거하는데, 여기서 말하는 법이란 열 번째에 있는 본성·본질·속성·성질·특성의 의미라고 본다. 다시 말하면, 나를 비롯하여 우주의 삼라만상이 본래 지니고 있으면서 영원히 변하지 않는 본성인데, 이것이 객관적인 조건을 만나면 하나의 형상을 가지게 된다. 이것을 하나의 차별상이라 하나, 이 차별상인 형상은 인연의 힘이 다하면 없어져 본래의 모습으로 돌아간다. 이것을 흔히들 공(空)이라 한다. 『대지도론』에서는 "모든 법에는 각각 현상적으로 나타난 차별적인 상(相)과 실상(實相)이 있다. 예컨대 상(相)이란 모두 초와 같아서 불에 닿으면 녹아버려 이전의 모습을 잃어버리듯이 고정적으로 영원히 존재하는 것이 아니기 때문에 그것을 찾으려고 하면 끝내 찾을 수 없어 불가득(不可得)이라 하고, 또한 찾아낼 수 없으므로 공(空)이며, 공인 것은 모든 법의 실상이라 하였다. 공인 것은 모든 차별상 안에 모두 동일하므로 그런 의미에서 여(如)라 하고, 모든 상(相)은 똑같이 공으로 돌아간다는 의미에서 공을 법성이라고 한다."[174]고 하였다. 예를 들면 황석(黃石) 속에 금의 성질

---

173) 中村元 著 『佛教語大辭典』 p.1227b~d.
174) 대정장 25권 pp.297b~299a의 내용.

이 있듯이 일체 세간법 속에 모두 열반의 법성이 있어 이 모든 법의 본연의 실성(實性)을 법성이라 설명한다. 즉 법성이란 모든 법의 진실한 본성을 말하고, 만유(萬有)의 본체라고도 할 수 있다. 그래서 이것을 진여(眞如)라 하기도 하고, 실상(實相)이라 하기도 하며, 법계(法界)라 하기도 하여 제각기 다른 이름으로 불리고 있지만 근본은 하나이다.

담란이 말한 "진실한 공덕"이란 어떠한 환경을 만나더라도 전도되지 않고 허망하지 않으며 거짓되지 않은 것으로, 위에서 이야기한 법성을 의지하여 세간과 출세간에 나타날 수 있으며, 미혹의 세계에 다니면서 중생을 인도하여 깨달음의 세계인 청정한 곳에 들어가게 한다고 하였는지 모른다.

다음은 천친이 말한 상응을 담란은 '함개상칭(函蓋相稱)'이라 하여 상자와 뚜껑이 서로 딱 맞는 비유를 들어 설명하고 있는데, 이것은 산스크리트어로는 anulomayati인데 이는 '바른 방향으로 향한다.'는 의미를 지니고 있다. 이것을 용수보살은 『대지도론』에서 "비유하건대, 제자가 스승의 가르침을 수순하여 스승의 뜻을 어기지 않는 것을 상응이라 한다. 마치 반야바라밀다 사상을 보살이 잘 따라 실천하는데 지혜관(智慧觀)을 가지고 능히 얻고, 능히 성취하며, 더하지 않고 덜하지도 않는 것을 상응이라 한다. 비유하건대 상자와 뚜껑이 크면 큰 대로 적으면 적은 대로 서로 딱 맞는 것과 같다."[175]고 하였다. 즉 담란은 용수가 말한 상자와 뚜껑의 비유를 인용하여 설명한 것으로, 여기서는 천친 자신이 지은 이 논이 『무량수경』의 본의를 잘 파악한 것으로 부처님의 가르침과

---

175) 대정장 25권 p.327a

조금도 다르지 않게 하려고 노력한 것으로 보아야 할 것이다. 따라서 천친이 얼마나 부처님의 뜻을 잘 받들어 원생게를 지으려고 했는지 알 수 있다.

3) 관찰문(觀察門)

(1) 청정한 기세간(器世間) 관찰

① 청정한 공덕 성취

論 : 觀彼世界相 勝過三界道
論註 : 此已下是第四觀察門 此門中分爲二別 一者觀察器世間莊嚴成就 二者觀察衆生世間莊嚴成就 此句已下至願生彼阿彌陀佛國 是觀器世間莊嚴成就 觀器世間中復分爲十七別 至文當目 此二句卽是第一事 名爲觀察莊嚴淸淨功德成就 此淸淨是總相 佛本所以起此莊嚴淸淨功德者 見三界 是虛僞相 是輪轉相 是無窮相 如蚇蠖循環 如蠶繭 自縛 哀哉衆生締 此三界 顚倒不淨 欲置衆生於不虛僞處 於不輪轉處 於不無窮處 得畢竟安樂大淸淨處 是故起此淸淨莊嚴功德也 成就者 言此淸淨不可破壞 不可汚染 非如三界是汚染相是破壞相也 觀者觀察也 彼者彼安樂國也 世界相者彼安樂世界淸淨相也 其相別在下 勝過三界道 道者通也 以如此因得如此果 以如此果酬如此因 通因至果通果酬因 故名爲道 三界者 一是欲界 所謂六欲天四天下人畜生餓鬼地獄等是也 二是

色界 所謂初禪二禪三禪四禪天等是也 三是無色界 所謂空處識處無所有處非想非非想處天等是也 此三界蓋是生死凡夫流轉之闇宅 雖復苦樂小殊脩短暫異 統而觀之莫非有漏 倚伏相乘 循環無際 雜生觸受四倒長拘 且因且果虛僞相襲 安樂是菩薩慈悲正觀之由生 如來神力本願之所建 胎卵濕生緣玆高揖 業繫長維從此永斷 續括之權不待勸而彎弓 勞謙善讓齊普賢而同德 勝過三界抑是近言

논 : 저 세계[176]의 모습을 관찰하니
　　　삼계[177]의 도(道)보다 훨씬 뛰어나며

논주 : 이 단원부터는 네 번째 관찰문이다. 이 문을 두 가지로 나눌 수 있는데 첫째는 기세간(器世間)[178]을 장엄하여 성취된 것을 관찰하고, 둘째는 중생세간(衆生世間)[179]을 장엄하여 성취된 것을 관찰하는 것이다. 이 구절 이하부터 "저 아미타불 국토에 태어나기를 원합니다."[180]까지는 기세간을 장엄하여 성취된 것을 관찰하는 것이다. 이 기세간 장엄을 관찰하는 것을 다시 열일곱 가지로 나눌 수 있는데, 하나 하나의 문장마다 마땅히 제목을 붙이려 한다.

---

176) 극락세계를 말함.
177) 음식에 대한 욕심과 음욕이 있는 욕계, 욕심을 여의고 색신만이 거주하는 색계, 그리고 물질을 초월한 무색계가 삼계인데, 이것을 담란은 뒤에 자세하게 언급하고 있다.
178) 생명이 있는 중생이 거주할 수 있는 산과 강, 대지를 의미하는데 여기서는 아미타불의 국토이다.
179) 생명이 있는 有情物을 말하는데 여기서는 극락정토에 계신 부처님과 보살들이다.
180) 衆生世間 장엄, 즉 여덟 가지 부처님 장엄을 설하기 이전인 "是故願生彼阿彌陀佛國" 게송이다.

이 두 구절은 그 첫 번째 일로[181] '관찰장엄청정공덕성취(觀察莊嚴淸淨功德成就)'라고 한다. 이 청정은 모든 것[182]이 가지고 있는 모습이다. 부처님이 인행시(因行時)[183]에 이 장엄청정공덕을 일으키신 이유는, 삼계를 보니 거짓된 모습이고, 변하는 모습이며, 끝없이 미혹한 모습이기 때문이다. 마치 자벌레가 순환하는 것과 같고[184], 누에고치가 스스로 속박되어 있는 것과 같다.[185] 중생들이 이 삼계에 속박되어 있고, 전도되어 깨끗하지 못한 것이 슬프다. 중생이 거짓되지 않은 곳, 윤회하지 않는 곳, 끝없는 미혹이 없는 곳에 있어 필경에는 안락과 크게 청정한 곳을 얻게 하고자 하기 때문에 청정장엄을 일으킨 것이다.

'성취(成就)'란 청정하여 가히 파괴할 수 없고 오염될 수 없는 것을 말한다. 삼계처럼 오염되고 파괴되는 모습과는 같지 않다.[186] '관(觀)'이란 관찰하는 것이며, '피(彼)'란 저 안락세계를 말한다. '세계상(世界相)'이란 저 안락 세계의 청정한 모습으로 그 모습에 대해서는 따로따로 구분하여 다음에 언급할 것이다.

'승과삼계도(勝過三界道)' 가운데 '도(道)'란 곧 통한다는 의미

---

181) 천친보살이 설한 게송 가운데 첫 번째이며, 또 기세간 장엄 가운데 첫 번째인 청정공덕이다.
182) 극락세계에 장엄된 모든 것.
183) 원문에는 '本'이라고 되어 있지만 이것은 인행시를 의미한 것으로 부처가 되기 전 수행한 시기이다.
184) 누에와 같은 유충이 되었다가 다시 나방이 되는 것을 반복하는 윤회를 의미한다.
185) 용수보살은 『대지도론』에서 "중생들은 전도된 인연으로 많은 번뇌를 일으켜 나쁜 죄업을 짓고, 5도를 윤회하면서 생사를 받는 것이 마치 누에가 실을 내어 스스로 얽어매는 것과 같이 범부중생들 스스로 화염이 쌓인 불구덩이에 들어간다."고 하였다.(대정장 25권 p.697a)
186) 여기서 말한 성취란 청정한 극락정토를 성취한 것으로 이것은 삼계처럼 파괴되고 오염된 모습을 성취한 것이 아니라는 것을 강조한 대목이다.

인데, 이러한 원인에 의해서 이러한 결과를 얻고, 이러한 결과에 의해 이러한 원인에 보답하는 것으로 원인을 통해 결과에 이르고, 결과를 통해 원인에 보답하기 때문에 도(道)라고 한다. '삼계'란 첫 번째 욕계[187]로 6욕천[188]·사천하 사람[189]·축생[190]·아귀[191]·지옥[192] 등이고, 두 번째는 색계[193]로 초선천

---

187) 산스크리트어로는 nāma-dhātu인데 이를 번역하면 이 세계의 중생들은 음식 욕심·이성에 대한 욕심·수면의 욕심 등 세 가지 욕심이 있기 때문에 욕계라 한다.
188) 욕계에 딸린 여섯 가지 하늘이다. 첫째는 사천왕천으로 동쪽의 지국천·남쪽의 증장천·서쪽의 광목천·북쪽의 다문천 등 네 가지 하늘과 그에 딸린 하늘 대중(天衆)들을 말하고, 둘째는 도리천으로 수미산 꼭대기에 있는 제석천을 중심으로 사방에 여덟 가지 하늘이 있기 때문에 33천이라고도 한다. 셋째는 야마천으로 때에 따라 쾌락을 얻기 때문에 붙여진 이름이고, 넷째는 도솔천으로 자기가 받는 다섯 가지 欲樂에 만족한 마음을 내기 때문에 이것을 知足天이라고 한다. 다섯째는 화락천으로 다섯 가지 욕심의 경계를 스스로 변화시켜 즐길 줄 아는 세계이고, 여섯째는 타화자재천으로 다른 이로 하여금 자재하게 하여 5욕(欲)의 경계를 변화하는 세계이다.
189) 고대 인도 불교 우주관에 의하면 수미산을 중심으로 하여 사방에 바다가 있고, 거기에 네 가지 대륙, 즉 동쪽에는 勝身洲, 남쪽에는 贍部洲, 서쪽에는 牛貨洲, 북쪽에는 俱盧洲가 있는데 여기에 속해 있는 사람들을 말한다.
190) 산스크리트어로는 tiryagyoni인데, 이 세상에 살고 있는 소·말·돼지·양 이외 수많은 종류의 동물을 말한다. 축생은 고통이 많고 즐거움이 적으며, 음식 욕심과 음욕만 강하고 무지하여 부자의 관계나 형제의 윤리가 없으며, 싸우고 서로 잡아먹으므로 공포 속에서 산다.
191) 산스크리트어로는 prata인데, 전생에 악업을 짓고, 탐욕을 부린 중생이 아귀로 태어나 항상 굶주림과 갈증에 의해 괴로워한다. 여기에는 전혀 아무 것도 먹을 수 없는 無財餓鬼와 고름과 피만 먹을 수 있는 少財餓鬼, 사람이 남긴 물건이나 사람이 주는 것만 먹을 수 있는 多財餓鬼 등이 있다.
192) 산스크리트어로는 naraka 또는 niraya인데, 죄업을 짓고 극고의 고통을 받는 세계로 여덟 가지 대지옥이 있고, 이 여덟 가지 대지옥에는 다시 이에 따른 열여섯 가지 지옥이 있다.
193) 산스크리트어로는 rūpa-dhatu인데, 깨끗하고 묘한 물질로 이루어진 세계로 네 가지 선정을 닦아 태어나는 곳이다.

194) · 2선천195) · 3선천196) · 4선천197) 등이며, 세 번째는 무색계
198)로 공처천199) · 식처천200) · 무소유처천201) · 비상비비상처천
202) 등이다. 이 삼계는 대개 범부가 죽고 태어나기를 거듭하면
서 윤회하는 어두운 집으로 비록 고통과 즐거움이 조금씩 다르
고, 수명이 길고 짧음이 다르지만 그것을 모두 관찰하면 번뇌에
물들지 않는 것이 없다. 재앙과 복을 서로 같이 하면서 순환함
이 끝이 없고, 잡다한 생존을 받고203), 네 가지 전도된 생각으로
길게 사로잡혀 있다.204) 어떤 때는 원인이 결과가 되고 결과가

---

194) 초선천에는 범중천 · 범보천 · 대범천 등 세 가지 하늘이 있다. 여기는 모
든 음욕을 여윈 곳이다.
195) 2선천에는 소광천 · 무량광천 · 광음천 등 세 가지 하늘로 생각하고 분별
하는 작용을 여의고 기쁨을 누리는 정만 있는 선정을 닦아서 나는 곳이
다.
196) 3선천에는 소정천 · 무량정천 · 변정천 세 가지가 있는 하늘로, 기쁨을 누
리는 것을 버리고 그 정신만을 기뻐하는 선정을 닦아서 태어나는 곳이
다.
197) 4선천에는 무운천 · 복생천 · 광과천 · 무상천 · 무번천 · 무열천 · 선견천 ·
선현천 · 색구경천 등 아홉 가지 하늘이 있다. 이 하늘은 생각하고 분별
하는 것과 기쁨을 누린다는 정을 버리므로 마음이 평정된 곳이다.
198) 산스크리트어로는 ārūpya-dhātu인데, 물질에 대한 생각인 色想을 싫어하
고 네 가지 無色定을 닦은 사람이 사후에 태어나는 곳이다. 이 곳은 물
질이 없으므로 장소를 갖지 않아 공간적으로 높고 낮다는 차별은 없지
만 과보가 수승하고 열등함에 따라 네 가지로 나눈다.
199) 물질의 속박을 벗어나기 위하여 색에 대한 생각을 버리고, 끝없는 虛空
觀을 하여 선정(虛空無邊處定)을 얻어 태어나는 세계.
200) 內識이 광대하고 무한함을 사유하여 적정한 경계(識無邊處定)를 얻어 태
어나는 곳이다.
201) 識에 대한 생각을 버리고 마음이 있는 바가 없다고 관하여 얻은 선정(無
所有處定)으로 태어나는 세계.
202) 이것은 생각이 있다는 생각(有想)도 버리고, 생각이 아니라(非想)는 자체
도 버리는 선정(非想非非想處定)을 닦아 태어나는 세계.
203) 이 세상에 생존하고 있는 모든 중생은 더러운 행위에 의해 나타난 더러
운 결과를 접촉하면서 받는 것이다.
204) 어리석은 사람들은 이 세상이 항상하지 않고 끊임없이 변한다는 無常,

원인이 되기도 하여 거짓된 모습으로 이어지기도 한다. 안락세계는 보살205)의 자비와 바르게 보는 견해로 생겨난 곳이고, 여래의 신통력인 본원력206)에 의해 건립된 것이다. 이로 인해 태생(胎生)・난생(卵生)・습생(濕生)207)을 멀리 여의고, 오랫동안 업으로 속박된 것을 이로 인해 영원히 끊는다.208) 활을 쏘는 명인이 계속하여 활을 쏘는 것처럼 기다림 없이 중생제도에 힘쓴다.209) 그 정진과 겸양의 미덕은 보현보살과 같다.210) 여기에서

괴롭다는 苦, 진실한 것이 없다는 無我, 깨끗하지 못하다는 不淨을 그릇되게 생각하여 영원히 변하지 않는 常, 고통이 없어 안온한 樂, 마음이 자재하여 다른 것에 집착하지 않는 我, 번뇌가 없는 淨인 열반 4덕으로 전도시키는 것을 말한다.
205) 아미타불이 인행시에 법장보살로 수행한 것을 말한다.
206) 부처님이나 보살이 인행시에 세운 원력.
207) 아미타불의 본원력이다.
208) 이 세상은 어머니 태에서 태어난 胎生과 알에서 태어나는 卵生, 그리고 습기가 있는 곳에서 태어나는 濕生이 있고, 업력의 힘에 의해 태어나는 化生이 있는데 앞 세 가지는 일반적으로 생물이 태어나는 방법이다. 극락정토에 태어나면 이렇게 태어나는 자체를 영원히 여읠 뿐만 아니라, 다겁 동안 많은 업을 지어 속박된 것도 정토에 태어나면 모두 다 끊는다는 의미다.
209) 원문 '續括之權' 가운데 '括'이란 화살을 활에다 매는 곳을 의미하고, '權'이란 계략을 의미한다. 여기서는 활을 잘 쏘는 사람은 시간을 기다리지 않고, 계속해서 활을 쏘는 것처럼 부처님이나 보살은 누가 권하는 것을 기다리지 않고 중생을 계속하여 구제하는 것을 강조한 말이다. 이것을 용수보살은 『대지도론』에서 "비유하건대 하늘을 보고 계속 활을 쏘는데 앞 화살과 뒤 화살이 이어진 모양이 기둥과 같아 땅에 떨어지지 않게 한다. 보살마하살도 이와 같이 반야바라밀의 화살을 三解脫門의 공중에 쏜다. 방편의 화살을 가지고 또 반야의 화살을 쏘는데 涅槃地에 떨어지지 않게 한다."고 하였다.(대정장 25권 p.197c)
210) 원문에 나온 '勞謙善讓'은 부처님이나 보살들이 정진하고 겸양한 미덕을 표현한 것이고, '普賢而同德'이란 부처님이나 보살은 보현보살이 끊임없이 남을 이롭게 하는 행으로 중생들을 교화하는 것과 같다는 것이다. 여기에 등장한 보현보살은 산스크리트어로는 Samantabhadra・Viśvabhadra 인데 이를 번역한 말이다. 보현보살은 문수보살과 함께 석가모니 부처님을 양쪽에 모시는 脇侍菩薩이다. 보현보살은 석가여래의 왼쪽에서 모

"삼계를 수승하게 초월하다."고 한 것은 억지로 친근하게 설명하기 위한 것이다.211)

【講說】
먼저 관(觀)이란 것에 대해 생각해 보자. 천친보살은 원생게인 총설분에서 '관(觀)'이란 단어를 단 한번 사용하는 것에 비해 해의분에서는 '관' 대신 '관찰'이라는 단어를 자주 사용함을 우리는 발견할 수가 있다. 산스크리트어로 된 『왕생론』 책이 없기 때문에 원생게가 어떻게 구성되었는지 확실히 알 수는 없지만, 이것은 아마도 중국인들이 오언구(五言句)의 게송으로 번역하는데 관찰이란 단어를 사용하면 글자가 많아지기 때문에 관이란 한 글자로 관찰을 표현했다고 볼 수가 있다. 그래서 담란은 '관이란 관찰하는 것'이라고 해석하여 동일하게 취급하였다고 본다. 이 '관'이란 아마도 산스크리트어 vipaśyanā를 가리키는 말로 '진리를 관한다'든가 '마음이 고요하고 청정한 경지에서 현상세계 그대로를 바르게 관찰하는 의미'라 생각된다. 그래서 원생게에서 "안락세계의 모습을 관한다."고 한 것은 육안으로 극락정토의 모습을 보는 것이 아니라 마음으로 관하여 아는 것으로 보아야 할 것이다.

다시 말하면 선정에 의해 생긴 지혜로 보는 것이기 때문에 지관(止觀)212) 가운데 '관'으로 본다. 그러면 이 논에서 관이 왜 중요한

시면서 理·定·行의 德을 맡아 언제나 중생을 제도하는 일을 돕고 있다.
211) 사바세계에 사는 중생들에게는 우리가 살고 있는 이 현실인 삼계의 비유를 들어 극락정토를 설명하여야만 알아듣기 쉽기 때문에 본문에서 '抑是近言'이라고 하였다.
212) 마음을 속박하고 있는 일체 밖의 경계와 산란하게 움직이는 것을 끊고 특정한 대상인 한 곳에 집중시키는 것을 止(śamatha)라 하고, 이것에 의

가를 생각해 보자. 원생게에서 말한 29종 장엄, 즉 국토장엄 열일곱 가지와 부처님 장엄 여덟 가지, 그리고 보살장엄 네 가지 등은 모두가 극락세계의 국토와 부처님 그리고 보살들로, 이들이 삼계와 비교하여 수승하다고 아는 것은 선정에서 생긴 지혜로 관하지 않으면 알 수가 없다. 다시 말하면 지혜의 작용에 의해 극락세계를 관찰할 수 없다면 29종 장엄이란 자체도 알 수 없기 때문에 『왕생론』을 지을 수도 없다. 그렇기 때문에 이 논의 입장에서 보면 극락세계를 관하는 것이 중요하다고 하지 않을 수 없다. 또 이 5탁악세의 중생들에게는 이 세계와 저 세계를 비교하여 우열을 논해야만 정토의 세계가 얼마나 좋은지 빨리 이해하여 왕생을 원하기 때문에 왕생을 권하는 논에서는 관찰법이 중요하다.

　다음은 관하는 대상은 정토의 장엄인데 이 장엄이란 무엇이며 어디에서 비롯되었는가를 살펴보자. 먼저 장엄이란 쉬운 말로 표현하면 장식이란 단어로 표현할 수 있을 것이다. 이 장식은 일반적으로 많이 쓰는 말로 자기 몸을 장식하는 것, 집안을 장식하는 것, 주위 환경을 장식하는 것을 의미한다. 이렇게 장식하는 것을 생각해 보면 첫째는 단점을 보완하기 위해서이다. 즉 자기 몸에 싫은 부분이 있으면 그것을 감추기 위해 장식할 수 있고, 집안에 추잡한 부분이 있으면 그것을 수리하여 보기 좋게 할 수 있는 것이 장식이다. 둘째는 지금의 상태보다 더 잘 보이기 위해서이다. 미인이 귀걸이, 목걸이로 장식하는 것은 지금보다 더 잘 보이려고 하는 것이며, 좋은 저택을 가지고 있는 사람이 좋은 가구를 들여놓고 정원을 더 잘 가꾸는 것 등이 그 예이다.

　　해 바른 지혜가 일어나 대상을 관하는 것을 觀(vipaśyanā)이라 한다.

이렇게 장식하려고 하는 마음은 어디에서 비롯된 것인가를 추구해 보면, 중생들의 마음은 현실에 대해 만족을 느끼지 못하고 있기 때문에 만족하려고 하는 마음 작용의 일부이며, 설사 만족을 느낀다고 하더라도 모순 속에서 만족을 느끼고 청정치 못한 곳에서 만족을 느끼는 것으로 이것은 완전한 만족이 될 수 없기 때문에 좀 더 나은 것을 추구하는 마음에서 비롯되었다고 볼 수 있다. 이 마음의 작용에는 자리적인 면과 이타적인 면, 그리고 지리이타(自利利他)적인 면이 있다. 자리적인 면은 어떠한 것을 장엄해 놓고 자기 스스로 즐거움을 누리는 것이고, 이타적인 면은 남에게 즐거움을 주기 위하여 장엄하는 것이며, 자리이타적인 면은 자기도 소정의 목적을 달성하기 위하여 장엄이란 수단 방법을 이용하고 또한 남을 인도하기 위하여 장엄하는 일이다. 불교적으로 말하면 성문이나 연각은 자리적인 장엄, 보살은 자리이타적인 장엄, 부처님은 이타적인 장엄이 있다고 볼 수 있다. 우리 주위의 일상 생활에서 장식이 승화되고 발전된 것이 불교의 장엄이다.

그러면 불교에서 장엄이란 어떠한 의미가 있는가를 살펴보자. 이것을 산스크리트어로 viūha라 하는데 엄식포열(嚴飾布列)한다는 의미이다. 또 alamkara라 하여 부처님의 지혜 작용에 의해 부처님 몸과 국토가 장엄된 것을 말한다. 즉 처음 장엄은 여러 가지 보배로 된 영락이나 일산, 당번(幢番), 아름다운 꽃 등으로 국토나 도량을 깨끗하고 근엄하게 장엄한다는 것으로 유상장엄(有相莊嚴), 즉 비유정장엄(非有情莊嚴)을 뜻하지만, 대승불교가 발달됨에 따라 부처님이나 보살이 가지고 있는 유정장엄이 나타나고 이와 동시에 무상장엄(無相莊嚴)이 나타나고 있다.[213] 이 장엄이란 단어 속에는 때가 없다고 하는 무구(無垢, a-mala, mala-viśuddhi)란 뜻이 포함되어 있는 것에 주목하지 않으면 안 된다. 왜냐하면 불교의 이상적인 목표가 오염에서 오염되지 않는 청정(pariśuddha)으로 전환하는 것이기 때문이다. 그러기에 이 장엄하는 이유는 중생들로 하여금 본래 청정한 모습을 되찾도록 하는 것이기 때문에 장엄된 모든 것은 청정하지 않으면 안 된다. 불국토에 청정하게 장엄된 것은 보는 사람, 듣는 사람으로 하여금 청정함을 얻게 하기 때문에 불국토에 장엄된 모든 것은 부처님의 청정한 공덕으로부터 나온 수승한 것이 아니면 안 된다. 그래서 담란은 부처님이나 보살들의 원력에 의해 성취된 장엄은 "가히 파괴할 수 없고, 오염될 수 없다."고 하였는지 모른다.

불교의 장엄이란 부처님이나 보살들이 중생들을 구원하기 위해 본질 자체를 청정한 것으로 한 것이라고 보아야 할 것이다. 즉 청정한 본질로 장엄된 이것의 역할은 중생들이 한 생각 미혹함에 의해 무명에 가리워져 한없이 6도에 윤회하기 때문에 이를 구제하기 위한 방편의 하나이다. 그래서 장엄하는 목적을 다른 경전에서 찾아보면 『보살선계경』에서는 "중생이 깨끗한 장엄을 봄으로 말미암아 중생이 아뇩다라삼먁삼보리심을 발할 수 있다."[214]고 하였고, 『관정경』에서는 "국토를 청정하게 장엄하는 일은 한량없는 모든 중생들로 하여금 무량한 이익을 얻게 하기 위함이요, 모든 액난을 제거하여 안온을 얻게 하기 위함이다."[215]라고 하여 장엄하는 목적이 깨달음과 한량없는 이익을 얻는 데 있다고 하였다. 이

---

213) 이태원 저 「정토사상에 나타난 장엄」(중앙승가대학교 『논문집』 제3집)에 자세하게 언급하였기에 여기서는 간단히 논한다.
214) 대정장 30. 974c
215) 國土淸淨莊嚴之事 利益一切無量衆生 度諸危厄令得安隱 (대정장 21권 p.522b)

두 경에서는 장엄하는 이유가 무엇인가? 화려하게 보이기 위해서가 아니라, 중생들이 원하고 있는 이익을 얻게 하기 위함이고 고통과 모든 액난에서 구제하기 위하여 대승적인 입장에서 방편으로 장엄한 것이기에, 장엄된 모든 것은 청정하지 않으면 안 된다. 이러한 청정한 장엄은 부처님이나 보살들이 중생을 제도하기 위한 원심(願心)에 의한 것이라 볼 수 있다. 한 예로 극락세계를 장엄하게 된 동기를 살펴보면, 법장비구가 서원을 세운 뜻을 『무량수경』에서는 "저는 마땅히 수행해서 청정한 불국토, 장엄이 한량 없는 묘한 국토를 선택하겠사오니 저로 하여금 금생에 빨리 정각을 이루어 모든 생사의 근원을 없게 하여 주옵소서."216)라고 하였다. 여기서 보면 법장비구가 정각을 이룬 목적이 청정한 불국토를 건설하는 데 있다. 즉 청정한 불국토에 의해서만 중생들이 그 국토의 장엄을 보고 무생법인을 깨닫는다는 의미가 내포되어 있다. 이러한 원심을 굳건히 세운 항목을 보면 "원하옵건대 세존이시여! 널리 모든 부처님들이 정토를 이룩한 수행을 자세히 말씀하여 주십시오. 저는 그것을 듣고 나서 마땅히 말씀하신 바와 같이 수행해서 소원을 원만히 이루겠습니다."217)고 하였다. 법장비구의 능력으로는 수많은 부처님들이 불국토를 장엄하고 있는 모습을 볼 수 없고 들을 수 없기 때문에 세자재왕 부처님께 간절히 청하는 모습이라 할 수 있다. 이렇게 청함에 의해 부처님께서는 210억이나 되는 여러 불국토와 천인의 선과 악, 그리고 국토의 거칠고 묘함을 말씀하시어 법장비구의 마음에 원하는 대로 낱낱이 모두 나

---

216) 我當修行 攝取佛國 淸淨莊嚴 無量妙土 令我於世 速成正覺 拔諸生死勤苦
 之本(대정장 12권 p.267b)
217) 唯願世尊 廣爲敷演 諸佛如來 淨土之行 我聞此已 當如說修行 成滿所願
 (위의 책 p.267b~c)

타내 보여주셨다고 한다.218) 세자재왕 부처님이 210억이나 되는 많은 불국토를 보여주신 것을 법장비구는 5겁 동안 사유하여 원심에 의해 좋은 것만 선택하여 극락정토를 건설하여 장엄한 것이다.219)

이 원심을 다른 말로 표현하면 본원(pūrva-pranidhāna)이다. 이 본원이란 보살이 부처님이 되기 전 인행시에 세우신 서원, 숙원이다. 부처님이나 보살이 과거의 세상에서 일으킨 서원을 말한다. 아미타불의 본원에 의해 극락정토, 약사여래불의 본원에 의해 동방유리왕세계, 아촉불의 본원에 의해 아촉불의 정토가 성립되고 장엄된 것이다. Nāgarjuna는 『십주비바사론』에서 "깨끗한 국토를 마땅히 알라. 모든 보살의 본원인연에 따른다"고 하였고, 이어서 "단 모든 부처님의 본원인연에 따라 혹은 수명이 한량없어 보는 사람은 반드시 선정을 얻고, 이름을 듣는 사람도 선정을 얻으며, 여인이 친견하거나 이름을 들을 땐 남자의 몸을 이루고, 이름을 듣는 사람은 왕생한다. 또 광명이 한량없어 중생이 광명을 입으면 모든 장애를 여의고 혹은 선정에 들어간다."220)고 하였다. 이러한 것으로 보아 Nāgarjuna는 모든 장엄은 본원에 의해 성립되는 것이며, 이 장엄에 의해 중생들은 어떤 이익을 얻는가를 말하고 있다. 다시 말하면 이 본원에 의해 부처님과 보살은 위로는 지혜와 복덕, 그리고 한량없는 수명과 광명을 성취하고, 아래로는 유정들로 하여금 부처님이나 보살을 친견하거나 그들에 의해 만들어진 장엄을 보거나 들으면 한량없는 이익을 얻게 한 것이다. 이것을 한

---

218) 於是世自在王佛 卽爲廣說二百一十億諸佛刹土天人之善惡國土之粗妙 應其心願悉現與之(위의 책 p.267c)
219) 具足五劫 思惟攝取莊嚴佛國淸淨之行(대정장 12권 p.267c)
220) 대정장 26권 p.32a.

마디로 표현하면 원심장엄(願心莊嚴)이다. 이 마음이 근본이 되어 선근공덕을 쌓아 부처나 보살이 되며, 이 원심(願心)에 의해 청정하게 장엄된 정토라고 하는 세계가 나온다.

그렇기 때문에 극락세계를 한 마디로 말하면 법장비구의 원심에 의해 이룩된 것이고, 이 본질은 청정한 것이며, 이 삼계와 같이 생사를 되풀이하는 윤회의 세계가 아니고 한량없는 수명과 한량없는 지혜광명을 누리는 세계이다. 천친은 이것을 "저 세계의 모습을 관찰하니 삼계의 도(道)를 초월하도다."라 하여 극락세계의 수승함을 강조하였다.

② 양공덕성취(量功德成就)

論 : 究竟如虛空 廣大無邊際
論註 : 此二句名莊嚴量功德成就 佛本所以起此莊嚴量功德者 見三界陜小墮 陘陪陼 或宮觀迫迮 或土田逼阨 或志求路促 或山河隔障 或國界分部 有如此等種種擧急事 是故菩薩興此莊嚴量功德願 願我國土如虛空廣大無際 如虛空者 言來生者雖衆猶若無也 廣大無際者 成上如虛空義 何故如虛空 以廣大無際故 成就者 言十方衆生往生者若已生若今生若當生 雖無量無邊畢竟常如虛空 廣大無際終無滿時 是故言究竟如虛空廣大無邊際 問曰 如維摩方丈苞容有餘 何必國界無貲乃稱廣大 答曰 所言廣大非必以畦畹爲喩 但言如空 亦何累方丈 又方丈之所苞容在狹而廣 歠論果報 豈若在廣而廣耶

논 : 끝221)이 허공과 같아

넓고 커 다함이 없더라.

논주 : 이 두 구절을 '장엄량공덕성취(莊嚴量功德成就)'라고 한다. 부처님께서 인행시에 이 장엄량공덕을 일으키신 까닭은, 삼계를 보시니 삼계가 협소하고 비탈진 곳이 많아 완전하지 않다. 혹은 궁궐이 빽빽하게 들어 서 있고, 혹은 땅과 밭이 비좁으며, 혹은 뜻을 세우려고 해도 구하는 길이 협소하고, 혹은 산과 강으로 막혀 장애가 되며, 혹은 국가가 국경선으로 나누어져 있다. 이와 같은 등의 여러 가지 곤란한 일들이 일어나는 까닭에 법장보살이 이 '장엄량공덕원'을 일으키기를 "원컨대 나의 국토는 허공과 같이 광대해서 끝이 없게 하겠습니다."라고 하신 것이다.

'허공과 같이'라는 것은 왕생하는 사람이 비록 많지만 없는 것과 같다는 것을 말한 것이고, '넓고 커서 끝이 없다'는 것은 위에서 말한 허공과 같은 뜻이다. 무엇 때문에 허공과 같은 것인가? 광대하고 끝이 없기 때문이다. '성취'라는 것은 시방세계의 중생들이 왕생하는데, 혹은 이미 왕생한 사람, 지금 왕생하는 사람, 장차 왕생하려는 사람이 비록 끝이 없지만 필경은 항상 허공과 같아서 광대하고 끝이 없어 마침내 가득 찰 때가 없다는 말이다. 그렇기 때문에 '끝이 허공과 같아 넓고 커 다함이 없더라'고 말한 것이다.

묻기를, 유마거사222)의 방장(方丈)223)과 같이 많은 것을 포용

---

221) 원문에는 '究竟'이라고 되어 있다. 이는 어떠한 진리를 끝까지 파헤치는 것을 의미하지만 여기서는 극락정토의 넓이가 허공과 같아 끝이 없다는 것을 표현한 말로 보아야 할 것이다.
222) 산스크리트어로는 Vimalakīrti로 한문으로는 維摩詰・毘摩羅詰 등으로 음역하며, 淨名・無垢稱으로 의역한다. 이는 『유마경』의 주인공으로 부처님이 계실 때 바이사리에 사는 세속 제자이다. 妙喜國에서 이곳에 化生

하고도 여유가 있는데 하필 국가의 경계를 셀 수 없어 광대하다고 하는가?

답하기를, 넓고 크다고 말하는 것은 반드시 논두렁의 이랑으로써 비유가 되는 것은 아니다. 다만 허공과 같다고 말했을 뿐인데 어찌 유마방장과 관계되는가? 또 방장이 포용하는 곳에는 협소한 장소에서 넓음을 말하고 있다. 엄밀히 인과의 도리를 논한다면 어찌 넓은 곳에서 넓게 사용한 것과 같겠는가!

【講說】

이것은 국토장엄 가운데 두 번째로 극락세계의 경계는 허공과 같아 끝없이 넓다는 것이다. 이 양공덕(量功德)을 두 번째에 둔 것에 대해 생각해 보자. 흔히 지구상의 인구는 약 60억 정도로 넓이에 비해 인구밀도가 높다고 생각하여 각 나라에서는 아이를 적게 낳는 운동을 한다. 몇 10년 전 우리나라에서도 이 산하제한 운동을 전개하였으나 지금은 스스로 아기를 적게 낳기 때문에 이 운동을 하지 않는다. 이것은 자기 나라 국토의 한계, 또는 지구의 한계를 인식하여 많은 사람이 생존하는데 힘들다는 의식에서 비롯되었다. 이러한 인식의 연장선상에서 시방세계에서 모여 든 중생들을 극락세계에 다 수용할 수 없지 않나 하는 생각을 할 수 있다. 그래서 이 인식을 불식시키기 위해 나온 것이 극락세계의 한계에

하여 속가에 몸을 맡기고 석가모니 부처님의 교화를 도왔다는 법신 대사라고 전한다. 그는 속가에 있으면서 보살행업을 닦은 거사로 그 수행이 대단하여 어떤 불제자라도 그에 미칠 수 없었다고 한다.
223) 1丈이란 열 자[十尺]를 말하기 때문에 4方이 약 3미터인 방이다. 유마거사는 사방이 3미터밖에 안 되는 방에다 8만 4천 유순이나 되는 사자좌 3만 2천 개나 들여놓고도 남음이 있었다고 하는 이야기이다.(대정장 14권 p.546b)

대한 언급이라 본다. 천친보살이 언급하였듯이, 극락정토는 허공과 같이 넓다고 하였다. 이 허공이란 어떤 일정한 한계가 없는 무한대로 보아야 한다. 무한대인 허공은 아무리 많은 것을 둔다고 하여도 채워지지 않는다. 그러기에 허공과 같은 극락정토도 시방에서 아무리 많은 중생들이 정토업(淨土業)을 닦아 왕생하더라도 채워지지 않기 때문에 우리는 극락세계가 가득 차서 들어갈 자리가 없을까 걱정할 필요가 없다. 그래서 담란은 이미 왕생한 사람, 지금 왕생한 사람, 그리고 장차 왕생할 사람이 아무리 많아도 가득 찰 시기가 없다고 하였는지 모른다.

마지막으로 『유마경』에서 이야기한 유마방장에 대한 비유를 들었다. 이 방장이란 술어는 선가(禪家)에서 많이 사용하는 말로, 선방에서 참선하는 수행승을 지도하는 최고의 지도자인 조실스님이 주석하는 방을 흔히 방장실이라 한다. 요즘 선을 참구하는 선원(禪院), 교학을 공부하는 강원(講院)과 그리고 계율을 배우고 익히는 율원을 갖추어 여기서 많은 승려가 운집하여 수행하는 곳을 총림(叢林)224)이라 하고, 이 총림의 최고 지도자를 방장이라 한다. 여기서 이야기한 방장이란 좁은 곳에다 많은 사람을 포용하는 신통력과 같은 것으로 산수로 헤아릴 수 있는 것이지만, 극락세계가

---

224) 이에 대해 『법집요송경』에서는 "수행하는 승려들이 모여 모든 魔로부터 벗어나고 다시는 늙고 병들고 죽는 고통을 받지 않게 수행하는 장소이다."(대정장 4권 p.797a)라고 하였고, 『대지도론』에서는 "승가는 衆의 뜻이니 많은 비구가 한 곳에 화합하여 머무는 것을 승가라 한다. 마치 큰 나무들이 숲을 이룬 것을 林이라 함과 같으니, 승려들이 모여 사는 곳이므로 총림이라 한다."(대정장 25권 p.80a)라고 하였다. 이 총림은 출가한 승려들이 모여 화합한 가운데 함께 안거해 수행하는 초기교단의 정사가 총림으로 바뀐 것이라 본다. 한국에는 해인사의 해인총림, 통도사의 통도총림, 송광사의 조계총림, 백양사의 고불총림 등이 있다.

허공과 같이 넓고 크다는 것은 인간이 헤아릴 수 있는 산수를 초월한 것이기 때문에 방장과는 차원이 다르다는 것을 담란은 강조하였다.

③ 성공덕성취(性功德成就)

論 : 正道大慈悲 出世善根生
論註 : 此二句名莊嚴性功德成就 佛本何故起此莊嚴 見有國土以愛欲故 則有欲界 以攀厭禪定故則有色無色界 此三界皆是有漏邪道所生 長寢大夢莫知悕出 是故興大悲心 願我成佛以無上正見道起淸淨土出于三界 性是本義 言此淨土隨順法性不乖法本 事同華嚴經寶王如來性起義 又言積習成性 指法藏菩薩 集諸波羅蜜積習所成 亦言性者是聖種性 序法藏菩薩於世自在王佛所悟無生法忍爾時位名聖種性 於是性中 發四十八大願修起此土 卽曰安樂淨土是彼因所得 果中說因故名爲性 又言性是必然義不改義 如海性一味衆流入者必爲一味海味不隨彼改也 又如人身性不淨故種種妙好色香味入身皆爲不淨 安樂淨土諸往生者無不淨色無不淨心 畢竟皆得淸淨平等無爲法身 以安樂國土淸淨性成就故 正道大慈悲出世善根生者 平等大道也 平等道所以名爲正道者 平等是諸法體相以諸法平等故發心等 發心等故道等 道等故大慈悲等 大慈悲是佛道正因故言正道大慈悲 慈悲有三緣 一者衆生緣是小悲 二者法緣是中悲 三者無緣是大悲 大悲卽出世善也 安樂淨土從此大悲生故 故謂此大悲爲淨土之根 故曰出世善根生

  논 : 바른 길의 대자비는

출세간의 선근으로부터 생기며,

논주 : 이 두 구절을 '장엄성공덕성취(莊嚴性功德成就)'라고 한다. 부처님께서 인행시에 무엇 때문에 이 장엄을 일으키셨는가? 어느 국토를 보니 애욕 때문에 곧 욕계가 있고, 선정을 반연하고 싫어하는 것[225]으로 색계, 무색계가 있다. 이 세 가지 세계는 모두 유루(有漏)와 사도(邪道)로써 생긴 것으로 오랜 잠 속에 잠겨 꿈꾸면서 나오기를 바랄 줄 모른다. 이 때문에 큰 자비심을 일으켜 "내가 부처님이 될 때 위가 없는 바른 견해의 도로써 청정한 국토를 건설하여 삼계로부터 벗어나게 하겠다."고 원하였다.

'성(性)'이란 본질이란 뜻이다. 말하자면 이 정토는 법성에 수순해서 생긴 것으로 진리의 본질에 어긋난 것이 아니다. 이 일은 『화엄경』의 보왕여래성기(寶王如來性起)[226]의 뜻과 같다. 또 수행해서 쌓은 적습(積習)[227]으로 성(性)을 이루는 것을 말하는 것으로 법장보살이 여러 가지 바라밀을 쌓아서 이룬 것을 가리킨다. 또 성(性)이란 성종성(聖種性)이다. 『무량수경』 서문에서 법장보살이 세자재왕 부처님의 처소에 있을 때 무생법인을 깨달았으니 이때의 지위를 성종성이라고 부른다. 이 성(性) 가운

---

225) 원문 "以攀厭禪定" 가운데 攀이란 나무를 타거나 산을 오를 때 무엇을 잡고 오른다는 뜻과 객관의 대상인 어떤 것을 끌어 당긴다는 의미이며, 厭이란 무엇을 싫어하여 배척한다는 뜻으로 선정 자체를 좋아하고 싫어하는 것을 말하지만, 여기서는 선정을 좋아하여 색계의 四禪인 초선천·2선천·3선천·4선천과 무색계의 네 가지 無色定에 태어나는 것을 말한다. 다시 말하면 선정을 싫어하면 욕계에 태어나며, 선정을 좋아하면 색계와 무색계에 태어난다는 뜻이다.
226) 대정장 9권 pp.611b~631b까지 방대하게 논한 『화엄경』의 보왕여래성기품이다.
227) 積習이란 닦아 쌓는다는 의미로 앞에서 말한 수행하여 선근을 쌓는다는 뜻이다.

데서 마흔여덟 가지 큰 원을 세워 닦아서 건설한 안락정토를 말한다. 이것은 저 원인으로 얻어진 것으로 과(果) 가운데서 인(因)을 설하기 때문에 이름하여 '성(性)'이라 한다. 또 성(性)이란 필연의 뜻이며, 변화시킬 수 없다는 뜻이다. 바다의 본질은 한 맛으로, 여러 가지 물이 유입되어도 반드시 맛은 한가지 맛이다. 바다의 맛이 강물에 의해 변화될 수 없는 것과 같다. 또 사람 몸의 본질은 깨끗하지 못하기 때문에 여러 가지 기묘한 색과 좋은 향기와 아름다운 것을 마셔 몸에 들어가도 모두 부정하게 되는 것과 같다. (그러나) 안락정토에 태어나는 모든 사람은 깨끗하지 못한 몸이 없고 깨끗하지 않은 마음이 없어 결국은 모두 청정하고 평등한 무위법신(無爲法身)228)을 얻는다. 그렇기 때문에 안락국토는 청정한 성(性)을 성취하였다고 한다.

"바른 길의 대자비는 출세간의 선근으로부터 생기며" 가운데 바른 길은 평등한 대도이다. 평등한 도를 정도(正道)라고 이름하는 까닭은 평등은 모든 법의 근본 모습이고, 모든 법이 평등하기 때문에 발심이 평등하고, 발심이 평등하기 때문에 도가 평등하고, 도가 평등하기 때문에 대자비가 평등하다. 대자비가 이 불도(佛道)의 바른 원인이 되기 때문에 "바른 길의 대자비"라고 말했다. 자비에 세 가지 반연이 있는데 첫째는 중생연(衆生緣)으로 이것은 적은 자비이고, 둘째는 법연(法緣)으로 이것은 중간 자비이며, 셋째는 무연(無緣)으로 이것은 대자비이다. 대자비는

---

228) 여기서 말한 無爲란 산스크리트어 assṁskṛta로 어떠한 인연에 의해 작용하는 것이 아니며, 생멸과 변화를 여읜 영원히 존재하는 절대적인 것을 의미한다. 법신이란 산스크리트어 dharma-kāya로 진리의 몸이라는 뜻으로 영원히 변하지 않는 진여 법성을 말한다. 그렇기 때문에 무위법신은 인연에 의해 생하고 멸하는 것이 아닌 法身佛이다.

즉 출세간의 선(善)이다. 안락정토는 대자비로부터 생겼기 때문에 이 대자비를 정도의 근본이라고 말한다. 그래서 "출세간의 선근으로부터 생겼다."고 말한다.

【講說】
이것은 국토장엄 가운데 세 번째로 극락정토를 건설한 근본정신과 본질이 무엇이냐 하는 것이며, 이 성(性)이란 정토 장엄의 근본 본질이기 때문에 아주 중요한 단원이다.

먼저 아미타불께서 정토를 구현하신 것은 대자비심에서 비롯되었다는 것에 대해 생각해 보자. 담란은 삼계란 번뇌와 정도(正道)가 아닌 사도(邪道)로 생긴 것이라고 전제하면서 색계와 무색계에 태어나기 위해 닦는 선정법은 정도가 아닌 사도로 규정하였다. 현 불교계에서는 '선정법'이라 하면 정도라고 흔히들 생각하고 있는데 담란은 사도라 하여 충격을 주고 있다. 담란은 이 선정법이 정도이고 참된 진리라면 이 선정에 의해 태어나는 세계는 윤회하는 고통이 없어야 할 것이라는 것이다. 즉 선정이 정도라면 선정을 닦아 태어나는 색계와 무색계에는 끊임없이 윤회하는 고통이 따르지 말아야 할 것이다. 그러나 선정법을 닦아 태어나는 색계와 무색계의 중생들이 끊임없이 윤회의 고통을 받으면서도 삼계에 취해 윤회가 고통인 줄 모르고 오랜 잠 속에 잠겨 헛된 꿈에서 벗어날 줄 모르기 때문에, 이 우매한 중생들을 구제하기 위해 법장비구는 큰 자비심을 일으켜 "내가 부처님이 될 때 위가 없는 바른 견해의 도로써 청정한 국토를 일으켜 삼계에서 벗어나게 하겠다."고 원하신 것이다. 즉 이 대자비심에 의해 정토가 건립되었으며 여기에 태어나는 중생들은 누구나 불퇴전의 지위에 올라 윤회하는 고통이 없다. 다시 말하면 천친은 정토가 이루어진 근본적인 원인은 중생들을 제도하기 위한 대자비심의 발로라는 것이다. 이렇게 정토가 이룩된 근본 원인을 대자비심으로 본 것은 그의 형인 무착이 "출출세선법(出出世善法)229)의 공능(功能)으로 생겼기에 정토세계의 체상(體相)은 청정하고 자재한 유식(唯識)이다."230)라고 한 영향을 받았다고 볼 수 있다. 즉 무착이 말한 출출세선법을 천친이 대자비심으로 본 것은 중생을 제도하기 위한 부처님의 적극적인 행동으로 표현한 것으로 무착의 사상에서 한 단계 더 나아가서 규명한 것이라 할 수 있다.231) 천친은 대자비심인 출출세선법은 분별이 없는 지혜로 이것은 후득지(後得智)에 의해 생긴 선근232)이라고 주석을 붙이고 있다. 결론적으로 말하면 정토가 구현된 것은 자비심이고, 이 자비심이란 세간의 선근이 아닌 출세간의 선근에서 나왔다는 것으로, 대자비심 자체가 정토의 본질로 이것이 성공덕(性功德)이다.

담란은 이 성(性)에 대해 다섯 가지로 분류하고 있다.

첫째는 정토의 본질은 근본적으로 변하지 않는 진리의 본성이라는 것이다. 이것을 증명하기 위하여 『화엄경』「보왕여래성기품(寶王如來性起品)」에서 말한 뜻과 같다고 하였다. 이 「보왕여래성기품」에서는 여래의 성(性)에 대해 방대하게 많은 것을 논하고 있으나 이것을 한 마디로 말하면, 여래성기(如來性起)란 변하지 않는 진

---

229) 세속에서 행하는 선을 그냥 善法이라 하고, 성문이나 연각의 선근을 出世善法이라 하며, 8지보살부터 부처님의 선을 出出世善法이라 한다.(대정장 31권 p.262b)
230) 대정장 31권 p.263b.
231) 이태원 著「정토사상에 나타난 장엄」(『중앙승가대학 논문집』제2집 p.72)
232) 대정장 31권 p.263b.

리의 본성으로, 이는 여래의 성(性)에서 일어난다는 것으로 모든 것은 여래의 성에서 일어나고 작용하며 출현하는 것이다. 그러기에 정토도 진리의 본질에서 이룩된 것이라고 보는 것이다. 이러한 관점에서 생각하면 정토에 태어나는 사람은 진리의 세계에 태어나는 것으로 자연히 진리와 등질 수 없어 진리의 세계에 들어가 무생법인을 증득하게 되는 것이다.

둘째는 수행하여 쌓는 것이 성(性)이 된다는 것이다. 즉 아미타불이 인행시에 여러 가지 바라밀[233]을 수행하여 공덕을 쌓은 성에 의해 정토가 이룩되었다. 용수보살이 『대지도론』에서 "이 모습은 익혀 쌓은 것으로 본질[性]이 된다. 비유하면 마치 사람이 화를 내는 일을 익혀 이 일을 끊지 않으면 악성(惡性)을 이루는 것과 같다."[234]고 한 것처럼, 사람은 본래 악하지도 않고 선하지도 않지만 선한 생각을 하고 선한 행동을 하면 선한 성품을 이루고, 악한 생각을 하고 악한 행동을 할 것 같으면 악한 성품을 이룬다. 그렇기 때문에 아미타불이 이룩한 정토는 많은 세월 동안 법장보살이 여러 가지 보살행의 실천인 바라밀을 수행한 결과로 이룩된 것이다.

셋째는 성종성(聖種性)이다. 이 성종성이란 말 그대로 표현하면 성인이 될 종자인 성품을 지니고 있다는 뜻으로 삼승(三乘) 열반을 증득할 소질, 또는 성자가 될 소질로 중도의 진리를 통달하여 무상번뇌(無相煩惱)를 없애고 등각의 지위에 오른다는 뜻으로 보살수

---

233) 산스크리트어로는 pāramitā라 하는데 이는 미혹한 세계에서 깨달음의 세계에 이른다는 뜻으로 보통 보살들이 수행하는 布施波羅蜜·持戒波羅蜜·忍辱波羅蜜·精進波羅蜜·禪定波羅蜜·智慧波羅蜜 여섯 가지 바라밀이다.
234) 門曰 地是堅相何以言性 答曰 是相積習成性 譬如人瞋日習不已卽成惡性云云(대정장 25권 p.528b.)

행의 지위인 십지보살을 말한다. 이는 『보살영락본업경』에서 "성(性)이란 습종성(習種性)·성종성(性種性)·도종성(道種性)·성종성(聖種性)·등각성(等覺性)·묘각성(妙覺性)을 말한다."235)고 하여 여섯 가지 성(性) 가운데 네 번째에 들어 있다. 성종성 위에 있는 등각(等覺)과 묘각(妙覺)은 52위(位) 점차 가운데 10지 보살 위에 있는 것으로 성종성이 10지 보살의 지위임을 알 수가 있다. 이것을 담란은 법장보살이 세자재왕 부처님 앞에서 무생법인을 깨달을 때가 성종성의 지위라고 하였다. 왜냐하면 정토를 이룩한 것은 법장보살이 성종성 지위에 있으면서 마흔 여덟 가지 큰 서원을 세워 많은 세월 동안 수행하여 완성하고 성불하였기 때문이다.

넷째는 성(性)이란 반드시 그렇게 되지 않으면 안 되는 필연의 의미를 지니고 있다. 용수보살이 『대지도론』에서 "인간의 신체는 본래 깨끗하지 못한 본질인 성(性)을 지니고 있기 때문에, 아무리 아름다운 음식과 향기 좋은 음식을 먹더라도 몸 안에 들어가면 모두 더러워지고 나쁜 냄새가 나는 것으로 변한다."236)고 하였듯이, 본질이 깨끗하지 못하면 아무리 좋은 것이 들어가도 더러운 것으로 변하고, 본질이 깨끗하면 더러운 물질이 들어가도 깨끗해지는 것이다. 그러기에 정토는 본질의 성이 깨끗하기 때문에 안락정토에 태어나는 사람은 몸과 마음이 깨끗해지며, 결국 평등한 깨달음으로 법신불(法身佛)이 된다.

다섯째는 성(性)이란 고칠 수 없다는 것이다. 정토의 청정한 본질은 사바세계의 어떤 중생이 왕생하여 그 본질을 바꾸려고 해도

---

235) 性者 所謂習種性性種性道種性聖種性等覺性妙覺性云云(대정장 24권 p.1012b)
236) 身所食噉種種美味好色好香細滑上饌 入服海中變成不淨 是身如是從生至終常有不淨(대정장 25권 p.199b)

바꾸어지지 않는다는 것이다. 예를 들면 바다의 짠맛은 육지의 많은 강물이 흘러 들어가더라도 변화시킬 수 없는 것과 같다237)고 하였다.

결론적으로 정토의 본질인 성(性)은 진여 그 자체이다. 왜냐하면 법장보살이 48원을 세워 많은 세월 동안 수행하여 본래부터 간직하고 있는 진여의 본성을 깨달아 그것으로 근본을 삼았기 때문이다. 이 본성은 어느 누구에 의해서도 변화될 수 없을 뿐만 아니라 이 청정한 힘은 물을 깨끗하게 하는 수청주238)와 같아 많은 중생들을 깨달음의 언덕으로 인도하는 능력이 있어 불가사의하다. 담란은 이것을 증명하기 위하여 『화엄경』과 용수의 설을 인용하여 다섯 가지로 논한 것이다.

다음 자비에 대해 살펴보자. 자(慈)란 산스크리트어로는 maitrī라 하는데 이는 불쌍히 여긴다는 뜻이다. 이 말의 원어는 벗이라는 mitra에서 나온 관념으로 진실한 우정을 말한다. 여기서 벗이 내포하고 있는 것은 내가 아닌 나의 친구를 불쌍하게 생각하여 무엇인가를 베풀려고 하는 정이다. 비(悲)란 산스크리트어로는 karuṇā인데 이는 남을 연민하게 여기는 마음을 갖고 동정한다든가 그 사람이 하는 행위에 대해 공감하고, 만약 그 행위가 잘못되면 같이 슬퍼하는 마음작용을 말한다. 이것을 한문으로는 '발고여락(拔苦與

---

237) 이것은 『대지도론』의 隨百川流旣入大海變成醎苦(대정장 25권 p.199a~c)와 『화엄경』 譬如大海以十相故 名爲大海 無有能壞 何等爲十 一漸次深 二不受死屍 三餘水失本名 四一味 五多寶 六極深難入 七廣大無量 八多大身衆生 九潮不失時 十能受一切大雨無有盈溢(대정장 9권 p.575a~b) 가운데 네 번째, 바다는 한 맛이라는 것을 인용하여 설명한 것 같다.

238) 水淸珠란 구슬은 흐린 물 속에 한 자쯤 넣으면 한 자의 깊이가 맑아지고, 두 자를 넣으면 두 자의 깊이가 맑아지며, 밑바닥까지 넣으면 물 전체가 맑아지는 힘이 있다고 한다.

樂)'이라 하여 중생들에게 즐거움을 주는 것을 자(慈)라 하고, 중생의 고통을 제거해 주는 것을 비(悲)라 하며, 이와 반대로 고통을 없애 주는 것을 자(慈), 즐거움을 주는 것을 비(悲)라 하기도 한다. 아무튼 자비란 내가 아닌 상대방의 고통을 제거해 주고 즐거움을 주는 이타행으로 대승불교에서 지향하는 보살도의 행위이다. 이 자비의 실천의 근본 원인은 나도 한 인간이고 남도 한 인간이라고 하는 상대의 인권을 인정하는 바른 인식에서 비롯된 것이며, 이것이 발전하여 인간뿐만 아니라 모든 살아 있는 생물, 그리고 넓게는 무정물(無情物)까지도 이어지는 것이다. 이것을 다른 각도에서 보면 나와 남이 평등하고, 나아가 인간과 살아 있는 생물이 평등할 뿐만 아니라 무정물까지도 평등하다는 바른 인식에서 비롯된다고 볼 수 있다. 그래서 용수보살은 "자비가 불도의 근본이 된다."[239]고 하였는지 모른다.

이 자비에 대해 용수는 "자비심에는 세 종류가 있는데 중생연(衆生緣)·법연(法緣)·무연(無緣)이다. 범부들은 중생연이고, 성문과 벽지불, 그리고 보살은 처음은 중생연이고 후에는 법연이다. 모든 부처님은 필경에 공(空)인 도리를 잘 수행하였기 때문에 법연이라 이름한다."[240]고 하였으며, 이 무연(無緣)에 대해서 "무연이란 자비로 모든 부처님에게 있다. 왜냐하면 모든 부처님의 마음은 유위(有爲)니 무위(無爲)니 하는 본질에 머물지 않으며, 과거·

---

239) 問曰 若爾者何以但說慈悲爲大 答曰 慈悲是佛道之根本 所以者何 菩薩見衆生老病死苦身苦心苦今世後世苦等諸苦所惱 生大慈悲救如是苦 然後發心求阿耨多羅三藐三菩提 亦以大慈悲力故 於無量阿僧祇世生死中心 不厭沒以大慈悲力故 久應得涅槃而不取證 以是故 一切諸佛法中慈悲爲大 (대정장 25권 p.256c)
240) 대정장 25권 p.350b.

미래·현재의 세상에도 의지하지 않는다. 모든 반연은 진실하지 못하고 전도된 것으로 허망하고 거짓됨을 알기 때문에 본 마음은 반연한 것이 없다. 부처님께서는 중생들이 모든 법이 실상인 줄 알지 못해 오도(五道)에 왕래하면서 마음으로 모든 법에 집착하고 분별하여 취하고 버리기에 모든 법의 실상의 지혜로 중생들을 제도하는 것을 무연이라 한다."241)고 하였다. 이 사상을 이어 받아 담란은 자비에 세 가지 반연이 있는데 첫째 중생을 반연하여 베푸는 자비는 작은 자비고, 둘째 성문과 벽지불과 보살들이 베푸는 자비를 법연으로 보고 중간 자비라 하였으며, 셋째 부처님만이 가지고 베푸는 자비를 무연(無緣)으로 보고 대자비라고 하여 무연 자체를 대자비라고 하였다. 여기서 이야기한 무연의 자비란 차별을 두지 않고 평등하게 베푸는 것을 말한다.

  그러기에 담란은 이 대자비를 정도(正道)로 보았고, 또 이 정도를 평등한 대도라 하였으며, 평등은 모든 법의 근본 모습이고, 모든 법이 평등하기 때문에 발심이 평등하고, 발심이 평등하기 때문에 도가 평등하고, 도가 평등하기 때문에 대자비가 평등하다고 해박하게 설명하였다. 다시 말하면 불교를 믿고 실천하는 부처님 제자라면 사도(邪道)가 아닌 정도를 실천해야 하는데 이 정도의 실천은 너와 나, 주관과 객관 더 나아가 모든 것에 대해 차별을 두지 않고 평등하다고 하는 인식의 전환에서 나온 것으로, 이것이 불교의 근본정신이라고 할 수 있다. 사회가 혼탁하고 질서가 파괴되는 것은 자기와 남의 구별을 두어 내가 상대방보다 잘 살아야 되고 많은 것을 보유해야 하며, 더 나아가 상대방은 나의 명령을 따라

---

241) 대정장 25권 p.209c.

야 한다는 지배관념에서 비롯된 것이며, 이러한 것은 독선과 아집, 그리고 아만이 그 사람의 마음속에 자리잡고 있기 때문이라고 볼 수가 있다. 그러기에 이 세계가 진정 평화로우려면 너와 내가 평등해야 하고, 더 나아가 주관과 객관이 평등해야 하며, 남을 나 자신처럼 대하고 존중해야만 한다. 그런데 어떤 종교에서는 신과 인간을 차별하여 신을 절대적인 존재로 보고 인간은 신에 대해 무조건 믿고 찬양하면서 영광을 바쳐야지 신의 영역을 넘보다가는 크나큰 벌을 받는 것처럼 말하고 있다. 그러기에 그 종교에서는 인간이 신이 된다는 것은 상상할 수 없다. 그러나 평등을 말한 불교는 모든 중생이 부처가 될 수 있을 뿐만 아니라 부처님이 누리고 있는 모든 것은 인간이 깨닫기만 하면 누릴 수 있다. 이러한 사상을 근본으로 하기 때문에 『화엄경』에서는 "마음과 부처, 그리고 중생이 차별이 없다."242)고 하였으며, 『열반경』에서는 "모든 중생은 다 부처가 될 성품이 있다."243)고 하였다. 이러한 관점에서 보면, 불교사상이 세계 곳곳에 전파되어서 인류 모두가 참되게 실천할 때만이 진정한 평화가 올 수 있지 않나 생각한다. 왜냐하면 너와 내가 평등하다는 사상이기에 여기에 대립과 갈등이 있을 수 없기 때문이다.

  그러면 정토는 어떠한 곳인가? 극락세계의 장엄은 아미타불의 대자비에서 비롯된 것으로 이것을 원심장엄(願心莊嚴)이라 하며, 이 원심장엄은 평등사상에서 나온 것으로 극락세계는 너와 내가 평등하게 구제 받을 수 있는 곳이다. 그러기에 우리는 이 생을 마치면 극락세계에 태어나기를 원하는 마음을 가져야 한다.

---

242) 대정장 9권 p.465c.
243) 대정장 12권 p.645b.

④ 형상공덕성취(形相功德成就)

論 : 淨光明滿足 如鏡日月輪
論註 : 此二句名莊嚴形相功德成就 佛本所以起此莊嚴功德者 見日行四域光不周三方 庭燎在宅明不滿十仞 以是故起滿淨光明願 如日月光輪滿足自體 彼安樂淨土雖復廣大無邊 淸淨光明無不充塞 故曰淨光明滿足如鏡日月輪

논 : 깨끗한 광명 가득한 것,
　　　마치 거울과 해, 달과 같네.
논주 : 이 두 구절을 '장엄형상공덕성취(莊嚴形相功德成就)'라고 한다. 부처님께서 인행시에 이 장엄공덕을 일으키신 까닭은, 해가 네 지역[244]을 도는데 광명이 세 방향을 두루 밝히지 못하고, 가정의 화롯불이 있어도 밝기가 24m[245]를 넘지 못하는 것을 보시고 깨끗한 광명이 가득 차기를 바라는 원을 일으키셨다. 해와 달의 광륜(光輪)이 그 자체에 충만한 것처럼 저 안락정토가 비록 넓고 커서 끝이 없지만 깨끗한 광명이 가득 차지 않는 곳이 없기 때문에 '깨끗한 광명 가득한 것 마치 거울과 해, 달과 같네.'라고 하였다.

---

[244] 고대 인도와 초기 불교 우주관에 의하면 우주 중심에 수미산이 있고, 이 수미산을 태양이 돈다고 하였다. 여기서 이야기한 네 지역이란 수미산의 앞면과 양 옆면, 그리고 뒷면을 말한다.
[245] 원문에는 仞(인)이라고 되어 있는데 1仞이 8尺이고, 한 자를 약 30cm[1尺]로 보면 1仞은 240cm이기 때문에 10仞은 24m로 볼 수 있다.

【講說】

 '극락세계'하면 첫째는 한량없는 지혜광명, 둘째는 한량없는 수명을 연상케 한다. 여기서는 지혜광명의 모습을 표현하려고 한 단원임을 우리는 알고 생각해야 할 것이다. 이 세상에 빛이 없다면 우리가 눈으로 무엇을 보고 인식할 수 없을 것이고, 또 지구상에 있는 많은 생물들은 빛 에너지를 받아 살아가는데, 만약 빛이 없다면 생명을 잃을 것이다. 그러기 때문에 빛이란 많은 생물에게는 생명을 유지하는 데 없어서는 안 되는 중요한 것이다. 그러나 태양의 광명은 이 지구를 한번에 다 비출 수 없는 결함이 있다. 즉 태양이 한반도 위에 있으면 한반도는 태양의 혜택을 받아 눈으로 무엇을 분별할 수 있지만, 유럽 쪽은 암흑의 세계로 눈으로 무엇을 보는 데 지장이 있다. 즉 아무리 태양 빛이 넓게 비춘다고 할지라도 한 면만 비추지, 지구의 양옆과 뒤쪽은 비추지 못하는 결함이 있다.

 그러나 정토의 광명은 태양과는 달리 동서남북뿐만 아니라 상하와 앞뒤 등 전체를 부족함이 없이 평등하게 충만하다. 그러기에 지혜광명이 충만한 곳에 사는 사람들은 지혜 속에 평등하게 무생법인을 증득할 수 있다. 즉 정토의 광명은 동서남북 상하, 그리고 앞뒤 부족함이 없이 평등하게 충만해 있다는 것은 정토의 장엄 자체가 원만하다는 것이며, 이 원만은 평등을 근본으로 한 것임을 우리는 알아야 한다. 여기서 "해와 달의 광륜이 충만한 것처럼"이란 태양 자체가 온통 불로 가득 차 있듯이 극락세계도 마찬가지로 광명이 가득 차 있다는 것을 비유한 것이다.

⑤ 종종사공덕성취(種種事功德成就)

論 : 備諸珍寶性 具足妙莊嚴

論註 : 此二句名莊嚴種種事功德成就 佛本何故起此莊嚴 見有國土 以泥土爲宮飾 以木石爲華觀 或彫金鏤玉 意願不充 或營備百千具受辛苦 以此故興大悲心 願我成佛必使珍寶具足嚴麗 自然相忘於有餘 自得於佛道 此莊嚴事縱使毘首羯磨工稱妙絶積思竭想 豈能取圖 性者本義也 能生旣淨 所生焉得不淨 故經言 隨其心淨則佛土淨 是故言備諸珍寶性 具足妙莊嚴

논 : 온갖 진귀한 보배의 성품을 갖추어
　　　미묘한 장엄으로 구족된 것

논주 : 이 두 구절을 '장엄종종사공덕성취(莊嚴種種事功德成就)'라고 한다. 부처님께서 인행시 이 장엄을 일으키신 까닭은, 어느 국토를 보시니 진흙으로 궁궐을 장식하기도 하고, 나무나 돌로 화려한 고급 궁전을 만들기도 하며, 혹은 금과 옥으로 조각하려고 하지만 생각대로 되지 않는다. 혹 백 가지 천 가지를 구비하여 운영하려 하지만 모두 쓰라린 고통이 따른다. 이 때문에 대자비심을 일으켜 "원컨대 내가 성불할 때는 반드시 보배를 구족하여 화려하게 장엄해서 자연히 서로 근심을 잊어버리게 하고,246) 스스로 불도를 얻게 하고자 합니다."라고 하였다. 장엄

---

246) 원문 相忘於有餘 가운데 有餘란 나머지가 있다는 의미로 아직 끝까지 다 궁구하지 못하였다는 의미인데 이는 無餘의 반대말이다. 즉 有餘란 번뇌가 있다는 것이고, 相忘이란 대상의 근심을 잊어버린다는 의미이기 때문에 無餘涅槃의 세계에서는 혹 有餘가 있을까봐 걱정할 필요가 없다는 뜻을 지니고 있다. 즉 안락정토에 왕생하여 불도를 이루지 못할까 근심할 필요가 없다는 것이다.

하는 일, 가령 비수갈마(毘首羯磨)247)의 기술이 아무리 절묘하다고 하지만 거듭 생각하고 상상을 다해도 어찌 능히 그림대로 할 수 있겠는가? 성(性)이란 진리의 근본이란 뜻이다. 능생(能生)이 이미 깨끗하면 소생(所生)이 어찌 깨끗하지 않겠는가?248) 그래서 경249)에서 말씀하시기를 "그 마음이 깨끗함을 따라 즉 부처님 국토가 깨끗하다."고 하였다. 이 때문에 '온갖 진귀한 보배의 성품을 갖추어 미묘한 장엄으로 구족된 것'이라고 한다.

【講說】

여기서 말한 종종사(種種事)란 정토에 장엄된 여러 가지를 말한다. 이 세상에서 권력이 있고 재산이 있는 사람들이 자기 집을 화려하게 짓고 정원을 잘 꾸미며, 실내에 좋은 장을 두고 방 하나 하나에 정성을 들여 값있는 그림과 도자기, 그리고 귀금속 등 여러 가지로 장식하려고 하지만 이는 뜻과 같이 되지 않을 뿐만 아니라 집을 짓고 장식하는 데는 고통이 따르며, 이를 유지하는 데도 고통이 따르기 마련이다. 그래서 일반적으로 "집을 짓는 해가 죽는 해"라고 하는지 모른다. 이는 집을 짓는데 경제와 인부를 다루고, 자재를 구하는데 마음속으로 많은 고통을 받아 육체적인 건강을 해칠 수 있다는 것을 말한다. 그러나 극락세계에서 장엄된 집을 가지고 있는 것은 이와 같지 않다는 것이다. 왜냐하면 아미타불이

---

247) 산스크리트어로는 Viśvakarman이라 하는데 인도에서는 건축과 공작을 잘 하는 신으로 불린다.
248) 能生이란 주관인 아미타불의 원심이고, 所生이란 아미타불의 마음에서 생긴 정토의 장엄이다. 즉 아미타불의 원심이 깨끗하기 때문에 이 원심에서 생긴 정토의 장엄도 자연히 깨끗하다는 것이다.
249) 『유마경힐소설경』 대정장 14권 p.538c

부처가 되기 전 법장비구로 있을 때 "내가 만약 부처가 된다면 곱고 아름다운 것이 자연이 정리되어 고통거리가 전혀 없게 하겠습니다."는 원을 세웠기 때문이다. 즉 이 세계의 장식물은 지혜와 기능에 한계가 있는 인간이 만들었기 때문에 작품 자체가 마음을 충족시키지 못할 뿐만 아니라 만들 때 많은 고통이 있고, 유지하는 데도 고통이 따르기 마련이지만, 정토는 아미타불의 충만한 지혜와 청정하고 무한한 원심에서 비롯되었기 때문에 만드는 고통이 없고 유지하는 고통이 없으며, 이것은 마음에 흡족할 뿐만 아니라 눈으로 보는 사람은 많은 법의 즐거움을 얻는 이익이 있으므로 장차 불도를 이루지 못할까 걱정할 필요가 없다.

　이것을 담란은 "능생(能生)이 이미 깨끗하면 소생(所生)이 어찌 깨끗하지 않겠는가?"라 하면서 『유마경』의 설을 인용하였다. 즉 능생인 아미타불의 원심이 이미 깨끗하기 때문에 이 원심에서 생긴 소생인 장엄은 결함없이 원만하게 깨끗한 것이다. 이것을 무착은 극락세계의 근본 모습은 청정하고 자재한 유식(唯識)에서 생겼다고 하였고, 이에 대해 천친은 청정과 자재를 설명한 후 정토의 본성은 고제(苦諦)가 아닌 유식의 지혜로 되어 있기 때문에 정토의 장엄은 자연히 깨끗하다250)고 해석하였다. 이러한 설을 신라시대 원효도 『무량수경종요』251)에서 그대로 인용하여 정토의 청정한 장엄을 설명하고 있다. 아무튼 정토의 여러 가지 장엄은 아미타불의 청정한 원심에서 생겼기 때문에 여기에 고통이 있을 수 없고, 이를 누리는 사람은 저절로 마음이 청정하여 불도를 성취하는 불

---

250) 論曰 淸淨自在唯識 釋曰 菩薩及如來唯識智 無相無功能故言淸淨 離一體障無退失故言自在 此唯識智淨土體故 不以苦諦爲體 果圓淨(대정장 31권 p.263b)
251) 대정장 37권 p.127c.

가사의한 힘을 얻는다.

⑥ 묘색공덕성취(妙色功德成就)

論 : 無垢光炎252)熾 明淨曜世間
論註 : 此二句名莊嚴妙色功德成就 佛本何故起此莊嚴 見有國土 優劣不同 以不同故高下以形 高下旣形是非以起 是非旣起長淪三 有 是故興大悲心起平等願 願我國土光炎熾盛第一無比 不如人天 金色能有奪者 若爲相奪 如明鏡在金邊則不現 今日時中金比佛在 時金則不現 佛在時金比閻浮那金則不現 閻浮那金比大海中轉輪 王道中金沙則不現 轉輪王道中金沙比金山則不現 金山比須彌山 金則不現 須彌山金比三十三天瓔珞金則不現 三十三天瓔珞金比 炎摩天金則不現 炎摩天金比兜率陀天金則不現 兜率陀天金比化 自在天金則不現 化自在天金比他化自在天金則不現 他化自在天 金比安樂國中光明則不現 所以者何 彼土金光絶從垢業生苦 淸淨 無不成就故 安樂淨土是無生忍菩薩淨業所起 阿彌陀如來法王所 領 阿彌陀如來爲增上緣故 是故言無垢光炎熾 明淨曜世間 曜世 間者 曜二種世間也

　논 : 때 없이 불꽃처럼 눈부시게 빛나
　　　　밝고 깨끗하게 세간을 비추네.
　논주 : 이 두 구절을 '장엄묘색공덕성취(莊嚴妙色功德成就)'라 고 한다. 부처님께서 인행시에 이 장엄을 일으키신 까닭은, 어 느 국토를 보시니 우열이 같지 않고, 같지 않기 때문에 상하의

---

252) 『왕생론』 본문에는 '焰'으로 되어 있다.

형상이 있다. 상하의 형상이 이미 있으면 시비가 일어나고, 시비가 이미 일어나면 오랫동안 삼유(三有)[253]에 빠진다. 이 때문에 대자비심을 일으켜 평등한 원을 세우시기를 "원컨대 나의 국토의 광명은 불꽃처럼 밝고 깨끗하여 비할 바가 없어 제일이고, 사람과 하늘 세계의 금색으로 능히 빼앗기는 일이 있지 않게 하여 주십시오."[254]라 하였다. 어떻게 서로 빼앗는가? 밝은 거울은 금이 있는 곳에 있으면 (거울 광명이) 빛나지 못하는 것과 같고, 지금의 금은 부처님이 계셨을 때 금에 비하면 빛나지 못하며, 부처님 계실 때의 금은 염부나(閻浮那)[255]의 금에 비하면 빛나지 못한다. 염부나의 금은 큰 바다 가운데 전륜왕도(轉輪王道)[256]의 금사(金沙)에 비하면 빛나지 못하고, 전륜왕도의 금사는 금산(金山)[257]에 비하면 빛나지 못하며, 금산은 수미산[258]의 금에 비하면 빛나지 못한다. 수미산의 금은 삼십삼

---

[253] 三有란 산스크리트어 trayo-bhava로, 여기서 bhava란 존재하는 자체를 말한다. 그러기에 삼유란 세 가지로 존재한다는 것으로 欲有(욕계)·色有(색계)·無色有(무색계)인 삼계이다. 이 삼계에 대해 앞에서 자세히 언급하였다.

[254] 48원 가운데 제3 悉皆金色願과 제12 光明無量願, 그리고 제33 觸光柔輭願을 인용하여 담란 나름대로 원을 만들었다고 본다.

[255] 산스크리트어 jambūnada-suvarṇa의 번역으로 閻浮樹林 사이에 흐르는 강에서 나온 沙金이다.

[256] 전륜성왕의 도란 뜻이고, 산스크리트어 Cakravarti-rājan의 번역이다. 현재 전차에 해당하는 輪寶를 굴리는 왕이라는 의미가 있다. 이 왕은 정법으로 전 세계를 통솔한다는 신화적인 생각에서 나온 이상적인 왕이다.

[257] 수미산을 둘러싸고 있는 일곱 겹의 金山을 말한다.

[258] 산스크리트어 Sumeru-parvata로 고대 인도 불교에서 생각하는 우주관으로 세계 중심에 있는 높은 산인데 이를 의역하여 妙高라고도 한다. 이 산은 네 주의 세계 중앙인 金輪 위에 우뚝 솟은 높은 산으로 산 주위에는 일곱 개의 산과 여덟 개의 바다가 있고, 또한 철위산이 돌려 있으며, 물 위에 보이는 것이 8만 유순이고, 물 밑에 잠긴 것도 8만 유순이라 한다. 꼭대기는 제석천, 중턱에는 사천왕이 머문다.

천(三十三天)259) 영락(瓔珞)260)의 금에 비하면 빛나지 못하고, 삼십삼천 영락의 금은 염마천(炎摩天)261)의 금에 비하면 빛나지 못한다. 염마천의 금은 도솔타천(兜率陀天)262)의 금에 비하면 빛나지 못하며, 도솔타천의 금은 화자재천(化自在天)263)의 금에 비하면 빛나지 못하고, 타화자재천의 금은 타화자재천(他化自在天)264)의 금에 비하면 빛나지 못한다. 타화자재천의 금은 안락

---

259) 산스크리트어 Trāyastriṃśa의 번역으로, 욕계 6천 가운데 제2천인 도리천을 말하는데 수미산 꼭대기에 있다. 여기에 제석천이 있고 사방에 각각 여덟 개의 하늘이 있기 때문에 합하면 32천이고, 여기에다 제석천의 선견천을 더하면 33천이 된다.
260) 산스크리트어 muktāhāra로, 옥이나 귀금속을 실로 꿰어 만든 장신구이다. 인도에서는 궁중의 귀부인들이 팔이나 목에 걸어 장식한다. 이러한 것들이 정토나 북구로주에서는 나무 위에 드리워져 있다.
261) 산스크리트어 Syāma-deva로, 욕계 6천 가운데 제3천으로 시간에 따라 쾌락을 받으므로 時分天이라고도 한다. 이 세계 사람들의 얼굴은 일곱 살 된 아이와 같고 얼굴이 원만하여 의복은 저절로 생기고 수명은 2천 세나 된다. 그 하늘의 하루가 인간의 2,000년이기 때문에 이 지구의 시간으로 환산하면 14억 4백만 년이다.
262) 산스크리트어 Tuṣita-deva의 음역으로, 욕계 6천 가운데 네 번째 하늘이다. 이 하늘을 上足·妙足·喜足·知足이라고도 의역하는데 여기에는 內院과 外院이 있다. 외원은 일반 하늘 대중들이 욕락을 즐기는 곳이고, 내원은 지금 미륵보살이 계신 정토이다. 이 하늘 아래로는 사천왕천·도리천·야마천이 애욕의 정에 잠겨 있고, 위로는 화락천과 타화자재천이 있는데 이 하늘은 들뜬 마음이 많은데 비해 도솔천은 잠기지도 들뜨지도 않으면서 다섯 가지 欲樂에 만족한 마음을 내므로, 다음에 성불할 補處菩薩이 머문다고 한다.
263) 산스크리트어 Nirmāṇarati로, 욕계의 6천 가운데 다섯 번째 화락천을 말한다. 이 하늘에 태어나면 자기 대상의 경계를 변화시켜 오락의 경계로 삼게 되기 때문에 化樂天이라 한다. 이 하늘 사람들이 키는 2리 반, 몸에서는 항상 광명이 나오며, 수명은 8천 세, 인간의 8백 세가 이 하늘의 하루이며, 또 서로 마주 보고 웃으면 성교의 목적이 이루어지며, 아이는 남녀의 무릎 위에서 화생하고, 아이의 크기는 인간의 열두 살쯤 된다.
264) 산스크리트어 Paranirmitavaśavartin-deva로, 욕계의 가장 높은 데 있는 하늘이다. 욕계천의 임금인 마왕이 있는 하늘이라고도 한다. 이 하늘은 남이 변해 나타내는 즐거운 일을 자유로이 자기의 쾌락으로 삼기 때문에

국(安樂國) 가운데 있는 광명에 비하면 빛나지 못하다. 왜냐하면 저 국토의 금빛 광명은 더러운 업으로 생긴 것을 끊었기 때문에 청정으로 되지 않는 것이 없다. 그러기에 안락정토는 이 무생법인 보살의 깨끗한 업으로 생긴 것이고, 법왕이신 아미타 부처님이 통솔하는 지역이다. 아미타여래는 증상연(增上緣)이시기 때문에 "때 없이 불꽃처럼 눈부시게 빛나 밝고 깨끗하게 세간을 비추네."라고 한다. '세간을 비춘다'는 것은 두 가지 세간265)을 비추는 것이다.

【講說】
이 단원은 앞 형상공덕에서 말한 광명과 중복된 감이 있다. 형상공덕에서는 광명이 비추는 방향에 대해 논했고, 여기서는 광명이 얼마나 수승한가를 여러 가지 비유를 들어 설명하였다. 아무리 수승한 광명이라 할지라도 다른 물질과 광명에 의해 장애를 받는다면 이것은 수승한 것이 되지 못한다. 정토의 광명은 다른 물질에 의해 지장을 받거나 다른 광명에 의해 지장을 받는 일이 없기 때문에 '비할 바가 없어 제일이고'라고 하였고 또 '수승하다'는 말을 한 것이다. 정토의 광명은 무엇에 비해 좋다, 좋지 못하다는 상대의 시비가 끊어진 곳이다. 왜냐하면 더러운 업으로 생긴 삼계의 광명은 상대성이 있기 때문에 비교할 수가 있지만 정토의 광명은 청정한 업에서 생겼기 때문에 상대성이 끊어진 것으로 그 어떠한

他化自在天이라 한다. 이 하늘은 화락천과 마찬가지로 서로 마주 보고 웃는 것만으로 음행을 만족하며, 아이는 남녀의 무릎 위에서 화생하고, 이 하늘 사람의 키는 3리, 수명은 1만 6천 세인데, 이 하늘의 하루가 인간의 1천 6백 년에 해당한다.

265) 器世間 淸淨과 衆生世間 淸淨을 말한다.

것으로 비교할 수가 없다. 또 이 광명은 어떠한 것에도 장애를 받지 않기 때문에 중생을 제도하는데 장애를 받지 않고 구원해 줄 수 있는 무애광(無碍光)이다.

다음 증상연에 대해 알아보자. 반연에는 인연(因緣)・등무간연(等無間緣)・소연연(所緣緣)・증상연(增上緣) 네 가지가 있는데 증상연은 이 가운데 하나이며, 또 친연(親緣)・근연(近緣)・증상연(增上緣) 세 가지 가운데 하나이다. 여기서 인연(hetu-pratyaya)이란 결과를 일으키는 직접적이고 내적인 원인으로 자기가 지은 업이 인(因)이고, 이 인에 조건을 주는 것이 연(緣)이다. 등무간연(samanantara-pratyaya)이란 앞 찰나의 마음[心과 心所]이 뒤 찰나의 마음을 일으키기 위해 인도하는 것으로 앞생각이 없어지면서 뒷생각을 이끌어내는 것이다. 소연연(ālambana-pratyaya)이란 친소(親疎)의 대상이 마음에 반연하는 것으로 마음이 작용하는 대상의 경계를 소연(所緣)이라 하고, 이 소연은 마음에 반연하여 활동을 발생하게 하는 것이다. 마지막 증상연(adhipati-pratyaya)이란 위 세 가지 외 일체 간접적인 원인이다. 여기에는 유력증상연(有力增上緣)과 무력증상연(無力增上緣) 등 두 가지가 있는데 유력증상연이란 다른 법이 생기는 데 힘을 주는 연(緣)이고, 무력증상연이란 다른 법이 생기는 데 장애를 주지 않는 연이다. 당나라 선도대사는 이와 다른 각도에서 보았다. 그의 저서 『관경소』에서 말한 삼연(三緣)을 보면, 첫째 친연(親緣)이란 수행자가 입으로 아미타불의 명호를 부르고, 몸으로는 예배하며, 마음으로 부처님을 생각하면, 부처님은 명호를 부르는 소리를 듣고, 예배하는 것을 보고, 염불하는 것을 알아 수행자와 부처님이 서로 여의지 않는다는 것이고, 둘째 근연(近緣)이란 부처님을 친견하고 싶다고 하면 부처님이 나타나시는 것으로 수행자의 생각에 응해준다는 것이며, 셋째 증상연(增上緣)이 란 수행자가 아미타불의 명호를 부르면 염(念)이 다겁 동안에 지은 죄를 소멸시켜 주고, 임종시에는 부처님과 성중이 와서 맞이해 주시며, 모든 삿된 업의 장애를 소멸해 주시는 가피력을 말한다. 또 선도는 『관념법문』266)에서 이 증상연을 다섯 가지로 분류하여 설명하고 있다. 첫째는 죄를 멸해 주는 멸죄증상연(滅罪增上緣), 둘째는 법을 보호하고 오랜 수명을 얻는 호법득장명증상연(護法得長命增上緣), 셋째는 아미타불을 친견할 수 있는 견불증상연(見佛增上緣), 넷째는 중생을 제도하여 이익을 주는 섭생증상연(攝生增上緣), 다섯째는 무생법인을 얻는 증생증상연(證生增上緣)이다. 그러기 때문에 담란이 말한 증상연은 자기보다 후대의 인물인 선도가 말한 의미를 지니고 있다고 볼 수 있으며, 이것은 선도가 담란의 증상연을 구체화시킨 것으로 볼 수 있다.

⑦ 촉공덕성취(觸功德成就)

論 : 寶性功德草 柔軟左右旋 觸者生勝樂 過迦旃隣陀
論註 : 此四句名莊嚴觸功德成就 佛本何故起此莊嚴 見有國土 雖寶重金玉 不得爲衣服 雖珍玩明鏡 無議於敷具 斯緣悅於目不便於身也 身眼二情 豈弗鉾楯乎 是故願言 使我國土人天 六情和於水乳 卒去楚越之勞 所以七寶柔軟悅目便身 迦旃隣陀者 天竺柔軟草名也 觸之者能生樂受 故以爲喩 註者言 此間土石草木各有定體 譯者何緣目彼寶爲草耶 當以其菌然藥葤 故以草目之耳

---

266) 一者滅罪增上緣 二者護法得長命增上緣 三者見佛增上緣 四者攝生增上緣 五者證生增上緣(대정장 제47권 p.24c)

余若參譯 當別有途 生勝樂者 觸迦旃隣陀生染著樂 觸彼軟寶生
法喜樂 二事相玄 非勝如何是 故言寶性功德草 柔軟左右旋 觸者
生勝樂 過迦旃隣陀

　논 : 보배스런 성질의 공덕으로 된 풀은
　　　부드럽게 좌우로 흔들리며
　　　접촉하는 사람은 수승한 즐거움이 생기는 것
　　　가전린다(迦旃隣陀)를 초월하네.
　논주 : 이 네 구절을 '장엄촉공덕성취(莊嚴觸功德成就)'라고 한다. 부처님께서 인행시에 이 장엄을 일으키신 까닭은, 어느 국토를 보시니 비록 금과 옥을 보배스럽고 중요하게 여기지만 의복이 될 수 없고, 비록 밝은 거울이 보배스럽지만 바닥에 까는 도구로써 쓸 수 없다. 이러한 것들은 눈을 즐겁게 하지만 몸에는 사용치 못한다. 몸과 눈의 감각이 어찌 모순이 아니겠는가? 이 때문에 원을 세워 말하시기를 "나의 국토의 사람들에게는 육근(六根)267)이 물과 우유가 화합하듯이, 초나라와 월나라268)의 상반되는 수고로움이 없도록 하겠다."고 하였다. 그러므로 칠보269)가 유연해서 눈을 기쁘게 하기도 하고 몸에 사용되기도 한다.
　'가전린다(迦旃隣陀)'270)란 인도의 유연한 풀의 이름이다. 이

---

267) 우리 몸 안에서 인식작용을 하는 것으로 눈·귀·코·혀·몸·뜻 감각기관을 말한다.
268) 초나라의 도읍은 郢으로 후대 진나라에 의해 망했고, 월 나라는 절강성에 있는 나라로, 이 두 나라 모두 춘추 전국시대에 있으면서 서로 다투었다.
269) 금·은·유리(靑色의 玉)·파려(水精)·차거(白珊瑚)·적주(赤色의 玉)·마뇌(짙은 綠色의 玉) 등이다.

것에 접촉되는 사람은 능히 즐거움을 받기 때문에 이것을 가지고 비유를 삼았다. 해석한 사람(담란)의 생각으로는 이 세계의 흙과 돌과 풀, 나무는 각각 고정된 체가 있다. 번역자가 무엇 때문에 저 보배[271]를 지목하여 풀[272]이라 했는가? 마땅히 이것은 바람에 흔들려 움직이는 것이 풀과 같기 때문에 풀이라 지목했을 뿐이다. 만약 다른 번역을 참고하면 달리 설명할 길이 있을 것이다. '수승한 즐거움이 생긴다.'는 것은 가전린다와 접촉하면 그릇되게 집착하는 즐거움이 생기지만 극락세계의 부드러운 보배와 접촉하면 법의 즐거움이 생긴다. 이 두 가지 일은 서로 현격한 차이가 있다. 그래서 수승하다고 하지 않을 수 없다. 그러기에 "보배스런 본질의 공덕으로 된 풀은 부드럽게 좌우로 흔들리며 접촉하는 사람에게 수승한 즐거움이 생기는 것이 가전린다를 초월하네."라고 말한다.

【講說】

앞 단원의 형상공덕이나 묘색공덕에서는 광명의 역할에 대해 논하였다. 이 광명은 우리가 눈으로 볼 수 있는 작용을 한다. 즉 광명이 없다면 정토에 장엄된 여러 가지를 우리 눈으로 볼 수 없어 이익을 얻지 못할 것이다. 이 항목에서는 장엄된 것을 눈이 아닌 몸으로 접촉하여 이익을 얻는 것을 말하였다. 우리가 6근으로 인식하는 것 가운데 70%가 눈으로 인식하듯이 눈은 인식작용 가

---

270) 산스크리트어 kācilindika로, 물에 의지하여 사는 물새의 한 종류이다. 이 물새의 깃털은 아주 부드럽고 유연하다. 그런데 담란은 이것을 풀 이름으로 잘못 인식한 것 같다.
271) 안락정토에 있는 보배를 말함.
272) 가전린다를 말함.

운데 아주 중요하다. 눈 이외 인식하는 것은 귀·코·혀·몸인데 이 단원에서 몸으로 인식하는 촉감을 말하고 있다.

　이 지구상에 있는 물질은 몸으로 접촉하여 이익을 얻는 것도 있고, 반대로 상처를 입을 수 있는 것도 있다. 즉 뜨거운 물이나 불에 접촉하면 상처를 입고, 뾰족하게 나온 가시나 날카로운 칼, 돌에 접촉하여도 가벼운 상처를 입을 수 있으며, 심하면 생명을 잃을 수도 있다. 그러나 섬유로 만든 옷을 입으면 겨울에는 추위를 막으며, 여름에는 따가운 태양으로부터 몸을 보호하기도 한다. 또 아름다운 옷을 입으면 남에게 아름답게 보이는 즐거움을 얻기 때문에 요즈음 옷에 대한 패션(fashion)이 유행하여 많은 사람들이 높은 가격을 지불하고 입는 것을 볼 수 있다. 그러나 이 옷은 몸에 입어 이익을 얻는데 끝나지, 다른 감각기관에는 어떠한 도움을 주지 못한다. 혹 이 옷의 빛깔과 모양은 보는 사람들에게 시각적인 이익을 줄지는 모르지만 귀와 입, 코에는 아무런 작용이 없어 이익이 없다.

　그러나 극락세계의 장엄은 눈으로 보아 법의 희열을 느낄 수 있는 것을 귀와 입, 또는 몸으로 접촉하여도 똑같이 법의 희열을 느낄 수 있어 두루 우리의 감각기관에 다 작용한다는 것이다. 그래서 담란은 "금과 옥을 보배스럽고 중요하게 여기지만 의복이 될 수는 없고, 비록 밝은 거울이 보배스럽지만 자리를 까는 도구로 쓸 수는 없다. 이러한 것들은 눈을 즐겁게는 하지만 몸에는 사용하지 못한다. 몸과 눈의 감각이 어찌 모순이 아니겠는가?"라고 하였는지 모른다.

⑧ 삼종공덕성취(三種功德成就)

가. 수공덕성취(水功德成就)

論 : 寶華千萬種 彌覆池流泉 微風動華葉 交錯光亂轉
論註 : 此四句名莊嚴水功德成就 佛本何故起此願 見有國土 或 濘溺洪濤滓沫驚人 或凝澌浹洓悲枷懷愁向無安悅之情 背有恐值 之慮 菩薩見此興大悲心 願我成佛所有流泉池沼與宮殿相稱 種種 寶華布爲水飾 微風徐扇映發有序 開神悅體無一不可 是故言寶華 千萬種 彌覆池流泉 微風動華葉 交錯光亂轉

논 : 천 가지 만 가지 보배스런 꽃들
　　　흐르는 연못 위 가득히 덮고,
　　　부드러운 바람이 불면 꽃잎 휘날리어
　　　교착되는 광명 찬란하도다.

논주 : 이 네 구절을 '장엄수공덕성취(莊嚴水功德成就)'라고 한다. 부처님께서 인행시에 이 장엄을 일으키신 까닭은 어느 국토를 보시니, 혹 큰 강의 물결이 크게 일어나고, 큰 바다의 물결이 일어나 파도가 덮쳐, 사람들이 두려워하고, 혹은 얼음이 깨져서 흘러 내려오고, 얼음이 얼어붙어 있거나, 칼날같이 날카로워 걱정하는 마음이 있다. 앞을 보아도 편안하고 기쁜 생각이 없고, 뒤돌아서도 두려움이 닥칠까 걱정하는 마음만 있다. 보살[273]이 이것을 보시고 대자비심으로 "원컨대 내가 성불할 때는 샘과 연못이 있는데 궁전과 더불어 서로 조화를 이루고, 여러 가지

---

273) 법장보살을 말한다.

보배스런 꽃이 연못 위를 덮어서 물을 장식하고, 미풍이 서서히 불면 서로 어울려 나오는데 차례가 있어서 몸과 마음을 기쁘게 해주고 한 가지도 가능하지 않은 것이 없게 하겠다."는 원을 세웠다. 이렇기 때문에 "천 가지 만 가지 보배스런 꽃들 흐르는 연못 위 가득히 덮고, 부드러운 바람이 불면 꽃잎 휘날리어 교착되는 광명 찬란하도다."라고 말한다.

【講說】
 우리의 몸은 수분이 70% 이상을 차지하고 있기 때문에 끊임없이 수분을 섭취하지 않으면 생명을 잃을 수 있다. 또 지구상의 모든 동물과 식물도 물이 없으면 생존할 수 없듯이 물은 생물이 살아가는데 아주 소중한 것으로 물에 대해 항상 고마운 마음을 가져야 한다. 그러나 이 물이 바람의 힘을 얻어 큰 파도를 일으키면 배가 전복되어 익사하는 사고가 있을 수 있고, 해일이 일어나면 많은 농경지와 가옥이 침수되어 재산의 피해가 생긴다. 또 북극이나 남극에 있는 빙하가 녹아서 떨어져 나온 큰 빙산이 바다에 떠다니면 많은 배들이 무서워 피한다. 지구상에 일어나는 재앙 중에 화재는 물로 진압할 수 있지만, 물로 인한 재앙인 수재(水災)는 그 무엇으로도 막을 수 없지 않나 생각한다. 그러기 때문에 물이 잔잔하고 깨끗하면 우리에게 고마운 것이지만 성난 파도나 홍수가 일어나면 우리에게는 큰 재앙을 가져다준다. 아미타 부처님은 이러한 장점과 단점을 아시고 서로 상반되는 일이 없도록 하기 위해 유정과 무정물이 서로 조화를 이룰 뿐만 아니라 무정물인 궁전과 샘물, 그리고 꽃들이 조화를 이루고, 이 조화된 장엄들은 바람이 불면 부처님의 진리를 연출하게 하여 그것을 보거나 소리를 듣는 사람은 진리 속에 살면서 진리를 깨닫게 하려는 원을 세우셨다. 다시 말하면 정토의 물은 사람들에게 이익만 있을 뿐이지 해로운 것은 전혀 없다는 것이다.

　이것을 원효는 『아미타경소』에서, 경에 언급한 "극락세계에는 또 칠보로 된 연못이 있고, 그 연못에는 여덟 가지 공덕이 있는 물로 가득 찼으며, 연못 바닥은 금모래가 깔려 있다."는 내용을 "모든 연못은 칠보로 띠를 하고 푸른 물은 여덟 가지 공덕을 머금고 있으며, 황금 모래는 밑에 쌓여 있고 위에는 푸른 연꽃이 빛나네"[274]라고 스스로 게송을 지어, 이것을 천친이 말한 것이라고 한 것을 보면 얼마나 정토의 물에 대한 공덕을 찬탄한 것인지 알 수 있으며, 또 『아미타경』과 『왕생론』을 좋아했는지 엿볼 수 있다.

　정토의 물은 깨끗하고 시원하며, 감미롭고 부드러우며, 윤택이 있고, 마시면 병환을 제거하는 약이 되고 우리 몸에 영양분을 주는 등 여덟 가지 공덕을 갖춘 물일 뿐만 아니라, 이 물이 있는 연못은 푸른 연꽃이 빛나고, 그 위에는 여러 가지 꽃들이 피어 바람이 불면 서로 어우러져 찬란하게 빛나 보는 이로 하여금 법의 희열을 느끼게 한다. 이러한 물의 조화를 볼 때 그 어떤 정원사가 이런 정원을 만들 수 있을까 생각하게 한다.

　나. 지공덕성취(地功德成就)

論 : 宮殿諸樓閣　觀十方無礙　雜樹異光色　寶欄遍圍繞
論註 : 　此四句名莊嚴地功德成就　佛本何故起此莊嚴　見有國土

---

[274] 諸地帶七寶　渌水含八德　下積黃金沙　上耀青蓮色(대정장 37권 p.349a)

嶕嶢峻嶺 枯木横岑岸峇岠嶙苜茅盈壑 茫茫滄海爲絕目之川 崗崗廣澤爲無蹤之所 菩薩見此興大悲願 願我國土地平如掌 宮殿樓閣鏡納十方 的無所屬亦非不屬 寶樹寶欄互爲映飾 是故言宮殿諸樓閣 觀十方無礙 雜樹異光色 寶欄遍圍繞

  논 : 궁전과 모든 누각에서
     시방을 걸림없이 관찰할 수 있고,
     여러 나무들의 서로 다른 빛과 색이
     보배스런 난간 두루 둘러싸고 있네.
  논주 : 이 네 구절을 '장엄지공덕성취(莊嚴地功德成就)'라고 한다. 부처님께서 인행시에 이 장엄을 일으키신 까닭은, 어느 국토를 보시니 산이 높고 험하며, 능선에 고목이 옆으로 누어 있고, 산 계곡은 깊고, 억센 풀과 덤불이 어우러져 가득 차 있어 망망한 푸른 바다의 수평선처럼 끝없이 넓으며, 또 바람에 나부끼어 흔들리는 초원의 넓은 습지는 사람의 자취가 끊어진 곳도 있다. 보살이 이것을 보시고 대자비심을 일으켜 "원컨대 나의 국토는 땅이 손바닥처럼 평탄하고 궁전과 누각을 거울 안에 시방세계를 걷어들이며[275], 더욱이 소유한다는 집착을 여의고[276], 보배 나무와 보배 난간이 서로 찬란하게 꾸며지도록 하겠습니

---

275) 큰 거울을 가지고 있으면 지구상에 건설되어 있는 궁전과 누각을 다 볼 수 있듯이 정토는 깨끗하여 시방세계의 모든 것이 다 나타난다는 뜻이다.
276) 원문에는 "的無所屬 亦非不屬"이라 하여 "분명하게 소속된 바가 없지만, 또한 소속되지 않은 것도 없다."고 하였다. 이 뜻은 아마도 정토의 장엄이 어떤 곳에 일정하게 소속된다는 고정 관념이 없지만 또한 두루 소속되지 않는 것도 없다는 뜻으로 보고, 필자는 고정된 집착을 여읜 상태이기 때문에 어디든지 두루하지 않는 것이 없다는 뜻으로 해석하였다.

다."고 하였다. 이 때문에 "궁전과 모든 누각에서 시방을 걸림 없이 관찰할 수 있고, 여러 나무들의 서로 다른 빛과 색이 보배스런 난간 두루 둘러싸고 있네."라고 말한다.

【講說】
　우리나라의 산은 봉우리가 높고 계곡은 깊어, 산림이 우거져야 아름다운 산으로 보인다. 그러나 해발 3,000m 이상인 산은 수목이 있지 않고 앙상한 돌들만이 솟아 있어 이 산을 넘어 목적지에 가야만 하는 사람에게는 좋은 산이라 말할 수 없을 것이고, 또 산에 많은 수목과 잡초들이 우거져 있다면 잡초를 헤치고 가야만 할 나그네에게는 길을 찾을 수 없어 산이 아름답게 보이지는 않을 것이다. 아마도 이러한 배경을 의식하여 생긴 사상이라 생각된다. 이는 대승불교가 성립된 지역이 북인도의 카쉬미르 지방이므로 충분히 이러한 인식에서 경전이 편찬되고 논이 지어졌으리라 본다. 그래서 "땅이 손바닥처럼 평탄하고 궁전과 누각이 거울처럼 시방세계를 그 속에 걷어들이며"라고 하는 원을 세웠는지 모른다. 즉 땅이 손바닥처럼 평평하다면 길가는 나그네는 걷기 쉽고, 또 가야 할 목적지의 궁전과 누각이 거울 속에 비치는 것처럼 보이기 때문에 나그네에게는 힘이 들지 않을 것이다.

　원효는 이 지장엄(地莊嚴)을 『아미타경』에 "일곱 겹으로 된 난간과 일곱 겹의 나망(羅網)과 일곱 겹의 가로수가 있는데, 금·은·청옥·수정의 네 가지 보석으로 눈부시게 장식되어 있다."[277]고 한 내용을 장엄지공덕이라고 이름을 붙였고, "황금으로 땅이 되어

---

277) 대정장 12권 p.346c.

있다."278)를 보지공덕(寶地功德)이라 이름하여 땅 위를 장식하는 공덕과 땅이 무엇으로 되어 있느냐는 각도에서 두 가지로 나누어 설명하고 있다.279) 즉 이는 천친이 땅이 손바닥처럼 평평하고 그 위에 보배 나무와 보배 난간의 장식을 이야기한 것과는 달리 본 것이다.

다. 허공성취공덕(虛空功德成就)

論 : 無量寶交絡 羅網遍虛空 種種鈴發響 宣吐妙法音
論註 : 此四句名莊嚴虛空功德成就 佛本何故起此莊嚴 見有國土 煙雲塵霧蔽障太虛 震烈霹霍從上而墮不祥栽霓每自空來 憂慮百端爲之毛竪 菩薩見此興大悲心 願我國土寶網交絡羅遍虛空鈴鐸宮商鳴宣道法 視之無厭懷道見德 是故言無量寶交絡 羅網遍虛空 種種鈴發響 宣吐妙法音

  논 : 한량없이 많은 보배의 영락으로 된
      라망(羅網)은 허공에 두루하여
      여러 가지 방울에서 나는 소리
      묘한 법을 연설하네.
  논주 : 이 네 구절을 '장엄허공공덕성취(莊嚴虛空功德成就)'라고 한다. 부처님께서 인행시에 이 장엄을 일으키신 까닭은, 어느 국토를 보시니 연기가 가득 차 있거나, 구름이 가득 차 있고, 티끌과 같은 안개로 가득 차 허공을 가로막아 장애를 주고, 천

---

278) 대정장 12권 p.347a.
279) 대정장 37권 p.349a.

둥번개가 쳐서 땅이 무너져 흔들리는 것 같으며, 비가 퍼붓고 불길한 무지개가 매일 허공에 떠서 여러 가지 걱정거리로 무서워한다. 보살이 이를 보시고 대자비심을 일으켜 "원컨대 나의 국토는 보배의 그물이 서로 어우러져 펼친 그물이 허공에 가득하고, 큰 방울, 작은 방울이 다섯 가지 소리280)를 연출하여 진리를 설한다. 이것을 보는 사람이 싫어함이 없고 도를 생각하며 덕을 쌓도록 하겠다."고 하였다. 이 때문에 "한량없이 많은 보배의 영락으로 된 나망은 허공에 두루하여 여러 가지 방울에서 나는 소리 묘한 법을 연설하네."라고 말한다.

【講說】

　허공에는 여러 가지 원소가 있지만 우리는 그 가운데 산소를 마시고 산다. 즉 허공 가운데 산소가 없다면 생명을 유지할 수 없기 때문에 우리에게는 허공이란 아주 소중한 것이다. 그러나 오늘날 허공은 자동차나 공장에서 나온 매연으로 공기는 오염되어 깨끗한 산소를 호흡할 수 없을 뿐만 아니라, 심지어 성층권의 오존층이 파괴되어 자외선의 피해를 입을 수 있고, 지상에서는 과다한 자동차 운행으로 인해 때때로 오존경보가 발효되기도 한다. 또 우리나라 봄철에는 중국 대륙에서 날아온 황사로 인해 하늘은 온통 흐릿하여 빨래를 널지 못할 형편에 놓인 것이 현실이다. 그리고 하늘에서는 많은 폭우가 내려 재앙을 준다던가281), 번개에 의한 벼락이 인명과 재산에 피해를 준다면 우리는 좋은 허공 속에 산다

---

280) 원문에는 宮과 商 두 가지만 있지만 중국 음악에서는 宮・商・角・徵・羽 등 다섯 음이 있다.
281) 2002년 여름에는 태풍으로 인해 강원도와 경상도, 전라도, 제주도를 비롯한 남한의 전 지역에서 3조원이 넘는 피해를 입었다.

고 볼 수 없을 것이다. 이 때문에 정토에서는 맑은 허공과 그 허공 가운데 아름다운 그물이 일곱 겹으로 쳐져 있고, 그물에는 여러 가지 방울이 달려 법의 소리를 연출하게 한다고 하였다. 즉, 허공은 우리에게 재앙을 주는 일이 없고 항상 아름다운 것만 제공해 주고 진리만을 연출하여 우리들로 하여금 깨달음으로 나아가게 한다.

오음(五音)을 강승개가 번역한 『무량수경』 상권에서 찾아보면, 일곱 가지 보석으로 된 나무를 설명하면서 마지막에 "맑은 바람이 불면 다섯 가지 음악의 소리가 나오는데 미묘하고 자연스럽게 서로 조화를 이룬다."282)고 하였고, 또 하권에서는 보살과 성중이 법을 듣는 덕 가운데 "이때 사방으로부터 바람이 저절로 일어나 널리 보배 나무에 불면 다섯 가지 소리가 울려 펴지며……"283)라 하여 두 군데 나오고 있는데, 산스크리트어 책에서는 보배 나무에서 음악이 나온다는 이야기는 없고, 강물과 강 위에 있는 보배로 꾸며진 꽃 덩어리에서 소리가 나는 것으로 되어 있으며284), 오음(五音)에 대한 언급은 없다. 그리고 산스크리트어 『아미타경』에서는 "백천 억 가지나 되는 천상의 악기를 성인이 연주하면 마음에 꼭 맞는 미묘한 소리가 울려 퍼지듯이"285)라고 하였고, 구마라집이 번역한 『아미타경』에서 "마치 백천 가지 음악이 한꺼번에 울리는 것과 같으니라."286)고 하여 오음에 대한 언급은 없다. 유달리 『무

---

282) 淸風時發茁五音聲 微妙宮商自然相和(대정장 12권 p.271a) 쯔보이 순애이 著 이태원 譯 『정토삼부경개설』 p.212.
283) 卽時四方自然風起 普吹寶樹出五音聲(대정장 12권 p.273c) 쯔보이 순애이 著 이태원 譯 『정토삼부경개설』 p.252.
284) 나까무라 하지매 『정토삼부경』 상권 p.68.
285) 나까무라 하지매 『정토삼부경』 하권 p.125.
286) 譬如百千種樂同時俱作(대정장 12권 p.347a), 쯔보이 순애이 著 이태원 역

량수경』에만 등장하는 오음(五音)은 아마도 중국적인 사고방식에서 천 가지, 만 가지 음악 소리를 번역자가 의역한 것이라 본다. 아무튼 오늘날 음악은 많은 대중들을 흥겹게도 하고 울리기도 하고, 숙연하게도 하는 것으로 음악의 포교는 중요하다. 서양 종교에서는 일찍이 음악을 이용하여 전도한 결과로 음악이 발달하였고, 이로 인해 교세가 확장된 것은 자명한 일이다. 그런데 서방 정토에는 일찍이 필하모니 같은 오케스트라로 부처님의 진리를 연주하여 여기에 사는 사람들로 하여금 저절로 정각을 이루게 하였다. 그러기에 오늘날 우리 불교계에서는 이런 음악 포교에 대한 관심을 깊게 가질 필요가 있다고 본다. 원효는 『아미타경』의 이 항목을 인용하여 장엄허공공덕이라 하였다.287)

⑨ 우공덕성취(雨功德成就)

論 : 雨華衣莊嚴 無量香普薰
論註 : 此二句名莊嚴雨功德成就 佛本何故興此莊嚴 見有國土欲以服飾布地延請所尊 或欲以香華名寶用表恭敬 而業貧感薄是事不果 是故興大悲願 願我國土常雨此物滿衆生意 何故以雨爲言 恐取者云 若常雨華衣 亦應塡塞虛空 何緣不妨 是故以雨爲喩 雨適時則無洪滔之患 安樂報豈有累情之物乎 經言 日夜六時雨寶衣雨寶華 寶質柔軟履踐其上則下四寸 隨擧足時還復如故 用訖入寶地如水入坎 是故言雨華衣莊嚴 無量香普薰

『정토삼부경개설』 p.533.
287) 대정장 37권 p.349b.

논 : 화려한 옷 비 내리듯 장엄하고,
　　　한량없는 향기 두루 퍼지네.

논주 : 이 두 구절을 '장엄우공덕성취(莊嚴雨功德成就)'라고 한다. 부처님께서 인행시에 이 장엄을 일으키신 까닭은, 어느 국토를 보시니 의복을 땅에 깔아 존귀한 사람을 청하고자 하고, 혹 향기로운 꽃과 이름 있는 보배로 공경하는 마음을 나타내려고 한다. 그러나 쌓은 선업이 적고 받는 과보가 적어 이 일을 시행할 수 없기 때문에 대자비의 원을 일으켜 "원컨대 나의 국토는 항상 이 물건[288]들을 비 내리듯 하여 중생의 뜻을 만족하도록 하겠습니다."고 하였다.

무엇 때문에 '내린다'는 말을 사용했는가? 아마 이 말을 택한 것은 만약 항상 꽃과 의복을 내리면 마땅히 허공에 가득 찰 것인데 어떻게 방해가 되지 않겠는가라고 오해할 수 있기 때문에 비를 비유로 든 것이다. 비가 때에 따라 적당하게 내리면 홍수를 걱정할 것 없다. 안락 세계의 과보인 물건[289]에 어찌 걱정거리가 있겠는가. 경[290]에서는 "하루 여섯 때에 보배스런 옷을 내리고 꽃을 내리시는데 보배의 성질이 유연하여 그 위를 밟으면 곧 네 치 정도 내려가고 다리를 떼면 본래대로 되돌아가 처음과 같이 된다. 사용하고 나면 보배는 땅으로 들어가는 것이 물

---

288) 여러 가지 진귀한 보배.
289) 여기서 과보인 물건이란 법장보살이 본원을 세워 정토에 장엄한 보배스런 물건들을 총칭하는 말로, 이 물건들은 사람들에게 걱정거리를 전혀 주지 않고 이익만을 준다.
290) 『아미타경』에서는 "晝夜六時天雨曼多羅華"(대정장 12권 p.347a)라고 하였고, 『무량수경』에서는 "又風吹散華遍滿佛土 隨色次第而不雜亂柔軟光澤馨香芬烈 足履其上陷下四寸 隨擧足已 還復如故 華用已訖地輒開裂(대정장 12권 p.272a)라고 하였다.

이 땅 속으로 스며드는 것과 같다."고 말하였다. 이 때문에 "화려한 옷 비 내리듯 장엄하고, 한량없는 향기 두루 퍼지네."라고 말한다.

【講說】

　오늘날, 세상에서 무엇을 가장 많이 가지고 싶은가 하고 물으면 돈이라고 답하는 사람이 많을 것이다. 돈은 인간이 살아가면서 자기가 필요한 물건을 구입할 수 있게 하기 때문에 가지고 싶어한다. 만약 필요한 물건이 많이 구비되어 있어 마음대로 사용할 수 있다면 아마도 돈의 필요성을 느끼지 못할 것이다. 그리고 또 중요하게 여기는 것은 다이아몬드나 진주, 그리고 금과 은 등이다. 인간들은 이러한 물질을 소유하기 위해 많은 피를 흘리고 싸우며, 죽이기도 한다. 오늘날 세계는 총성 없는 무역전쟁이다. 각 나라마다 무역마찰을 일으키는 것은 자기 나라 물건을 상대국에 많이 팔아 많은 이익을 남겨 부를 축적하려는 것으로, 이것은 탐심에서 비롯된 것이다. 이 탐심은 인간의 마음을 미혹시켜 바르게 보지 못하게 하고, 바르게 생활하지 못하게 하여 결국에는 나쁜 업을 지어 타락시킨다. 그러나 인간들이 원하는 물질들이 땅 위에 무수히 산재해 있다면 이것을 위해 욕심을 내고 다투지도 않을 것이고 중요하게 여기지도 않을 것이기 때문에 아마도 이 세계처럼 무역마찰도 없어 전 세계가 평화로울 것이다.

　이것을 아신 아미타불께서는 원력을 세워 인간들이 중요하게 여기는 필요한 물건들이 넘치지도 않고 부족하지 않게 항상 적당하게 구비되도록 하였으며, 만다라291) 꽃을 비가 오듯 하늘에서 적당히 내리게 한 것이다. 이렇듯 필요한 물건이 구비되어 있고,

아름다운 꽃이 하루에 여섯 번 하늘에서 내린다면 무엇 때문에 탐심을 내어 마음을 흐리는 일을 하겠는가.

⑩ 광명공덕성취(光明功德成就)

論 : 佛慧明淨日 除世癡闇冥
論註 : 此二句名莊嚴光明功德成就 佛本何故興此莊嚴 見有國土 雖復項背日光 而爲愚癡所闇 是故願言 使我國土所有光明能除癡闇入佛智慧不爲無記之事 亦云 安樂國土光明從如來智慧報起 故能除世闇冥 經言 或有佛土以光明爲佛事 卽是此也 故言佛慧明淨日 除世癡闇冥

　논 : 부처님의 지혜 밝고 깨끗한 태양과 같아
　　　세상의 어리석은 어둠을 제거하네.
　논주 : 이 두 구절을 '장엄광명공덕성취(莊嚴光明功德成就)'라고 한다. 부처님께서 인행시에 이 장엄을 일으키신 까닭은, 어느 국토를 보시니 비록 등 뒤에 태양의 광명이 있지만 어리석은 어둠에 처해 있다. 그렇기 때문에 원하여 말하기를 "나의 국토에 있는 광명은 능히 어리석은 어둠을 제거하고 부처님의 지혜에 들어가 마음속으로 그릇된 생각을 하지 않도록 하겠다."292)고 하시었고, 또 "안락 국토의 광명은 여래의 지혜로부

---

291) 『아미타경』에서 하루 여섯 번 비 내리듯이 내리는 꽃으로 산스크리트어로는 māndāra 또는 māndārāva, mandāraka의 음역이다. 이 꽃은 천상계의 꽃으로 적색의 빛을 가지고 있으며 보는 사람은 즐거움을 얻는다고 한다.
292) 원문에는 '不爲無記之事'라 하였다. 여기서 無記란 산스크리트어 a-vyākṛta로 선도 아니고 악도 아니기 때문에 선이라고 기록할 수 없다는

터 일어나기 때문에 능히 세간의 어둠을 제거한다."고 하였다. 경에 말씀하시기를 "혹 어떤 부처님 국토는 광명으로 불사를 짓는다."293)고 한 것이 곧 이것이다. 그러기 때문에 "부처님의 지혜 밝고 깨끗한 태양과 같아 세상의 어리석은 어둠을 제거하네."라고 말한다.

【講說】

이 광명에 대한 것은 앞 단원인 형상공덕과 묘색공덕에서 언급한 것으로 세 번에 걸쳐 중복된 느낌이 있다. 왜 이렇게 광명에 대한 것을 여러 번에 걸쳐 반복하여 강조하였는가를 생각해 보면, 아미타란 말에 한량없는 광명과 한량없는 수명의 의미가 포함되어 있다. 이 가운데에서 한량없는 광명인 무량광(無量光)을 더 중요하게 여겼기 때문이라 본다. 앞에서 한 번 인용하였지만 『무량수경』294) 가운데 석가모니불이 아미타불의 광명에 대해 "아미타불의 위신력 있는 광명은 가장 높고 뛰어나서 모든 부처님의 광명이 능히 미치지 못하여, 또한 아미타 부처님의 광명은 백천 부처님의 세계를 비추시느니라."고 칭찬하면서 아미타불을 無量光佛・無邊光佛・無碍光佛・無對光佛・燄王光佛・淸淨光佛・歡喜光佛・智慧光佛・不斷光佛・難思光佛・無稱光佛・超日月光佛 등 다른 열두 가지 별호(別號)를 말씀하였지만, 무량수에 대한 별호의

뜻이다. 이 무기에는 有覆無記와 無覆無記 두 가지가 있는데 여기서는 有覆無記로 異熟果를 끌어들이지는 않지만 聖道를 덮어 씌워서 방해하고 마음을 가려서 부정하게 하는 것으로서 汚染性이 있는 것으로 생각된다.
293) 『유마경』 "有佛土以佛光明而作佛事"(대정장 14권 p.553a)
294) 대정장 12권 p.270a~b.

언급이 없기 때문에 광명에 대해 더 역점을 두었다고 본다. 이렇게 정토경전에서 무량한 광명을 중시하였기 때문에 천친보살은 장엄의 항목을 나누면서 여러 번에 걸쳐 광명에 대해 언급한 것이 아닌가 생각한다.

수많은 세월 동안 어리석게 살아온 사람의 마음속에 지혜의 광명이 비추어지면 어리석음이 사라지는 것이 마치 수만 년 동안 햇빛을 보지 못하고 지내온 캄캄한 동굴 속에 태양의 빛이 들어가면 한 순간에 밝아지는 것과 같다고 할 수 있다. 그래서 이 단원에서는 아미타불의 광명은 지혜에 의한 과보에서 생긴 것이고, 이 광명은 중생들의 어리석음을 제거하여 정각으로 향하게 하는 불사를 짓는다고 강조하였다.

⑪ 묘성공덕성취(妙聲功德成就)

論 : 梵聲悟[295]深遠 微妙聞十方
論註 : 此二句名莊嚴妙聲功德成就 佛本何故興此願 見有國土 雖有善法而名聲不遠 有名聲雖遠復不微妙 有名聲妙遠復不能悟物 是故起此莊嚴 天竺國稱淨行爲梵行 稱妙辭爲梵言 彼國貴重梵天多以梵爲讚 亦言 中國法與梵天通故也 聲者名也 名謂安樂土名 經言 若人但聞安樂淨土之名欲願往生 亦得如願 此名悟物之證也 釋論言 如斯淨土非三界所攝 何以言之 無欲故非欲界 地居故非色界 有色故非無色界 蓋菩薩別業所致耳 出有而有曰微 名能開悟曰妙 是故言梵聲悟深遠 微妙聞十方

---

[295] 『왕생론』 본문에는 '語'라고 되어 있는데 이는 '悟'를 잘못 쓴 것이 아닌가 생각한다.

논 : 청정한 소리는 심원한 진리를 깨닫게 하고
　　　미묘하게 시방세계에 들리네.

논주 : 이 두 구절을 '장엄묘성공덕성취(莊嚴妙聲功德成就)'라고 한다. 부처님께서 인행시에 이 원을 일으키신 까닭은, 어느 국토를 보시니 비록 선법이 있지만 명성이 널리 퍼지지 못하고, 명성이 있어 비록 멀리 퍼지더라도 또한 미묘하지 못하다. 또 명성이 묘하고 그윽하지만 능히 중생들에게 깨닫게 하지 못한다. 그러기 때문에 이 장엄을 일으키셨다. 인도에서는 깨끗한 수행을 일컬어 범행(梵行)296)이라 하고, 묘한 말씀을 일컬어 범음(梵音)297)이라 한다. 인도에서는 범천(梵天)298)을 귀중하게 여기기 때문에 많이 범(梵)을 가지고 찬탄했다. 다시 말하면 중국299)의 법은 범천(梵天)과 상통하기 때문이다. 소리란 명호로 여기에서는 안락정토란 명호를 부르는 소리를 말한다. 경에서 "만약 사람이 단 안락정토라는 이름만 듣고 왕생을 바라면 원하는 바와 같이 된다."고 말씀하셨다. 이 명호가 중생들에게 깨닫게 하는 증거이다. 석론(釋論)에서 "이와 같은 정토는 삼계에 포함된 것이 아니다. 무엇 때문에 이렇게 말하는가? 욕심이 없기 때문에 욕계가 아니고, 땅에 거주하시기 때문에 색계가 아니며, 형상이 있기 때문에 무색계가 아니다. 모두 보살의 청정한

---

296) 산스크리트어 brahma-carya의 번역으로 깨끗한 행동, 욕심 특히 음욕을 여읜 행동을 말한다.
297) 맑고 깨끗한 음성.
298) 산스크리트어 brahma-deva로 색계의 初禪天을 말한다. 梵이란 맑고 깨끗하다는 뜻으로 이 하늘은 욕계의 음욕을 여의고 항상 깨끗하고 고요하므로 범천이라 한다.
299) 현재의 중국이 아니고, 인도를 말한다. 즉 여기서 중국이라고 하는 것은 인도 간지스강 中流를 중심으로 부처님의 교화가 미친 곳인 중부 지방을 중국이라고 부른다.

업300)으로 이루어진 것이다."301)고 말하였다. 유(有)를 벗어나 있기 때문에 미(微)이고, 이름 자체가 능히 깨닫게 해주기 때문에 묘(妙)라 한다. 그러기 때문에 "청정한 소리는 심원한 진리를 깨닫고, 미묘하게 시방세계에 들리네."라고 말한다.

【講說】

 이 세상에는 여러 가지 소리가 있다. 우리들이 입으로 말하는 것도 일종의 소리이며, 짐승이나 새가 입으로 내는 것도 소리이고, 나무가 흔들리며 내는 소리, 파도치는 소리, 비가 오는 소리, 천둥치는 소리, 악기에서 울려 퍼지는 소리 등 수많은 소리가 있다. 이러한 소리들을 우리는 귀로 듣고 생각하여 좋은 소리에 대해서는 기뻐하고 나쁜 소리에 대해서는 언짢아 한다. 다시 말하면 꾀꼬리 새가 우는 소리는 우리에게 즐거움을 주지만 천둥치고 벼락치는 소리는 두려움을 주고, 공사장에서 땅을 파는 요란한 소리는 스트레스를 준다. 그런가 하면 입으로 하는 말에도 상반된 경우가 있다. 우리 속담에 "말 한 마디로 천냥 빚을 갚는다."든가 "말 잘 못하면 뺨이 석대"라고 하는 등 말에 대한 많은 속담이 있다. 이렇듯 우리가 마음속에 간직하고 있는 의사를 남에게 전달하려고 하는 말이 상처를 주기도 하고, 약이 되기도 한다. 그러기에 말을 잘하여 남에게 이익을 주기란 그리 쉬운 일이 아니다. 남에게 감동을 주고 잘못한 점을 깨닫게 하여 정직하게 살아가게 할 수 있는 말

---

300) 원문에는 別業이라고 되어 있는데, 이것은 색다른 업이란 뜻이지만 여기서는 아미타불의 청정한 업으로 생각하여 해석하였다.
301) 여기서 말하는 釋論이란 용수보살이 쓴 『대지도론』으로 "如是世界在地上故名色界 無欲故 不名欲界 有形色故不名無色界 諸大菩薩福德清淨業因緣故 別得清淨世界出於三界"(대정장 25권 p.340a)의 내용이다.

이라면 이 세상에서 더할 나위 없이 좋은 소리일 것이고, 이보다 더 좋은 소리라면 위없는 진리를 깨닫게 하는 소리일 것이다. 여기서 천친보살이 말한 미묘한 소리란 위없는 진리를 깨닫게 하는 것이라 할 수 있다. 다시 말하면 어느 사람이 안락정토란 명호를 부르면 이 소리를 듣고 심원한 진리를 깨닫게 된다. 이것이 불교의 문명사상(聞名思想)이다.

문명(聞名)의 공덕사상이 성립된 것은 원시경전에서 말한 부처님의 진리의 말씀을 듣는 문법사상(聞法思想)에서 발전한 것이다.302) 원시경전에서는 부처님의 진리의 말씀을 듣는 문법(聞法)의 공덕에 대해 자주 강조하고 있다. 즉 사람들이 부처님이 설하는 진리를 듣고 생각한 후 실천에 옮겨 이익을 얻는 수행이다. 이 문법사상이 대승불교에 들어와서 부처님의 명호를 듣는 문명사상으로 발전한 것이다. 예를 들면 『반주삼매경』에서는 "보살들이 부처님의 명호를 듣고 친견하고자 하는 사람은 항상 그 방향을 향하여 생각하면 곧 친견할 수 있다."303)고 하였고, 『마하반야바라밀경』에서는 "중생들이 나의 이름을 들으면 반드시 아뇩다라삼먁삼보리를 얻을 것이다."304)고 하였으며, 『무량수경』에서는 "모든 중생들이 그 명호를 듣고 신심을 내어 기뻐하고 믿으며 이어서 일념에 이르러 지극한 마음으로 회향하여 저 국토에 태어나기를 원하면……"305)라고 하여 문명에 의한 부처님 친견과 정토 왕생, 그리고 보리를 증득하는 이익을 강조하고 있다. 이렇게 부처님의 명호

---

302) 聞法과 聞名에 대해서는 졸저 『염불의 원류와 전개사』 pp.88~114에 자세하게 언급하였다.
303) 대정장 13권 p.899c, 905b~c.
304) 대정장 8권 p.221a, 409a.
305) 대정장 12권 p.272b.

를 듣고 이익을 얻는 사상이 발전하여 안락정토라는 이름만을 듣고 이익을 얻는 사상으로 발전한 것이다. 천친은 경전에서 말하기를 "만약 사람이 단지 안락정토라는 이름만 듣고 왕생을 바라면 원하는 바와 같이 된다."고 인용하였는데 확실히 어떤 경전인지는 알 수 없지만, 『장엄경』306)에서 모든 불국토의 이름을 듣는 사상이 나오는 것으로 보아 정토경전에 정토의 이름을 듣고 왕생하는 사상이 있었다고 보아야 할 것이다. 안락정토란 영원한 생명과 영원한 지혜의 광명을 누리는 세계이기 때문에 정토의 명호를 듣는 사람은 환희심을 내어 그곳에 태어나기를 원하는 마음을 내고, 이 마음에 의하여 그곳에 태어날 수 있다. 이것이 초기 정토경전에서 말한 욕생심(欲生心)에 의한 왕생이다.307) 다시 이것을 정리하면, 정토에 왕생할 수 있는 것은 안락정토라는 명호를 듣는 문명(聞名)에서 태어나야겠다는 마음을 내고, 이 마음에 의해 왕생하는 것이기 때문에 왕생은 문명에서 비롯된다고 할 수 있다. 이렇게 명호를 부르는 소리에 미묘한 공덕이 있기 때문에 묘성공덕이라 한다.

⑫ 주공덕성취(主功德成就)

論 : 正覺阿彌陀 法王善住持
論註 : 此二句名莊嚴主功德成就 佛本何故興此願 見有國土 羅刹爲君則率土相噉 寶輪駐殿則四域無虞 譬之風靡 豈無本耶 是故興願 願我國土常有法王 法王善力之所住持 住持者如黃鵠持子

---

306) 대정장 12권 p.319c.
307) 欲生心에 의한 왕생 대해서는 졸저 『염불의 원류와 전개사』 pp.118~120에 자세하게 언급하였다.

安千齡更起 魚母念持子 逕澩不壞 安樂國爲正覺善持其國 豈有
非正覺事耶 是故言正覺阿彌陀 法王善住持

  논 : 바른 진리 깨달은 아미타불
      법의 왕으로 잘 주지하시네.
  논주 : 이 두 구절을 '장엄주공덕성취(莊嚴主功德成就)'라고 한다. 부처님께서 인행시에 이 원을 일으키신 까닭은, 어느 국토를 보시니 나찰(羅刹)308)이 임금이 되면 병사들이 서로 잡아먹고, 전륜성왕의 보륜(寶輪)을 어전에 주차하면 곧 전 국토가 근심이 없다.309) 이것을 바람이 불면 흔들리는 것에 비유하니 어찌 근본이 없겠는가? 이 때문에 원을 일으키기를 "나의 국토는 항상 법왕이 계시면서 법왕의 선(善)의 힘으로 머무르는〔住持〕 곳이 되어지이다."라고 원했다. '주지(住持)'310)란 황곡(黃鵠)311)이 자안(子安)을 지키니 천년 수명이 다시 일어나고, 어미 물고기가 알을 지키는데 괸 물에서 죽지 않도록 지키는 것과 같다.312) 안락국은 정각을 위해서 그 국토를 잘 유지하시는 데 어찌 정각의 일이 아닌 것이 있겠는가. 이 때문에 "바른 진리 깨달은 아미타불 법의 왕으로 잘 주지하시네."라고 말한다.

---

308) 산스크리트어 rākṣasa로 惡鬼를 말한다. 남자악귀는 추하고 여자악귀는 아름답게 생겼는데 사람의 피와 고기를 먹는다고 한다.
309) 전륜성왕이 전쟁에 나가 승리를 한 후 돌아와 왕이 타고 다니는 마차(寶輪)를 御殿 앞에 두면 전 국민이 평화롭다는 것이다.
310) 산스크리트어 adhiṣṭhāna로 加持라고도 번역하지만 보호하며 지킨다는 뜻이다.
311) 큰 새의 이름으로 황색을 띤 白鳥로 鶴의 일종이 아닌가 생각한다.
312) 원문 '逕澩不壞' 가운데 澩란 웅덩이에 고인 물로, 여름에는 웅덩이에 가득 채우고 겨울에는 마르는 것을 말한다. 그렇기 때문에 물고기가 알을 물이 마르는 겨울이 지날 때까지 품어서 죽지 않게 한다는 뜻이다.

【講說】

　지구상에 많은 국가들이 있다. 그 가운데 어떤 나라는 독재정치를 하여 많은 사람들이 인권을 유린당하고 제대로 먹지 못하는 생활을 하는가 하면, 어떤 나라는 일반 국민을 위한 정치를 하여 많은 문화를 향유하고 풍요로운 생활을 하는 곳도 있듯이 세계 각국은 천차만별이다. 아마 고대인의 사고방식으로는 나찰이 임금이 되는 국가는 사람들이 서로 잡아먹는 아수라장의 세계고, 전륜성왕이 정치를 하는 국가는 전 국민이 태평할 것이라는 생각에서 이러한 설이 나왔다고 본다. 본문에서 "바람이 불면 흔들리는 것에 비유하니 어찌 근본이 없겠는가?"란 나찰과 같이 나쁜 군주가 정치를 하느냐, 전륜성왕과 같이 좋은 군주가 정치를 하느냐에 따라 일반 국민들의 불행과 행복이 달려 있기 때문에, 군주를 바람에 비유하고 일반 사람들을 바람에 흔들리는 풀에 비유한 것이다. 본래 태평과 살육이 군주에 따라 이루어지므로 어떤 군주를 만나느냐는 것이 중요하기 때문에 근본이 있다는 것이다.

　그럼 극락 정토는 어떠한 나라인가? 이 국토는 항상 진리를 설하시는 아미타불이 법왕으로 상주하시기 때문에 영원한 지혜의 광명이 빛나고 영원한 생명을 누릴 수 있는 나라로, 그곳에 태어난 사람은 항상 정각을 향해 전진할 뿐이다. 여기에 계신 아미타 부처님이 사람들을 보호하고 지키는 마음을 『열이전』과 『대지도론』의 내용을 인용하여 설명하였다. 즉 『열이전』에서는 "자안(子安)이라고 하는 사람이 상처난 학을 치료하고 보살핀 후 하늘로 놓아주었다. 자안이 죽은 뒤 자안의 묘 위에 학이 자안의 은덕을 잊지 않고 3년 동안 꾸준히 자안을 부르니 자안이 소생하였다."는 이야기이고, 『대지도론』에서는 "공(空)·무상(無相)·무원(無願)의 경지에 들어가신 부처님이 중생을 생각하시기 때문에 타락하지 않는 것을 비유하면 어미 물고기가 알을 항상 염려하기 때문에 살아난다. 만약 염려하지 않는다면 죽을 것이다."313)고 하는 이야기다. 즉 이 이야기는 아미타 부처님께서는 중생들을 항상 염려하시기 때문에 정토에 태어난 사람들은 정각의 길에서 벗어나지 않으며 뒤로 물러나지 않을 뿐만 아니라 타락하지 않는다는 것을 강조하기 위한 것이고, 아미타불을 좋은 군주로 비유한 것이다.

⑬ 권속공덕성취(眷屬功德成就)

論 : 如來淨華衆 正覺華化生
論註 : 此二句名莊嚴眷屬功德成就 佛本何故興此願 見有國土 或以胞血爲身器 或以糞尿爲生元 或槐棘高折出猜狂之子 或豎子婢腹出卓犖之才 譏誚由之懷火 恥辱緣以抱氷 所以願言 使我國土悉於如來淨華中生 眷屬平等與奪無路 故言如來淨華衆 正覺華化生

  논 : 여래와 같이 있는 깨끗한 대중,
      정각의 꽃으로부터 화생하고
  논주 : 이 두 구절을 '장엄권속공덕성취(莊嚴眷屬功德成就)'라고 한다. 부처님께서 인행시에 이 원을 일으키신 까닭은, 어느 국토를 보시니 혹은 핏덩어리 포대가 몸을 싸는 그릇이 되고, 혹은 분뇨로부터 태어나는 것을 근본을 삼고, 혹은 높은 지위와 가문이 좋은 사람314)이 품성이 열등한 자식을 낳고, 혹은 천한

---
313) 대정장 25권 p.333a.

사람이 탁월하고 재능 있는 사람을 출산하기도 한다. 화를 내면 열을 품고, 치욕으로 인해 차가움을 품게 된다. 그러기 때문에 원하시기를 "나의 국토는 전부 여래의 깨끗한 꽃 가운데서 태어나며, 권속들이 평등하여 주고 빼앗는 일이 없게 하겠습니다."라고 말하였다. 이 때문에 "여래와 같이 있는 깨끗한 대중, 정각의 꽃으로부터 화생하고"라고 말한다.

【講說】

앞 단원에서는 정토를 통솔하는 법왕에 대해서 논하였고, 이 단원에서는 그 법왕 밑에 사는 일반 대중들을 논한 것이다. 정토를 통솔하는 분은 법왕이고, 이 법왕 밑에 있는 대중을 이 논에서 권속이라고 부르는 것은 깊은 의미가 있다. 왜냐하면 '권속'이란 단어에는 '한 집안 식구' 또는 '한 가족'이란 의미가 있기 때문에 군주 밑에 있는 일반 민중이라든가 국민이라든가 대중이라는 말과는 달리 아미타 부처님은 피가 섞여 있는 한 가족처럼 정토에 태어난 사람을 취급한다는 뜻이 담겨 있다. 이것에서 아미타 부처님이 얼마나 정토의 대중을 중시하는지를 엿볼 수 있다.

첫째, 정토의 권속은 청정하다. 정토에 태어나는 권속은 아미타 부처님의 청정이라고 하는 피를 이어 받았기 때문에, 이 세계처럼 핏덩어리로 뭉쳐 있는 태에서 태어나거나 파리처럼 더러운 분뇨에서 태어나는 것이 아니고, 여래의 깨끗한 꽃에서 태어난다. 그러기 때문에 정토에 사는 권속의 본질은 청정하다.

둘째, 정토의 권속은 평등하다. 정토의 권속은 아미타 부처님의

---

314) 원문 槐棘란 三槐九棘으로 三公九卿인 높은 지위를 말하고, 高折은 가문이 좋은 것을 의미한다.

한 가족이기 때문에 수많은 대중이 가문에 차별이 없고, 품성에 우열이 없으며, 재능에 차별이 없기 때문에 빈부와 귀천이 없어 모두가 평등하다. 이 평등하기 때문에 차별 속에 일어나는 시비가 있을 리 없고, 개인이나 단체의 욕구를 채우려는 탐욕이 있을 리 없으며, 이 욕구가 없기 때문에 서로 죽이는 전쟁이 없어 항상 평온한 분위기 속에 깨달음을 향해 정진할 뿐이다.

 셋째, 정토의 권속은 화생(化生)이다. 불교에서는 이 세상에서 태어나는 방법을 네 가지로 분류한다. 즉 어머니 태에서 태어나는 태생, 알 껍질을 깨고 태어나는 난생, 습기에서 태어나는 습생, 자기의 업력에 의해 변화하여 태어나는 화생이다. 이 화생 외 세 가지는 다른 것에 의지하여 태어나는 것이지만, 화생은 다른 것에 의지하고 않고 자기 업력의 변화에 의해 태어난다. 정토의 왕생은 이 네 가지 중 연꽃 속에서 태어난 화생이다. 이것을 담란은 여래의 깨끗한 꽃 속에 태어난다고 설명하였다. 담란은 정토에 태어나는 왕생을 여러 각도에서 설명하면서 결국 '생즉무생(生則無生)'이라고 하여 공관사상(空觀思想)에서 해결하려고 하였다. 이에 대한 설명은 앞 작원문에서 자세히 밝혔다.

 원문에서 "화를 내면 열을 품고 치욕으로 인해 차가움을 품게 된다."는 것은 화를 내는 사람이 얼굴이 빨갛게 되는 것은 열이 발산되기 때문이며, 모욕을 당하는 사람은 마음이 경색되어 차갑게 보이기 때문이다. 이러한 것은 마음의 작용에 의해 몸이 여러 가지로 변하는 것으로 모든 것은 마음에 의해 나타남을 알아야 한다.

⑭ 수용공덕성취(受用功德成就)

論 : 愛樂佛法味 禪三昧爲食
論註 : 此二句名莊嚴受用功德成就 佛本何故興此願 見有國土 或探巢破卵爲饈饒之饍 或懸沙指㕼爲相慰之方 嗚呼諸子實可痛心 是故興大悲願 願我國土以佛法以禪定以三昧爲食 永絶他食之勞 愛樂佛法味者 如日月燈明佛說法華經六十小劫 時會聽者亦坐一處六十小劫 謂如食頃 無有一人若身若心而生懈倦 以禪定爲食者 謂諸大菩薩常在三昧無他食也 三昧者 彼諸人天若須食時 百味嘉餚羅列在前 眼見色鼻聞香身受適悅自然飽足 訖已化去 若須復現 其事在經 是故言愛樂佛法味 禪三昧爲食

  논 : 부처님 법의 맛을 좋아하고 원하여
       선삼매로 밥을 삼으며
  논주 : 이 두 구절을 '장엄수용공덕성취(莊嚴受用功德成就)'라고 한다. 부처님께서 인행시에 이 원을 일으키신 까닭은, 어느 국토를 보시니 혹은 새 집을 찾아 알을 꺼내서 반찬으로 해 먹고, 혹은 모래 주머니를 걸어놓고 가리키며 서로 배고픔을 위로하는 방법으로 삼는다.315) 이는 실로 슬픈 일이고, 모든 사람들의 가슴 아픈 일이기 때문에 큰 자비의 원을 일으켜 "원컨대 나의 국토는 불법과 선정316)과 삼매317)로써 밥을 삼아 영원히 다

---

315) 원문 "懸沙指㕼"란 僧肇가 쓴 『注維摩經』 가운데 "모래 주머니를 보고 목숨을 끊지 않는 이것이 願食이다."고 한 내용과 같다고 본다.
316) 禪은 산스크리트어 dhyāna로 思惟修라 번역하고 靜慮라고도 한다. 즉 사유수는 마음을 한 곳에 모아 움직이지 않게 하고 자세히 사유하는 수행이고, 정려는 고요히 생각하는 것으로 몸과 마음이 寂靜하여 능히 분명하게 생각한다는 의미이다. 定은 산스크리트어 samādhi로 마음을 한 경

른 밥을 취하는 수고로움을 끊겠습니다."라고 하였다.

'부처님 법의 맛을 좋아하고 원하여'란 것은 일월등명불[318]이 『법화경』에서 설하신 "(부처님이) 60소겁(小劫)[319] 앉아 계시는데, 그 회상의 듣는 사람 또한 한 곳에 60소겁 앉아 있는 것이 밥 먹는 사이와 같다."[320]고 한 것을 말한다. 한 사람도 몸과 마음에 게으른 생각을 내지 않았다. '선정으로써 밥을 삼는다.'는 것은 모든 대보살은 항상 삼매에 있기에 다른 밥이 필요 없다. '삼매'란 저 모든 사람과 하늘 사람이 만약 밥을 필요로 할 때는 백 가지 맛있는 음식이 눈앞에 진열되어 있는 것을 눈으로 보고, 코로 냄새를 맡으면 몸으로 쾌적한 기쁨을 느끼고, 자연히 배가 불러 만족한다. 식사를 마치면 자연히 변해 없어지고, 또

계에 정지시켜 흐트러짐을 여읜다는 것이다. 그렇기 때문에 선이란 한 마음으로 사물을 생각하는 것이고, 定이란 마음이 한 경계에 집중해서 산란하지 않는 상태이다.

317) 앞 주 선정 가운데 定에 해당한다. 여기서는 밥을 강조하기 위하여 선정과 삼매를 중복해 사용하였다고 본다.

318) 산스크리트어 Candra-sūrya-pradīpa의 번역으로 『법화경』 서품(대정장 9권 p.3c)에 등장하는 부처님이다. 여기에서 "선남자여, 과거에 헤아릴 수 없고 끝이 없는 불가사의한 아승지 겁에 부처님이 계셨으니, 그 이름이 일월등명이시니……"라고 하여 아주 먼 옛날 세상에 출현하시어 『법화경』을 설하신 부처님으로 설해져 있다.

319) 산스크리트어로는 kalpa라 하는데 어떤 시간이나 단위로 계산할 수 없는 무한히 긴 세월을 말한다. 『구사론』에서는 인간의 수명이 8만세부터 100년마다 1세씩 감소하여 10세에 이르기까지의 기간을 減劫, 10세부터 100년마다 1세씩 늘어나 8만세에 이르는 기간을 增劫이라 한다. 이 1減劫과 1增劫을 각각 1小劫이라 하고, 『대지도론』에서는 1減劫과 1增劫을 합하여 1小劫이라 한다. 『대지도론』에서 말한 개자겁(介子劫)과 반석겁(磐石劫)은 앞 '찬탄문'의 아승지겁에서 언급하였다.

320) 60소겁을 한 자리에서 일어나지 않으시니, 그때 회중의 듣는 사람도 또한 한 곳에 앉아 60소겁을 몸과 마음이 동하지 않고, 부처님이 설하시는 바를 듣는데 밥 먹는 동안과 같이 생각하였는지라. 이때 대중 가운데서 혹은 몸으로나 마음으로나 지루한 생각을 하는 사람이 한 사람도 없었느니라.(대정장 9권 p.4a)

필요하다면 다시 나타난다. 이러한 일은 경에서 말씀하셨다. 그렇기 때문에 "부처님 법의 맛을 좋아하고 원하여 선삼매로 밥을 삼으며"라고 말한다.

【講說】
　우리는 살아가면서 여러 가지를 수용하고 그것을 사용하면서 산다. 이 수용하는 물건 가운데 무엇이 가장 중요한가 생각해 보자. 이 지구상에서 가장 값있게 여기는 것은 다이아몬드가 아닌가 생각한다. 이 다이아몬드를 아무리 많이 가지고 있더라도 몸에 영양분을 주는 밥을 먹지 않으면 죽게 되어 아무런 소용이 없다. 오늘날 지구상에는 많은 어린이들이 밥을 먹지 못해 기아로 죽어가고 있다. 이런 어린이들 앞에 밥과 다이아몬드를 놓아둔다면 밥에 먼저 손이 갈 것이다. 그렇기 때문에 수용하는 것 가운데 밥이 아주 중요하다고 보고 천친은 수용공덕 가운데 밥 한 가지를 예로 들어 논하였다고 본다.
　이 밥에 대해 『무량수경』에서는 "만약 밥을 먹으려고 할 때는 칠보의 그릇이 스스로 앞에 있고, 금·은·유리·자거·마노·산호·명월주·진주와 같은 그릇 안에 원하는 대로 백미(百味)의 음식이 저절로 가득 찬다. 이런 음식이 있지만 실제로 먹는 것이 아니고 다만 색깔을 보고 향기를 유연하게 맡으며 먹었다고 생각하면 저절로 배가 부르게 되느니라. 몸과 마음이 유연하여 맛에 집착하지 않으며 식사를 마치면 자연히 없어지고, 때가 되면 다시 나타난다."321)고 하였다. 이 경의 내용을 담란은 인용하여 설명하

---

321) 대정장 12권 p.271b~c, 쯔보이 순애이 著 이태원 역 『정토삼부경 개설』 p.223.

였는데, 초기 정토경전인 『평등각경』322)과 비교하면 이 경에도 이런 내용이 있지만 실지로 밥을 먹지 생각만 하면 저절로 포만감을 느끼는 것이 아니다. 이것은 경전의 성립사적인 면에서 볼 때 원시불교나 초기 대승불교에서는 백 가지 음식이 자연히 나타나 이것을 직접 먹어야 한다고 하였고, 대승 불교가 발달한 후기에는 먹지 않고 생각만 해도 배가 부르게 되는 것으로 발전한 것이다. 그리고 이 논에서는 한 걸음 더 나아가 물질이 아닌 법인 삼매를 밥으로 삼는다고 한 것은 불교의 발전과정이라 생각한다. 태생(胎生)과 난생(卵生), 그리고 습생(濕生)으로 태어난 색신은 영양분을 흡수해야만 세포분열이 일어나 육체가 정상적인 작용을 하지만 극락세계의 색신은 화생(化生)의 몸이기 때문에 물질적인 영양분을 섭취할 필요가 없을 것이고, 음식을 보기만 하면 배가 불러 삼계에서 느낀 포만감을 느끼게 되고, 진리로 밥을 삼는 것이 아니겠는가!

⑮ 무제난공덕성취(無諸難功德成就)

論 : 永離身心惱 受樂常無間
論註 : 此二句名莊嚴無諸難功德成就 佛本何故興此願 見有國土 或朝預袞寵夕惶斧鉞 或幼捨蓬藜長列方丈 或鳴茄道出歷經催還 有如是等種種違奪 是故願言 使我國土安樂相續畢竟無間 身惱者 飢渴寒熱殺害等也 心惱者 是非得失三毒等也 是故言永離身心惱 受樂常無間

---

322) 대정장 12권 p.287a~b.

논 : 영원히 몸과 마음의 번뇌 여의고,
　　　즐거움 누리는 것 항상하여 끊임없고

논주 : 이 두 구절을 '장엄무제난공덕성취(莊嚴無諸難功德成就)'라고 한다. 부처님께서 인행시에 이 원을 일으키신 까닭은, 어느 국토를 보시니 혹 아침에는 임금이 하사한 예복을 입고 있다가 저녁에는 칼을 받을까 두려워하고, 혹 어렸을 때는 풀밭에 던져져 있다가 성인이 되어서는 훌륭한 식사를 할 수 있는 사람이 되기도 한다.323) 또 어려서는 악기를 불면서 길에 다니다가 성인이 되어서는 집에 돌아가기를 재촉하기도 한다. 이와 같은 여러 가지 상반되는 일들이 많기 때문에 원하여 말하기를 "나의 국토는 안락이 계속되는 것이 끝이 없게 하겠습니다."324) 라고 하시었다. '몸의 번거로움'이란 목마르고·춥고·덥고·죽이는 것이다. '마음의 번거로움'이란 시비·득실·삼독325) 등이다. 그렇기 때문에 "영원히 몸과 마음의 번뇌 여의고, 즐거움 누리는 것 항상하여 끊임없고"라고 말한다.

【講說】
　장엄의 이름을 '무제난(無諸難)'이라고 한 것은 여러 가지 어려움이 없다는 의미이다. 우리는 이 세상을 살아가면서 여러 가지 장

---

323) 원문의 方丈이란 一丈四方의 의미를 가진 『유마경』의 방장이 아니고, 『孟子』의 盡心篇에 "食前方丈 侍妾數百人"라고 하는 글에서 유래된 것으로 존귀한 사람 앞에 여러 가지 음식이 많이 차려져 있는 것을 말한다.
324) 48원 가운데 제39원에서 "만약 제가 부처가 되어서도, 그 나라 중생들이 누리는 상쾌한 즐거움이, 모든 번뇌가 없는 비구처럼 되지 않으면 저는 부처가 되지 않겠습니다"(쯔보이 순애이 著 이태원 역 『정토삼부경개설』 p.188)고 한 원을 말한 것이라 본다.
325) 탐하는 貪心과 화내는 瞋心, 그리고 어리석은 癡心이다.

애를 받는데, 이것을 이기고 나가면 성공하고 지면 쓰라린 실패를 맞게 된다. 심지어 자기가 원하는 것이 안 되었을 때는 남을 죽이기도 하고, 자기 목숨을 스스로 끊기도 하는 고통을 받는다. 그래서 담란은 군주의 눈에 잘 보여 총애를 받으면 높은 권위를 누리고, 군주의 눈에 벗어나 역적으로 보이면 사형을 당하며, 어릴 때는 별볼일 없는 사람이 성장하여 성공하면 높은 지위에 올라가 부귀를 누리고, 반대로 어릴 때 귀족의 집안에 태어나 어디 출행할 때는 많은 사람들이 앞에서 악기를 연주하면서 안내 받으며 가다가 부모의 불행한 죽음의 소식을 듣고 급히 돌아와 상복을 입는 등 이 세상은 서로 상반되는 일이 무수히 많은 것을 '제난(諸難)', 즉 여러 가지 어려움이라 했다. 이 세상 어느 누구도 일생을 살면서 고통을 받지 않는 사람은 없을 것이다. 부처님은 이 고통을 태어나는 괴로움[生苦], 늙어가는 괴로움[老苦], 병들어 아픈 괴로움[病苦], 죽는 괴로움[死苦]의 네 가지 고통에다 사랑하는 사람과 헤어지는 고통[愛別離苦], 미워하는 사람과 만나는 고통[怨憎會苦], 구하려고 해도 얻지 못한 고통[求不得苦], 몸에 집착하는 고통[五陰盛苦]326)을 더하여 여덟 가지 고통이 있다고 하였다. 이러한 고통은 몸과 마음으로 받는 것이기 때문에 천친은 "영원히 몸과 마음의 번뇌를 여의고 끊임없이 항상 즐거움 받고"라고 하여 극락정토는 어떠한 어려움도 없고 즐거움만 받는다고 하였다. 즉 극락세

---

326) 산스크리트어 pañca-skandha로 다섯 가지가 모여 있다는 뜻으로 五蘊이라고도 한다. 모든 존재를 물질과 정신으로 보는 견해이다. 즉 물질인 色(rūpa-skandha, 物質)과 정신인 受 (vedanā-skandha, 感受作用)·想 (saṁjñā-skandha, 마음에 떠오르는 인상으로 知覺作用, 表 象作用)·行 (saṁskāra-skandha, 意志 기타 마음의 작용) ·識(vijñāna-skandha, 認識作用) 을 말한다.

계는 이러한 여덟 가지 고통이 없다는 것이다. 극락정토란 산스크리트어 sukhāvati로 즐거움이 있는 국토〔樂土〕라는 의미가 있다. 즐거움이 있다는 것은 여러 가지 장애가 하나도 없을 뿐만 아니라 어떤 어려움도 영원히 끊어져 어떠한 고통도 받지 않고, 항상 즐거움만 누린다는 뜻이다. 이 세상에 사는 사람 누구를 막론하고 정신적으로나 육체적으로 적든 크든 고통을 받지 않는 사람은 없기에 아미타 부처님은 극락세계를 건설하여 중생들을 인도하신 것이다.

⑯ 대의문공덕성취(大義門功德成就)

論: 大乘善根界 等無譏嫌名 女人及根缺 二乘種不生
論註: 此四句名莊嚴大義門功德成就 門者通大義之門也 大義者大乘所以也 如人造城得門則入 若人得生安樂者 是則成就大乘之門也 佛本何故興此願 見有國土 雖有佛如來賢聖等衆 由國濁故分一說三 或以拓眉致誚 或緣指語招譏 是故願言 使我國土皆是大乘一味平等一味 根敗種子畢竟不生 女人殘缺名字亦斷 是故言大乘善根界 等無譏嫌名 女人及根缺 二乘種不生 問曰 案王舍城所說無量壽經 法藏菩薩四十八願中言 設我得佛 國中聲聞有能計量知其數者 不取正覺 是有聲聞一證也 又十住毘婆沙中 龍樹菩薩造阿彌陀讚云起出三界獄 目如蓮華葉 聲聞衆無量 是故稽首禮 是有聲聞二證也 又摩訶衍論中言 佛土種種不同 或有佛土純是聲聞僧 或有佛土純是菩薩僧 或有佛土菩薩聲聞會爲僧 如阿彌陀安樂國等是也 是有聲聞三證也 諸經中有說安樂國處 多言有聲聞不言無聲聞 聲聞卽是二乘之一 論言乃至無二乘名 此云何會 答

曰 以理推之 安樂淨土不應有二乘 何以言之 夫有病則有藥 理數之常也 法華經言 釋迦牟尼如來 以出五濁世故分一爲三 淨土旣非五濁 無三乘明矣 法華經導 諸聲聞是人於何而得解脫 但離虛妄 名爲解脫 是人實未得一切解脫 以未得無上道故 驗推此理 阿羅漢旣未得一切解脫 必應有生 此人更不生三界 三界外除淨土更無生處 是以唯應於淨土生 如言聲聞者 是他方聲聞來生仍本名故稱爲聲聞 如天帝釋生人中時姓憍尸迦 後雖爲天主 佛欲使人知其由來 與帝釋語時猶稱憍尸迦 其此類也 又此論但言二乘種不生 謂安樂國不生二乘種子 亦何妨二乘來生耶 譬如橘栽不生江北 河洛菓肆亦見有橘 又言鸚鵡不渡壟西 趙魏架桁亦有鸚鵡 此二物但言其種不渡彼有聲聞亦如是 作如是解 經論則會 問曰 以名召事 有事乃有名 安樂國旣無二乘女人根缺之事 亦何須復言無此三名耶 答曰 如軟心菩薩不甚勇猛譏言聲聞 如人諂曲或復懦弱譏言女人 又如眼雖明而不識事譏言盲人 又如耳雖聽而聽義不解譏言聾人 又如舌雖語而訥口瘖吃譏言瘂人 有如是等根雖具足而有譏嫌之名 是故須言乃至無名 明淨土無如是等與奪之名 問曰尋法藏菩薩本願及龍樹菩薩所讚 皆似以彼國聲聞衆多爲奇 此有何義 答曰聲聞以實際爲證 計不應更能生佛道根芽 而佛以本願不可思議神力攝令生彼 必當復以神力生其無上道心 譬如鴆鳥入水魚蜂咸死 犀牛觸之死者皆活 如此不應生而生 所以可奇 然五不思議中佛法最不可思議 佛能使聲聞復生無上道心 眞不可思議之至也

논 : 대승 선근의 세계
　　　평등하여 싫어한다는 이름조차 없네.
　　　여인과 불구자,

성문과 연각은 태어나지 못하고

논주 : 이 두 구절을 '장엄대의문공덕성취(莊嚴大義門功德成就)'라고 한다. '문(門)'이란 대의(大義)에 통하는 문이고, '대의'란 대승이란 뜻이다. 사람들이 만들어진 성 안에 들어가려고 하면 문이 있어야 들어가는 것과 같이 만약 사람들이 안락세계에 태어나려면 이 대승의 문을 성취해야만 한다. 부처님께서 인행시에 이 원을 일으키신 까닭은, 어느 국토를 보시니 비록 부처님과 현성(賢聖)327)들이 있지만 국토가 탁하기 때문에 하나를 나누어 셋으로 설하셨고,328) 혹은 눈짓 잘못하여 꾸지람을 불러들이고, 혹은 말 잘못하여 싫어함을 불러들인다. 이 때문에 원하여 말하기를 "나의 국토는 모두 이 대승의 한 맛이고, 평등한 한 맛이 되게 하며, 육근에 결함이 있는 종자는 끝내 태어나지 못하고, 여인이나 불구자라는 이름 자체도 또한 없도록 하겠다."329)고 하시었다. 이 때문에 "대승 선근의 세계 평등하여 싫어한다는 이름조차 없네. 여인과 불구자, 성문과 연각은 태어나지 못하고"라고 말한다.

묻기를, 왕사성330)에서 설하신 『무량수경』을 살펴보니 법장보살이 48원331) 가운데 "가령 내가 성불할 때 나의 국토 가운데

---

327) 賢이란 십주·십행·십회향 등 三賢이며, 聖이란 초지부터 십지까지 十聖을 말한다.
328) 이것은 『법화경』 방편품에 있는 것으로 모든 부처님은 一佛乘을 가지고 법을 설하지만 오탁악세의 중생은 허물이 무겁기 때문에 방편으로 성문·연각·보살 등 삼승으로 나누어 법을 설하셨다는 내용이다.(대정장 9권 p.7b) 용수보살도 이와 같은 내용을 『대지도론』에서 설하고 있다. (대정장 25권 p.712a)
329) 강설에서 경과 논을 인용하여 설명하였다.
330) 인도 중부지방에 있는 마가다국의 수도가 왕사성이고, 여기에 영축산이 있으며, 여기에서 『무량수경』을 설하였다.
331) 법장보살이 세자재왕 부처님으로부터 120억 불국토를 보고 5겁 동안 사

성문을 능히 헤아려 그 수를 안다면 정각을 성취하지 않겠습니다."332)고 말씀하신 이것이 성문이 있다는 첫 번째 증거다. 또 『십주비바사론』 가운데 용수보살이 아미타찬(阿彌陀讚)을 지어 말하기를 "삼계의 지옥을 벗어나고 눈은 연꽃잎과 같고, 성문들 한량이 없기 때문에 머리 조아려 예배한다."333)고 한 이것이 성문이 있다는 두 번째 증거이다. 또 『마하연론』 가운데 말하길 "부처님 국토는 여러 가지로 같지 않다. 혹 어느 부처님 국토는 순전히 성문승(聲聞僧)만 있고, 혹 어느 부처님 국토는 순전히 보살승(菩薩僧)만 있으며, 혹 어느 부처님 국토는 보살과 성문이 합쳐서 승단을 이루는데 이것이 아미타불의 안락국이다."334)고 한 것은 성문이 있다는 세 번째 증거이다. 모든 경전 가운데 안락국이라고 설한 곳에는 다분히 성문이 있다고 말했지, 성문이 없다고 말하지 않았다. 성문이란 곧 2승335) 가운데 하나이다. 논336)에서 "내지 2승의 이름이 없다."고 말한 것을 어떻게 이해하면 좋은가?

답하기를, 이치로서 이것을 미루어보면 안락정토에는 마땅히 2승이 없어야 한다. 무엇 때문에 그렇게 말했을까. 병이 있으면 곧 약이 있는 이치는 당연하다. 『법화경』에서 "석가모니 부처님이 오탁(五濁)의 악세에 출현하셨기 때문에 하나를 나누어 셋

유하고 세운 마흔여덟 가지 서원이다.(대정장 12권 pp.267c~269b)
332) 設我得佛 國中聲聞有能計量 乃至三千大千世界衆生緣覺 御百千劫悉共計校知其數者 不取正覺(대정장 12권 p.268a)
333) 易行品에 있는 "超出三界獄 目如蓮華葉 聲聞衆無量 是故稽首禮"(대정장 26권 p.43b) 내용이다.
334) 여기서 이야기한 마하연론이란 『대지도론』을 말한다. 담란은 『대지도론』(대정장 25권 p.311c)에 있는 내용을 축소하여 인용하였다
335) 성문과 연각이다.
336) 천친보살이 지은 『왕생론』이다.

으로 했다."337)고 말씀하였다. 정토는 이미 오탁이 아니기에 삼승이 없는 것은 자명하다. 또 『법화경』에서 "모든 성문이 무엇으로 해탈을 얻었는가. 다만 헛되고 거짓된 것을 여의는 것을 해탈이라 한다. 이 사람은 실로 아직 일체에서 해탈을 얻지 못했다. 아직 무상도를 얻지 못하였기 때문이다."338)고 설하였다. 분명히 이 이치로 미루어보면 아라한은 아직 일체에서 해탈하지 못하였기에 반드시 태어남이 있어야 한다. 이 사람은 다시는 삼계에 태어나지 않아야 하는데 삼계 밖에는 정토를 제하고 다시 태어날 곳이 없다. 그러기에 오로지 정토에 태어나야 한다. 그래서 성문이라고 말한 것은 이 다른 지방의 성문이 와서 태어나기 때문에 본래 이름에 의해 성문이라고 부른 것뿐이다. 제석천339)이 사람으로 태어날 때는 성을 '교시가'340)라고 하는데 후에 제석천왕이 되더라도 부처님이 사람들에게 그 유래를 알

---

337) 대정장 9권 p.7b로 앞 주에서 언급했다.
338) 이 사람은 무엇으로 해탈을 얻었는가. 다만 허망을 여읜 것을 해탈이라 이르나, 그는 실로 일체에서 해탈함이 아니기에 부처님이 이 사람은 참된 멸도가 아니라고 설하셨다. 이 사람은 무상도를 얻지 못한 까닭이다.(대정장 9권 p.15b)
339) 산스크리트어 Śakra devānām indra로 바라문교 신인 인드라가 불교에 들어와 불교의 수호신이 되었다. 즉 수미산 꼭대기 도리천의 임금이다. 善見城에 있어 4천왕과 32천을 통솔하면서 불법과 불법에 귀의하는 사람을 보호하며, 아수라의 군대를 정벌한다는 임금이다.
340) 산스크리트어 Kauśika로 帝釋의 성이다. 『대지도론』에서 "묻기를 먼저 釋이란 글자는 提恒因으로 天主라고 말한다. 이제 부처님은 무엇 때문에 釋이라고 말하지 않고 교시가라고 명하는가? 답하기를 옛날 마가타국 가운데 어떤 바라문의 이름이 摩伽이고, 姓은 교시가로 복덕과 큰 지혜가 있었다. 33인의 친한 친구가 함께 복덕을 수행하다가 목숨을 마치고 모두 수미산 정상 제2천상에 태어났는데 摩伽라는 바라문은 天主가 되고, 32인은 보좌하는 신하가 되었다. 이 33인이기 때문에 33천이라고 이름하고, 그 본래의 성을 불러 교시가라 한다."고 하였다.(대정장 25권 p.458a~b)

게 하고자 하여 제석을 말씀하실 때 '교시가'라고 부르는 것이 그 종류다.

또 이 논에서 단 "2승의 종자는 태어나지 못한다."라고 말한 것은 안락국에는 2승 종자가 있는 이는 태어날 수 없다는 것이지, 왜 이승이 왕생하는 것을 방해하겠는가. 비유하면 귤을 재배하는데 강북341)에서는 생산되지 않으나 하락(河洛)342) 지방 과일상점에서 귤을 볼 수 있는 것과 같다. 또 말하기를 앵무새가 농서(隴西)343)를 날라 가지는 못하지만 조나라와 위나라344)의 새장에는 앵무새가 있다. 이 두 가지는 다만 그 종자가 건너지 못하는 것을 말하는 것이다. 저곳에 성문이 있다는 것 역시 이와 같다. 이와 같이 이해를 한다면 경과 논의 말씀을 알 것이다.

묻기를, 이름은 사물을 가리키고, 사물이 있으면 이름이 있다. 안락국에는 이미 2승과 여자, 그리고 불구자가 없다고 하지만, 이 어찌 이 세 가지 이름도 없다고 말하는가?

답하기를, 연심보살(軟心菩薩)345)을 심히 용맹하지 못하기에 이를 꾸짖어 성문이라고 말한 것과 같이, 사람의 마음이 아첨하고 비뚤어지거나 혹은 나약한 것을 꾸짖어 여인이라고 한 것과 같다. 또한 눈이 비록 밝지만 사물을 잘 알지 못하는 것을 꾸짖

---

341) 양자강 북쪽.
342) 黃河와 落水 두 강의 流域으로 여기서는 洛陽을 말한다.
343) 陝西城 南鄭顯 지방.
344) 隴西보다도 동쪽에 있는 국가.
345) 마음이 연약한 보살이다. 『대지도론』에는 "새로 배우는 보살에게 두 가지가 있는데 첫째는 깊은 마음으로 세간의 즐거움에 집착하여 연약한 마음의 뜻을 내는 것이고, 둘째는 깊은 마음으로 세간의 즐거움에 집착하지 않는 것이다."고 하였다.(대정장 25권 p.731c)

어 맹인과 같다고 말하고, 또 귀로 듣지만 뜻을 알지 못하는 것을 귀머거리와 같다고 말하며, 또 혀로 말하지만 말을 더듬는 것을 꾸짖어 벙어리와 같다고 부르는 것과 같다. 이와 같이 육근이 비록 구족하지만 혐오스런 이름이 있다. 그렇기 때문에 마땅히 이름도 없다고 말한다. 분명하게 정토에는 이와 같이 꾸짖을346) 이름 자체가 없다.

묻기를, 살피건대 법장보살의 본원 및 용수보살이 찬탄하는 것 가운데 모두 저 국토에 많은 성문이 있는 것을 기이하다고 하였는데, 이것은 무슨 의미인가?

답하기를, 성문이란 실제(實際)347)를 증득한 이다. 생각하니 거듭 부처님 도를 깨달을 근본 싹을 능히 내지 못한다. 그러나 부처님은 본원의 불가사의한 신통의 힘으로 포섭하여 저기에 태어나게 하며, 반드시 또 신통의 힘으로 무상도심(無上道心)을 내게 한다. 비유하면 짐조(鴆鳥)348)가 물에 들어가면 어패류가 다 죽어버리지만, 무소349)에 접촉하면 죽은 사람이 다 살아나는 것과 같다. 이와 같이 마땅히 태어날 수 없는 것이 태어나기 때문에 기이하다고 한다. 그리고 다섯 가지 불가사의350) 가운데

---

346) 원문 與奪은 주고 빼앗는다는 뜻도 있고, 칭찬하고 꾸짖는다는 뜻도 있다. 여기서는 꾸짖는다는 것으로 이해하는 것이 바람직하지 않나 생각한다.
347) 산스크리트어 bhūta-koṭi로 허망을 떠난 열반의 깨달음이다. 『대지도론』에서는 "아라한은 대자비가 없어 본래 세운 서원은 일체 중생을 제도하겠다는 것이 없다. 또 實際로 깨달음을 삼고 나서 생사를 여읜다."(대정장 25권 p.297c)고 하였기 때문에 實際란 자기의 이익만을 위하는 아라한이 깨달은 경지이다.
348) 중국 남방에 사는 올빼미 같은데, 독을 가진 새이다. 이 새의 날개로 담근 술은 사람을 죽일 수도 있다.
349) 코뿔소로 무소과에 속하는 짐승의 총칭으로 남아시아에 세 종류가 있고, 남아프리카에 두 종류가 있다고 한다.

부처님 법이 가장 불가사의하다. 부처님은 능히 성문으로 하여금 다시 무상도심을 내게 하기 때문에 참으로 불가사의함에 이른다.

【講說】

기세간의 17종 장엄 가운데 이 대의문공덕(大義門功德) 단원을 담란은 가장 긴 문장으로 설명하고 있는 것은 대의문에 대한 많은 이해가 필요하기 때문이라고 본다. '대의(大義)'란 말을 그대로 표현하면 '큰 뜻'이란 의미이지만 이는 우리들이 마음속에 크고 원대한 의지를 갖고 수행해야 한다는 것으로 이해하면 좋을 것 같다. 그러기에 극락정토에 태어나면 이 대의의 정신, 즉 대승보살도 정신을 가지고 수행하게 된다. 정토에 왕생하면 대승보살도의 정신을 성취하며, 정토에 들어가면 모든 사람들이 대승의 한 맛으로 평등하다. 먼저 대의란 무엇인가 생각해 보면, 대승선근(大乘善根)으로 대승보살이 수행하는 출세간의 선근이고 정도의 대자비이다. 이 대승을 담란은 대의라고 하였는데 이 대의는 대승의 본의(本意)로 대승보살도를 말한다. 즉 대승인 보살들이 도를 실천하는 행위는 출세간의 선근으로 대자비심에서 비롯되며, 이것이 정토가 이

---

350) 첫째는 무한한 과거로부터 중생이 수없이 많아서 일시에 다 성불하거나 성불하지 못하더라도 중생세계는 더하고 덜함이 없다는 衆生多少不可思議, 둘째는 일체 중생이 업의 과보에 따라 나타나는 業力不可思議, 셋째는 定力으로 육체를 오래 보존하고, 신통을 내는 자유자재한 힘을 알 수 없는 禪定力不可思議, 넷째는 용이 비를 내리는 등 신비를 다 알 수 없다는 龍力不可思議, 다섯째는 부처님의 8만 4천 법문이 중생을 깨닫게 하는 힘과 부처님의 定力과 지혜가 깊고 그윽하여 알 수 없는 佛力不可思議이다. 『대지도론』에는 "經說五事不可思議 所謂衆生多少 業果報 坐禪人力 諸龍力 諸佛力 於五不可思議中佛力最不可思議"라고 하여 부처님의 힘이 가장 불가사의하다고 하였다.

룩되는 근본 원인이다. 극락세계는 법장보살의 대자비 실천에 의해 쌓은 선근으로 이루어진 세계이고, 대승에 들어가는 문이라는 것을 강조하기 위하여 담란은 대의문이라 하였다. 이에 대해서는 앞 성공덕성취(性功德成就)에서 자세히 언급하였기 때문에 여기서는 생략한다.

다음 정토의 대중이 평등하다는 것은 앞 권속장엄공덕(眷屬莊嚴功德)에서 한번 논한 것으로, 여기서는 정토에 2승과 불구자가 없다는 것에 대해 중점을 두고 생각해 보자. 담란은 첫째 2승의 문제를 해결하기 위해 『무량수경』의 48원 가운데 제14원 성문무수원(聲聞無數願)과 『십주비바사론』, 그리고 『대지도론』 등에서 정토에 성문이 있다는 내용을 인용하여 스스로 질문을 하고 답하였다. 이 문제의 해결을 위해 담란은 『법화경』에서 석가모니 부처님이 이 사바세계 오탁악세의 중생을 위해 일승(一乘)을 성문과 연각, 그리고 보살 등 삼승으로 나누어 법을 설하는 차별을 두셨지만, 정토는 오탁악세가 아닌 평등의 세계이기 때문에 성문과 연각이 없고 보살들만이 있기에 차별이 있을 리 없다는 것이다. 즉 타방의 성문과 연각이 극락정토에 태어나기 때문에 그 본래의 이름을 인용하여 성문과 연각이라고 부르는 것이지 극락세계에 성문과 연각의 지위가 있는 것은 아니다. 담란은 이를 증명하기 위하여 『법화경』에서 말한 아라한과 자기가 살고 있는 중국의 이야기를 인용하였다.

먼저 아라한이란 한 부분의 해탈을 얻었지만 모든 것에 자유자재한 해탈, 즉 무상도(無上道)를 얻지 못했기 때문에 어딘가에 태어나야 할 업을 가지고 있다. 하지만 아라한은 삼계에 태어날 업이 아니기 때문에 삼계 밖 어딘가 태어나야 하는데 삼계 밖에는 극락정토만이 있어 정토에 태어나지 않으면 안 된다. 정토에 태어난 사람을 아라한이라 부르는 것은 정토에 태어나기 이전의 지위가 아라한이기 때문에 부르는 것뿐이지 정토에는 아라한이 없다는 것이 담란의 견해이다. 그래서 『아미타경』에서는 "저 부처님에게는 헤아릴 수 없이 많은 성문 제자가 있는데 모두 아라한들이다."[351]라고 하여 담란의 견해대로 이해하면 문제가 되지 않는다. 그런데 『관무량수경』의 중품중생에서는 "연꽃이 피면 눈이 열리어 합장하고 세존을 찬탄하며 법을 듣고 환희하여 수다원과를 얻은 후 반겁(半劫)을 지나면 아라한과를 이루니라."[352]고 하였고, 중품하생에서는 "정토에 태어나 칠일이 지나면 관세음보살과 대세지보살을 만나서 법을 듣고 기뻐하며, 한 소겁(小劫)을 지나서 아라한과를 이루니라."[353]라고 하여 정토에서 아라한과를 증득한 것으로 되어 있어 문제이다.

담란은 보리유지로부터 『관무량수경』을 받고 정토에 귀의했기 때문에 이 경의 내용을 잘 알고 있으리라 생각한다. 그런데 왜 이 단원에서는 중품중생과 중품하생에서 이야기한 아라한의 문제를 거론하지 않고 다른 경과 논만 인용했는가. 아마도 『관무량수경』에서 이야기한 아라한의 문제는 정토에 태어난 사람은 모두 보살이라는 입장에서 해결하기에는 너무 복잡하기 때문에 인용하지 않았다고 본다. 원효는 『무량수경』과 『관무량수경』, 『왕생론』에서 언급한 내용을 열거하면서 결정종성(決定種性)과 부정근성(不定根性)으로 이 문제를 해결하려고 하였다.[354] 즉 성문과 연각 등 아라

---

351) 대정장 12권 p.347b.
352) 대정장 12권 p.345b.
353) 대정장 12권 p.345c.
354) 대정장 37권 p.126b.

한의 지위에 확고하게 결정된 성품을 가진 사람은 정토에 왕생할 수가 없지만, 이 지위에 결정되지 않은 성품을 가진 사람은 태어날 수 있다는 것으로, 경에서 성문과 아라한이 있다는 것은 부정근성이고, 『왕생론』에서 성문과 아라한이 없다고 이야기한 것은 결정종성이기 때문에 경과 논의 내용이 다르지 않다는 것이다.

그러나 원효도 『관무량수경』의 중품중생과 중품하생에서 이야기한 정토에 왕생한 후 법문을 듣고 아란한과를 증득한 문제를 확연히 해결한 것은 아니다. 필자의 견해로는 『관무량수경』에서 정토에 왕생한 후 아라한과를 증득한다고 한 것은 이 세계의 중생이 소승의 과(果)를 원하는 사람이 있기 때문에 이들을 위하여 설한 것이 아닌가 생각한다. 왜냐하면 『법화경』에서 본래 일승이지만 이것을 삼승의 차별을 나누어 설명한 것은 우매한 중생을 제도하기 위한 하나의 방편이지 실제로는 일승으로 모두 성불한다. 이런 맥락에서 보면 극락세계에는 한결같이 대승 보살들만 있지만 사바세계 우매한 중생이 소승과에 너무 집착하기 때문에 정토에 왕생하여 법을 듣고 소승의 과도 증득할 수 있다고 방편으로 설한 것이라 생각된다. 왜냐하면 48원 가운데 제47 득불퇴전원(得不退轉願)에서는 "만약 제가 부처가 되어서도 다른 국토의 모든 보살들이 저의 이름을 듣고, 곧 불퇴전[355])에 이를 수 없다면 저는 부처가

---

355) 산스크리트어 a-vinivartanīya, a-vaivartika의 번역으로 퇴보하지 않는다는 뜻으로 惡趣나 성문과 연각의 지위에 떨어지지 않고, 깨달은 보살의 지위나 깨달은 법을 잃지 않는다는 뜻에서 이 자리를 불퇴전의 지위라고 한다. 『대반야경』에서는 불퇴전보살은 二乘地에 다시는 떨어지지 않으며, 꼭 무상정등보리를 얻는다. 이로 인해 불퇴전이라 한다.(佛言 善現 如是 不退轉菩薩摩訶薩 定於聲聞獨覺等地不復退墮 必得無上正等菩提 由是因緣名不退轉(대정장 7권 p.264a) 또 보살의 品階로 말하면 十住의 제7住位를 不退轉住라고 부른다. 이에 근거하여 여러 가지 不退說이 생기

되지 않겠습니다."356)고 하였고, 『아미타경』에서 "또 사리불이여 극락 국토에 태어난 중생들은 모두 아비발치357)이며, 그 가운데 많은 중생들이 일생보처에 오른 이들로, 그 수효는 매우 많아 셈으로 능히 알 수 없어 무량무변 아승지겁으로 말할 뿐이다."358)라고 하였기 때문이다. 이 두 경전에서 말한 불퇴전은 의역이고, 아비발치는 음역이기에 같은 뜻이다. 이 지위에 대해 여러 가지 설이 있으나 대승에서는 보살의 지위에서 다시는 뒤로 퇴전할 여지가 없다는 뜻에서 초주(初住)·초지(初地)·8지(地)보살을 말한다.

이를 정토교에서는 정토에 태어나면 물러나지 않는 보살의 지위에 머문다고 하여 흔히 초지나 8지보살을 말하기 때문에 정토에 성문과 연각이 있을 리 없다. 그러기에 극락세계에 왕생하여 법문을 듣고 소승의 과를 얻는다는 것은 방편설로 이해해야 할 것이다. 예를 들면, 『아미타경』에서 "극락세계에는 백학·공작·앵무새·사리·가릉빈가·공명조 등이 있지만 이 새들은 실제로 있는 것이 아니라 아미타 부처님께서 중생들을 제도하기 위해 화현으

게 되었다. 길장은 『法華義疏』 권1에서 1. 位不退는 10住位의 제7住 이상의 보살이 二乘地에 떨어지지 않는 것이며, 2. 行不退는 10地 중 제7地의 보살이 수행한 행이 퇴전하지 않는 것이고, 3. 念不退는 제8地이상의 보살이 無功用(짐짓 노력을 하지 않아도 자연히 도를 얻는 것)의 도에 들어 不動念이 된 것이다.(대정장 34권 p.461b~c) 여기에다 4. 不退설은 아미타불의 정토에 태어난 뒤 거기에서 퇴전하지 않는 處不退를 더한 것이다. 窺基는 『法華玄贊』 권2에서 첫째 信不退는 10信位 중에 제6心 이상의 보살은 재차 邪見을 일으키지 않으며, 둘째 位不退는 10住位의 제7住 이상의 보살이 2승에 떨어지지 않고, 셋째 證不退는 초지 이상의 보살이 깨달은 법을 잃지 않으며, 넷째 行不退는 8지 이상의 보살이 有爲와 無爲의 행을 잘 닦아 퇴전하지 않는 것이다.(대정장 34권 p.672b) 이밖에 회감과 지욱 등 여러 가지 설이 있다.

356) 대정장 12권 p.269b.
357) 앞 不退轉을 산스크리트어를 음역한 것이다.
358) 대정장 12권 p.437b.

로 만든 것이라."359)고 분명하게 밝히고 있다. 이것은 사바세계의 중생들이 평소 새소리를 좋아하기 때문에 이 새들을 극락세계에 장식하여 그들로 하여금 불교의 진리인 오근(五根)·오력(五力)·칠보리분(七菩提分)·팔성도분(八聖道分) 등을 설하게 하여 이 소리를 듣는 사람들에게 진리를 깨닫게 하는데 목적을 두고 있듯이, 이 세계의 사람들이 현세의 복과 자리적인 소승의 과보를 좋아하기 때문에 정토에 태어나서도 이러한 과보를 증득할 수 있다고 하지 않았나 생각된다.

다음 담란은 성문은 윤회하는 미혹의 경계를 초월하는 경지를 깨달을 수 있지만 부처님과 같은 큰 깨달음을 얻을 수 있는 능력이 없어 아미타 부처님께서는 불가사의한 본원의 힘을 가지고 이 성문들을 정토에 왕생하게 하고 무상도(無上道)를 깨닫게 하였고, 미약한 성문과 연각, 그리고 중생이 정토에 태어날 수 있다는 것을 하나의 비유를 들어 설명하였다. 즉 중국은 땅이 넓은 나라로 남쪽 지방의 과일은 북쪽에 생산되지 않지만 그 과일을 마차 등으로 운송하면 북쪽 과일 상점에서 볼 수 있고, 합서성 남정현 서쪽에 사는 앵무새는 멀리 동쪽의 조나라와 위나라까지 날아 갈 수 없지만 새를 잡아 파는 사람들의 손에 의해 운반되면 조나라나 위나라의 관상용 새장에서 볼 수 있듯이, 우리도 이와 같이 성문이나 연각처럼 미약한 중생이지만 아미타불의 본원에 의해 극락세계에 왕생할 수가 있고, 왕생하면 불퇴전 보살이 되어 부처님과 같은 큰 깨달음을 얻을 수 있다고 하였다.

둘째, 여인과 불구자에 대해서는 『대지도론』에서 이야기한 마음

---

359) 쯔보이 순애이 著 이태원 譯 『정토삼부경개설』 p.533

이 연약한 연심보살(軟心菩薩)을 인용하여 설명하고 있다. 이 세상에서 신체적으로 어떠한 장애를 가지고 있더라도 열심히 염불하면 몸에 장애가 없는 건장한 보살로 극락세계에 태어날 수 있다. 원문에서 "그렇기 때문에 마땅히 이름도 없다고 말한다. 분명하게 정토에는 이와 같이 꾸짖을 이름 자체가 없다."는 것은 안락정토에는 신체적으로 결함이 있는 장애자가 존재하지 않기 때문에 신체 장애자라고 부를 이름도 없을 수밖에 없다. 왜냐하면 앞에서 말하였듯이 사물이 있어야 이름이 형성되어 부르는데 극락세계에는 불구자 자체가 없기 때문에 이름이 없는 것은 당연한 이치이다. 원효는 여인과 불구자가 왕생할 수 없다고 『왕생론』에서 말한 것은 이 세계에서 말한 여인과 불구자를 말한 것으로, 이 세계의 여인과 불구자가 염불하여 왕생하면 신체에 장애가 없는 건장한 보살로 태어난다. 이러한 것을 증명하기 위하여 원효는 『관무량수경』에서 위제희 부인이 왕생한 것과 『고음왕다라니경』에서 아미타불에게 부모가 있다는 예를 들었다.

⑰ 일체소구만족공덕성취(一切所求滿足功德成就)

論 : 衆生所願樂 一切能滿足
論註 : 此二句名莊嚴一切所求滿足功德成就 佛本何故興此願 見有國土 或名高位重潛處無由 或人凡性鄙怖出靡路 或脩短繫業制不在己 如阿私陀仙人類也 有如是等爲業風所吹不得自在 是故願言 使我國土各稱所求滿足情願 是故言衆生所願樂 一切能滿足

논 : 중생들이 원하는 것

일체 능히 만족시켜 주네.

논주 : 이 두 구절을 '일체소구만족공덕성취(一切所求滿足功德成就)'라고 한다. 부처님께서 인행시에 이 원을 일으키신 까닭은, 어느 국토를 보시니 명예가 높고 자리가 중요한 위치에 있더라도 이를 감출 수가 없고, 사람이 평범하고 성품이 비열하고 옹졸하지만 여기에서 벗어날 길이 없다. 또 수명이 짧고 업에 얽혀있어 마음대로 되지 않는 것이 마치 아사타선인360)과 같다. 이와 같이 업의 바람이 부는 곳에는 자재할 수 없다. 그렇기 때문에 원하여 말하기를, "나의 국토는 각각 구하는 바에 맞게 마음속으로 원하는 것을 만족하게 하겠습니다."고 하셨다. 그러기에 "중생들이 원하는 것 일체 능히 만족시켜 주네."라고 말한다.

【講說】

이 세계에 사는 사람들의 빈부와 귀천은 천차만별이다. 인간들의 성격과 소질, 그리고 생각이 각기 다르고, 목숨을 앗아간 병만 해도 여러 가지이며, 직업도 여러 가지이고, 살고 있는 주위 환경도 지역에 따라 각기 다르며, 종교와 윤리의 개념도 각기 다르기 때문에 사고방식도 각기 달라 사는 생활모습도 각기 다를 수밖에 없다. 이렇게 다르기 때문에 여러 가지 차별이 생기게 되고, 이 차별에 의해 좋아하고 싫어하는 등 시비가 자연히 발생하며, 이 시

---

360) Asita의 음역으로 이 선인은 석존의 탄생을 보고 장차 위대한 종교가로서 큰 성인이 될 것이라는 예언을 하였지만 자기 자신은 그때까지 살 수가 없다는 것을 탄식하였다. 『대지도론』에서는 "復有仙人名阿私陀(중략) 我今年已晩暮 當生無色天上 不得見佛不聞其法故自悲傷耳"(대정장 25권 p.274b)라고 하였다.

비에 의해 조그만 다툼으로부터 큰 전쟁이 일어나 세계는 항상 불안하다.

이 불안한 사회환경 속에 사는 사람들은 여기에서 벗어나려는 욕구가 자연히 생기게 되며, 이것을 해결하기 위해 모든 수단을 동원하지만 그 가운데 해결되는 것은 극소수이고 해결하지 못한 것은 아주 많다. 이러한 모습을 아신 아미타 부처님은 극락세계를 건설하시어 여기에 사는 사람들에게는 모든 것이 평등할 뿐만 아니라 원하는 것이 있다면 부족함이 없이 다 만족시켜 주겠다는 원을 세우셨다. 다시 말하면 차별이 있기 때문에 시비가 생기고 다툼이 발생하지만, 모든 것이 평등하다면 시비가 있을 리 없고, 원하는 것을 다 만족시켜 주기 때문에 여기에 사는 사람들은 불평과 불만이 있지 않아 평화로울 것이다. 그래서 기세간 마지막에 원하는 모든 것을 만족시켜 준다는 장엄을 둔 것은 얼마나 위대한 발상인지 우리는 알아야 할 것이다.

(2) 청정한 기세간(器世間)에 대한 결론

論 : 是故願生彼361) 阿彌陀佛國
論註 : 此二句結成上觀察十七種莊嚴國土成就 所以願生 釋器世間清淨訖之于上

---

361) 『왕생론』본문에는 "故我願往生"으로 되어 있어, 나 즉 천친 자신이 위 열일곱 가지 국토 장엄으로 인해 아미타불 국토에 왕생하기를 원한다고 하였는데, 담란이 '나'라는 말을 뺀 것은 아마도 모든 중생은 국토장엄이 위와 같기 때문에 아미타불 국토에 왕생하기 원해야 한다고 강조하기 위한 것이 아닌가 생각한다.

논 : 그렇기 때문에 저 아미타불
　　　국토에 태어나기를 원합니다.
　논주 : 이 두 구절은 앞에서 열일곱 가지 장엄을 성취시킨 국토를 관찰하여 태어나기를 바라는 이유를 결론지은 것이다. 청정한 기세간의 해석은 이상으로 마친다.

【講說】
　우리가 한 가지 사물에 대해 유심히 관찰한다는 것은 거기에 무슨 의미가 있는가를 규명하기 위한 것이다. 그런 의미에서 극락세계라는 국토를 열일곱 가지로 분석하여 자세하게 논한 것은 우리에게 극락세계를 관찰하고 사유하여 얼마나 훌륭한 세계인가를 인식하게 하는 데 있으며, 또 여기에 태어나지 않으면 우리는 윤회에서 벗어날 길이 없다는 것을 명심하게 하는 데 있다고 생각한다.
　우리 불자들의 목적은 결국 성불하는 것이다. 이 세계에서 열심히 수행하여 성불할 수 있는 능력을 가진 사람은 구태여 극락세계에 왕생하기를 원하지 않아도 된다. 그러나 열심히 수행해서도 성불하지 못하면, 삼계에 윤회하면서 끊임없이 생과 사를 넘나들 수밖에 없고, 그리고 이 생사에 의한 고통은 자연히 따르게 된다. 이 생사의 고통을 받을 운명이라면 생과 사가 없는 세계에 태어나 불퇴전의 지위에 오르기를 바래야 할 것이다. 이런 관점에서 천친보살이 기세간 장엄을 열일곱 가지로 분석한 것이고, 이것을 담란은 부연하여 자세히 설명하였다고 본다.

(3) 청정한 중생세간 관찰

論註 : 次觀衆生世間淸淨 此門中分爲二別 一者觀察阿彌陀如來莊嚴功德 二者觀察彼諸菩薩莊嚴功德 觀察如來莊嚴功德中有八種 至文當目 問曰 有論師汎解衆生名義 以其輪轉三有受衆多生死故名衆生 今名佛菩薩爲衆生 是義云何 答曰 經言 一法有無量名 一名有無量義 如以受衆多生死故名爲衆生者 此是小乘家釋三界中衆生名義 非大乘家衆生名義也 大乘家所言衆生者 如不增不減經言 言衆生者卽是不生不滅義 何以故 若有生 生已復生有無窮過故 有不生而生過故 是故無生 若有生 可有滅 旣無生 何得有滅 是故無生無滅是衆生義 如經中言 五受陰通達空無所有是苦義 斯其類也

논주 : 다음은 중생 세간의 청정을 관찰하는데, 이 문을 두 가지로 구별하여 나누었다. 첫째는 아미타여래의 장엄공덕을 관찰하고, 둘째는 보살들의 장엄공덕을 관찰한다. 여래 장엄공덕을 관찰하는데 여덟 가지가 있는데, 각 문장에 이르러 항목을 붙였다.

묻기를, 어느 논사(論師)[362]는 폭 넓게 중생이란 삼계[363]를 윤회하면서 많이 태어나고 죽는 것을 되풀이하기 때문에 이렇게 해석하여 중생이라 이름한다고 하였다. 이제 부처님이나 보살을 중생이라고 부르는 뜻은 무엇인가?[364]

---

362) 내용상 부파불교의 어떤 논사를 가리킨 것이라 본다.
363) 원문에는 三有라 하여 欲有 · 色有 · 無色有를 말하지만 이것은 삼계와 같다.
364) 여기서는 안락정토에는 한량없는 수명을 누리기 때문에 생과 사가 없는

답하기를, 경전365)에 말씀하시기를 "한 가지 법에는 수많은 이름이 있고 한 가지 이름에 많은 뜻이 있다."고 하였다. 여러 번 생사를 받는 것을 가지고 중생이라 이름한 것은 소승불교366)에서 해석한 것으로 삼계 가운데 있는 중생이란 이름의 의미이지, 대승불교에서 부르는 중생이란 이름의 뜻은 아니다. 대승불교에서 말한 중생이란 『부증불감경』에서 말씀한 "중생이란 즉 태어나지도 않고 죽지도 않는다는 뜻이다."367)고 한 것과 같다. 왜냐하면 만약 태어남이 있다고 한다면, 이미 태어난 사람이 다시 태어나는 것으로 다함이 없는 허물이 있기 때문이며, 태어나지 않고 태어난다면 이도 과실이 있기 때문이다. 그렇기 때문에 무생(無生)이라 한다.

만약 태어남이 있다면 반드시 죽음이 있어야 한다. 이미 태어났다면 어찌 죽음이 없을 수 있겠는가! 그러기 때문에 '태어나지도 않고 없어지지도 않는다'는 이것이 중생이란 의미이다. 경전368)에서 말씀하신 "오수음(五受陰)369)을 통달하니 공(空)으로 있는 바가 없다. 이것은 고(苦)라는 의미이다."고 한 것과 같다.

데 거기에 계신 아미타불이나 여기에 태어난 보살을 중생이라고 부르는 이유를 묻는 것이다.
365) 『대반열반경』으로 "於一名法說無量名 於一義中說無量名 於無量義說無量名"(대정장 12권 p.563c)이다.
366) 여기서는 小乘家라고 하였지만 한 부파불교의 해석이라 생각된다.
367) 不可思議淸淨法界說名衆生 所以者何 言衆生者卽是不生不滅常恒淸凉不變歸依 不可思議淸淨法界等異名 以是義故 我依彼法說名衆生 (대정장 16권 p.467c)
368) 『유마힐소설경』으로 "五受陰洞達空無所起是苦義"(대정장 14권 p.541a)이다.
369) 五陰, 즉 五蘊을 말한다. 산스크리트어 pañca-skandha로 다섯 가지가 모여 있다는 뜻으로 오온이라고도 한다. 이것은 앞에서 한번 언급한 것으로 물질인 色(物質)과 정신인 受(感受作用)・想(知覺作用, 表象作用)・行(意志)・識(認識作用)을 말한다.

이것이 그런 종류이다.

【講說】

　중생에 대한 것은 앞 단원 「왕생론이란 제명(題名)과 저자」와 「작원문」에서 다루었다. 이 단원에서는 담란이 중생이란 의미를 소승불교에서 이해하는 견해와 대승불교, 즉 중관적(中觀的)인 입장에서 보는 견해를 좀 난해하게 피력하였다. 그래서 여기서는 원문을 위주로 하여 중생에 대한 것을 해석하고자 한다. 소승불교에서는 삼계를 끊임없이 윤회하면서 여러 번 태어나고 죽음을 되풀이하기 때문에 중생이라 하지만, 대승불교에서는 이러한 의미를 갖고 있지 않다는 것이다. 즉 『부증불감경』에서 "중생이란 태어나지도 않고 죽지도 않는 의미"가 있다고 말한 것처럼 중생이란 실제로 태어나고 죽는 것이 아니라는 것이 대승불교의 입장이다. 중생이란 여러 번 반복하여 태어난다는 의미를 가지고 있다면, 실제로 태어난 사람이 있다고 가정해 보도록 하자. 한 번 태어난 사람이 다시 태어나야만 반복하여 여러 번 태어난다는 의미의 중생인데 이미 태어난 사람이 다시 태어난다는 것은 말이 맞지 않고, 반대로 태어나지도 않았는데 다시 태어난다고 하여 중생이라고 말하면 이것은 무(無)를 유(有)라고 하는 것으로 이것도 도리에 맞지 않다. 그리고 실제로 태어남이 있다면 반드시 죽음이 뒤따라야 한다. 그런데 이미 실제로 태어남이 없는데 어떻게 죽음이 있겠는가? 그렇기 때문에 대승불교에서는 태어남도 없고 죽음도 없는 것이 중생의 의미라고 한 것이 담란이 중관적인 입장으로 피력한 견해이다. 그래서 극락세계에 계신 아미타 부처님과 보살들을 중생이라고 한 것은 소승불교에서 말한 실제로 생과 사가 있다는 것이 아니고, 대승불교에서 이야기한 태어나지도 않고 죽지도 않는 불생불멸(不生不滅)한 입장에서 본 것이다. 즉 깨달은 법신의 경지에서 보면 태어나고 죽는 것이 하나의 꿈이고 하나의 물거품이기 때문에 실제로 존재하지 않는 것이다. 이런 맥락에서 보면 중생이라고 이름을 붙인 것은 일시적으로 붙인 거짓된 이름, 즉 가명(假名)으로 기호에 지나지 않는다는 것을 우리는 명심해야 한다.

원문에 『유마경』에서 말한 "오수음(五受陰)을 통달하니, 공(空)으로써 있는 바가 없다. 이것은 고(苦)라는 의미이다."고 한 것을 살펴보자. 나라고 하는 것은 색신인 몸과 수(受)·상(想)·행(行)·식(識)인 정신적인 요소로 이루어졌다. 이것은 실제로 영원히 있는 것이 아니고 일시적인 작용에 의해 꿈과 같이 거짓되게 이루어진 것이기 때문에 허공과 같은 공이다. 이 꿈과 같이 거짓되게 이루어진 것에 우리가 집착한다면 어리석은 견해로 고통만이 따른다. 그러기 때문에 실제로 태어남이 있다고 집착한다면 이는 고통을 자초하는 결과라고 하는 것이 담란이 중생을 해석하는 견해이다.

① 부처님 장엄 관찰

가. 좌공덕(座功德) 성취

論 : 無量大寶王 微妙淨華臺
論註 : 此二句名莊嚴座功德成就 佛本何故莊嚴此座 見有菩薩 於末後身敷草而坐成阿耨多羅三藐三菩提 人天見者不生增上信增上恭敬增上愛樂增上修行 是故願言 我成佛時使無量大寶王微妙淨華臺以爲佛座 無量者 如觀無量壽經言 七寶地上有大寶蓮華王

座 蓮華一一葉作百寶色有八萬四千脈 猶如天畵 脈有八萬四千光 華葉小者縱廣二百五十由旬 如是華有八萬四千葉 一一葉間有百億摩尼珠王以爲映飾 一一摩尼放千光明 其光如蓋七寶合成遍覆地上 釋迦毘楞伽寶以爲其臺 此蓮華臺八萬金剛甄叔伽寶梵摩尼寶妙眞珠網以爲嚴飾 於其臺上自然而有四柱寶幢 一一寶幢如八萬四千億須彌山 幢上寶幔如夜摩天宮 有五百億微妙寶珠以爲映飾 一一寶珠 有八萬四千光 一一光作八萬四千異種金色 一一金光遍安樂寶土 處處變化各作異相 或爲金剛臺 或作眞珠網 或作雜華雲 於十方面 隨意變現化作佛事 如是等事出過數量 是故言無量大寶王 微妙淨華臺

논 : 한량없이 크고 좋은 보배로
　　미묘하고 깨끗한 연화대가 있네.

논주 : 이 두 구절을 '장엄좌공덕성취(莊嚴座功德成就)'라고 한다. 부처님께서 인행시에 이 좌대를 장엄하신 까닭은, 어느 보살을 보시니 말후(末後)의 몸[370]이 풀을 깔고 자리에 앉아서 아뇩다라삼먁삼보리를 이루었지만 사람이나 하늘 사람이 보고 증상(增上)[371]의 믿음, 증상의 공경, 증상의 애락(愛樂)[372], 증상의 수행을 일으키지 못했다. 이렇기 때문에 원하기를 "내가 성불할 때는 한량없이 크고 가장 좋은 보배로 미묘하고 깨끗한 좌대를 가지고 부처님 자리를 삼고자 한다."고 말씀하셨다. 무량이란 『관무량수경』에서 "칠보로 된 땅 위에 크고 가장 좋은 연

---

370) 최후의 몸이라고도 하는데 대승불교에서는 다음 生에는 반드시 부처님이 되는 보살이기 때문에 이를 末後의 몸이라 한다.
371) 여기서 增上이란 훌륭하다는 의미로 이해하면 될 것 같다.
372) 진리를 좋아하고 원하는 것.

화의 좌대가 있는데, 연잎 하나 하나에 백 가지 보배스런 색이 있고 8만 4천 가지 줄기가 있는데 마치 천상의 그림과 같으며, 줄기에는 8만 4천의 광명이 있다. 꽃잎이 적은 것은 가로 세로 250유순373)이나 되는데 이와 같은 연꽃에 8만 4천의 잎이 있고, 하나하나 잎 사이에는 각각 백억 개의 마니주374) 보석으로 빛나게 장식되어 있다. 하나하나 마니주 보석으로부터 천 가지 광명을 발하는데, 그 광명은 일산과 같으며, 칠보로 이루어져 두루 땅 위를 덮고 있느니라. 석가비능가(釋迦毘楞伽)375) 보배로 된 좌대가 되어 있고, 이 연화대는 8만 가지 금강석376)과 견숙가보,377) 범마니보,378) 묘한 진주의 그물로 장엄되어 있으며, 그 좌대 위에는 자연히 네 기둥의 보당(寶幢)379)이 있는데, 하나 하나의 보당은 8만 4천 억의 수미산과 같고, 그 보당 위의 휘장은

---

373) 산스크리트어 yojana의 음역으로, 인도에서 거리를 나타내는 단위를 말한다. 1유순은 멍에를 맨 황소가 수레를 이끌고 하루 동안 길을 간 거리를 말하는데, 흔히 중국에서는 40리에 해당한다고 한다. 하지만 16리, 17리, 30리, 32리 등 여러 가지 설이 있어 확실하지 않다.
374) 摩尼는 산스크리트어 maṇi의 음역으로 珠玉의 총칭이다. 珠는 ratna의 음역으로 보석으로 된 구슬을 말한다. 여기서 마니주는 불행과 재난을 없애주고, 흐린 물을 깨끗하게 변하게 하는 덕이 있다.
375) 산스크리트어 Śakrābhilagna의 음역이고, 能勝이라고도 의역한다. 제석천이 목에 장식하는 보배라는 설이 있다.
376) 산스크리트어 vajra의 번역으로 diamond를 말한다. 이 보석은 무색 투명한 물질로 햇빛이 비치면 여러 가지 빛깔을 나타내므로 그 기능이 자재한 것에 비유한다.
377) 산스크리트어 kiṃśuka의 음역으로, 보석의 이름이다. 붉은 보석, 즉 붉은 색을 띠고 있는 보배다.
378) 산스크리트어 Brahma-maṇi의 음역으로 깨끗한 마니보주이고, 또는 대범천왕의 여의보주를 말한다.
379) 보배 구슬로 장엄한 幢으로, 여기서 당이란 부처님의 위신력을 드날리기 위하여 세우는 일종의 장대로 용머리 모양을 장대 끝에 만들고 거기에 깃발을 다는 것을 말한다.

야마천의 궁전과 같은데 5백 억 개의 미묘한 보배 구슬로 장식되어 있느니라. 하나 하나의 보배 구슬에는 8만 4천 가지 광명이 있고, 하나 하나의 광명에는 8만 4천 가지 색다른 금색을 지니고 있으며, 하나 하나의 금색은 안락국토에 두루하여 곳곳마다 변화해서 각각 여러 가지 모습을 지었는데 혹은 금강대가 되고, 혹은 진주 그물이 되며, 혹은 여러 가지 꽃구름이 되기도 하여 시방의 곳곳에서 뜻에 따라 변화하여 여러 가지 불사를 짓느니라."380)라고 말씀한 것과 같다. 이와 같은 일은 헤아릴 수가 없기 때문에 "한량없이 크고 좋은 보배로 미묘하고 깨끗한 연화대가 있네."라고 하였다.

【講說】

이 단원에서 이야기한 좌대란 부처님이 깔고 앉아 계시는 자리를 말한다. 석가모니 부처님은 부다가야 보리수 아래에서 풀을 깔아 좌대를 삼아 도를 이루셨다고 한다. 이 풀을 후대에 길상초(吉祥草)라고 좋게 부르기도 하지만, 이것은 보통 한 포기의 풀에 지나지 않는다. 들녘에 있는 풀로 좌대를 만들어 며칠이 지나면 시들고 썩어 악취가 난다. 그렇기 때문에 이런 좌대를 보고 마음속에서 깊은 신앙심이 우러나온다는 것은 그리 쉽지 않을 것이다. 그래서 담란은 풀을 좌대로 한 부처님을 친견한 사람들은 훌륭한 믿음과 공경, 그리고 수행하려고 하는 마음을 내기가 어렵다고 전제를 하고 나서 아미타 부처님께서는 여러 가지 좋은 보배로 깨끗하고 미묘한 연화대를 만들어 좌대로 삼아 보는 사람으로 하여금

---

380) 쯔보이 순애이 著 이태원 譯 『정토삼부경개설』 pp.443~445의 연화대를 생각하는 관법이다.

훌륭한 믿음과 공경, 그리고 수행하는 마음이 저절로 우러나게 한다고 하였다. 이것은 아미타 부처님이 자신을 잘 보이기 위해서가 아니라 사람들을 제도하기 위한 방편으로 하나의 장엄인 것이다.

『대지도론』에서 "묻기를, 경전에서 설한 것과 같이 부처님은 풀을 나무 아래 깔고 앉아 도를 이루었다. 이제 어찌하여 하늘의 옷으로 자리를 삼는다고 말하는가? 답하기를, 성문의 경전 가운데는 풀을 간다고 설하였고, 대승경전 중에서 중생이 보는 바에 따라 혹은 풀을 나무 아래 까는 것을 보기도 하고, 혹은 하늘의 분홍빛 옷을 까는 것을 보기도 하듯이 그 복덕이 적고 많음에 따라 보는 것이 같지 않다."381)고 하였다. 이것은 사람들의 복덕이 적고 많음에 의해 부처님 좌대가 풀로 보이기도 하고 보배로 보이기도 한다는 것이다. 즉 부처님이 풀을 깔고 성불한 것처럼 보는 것은 이 세계의 사람으로 적은 복덕의 소유자이고, 아미타 부처님이 진귀한 보배로 된 좌대를 깔고 앉아 계신 것을 본 사람은 극락세계 사람으로 많은 복덕의 소유자이다. 다시 말하면 극락세계에 왕생한 사람들이 부처님의 훌륭한 좌대를 볼 수 있다는 것은 많은 복덕을 지었을 뿐만 아니라, 이 좌대를 보고 훌륭한 믿음과 공경, 그리고 수행하는 마음을 능히 낼 수 있다는 것이다.

나. 신업공덕(身業功德) 성취

論 : 相好光一尋 色像超群生
論註 : 此二句名莊嚴身業功德成就 佛本何故莊嚴如此身業 見有

---

381) 대정장 25권 p.310b.

佛身 受一丈光明 於人身光不甚超絶 如轉輪王相好亦大同 提婆
達多所減唯一 致令阿闍世王以兹懷亂 刪闍耶等敢如蟷蜋 或如此
類也 是故莊嚴如此身業 案此間詁訓 六尺曰尋 如觀無量壽經言
阿彌陀如來身高六十萬億那由他恒河沙由旬 佛圓光如百億三千大
千世界 譯者以尋而言 何其晦乎 里舍間人不簡縱橫長短 咸謂橫
舒兩手臂爲尋 若譯者或取此類用準阿彌陀如來舒臂爲言 故稱一
尋者 圓光亦應徑六十萬億那由他恒河沙由旬 是故言相好光一尋
色像超群生 問曰 觀無量壽經言 諸佛如來是法界身 入一切眾生
心想中 是故汝等心想佛時 是心卽是三十二相八十隨形好 是心作
佛是心是佛 諸佛正遍知海從心想生 是義云何 答曰 身名集成界
名事別 如眼界緣根色空明作意五因緣生名爲眼界 是眼但自行己
緣 不行他緣 以事別故 耳鼻等界亦如是 言諸佛如來是法界身者
法界是眾生心法也 以心能生世間出世間一切諸法故名心爲法界
法界能生諸如來相好身 亦如色等能生眼識 是故佛身名法界身 是
身不行他緣 是故入一切眾生心想中 心想佛時是心卽是三十二相
八十隨形好者 當眾生心想佛時 佛身相好顯現眾生心中也 譬如水
清則色像現 水之與像不一不異 故言佛相好身卽是心想也 是心作
佛者 言心能作佛也 是心是佛者 心外無佛也 譬如火從木出火不
得離木也 以不離木故則能燒木 木爲火燒木卽爲火也 諸佛正遍知
海從心想生者 正遍知者 眞正如法界而知也 法界無相故諸佛無知
也 以無知故無不知也 無知而知者是正遍知也 是知深廣不可測量
故譬海也

논 : 상호의 광명 일심(一尋)[382]으로 비추는데
  색상(色像)이 모든 중생을 뛰어넘으며

논주 : 이 두 구절을 '장엄신업공덕성취(莊嚴身業功德成就)'라고 한다. 부처님께서 인행시에 이와 같은 몸의 업을 장엄하신 까닭은, 어느 부처님을 보시니 일장(一丈)의 광명[383]을 갖추고 있는데 사람의 광명에 비하면 그다지 훌륭하지 못하다. 전륜성왕의 상호 또한 대체로 이와 같고, 제바달다[384]는 이보다 하나 정도 적지만 아사세[385]왕을 꼬여서 어지러운 생각을 품게 하였고, 또 산자야[386] 등은 감히 사마귀가 수레바퀴에 대항하듯이 석존에게 논쟁을 거는 이와 같은 부류가 있기 때문에 이와 같은 몸의 업을 장엄한 것이다.

이 중국의 문자로 해석하면, 여섯 자를 '심(尋)'이라 한다.『관무량수경』에서 "아미타여래 몸의 높이는 60만억 나유타 항하사 유순이고, 부처님의 둥근 광명[387]은 백억삼천대천세계와 같

---

382) 一尋의 尋은 한자 사전에 여덟 자라고 하여 길이를 나타내는 척도의 의미로 표현하고 있다. 그렇기 때문에 이것은 두루 사방으로 여덟 자를 비추는 광명을 말한다.
383) 이것은 석존의 32상 가운데 하나로「常光一丈相」이다. 一丈에 대해서는 앞 방장에서 한번 설명한 것으로 1장이란 열 자[十尺]를 말하기 때문에 약 3m로 어느 부처님의 광명은 사방 3m밖에 비추지 못한다는 것이다.
384) 산스크리트어 Devadatta로 곡반왕의 아들이며, 아난의 형으로 석존의 종형이다. 출가하여 엄격한 頭陀行을 수행하여 6만의 법장을 독송하였으나, 자기의 이익을 위하여 세 가지 무거운 죄를 짓고, 살아서 지옥에 떨어졌다. 그러나 그 본래 지위가 보살이기 때문에『법화경』에서는 天王如來라는 수기를 받았다. 일설에는 제바달다는 초기불교시대의 승가의 승풍을 유지하자고 석존에게 건의하였는데, 하지만 이미 승가 교단이 크게 발전하였을 뿐만 아니라 출가한 승려들이 많아서 큰 정사에서 공동 생활을 하였기 때문에 제바달다의 의견이 받아들여지지 않았고 여기서 석존과 대립하게 된 동기가 되었다고 한다.
385) 산스크리트어 Ajātaśatru로 석존 재세시 마가다국의 왕이며, 아버지는 빈비사라왕이고 어머니는 위제휘 부인이다. 이에 대한 이야기는『관무량수경』에 잘 설해져 있다.
386) 파리어 Sañjaya Belaṭṭhiputta로 석가모니 부처님 시대에 비 바라문 사상가이며, 懷疑論者이다.

다."388)고 말씀하신 것과 같다. 번역하는 사람이 '심'이라고 말하는 것이 어찌 우매한 생각이 아니겠는가! 일반사람들은 가로와 세로, 길고 짧은 것을 말하지 아니하고, 모두 가로로 두 팔을 펴는 것을 '심'이라 한다. 만약 번역하는 사람이 혹 이와 같은 것을 취해서 아미타여래가 두 팔을 펴는 것을 표준으로 사용하여 '일심(一尋)'이라고 부른다면 광명 역시 직경이 60만억 나유타 항하사 유순일 것이다. 그렇기 때문에 "상호의 광명 일심(一尋)으로 비추는데 색상(色像)이 모든 중생을 초월하고"라고 말씀하셨다.

묻기를, 『관무량수경』에서 말씀하시길 "모든 부처님 여래는 법계389)의 몸이시고, 일체 중생의 마음 가운데 들어 계시기 때문에 그대들이 마음으로 부처님을 생각할 때, 그 마음이 곧 32상과 80수형호이며390), 이 마음으로 부처를 이루고 이 마음이 곧 부처이니라. 모든 부처님의 정변지해(正遍智海)391)는 마음의 생각으로부터 생기는 것이니"392)라고 하였다. 이것은 무슨 뜻인가?

---

387) 이것을 圓光이라고 하는데 부처님이나 보살들의 이마 위에서 발하는 둥근 수레와 같은 광명이다.
388) 쯔보이 순애이 著 이태원 譯 『정토삼부경개설』 pp.450~452.(제8 부처님의 진실한 몸을 관하는 법)
389) 산스크리트어 dharma-dhātu로 원래 요소라는 의미이지만 대승불교에서는 첫째 性이라는 의미로 볼 때는 법성·진여와 동일시하였고, 둘째 分의 의미로 볼 때는 세계·우주라고 하였다.
390) 부처님이 갖춘 32가지 훌륭한 특징과 80가지 훌륭하고 미세한 특징을 말한다.
391) 여래 十號 가운데 하나이며 산스크리트어로 samyaksaṁbuddha이다. 부처님은 일체의 지혜를 갖추어 모든 우주간에 존재하는 물질과 마음의 현상에 대하여 바르게 알고 두루 알지 못할 것이 없다는 것이다.
392) 쯔보이 순애이 著 이태원 譯 『정토삼부경개설』 pp.447~448.(제8 불상을 생각하는 법)

답하기를, 몸이라는 것은 여러 가지 요소로 이루어진 것이고, 세계라는 것은 여러 가지 일들을 나눈 것이다. 눈으로 보는 세계는 근(根)·색(色)·공(空)·명(明)·작의(作意) 다섯 가지 인연을 반연하여 생기는 것을 이름하여 안계(眼界)라 하는 것과 같다. 이 눈은 다만 자기의 반연만을 행하지, 다른 반연을 행하지 않는다. 이것은 사(事)가 따로 다르기 때문이다. 귀, 코 등의 세계도 이와 같다.

"모든 부처님 여래는 법계의 몸이다."고 말한 것은 법계란 중생 마음의 법이다. 마음이 능히 세간과 출세간의 일체 모든 법을 일으키기 때문에 마음을 이름하여 법계라 한다. 법계393)가 능히 모든 여래 상호의 몸을 생기게 하는 것, 또한 색(色) 등이 능히 안식(眼識)을 생기게 하는 것과 같다. 그렇기 때문에 부처님 몸을 법계의 몸이라 한다. 이 몸은 다른 것을 반연하지 않는다. 그렇기 때문에 "일체 중생 마음의 생각 가운데 들어간다."고 하였다.

"마음으로 부처님을 생각할 때 이 마음이 곧 32상 80종호이다"라고 한 것은 중생의 마음 가운데 부처님을 생각할 때 마땅히 부처의 몸인 상호가 중생의 마음 가운데 나타나기 때문이다. 비유하면 물이 깨끗하면 곧 색상이 나타나고, 물과 형상이 하나가 되어 다르지 않는 것과 같다. 그렇기 때문에 부처님의 상호가 곧 이 마음의 생각이라 했다.

"이 마음으로 부처님을 이룬다."는 것은 마음으로 능히 부처를 짓는 것을 말하며, "이 마음이 곧 부처이니라."라는 것은 마음 밖에 부처가 없다는 것이다. 비유하면 불이라는 것은 나무로

---

393) 여기서 법계는 마음이다.

부터 나오기에 불은 나무를 떠나서는 얻을 수 없다. 나무를 떠날 수 없기 때문에 곧 능히 나무를 태우면 나무가 불에 타게 되어 나무가 곧 불이 되는 것과 같다.

"모든 부처님의 정변지해(正遍智海)는 마음의 생각으로부터 생긴다."는 것 가운데 '정변지(正遍知)'란 참되고 바르게 법계와 같이 아는 것이다. 법계는 모습이 없기 때문에 모든 부처님을 알 것도 없다. 알 것도 없기 때문에 알지 못할 것이 없다. 알지 못하면서 아는 것이 정변지이다. 이 지(知)는 깊고 넓어서 가히 측량할 수가 없기 때문에 바다에 비유하였다.

【講說】

중생들은 몸과 입, 그리고 생각으로 열 가지 악업을 짓기도 하고, 열 가지 착한 업을 짓기도 한다. 그렇기 때문에 부처님의 신업·구업·의업은 어떤 것인가 궁금하지 않을 수 없다. 부처님께서는 범부들과는 다르기 때문에 몸으로 살생한다든지 남의 물건을 훔친다든지 음행을 하는 행동을 하지 않고 불가사의한 선업만을 행하신다. 그럼 아미타 부처님의 신업은 어떤 것일까? 이것을 천친보살은 "상호의 광명 일심(一尋)으로 비추는데, 색상(色像)이 모든 중생을 초월하고"라 하여 아미타불의 몸에서 나는 광명은 모든 중생들한테서 나는 광명뿐만 아니라, 우주 법계에서 나는 어떤 광명보다 수승하여 비교할 수 없다고 단순하게 표현하였다. 담란은 이것을 석가모니 부처님의 광명과 아미타불의 광명에 무슨 차이가 있는가를 규명하였고, 부처님의 몸이란 어떤 몸인가를 중관사상적인 입장에서 논하였다.

첫째, 석가모니 부처님의 광명은 사방 3m밖에 비추지 못하기 때문에 일반인들의 광명에 비해 그다지 훌륭하지 못하다는 것이다. 왜냐하면 전륜성왕의 광명도 이와 같기 때문이다. 석존의 광명이 그다지 훌륭하게 나타내지 못하였기 때문에 얕보고 대항한 사람들이 초기 불교 교단에 있었던 것은 사실이다. 즉 부처님 재세시에 제바달다는 자기가 가지고 있는 미약한 신통력을 이용하여 자기의 명리와 야망을 채우기 위해 아사세왕을 꾀었고, 아사세는 부왕인 빈비사라왕과 어머니를 해치고 왕이 되었으며, 동시에 제바달다는 석존을 해치고 불교교단의 우두머리 자리에 오르기 위해 성난 코끼리를 보내어 부처님을 해하려 하였고, 영축산에서는 돌을 굴러 부처님 발에 피를 내게 하는 등 많은 모략을 감행하였으나 성취하지 못하고, 살아서 무간지옥에 떨어지는 과보를 받았다.

또 이교도 중의 한 사람이고 회의론자(懷疑論者)인 산자야는 조그만 지식을 가지고 석가모니 부처님께 논쟁을 걸었다. 이러한 것은 석존이 훌륭한 광명을 갖고 있지 않는 것이 아니라, 이 광명을 훌륭하게 나타내지 않았기 때문이다. 담란은 이것을 당랑(螳螂)의 비유를 들어 설명하였다. 당랑이란 사마귀과에 속하는 곤충으로 앞다리가 발달하여 낫 모양이고 톱니 같은 것이 있어서 벌레 등을 잘 잡아먹는다. 이는 『장자』의 인간세편(人間世篇)에 "너는 저 사마귀를 알지 못하느냐! 화가 난 사마귀는 팔로 수레바퀴에 대항하더라도 이길 수 없다는 것을 알지 못한다."394)는 이야기에서 나온 말로, 힘이 약한 사마귀가 화가 나 자기의 분수를 알지 못하고 수레바퀴를 어떻게 해보려고 하여 달려들다가 결국 바퀴 밑에 깔려

---

394) 汝不知夫螳螂乎 怒其臂以當車轍不知其不勝任也

죽는다는 것이다. 이것은 달걀로 바위를 치는 것과 같은 비유이다. 즉 자기의 미약한 힘을 판단하지 못하고 생각만 높아 할 수 없는 일을 하려고 하는 제바달다와 산자야 같은 무리를 두고 하는 말이다. 이러한 불미스런 일들이 일어나는 것은 석가모니 부처님이 훌륭한 광명을 가지고 있으면서도 훌륭하게 나타내지 않았기 때문이다. 그래서 아미타 부처님께서는 이러한 누를 범하지 않기 위해 60억만 나유타 항하사 유순이나 되는 몸을 가지고 계시고, 이 몸에서 나는 둥근 광명은 백억 삼천대천세계를 두루 덮을 수 있는 훌륭한 광명을 가지고 계시면서 항상 비추신다.

둘째, 광명을 발하는 부처님의 몸에 대해서 담란은 『관무량수경』의 진신관(眞身觀)에서 말하는 법계의 몸이라고 전제를 하고 이를 중관사상의 입장에서 해결하려고 하였다. 법계란 산스크리트어 dharma-dhātu로, 여기서 계(界)란 원래 요소라는 의미이지만 대승불교에서는 두 가지 의미가 있다. 첫 번째 근본적인 입장인 성(性)이라는 의미로 볼 때는 법성·진여와 동일시하고, 두 번째 현상적인 입장인 분(分)의 의미로 볼 때는 세계·우주이다. 담란은 "몸이라는 것은 모든 요소로 이루어진 것을 이름하고, 세계라는 것은 여러 가지 일들을 나눈 것을 이름한다."고 하여 두 번째 계(界)를 여러 가지 사물들이 모인 현상적인 것으로 보았다.

다음 담란이 계(界)에 대해 해박하게 논한 것을 살펴보자. 눈의 세계란 눈만을 가리켜 말하지 않으며, 보여지는 물질만을 가리켜 말하지도 않고, 눈으로 여러 가지 물질을 보고 분별하여 인식하는 것을 말한다고 하였다. 즉 담란이 말한 바와 같이 육체의 한 감각기관으로 자리잡고 있는 눈을 근(根)이라 하고, 이 눈으로 볼 수 있는 객관대상인 사물을 색(色)이라 하며, 이 주관인 근(根)과 객관

대상인 색(色)이 존재하고 있는 공간을 공(空)이라 하였고, 그리고 사물을 보려고 하면 밝음이 있어야 하는데 이것을 명(明)이라 하며, 마음은 이 네 가지에 의해서 보려고 하는 작용을 일으켜야 하는데 이것을 작의(作意)라 하였다. 이상의 다섯 가지에 의해 보고 분별하여 인식하는 세계가 안계(眼界)이다. 그리고 눈은 눈으로 보는 영역은 사물만을 볼 뿐이지 귀로 들을 수 있는 소리나 입으로 맛을 볼 수 있는 맛 등 다른 것은 절대 반연하지 않는다. 이와 같이 오근(五根)인 귀·코·혀·몸·뜻도 자기의 대상만을 반연하지 다른 영역을 반연하지 못하기 때문에 이계(耳界)·비계(鼻界)·설계(舌界)·신계(身界)·의계(意界)가 따로 있을 수밖에 없다. 그러기에 원문에서 "이것은 사(事)가 따로 다르기 때문이다. 귀, 코 등의 세계도 이와 같다."고 하였다. 그래서 세계(世界)란 분해된 구체적인 여러 가지 원소들이 모인 집합체이다.

  그러면 불교에서 말한 법계란 어떤 것인가? 이 법계에 대해 담란은 중생의 마음이고, 이 마음이 세간과 출세간 등 모든 것을 일으키는 작용을 한다고 하였다. 즉 『관무량수경』에서는 법계신(法界身)이란 진여법계(眞如法界) 그 자체이고, 이가 부처님이며, 이것이 중생의 몸에 그대로 들어가 있다고 하였다. 이것을 설명하기 위해 한 가지 예를 들면, 물은 원래 깨끗하지만 산업이 발달함에 의해 1급수의 물이 5급수로 떨어져 사람이 먹을 수 없고, 물고기가 살 수 없게 되었다. 그러나 이 물을 정화시켜 깨끗하게 하면 다시 물고기가 살 수 있을 뿐만 아니라 인간이 먹을 수 있게 된다. 물이 깨끗해질 수 있는 것은 오염된 물은 깨끗해질 수 있는 물의 성질이 있기 때문이다. 이와 마찬가지로 미혹한 범부가 부처가 될 수 있는 것은 범부 가운데 부처가 될 수 있는 성품이 있기 때문이다. 그래서 법계신이란 진여법계 그 자체이고, 중생의 마음이 법계이기에 중생의 마음에서 출세간의 법을 깨달아 부처나 보살이 될 수 있는 것이다. 다시 말하면 중생의 몸과 마음 그대로가 부처이다. 단 다른 것은 물이 오염된 것처럼 무명으로 오염되어 있을 뿐이기에 이 무명만 제거하면 그대로가 부처인 것이다. 만약 중생이 부처와 완전히 다르다면 오염된 물을 어떤 정화방법으로도 정화하지 못하는 것과 같다. 그러나 이 세상에서 오염된 물을 인간이 정성을 다하여 시간을 두고 꾸준히 정화하면 정화되지 않는 물이 없듯이, 미혹한 범부도 미혹을 제거하여 깨달음으로 가기 위해 꾸준히 정진한다면 범부 그대로가 부처가 되지 않을 수 없다. 그래서 『관무량수경』에서는 "그대들이 마음으로 부처님을 생각할 때, 그 마음이 곧 32상과 80수형호이며, 이 마음으로 부처를 이루고 이 마음이 곧 부처이니라."고 하였으며, 담란은 "중생의 마음 가운데 부처님을 생각할 때 마땅히 부처의 몸인 상호가 중생의 마음 가운데 나타난다."고 하였다.

다. 구업공덕(口業功德) 성취

論 : 如來微妙聲 梵響聞十方
論註 : 此二句名莊嚴口業功德成就 佛本何故興此莊嚴 見有如來名似不尊 如外道軷稱瞿曇姓 成道日聲唯徹梵天 是故願言 使我成佛妙聲遐布聞者悟忍 是故言如來微妙聲 梵響聞十方

논 : 여래의 미묘한 소리인
    깨끗한 소리가 시방에 들리네.

논주 : 이 두 구절을 '장엄구업공덕성취(莊嚴口業功德成就)'라고 한다. 부처님께서 인행시에 이 원을 일으키신 까닭은 어느 부처님을 보시니, 이름 자체가 존귀하지 않은 것처럼 보여 외도가 '구담'이라는 성을 부르는 것과 같다. 성도하신 날에 소리가 오직 범천까지만 들렸다.395) 이 때문에 원하시길 "내가 성불할 때 멀리 미묘한 소리가 메아리 쳐서 듣는 이로 하여금 무생법인을 깨닫게 하겠다."고 말씀하셨다. 그러기에 "여래의 미묘한 소리인 깨끗한 소리가 시방에 들리네."라고 말한다.

【講說】

3업 가운데 두 번째 구업(口業)이란 입으로 말하는 소리이다. 남을 속이기 위해 거짓말을 하는 망어(妄語), 이치에 어긋나고 교묘하게 꾸미는 말인 기어(綺語), 양쪽 사람에게 번갈아 서로 틀리는 말을 하여 사이가 나쁘게 하는 말인 양설(兩舌), 남을 험담하고 욕하는 악구(惡口)는 악업을 짓는 것이다. 이와 반대로 부처님의 덕과 진리를 찬탄하는 소리, 남에게 부처님 법을 설하는 설법의 소리 등은 남에게 이익을 주는 소리로 선업이 된다. 또 입으로 끊임없이 부처님의 명호를 부르는 소리라면 이는 부처가 되기 위한 하나의 수행의 소리이다. 그래서 입을 어떻게 작용하여 무슨 소리를 내느냐에 따라 선업과 악업, 그리고 수행하는 업으로 된다. 그러면 부처님의 명호를 부르는 구업에 대해 생각해 보자. 석가모니 부처님의 명호는 미묘하지 못해서 녹야원에서 최초로 제도를 받은 교진여 등 다섯 비구는 명호를 출가하기 전의 속성인 구담을

---

395) 『대지도론』에서는 "復次佛說法聲至梵天"이라 하여 부처님의 설법하는 소리가 범천까지 들린다고 하였다.(대정장 25권 p.123a)

사용하여 불렀고, 또 이교도들도 부처님의 속성을 사용하여 불렀다. 이에 대한 내용을 『아함경』에서 보면 "다섯 비구가 자리를 깔고 그 위에 앉았다. 그 때 다섯 비구가 나의 속성을 부르고, 나를 경(卿)이라고 하였다. 나는 그들에게 말하기를, '다섯 비구여, 나는 여래무소착정진각(如來無所着正盡覺)이다. 너희들은 나의 속성을 부르지 마라. 또한 경이라고도 하지 마라. 왜냐하면 나는 병이 없고, 위없이 안온한 열반을 구하려고 하여서 마침내 병이 없고 위없이 안온한 열반을 얻었으며, 나는 늙음·죽음·근심·아픔·더러움이 없고 위없이 안온한 열반을 구하려고 하여서 늙음·죽음·근심·아픔·더러움이 없고 위없이 안온한 열반을 얻었느니라.' 운운(云云)"[396)라고 하였다. 이러한 것은 『아함경』에서 "석가모니불"을 지칭하는 "사문구담"이라고 하는 말을 많이 볼 수 있다. 석존은 이 "구담"이라고 하는 속성을 사용하지 마라고 부탁한 것이다. 즉 석존 자신이 속성 "구담"을 사용하지 마라는 이유는 세간에 계실 때의 이름이며, 또한 이 이름 자체에 훌륭한 공덕을 포함하고 있지 않기 때문이다. 그래서 석존은 "나는 여래이다"고 하여 석존 스스로 여래(tathāgata), 즉 인격을 완성한 사람, 수행을 완성하였다고 한 의미인 출세간의 이름을 사용하게 하였다.[397)] 아무튼 이러한 명호가 석존이 성도하신 날에는 널리 범천까지만 알려졌지만, 아미타 부처님은 그렇지 않고 더 멀리 알려졌다는 것이 천친보살의 견해이다. 이에 대해 천친보살은 "여래의 미묘한 소리인 깨끗한 소리가 시방에 들리네."라고 하여 설법하는 소리가 미묘하고 깨끗할 뿐만 아니라, 이 소리가 범천을 초월하여 시방세계

---

396) 中阿含經 『羅摩經』(대정장 1권 p.777c)
397) 拙著 『염불의 원류와 전개사』 p.67에 자세히 언급하였다.

에 울려 퍼져 석가모니 부처님의 명호보다 아미타불의 명호가 훌륭하다고 하였다. 여기서 미묘한 소리를 『무량수경』에서는 "바르게 깨달은 이의 크신 소리 시방세계에 두루 들리네."[398)]라고 하였고, 산스크리트어 책 『무량수경』에는 "중생들 가운데 가장 위에 계신 부처님의 자세와 모습, 그리고 빛깔은 무한하다. 이와 같이 부처님의 음성 또한 무한하게 울려 퍼진다."[399)]고 하여 부처님의 설법하신 소리가 시방세계에 두루 퍼지어 많은 사람들이 듣는다는 의미로 해석되어 있다. 이것을 담란은 부처님이 설법하는 소리가 아니고 아미타불이라는 명호를 부르는 소리라고 하였으며, 이 소리를 시방세계에 사는 사람들이 듣는다고 하여 부처님의 명호를 강조한 것이 특색이다. 즉 아미타불의 명호에는 무한한 공덕이 있을 뿐만 아니라 이 명호를 부르는 소리가 시방 세계에 널리 퍼져 듣는 사람 누구나 생기지도 않고 없어지지도 않는 진리인 무생법인을 깨닫게 된다고 하여 명호에 신비감을 주어 칭명염불을 강조한 것이 담란의 해석인 것이다.

라. 심업공덕(心業功德) 성취

論 : 同地水火風 虛空無分別
論註 : 此二句名莊嚴心業功德成就 佛本何故興此莊嚴 見有如來說法云此黑此白此不黑不白下法中法上法上上法 有如是等無量差別品似有分別 是故願言 使我成佛如地荷負無輕重之殊 如水潤長

---

398) 正覺大音 響流十方(쯔보이 순애이 著 이태원 譯 『정토삼부경개설』 pp.155~156)
399) 나까무라 하지매 『정토삼부경』 상권 p.27.(岩波書店 1993년 출판)

無脊䏻之異 如火成熟無芳臭之別 如風起發無眠悟之差 如空苞受無開塞之念 得之于內物安於外 虛往實歸於是于息 是故言同地水火風 虛空無分別

  논 : 흙과 물, 그리고 불과 바람,
       허공은 평등하여 분별이 없고
  논주 : 이 두 구절을 '장엄심업공덕성취(莊嚴心業功德成就)'라고 한다. 부처님께서 인행시에 이 원을 일으키신 까닭은, 어느 부처님을 보시니 법을 설하는데 이것은 검고, 이것은 희고, 이것은 검은 것도 아니고 흰 것도 아니며, 이것은 하법(下法), 중법(中法), 상법(上法)이고 상상법(上上法)이라고 말했다. 이와 같이 무량한 차별이 있을 뿐만 아니라 분별을 가지고 있다. 그러기 때문에 원하시기를 "내가 부처님이 될 때 대지가 무겁다든지 가볍다든지 하는 분별이 없이 만물을 짊어지고 있듯이, 물이 나쁜 풀, 좋은 풀을 가리지 않고 윤택하게 키우듯이, 불이 냄새가 향기롭거나 고약하거나 구별하지 않고 익히듯이, 바람이 잠자고 있든 깨어 있든 간에 분별 없이 불듯이, 허공이 열려 있고 닫혀 있다는 생각 없이 포용하듯이 하겠습니다."고 하였다. 이러한 것은 안으로 얻어 중생들을 밖으로 편안하게 하며, 비워서 진실에 돌아가게 하며, 이것에 의해 그치게 한다. 그렇기 때문에 "흙과 물, 그리고 불과 바람, 허공은 평등하여 분별이 없고"라고 말한다.

【講說】
  이 단원은 3업 가운데 마지막 의업이다. 그러면 부처님의 의업에 어떤 특징이 있는가? 의업이란 마음의 작용에 의해 나타난 현상이다. 다시 말하면 부처님이 말씀하신 설법의 내용은 부처님의 의업의 작용이라 할 수 있다. 이 사바세계에서 성불하시어 법을 설하신 석가모니 부처님의 설법 내용을 보면 이것은 좋지 않는 악업이니 하지 말고, 이것은 좋은 선업이니 마땅히 해야 하며, 이것은 무루업(無漏業)이니 마땅히 수행해야 하며, 이것은 성문법이요, 이것은 연각법이며, 이것은 보살법이고 이것은 성불하는 법이라 하는 등 여러 가지 차별법을 가지고 설하시었다. 그렇기 때문에 이 세상 사람들 가운데 성문법에 집착하여 보살로 올라가지 못하는 이가 있고, 연각법에 집착하여 성불을 바라지 않는 사람이 있다. 그러나 아미타 부처님은 석존처럼 차별법을 설하지 않고, 모든 사람들에게 성불하는 법만을 설하였기 때문에 평등법이라 하지 않을 수 없다. 왜냐하면 극락정토에서 아미타불이 법을 설하는 대상은 똑같이 뒤로 물러나지 않는 불퇴전 보살들이기 때문에 성불하는 법만을 평등하게 설하였다고 본다. 그러기에 여기에 우열을 가리는 차별법이 있을 리 없다.

　담란이 석존의 차별법을 "이것은 검고, 이것은 희고, 이것은 검은 것도 아니고 흰 것도 아니며"라고 표현한 것은 용수보살의 설로 검은 업은 불선업(不善業)이고, 흰 업은 선업이며, 검지도 않고 희지도 않는 업은 무루업(無漏業)이다.[400] 또 "이것은 하법(下法), 중법(中法), 상법(上法)이고, 상상법(上上法)"이라고 한 것은 "선남자여, 12인연을 관하는 지혜에는 네 가지가 있다. 첫째는 하(下)이며, 둘째는 중(中)이며, 셋째는 상(上)이고, 넷째는 상상(上上)이다.

---

400) 『대지도론』 대정장 25권 p.720a 참조 바람.

가장 낮은 지혜로 관하는 사람은 불성을 보지 못한다. 보지 못하기 때문에 성문의 도를 얻고, 중간 지혜로 관하는 사람도 불성을 보지 못하지만 연각의 도를 얻으며, 높은 지혜로 관하는 사람은 보고 깨달아야 할 법을 깨닫지 못한다. 깨달아야 할 법을 깨닫지 못했기 때문에 십주지(十住地)[401]에 머물고, 가장 높은 지혜로 관하는 사람은 보고 깨달아야 할 법을 깨달았기 때문에 아뇩다라삼먁삼보리를 얻는다."[402]는 설에서 유래된 것으로, 하법은 성문법이고 중법은 연각법이며 상법은 보살법이고 상상법은 불승법(佛乘法)이라 할 수 있다. 이러한 것으로 볼 때 석존은 사바세계의 중생들이 천차만별이기 때문에 설하는 법도 자연히 천차만별로 설할 수밖에 없었을 것이다. 그러나 극락세계의 보살들은 한결 같이 뒤로 물러나지 않는 불퇴전 보살이기 때문에 아미타불은 평등하게 부처가 되는 불승법만을 설한 것이 석존과의 차이점이다.

다음 아미타불의 평등법에 대해 담란은 "대지가 무겁다든지 가볍다든지 하는 분별을 하지 않고 만물을 짊어지듯이, 물이 나쁜 풀, 좋은 풀을 가리지 않고 윤택하게 키우듯이, 불이 냄새가 향기롭거나 고약하거나 구별하지 않고 익히듯이, 바람이 잠자고 있든 깨어 있든 간에 분별하지 않고 불듯이, 허공이 열려 있고 닫혀 있다는 생각 없이 포용하듯이"라고 하여 천친보살이 말한 "흙과 물, 그리고 불과 바람, 허공은 평등하여 분별이 없고"를 설명하였다. 담란의 이러한 설은 경전에 나오는 이야기로, 『화엄경』에서 "마치 성품이 한 가지인 땅이 능히 여러 가지 사물을 지니고 있더라도 같다, 다르다는 분별을 하지 않듯이 모든 불법도 이와 같다. 마치

---

401) 보살의 지위인 初地부터 十地까지의 보살을 말한다.
402) 『대지도론』 대정장 25권 p.524b의 내용.

한 가지 성품을 가지고 있는 불이 세간의 물질을 태우지만 불의 성품은 분별하지 않듯이 모든 불법도 이와 같다. 마치 여러 강으로부터 유입되는 큰 바다의 물은 그 맛이 다르지 않듯이 모든 불법도 이와 같다. 마치 한 가지 성질을 가지고 있는 바람이 일체 사물을 불어 움직이지만 바람의 성품에 분별이 없듯이 모든 불법도 이와 같다."403)는 것과, 『법집경』에서 "비유하면 평등한 성품을 가지고 있는 대지가 널리 모든 중생을 짊어질 수 있는 것과 같다. (중간 생략) 비유하면 널리 윤택한 성품을 가지고 있는 큰 물이 일체 모든 것을 기르고 무성하게 하는 것과 같다. (중간 생략) 비유하면 태우는 성질을 가지고 있는 불이 능히 모든 과일을 성숙시키는 것과 같다. (중간 생략) 비유하면 불어 움직이게 하려고 하는 성질을 가지고 있는 바람이 능히 모든 약초와 일체 종자를 생장하게 하는 것과 같다. (중간 생략) 비유하면 한량없고 끝이 없는 허공이 걸림 없이 모든 것을 수용하는 것과 같다."404)는 내용에 의해 아미타불의 평등한 법을 설명하였다.

　담란의 마지막 해석을 풀이하면 "안으로 얻어 중생들을 밖으로 편안하게 하며"란 아미타불이 인행시 법장보살로 있을 때, 서원을 세우시기를 안으로는 차별이 없고 평등한 진리를 깨닫게 하고, 밖으로는 어떤 중생이든지 평등하게 부처님이 얻은 것을 깨닫게 하겠다는 의미이며, 또 "비워서 진실에 돌아가게 하며"란 마음을 차츰차츰 비워서 공(空)의 도리를 깨닫도록 하겠다는 뜻이고, "이것에 의해 그치게 한다."는 것은 자비의 행인 이타행을 하는 것으로 여기에서 보살도의 궁극적인 목적인 자리이타(自利利他)의 수행을

---

403) 『화엄경』 대정장 9권 p.428a.
404) 『법집경』 대정장 17권 p.616c.

끝까지 완성시키겠다는 뜻이다.

마. 대중공덕(大衆功德) 성취

論 : 天人不動衆 淸淨智海生
論註 : 此二句名莊嚴大衆功德成就 佛本何故起此莊嚴 見有如來 說法輪下所有大衆諸根性欲種種不同 於佛智慧若退若沒 以不等 故衆不純淨 所以興願 願我成佛 所有天人皆從如來智慧淸淨海生 海者 言佛一切種智深廣無涯 不宿二乘雜善中下死屍 喩之如海 是故言天人不動衆 淸淨智海生 不動者 言彼天人成就大乘根 不 可傾動也

　논 : 물러나지 않는 정토 대중들
　　　청정한 지혜의 바다로부터 태어나네.
　논주 : 이 두 구절을 '장엄대중공덕성취(莊嚴大衆功德成就)'라고 한다. 부처님께서 인행시에 이 원을 일으키신 까닭은, 어느 부처님을 보시니 법륜을 설하시는데 밑에 있는 대중이 모두 능력이나 소질, 그리고 바라는 것이 각각 여러 가지로 같지 않다. 부처님 지혜에서 혹은 물러나고, 혹은 빠지기도 하여 균일하지 않기 때문에 대중들은 순수하지도 깨끗하지도 않다. 그렇기 때문에 "내가 성불할 때 천인들은 다 여래의 지혜의 청정한 바다로부터 태어나기를" 하고 원하였다. '바다'란 부처님의 일체종지405)가 깊고 넓어 끝이 없어서 2승의 잡선(雜善)406), 그리고 중

---

405) 부처님의 지혜로 이는 모든 존재에 대하여 평등의 위치에서 다시 차별의 相을 세밀하게 아는 지혜다. 『대지도론』에서는 "一切種智는 부처님

하(中下)⁴⁰⁷)의 시체⁴⁰⁸)를 잠재우지 않는다. 이것을 비유하여 바다와 같다고 말했다. 그렇기 때문에 "물러나지 않는 천인들 청정한 지혜의 바다로부터 태어나네."라고 말한다. '부동(不動)'이란, 저 천인들이 대승의 근기를 성취하여 기울어지고 움직이지 않는 것을 말한다.

【講說】

여기서 말하는 대중이란 아미타불 국토에 태어난 정토의 대중인 보살들을 말한다. 이 보살은 뒤에 나오는 보살장엄에 당연히 들어가야 하는데, 왜 '주장엄(主莊嚴)'인 아미타불 장엄에 포함되었을까? 이것은 아마도 극락정토의 대중들은 아미타불의 지혜로부터 태어났을 뿐만 아니라 아미타불의 힘에 의해 뒤로 물러나지 않는 불퇴전의 지위에 올랐기 때문에 아미타불의 장엄인 '주장엄'에 포함시켰다고 생각한다.

필자는 위에서 천친보살이 말한 "부동(不動)한 천인(天人)"을 '물러나지 않는 정토 대중들'로 번역하였다. 왜냐하면 이 부동(不動)이란 불퇴전의 지위에서 움직이지 않는다는 것이기 때문에 '물러나지 않는'이라 하였고, 천인이란 28천의 하늘 사람이란 뜻이 아니고 극락 정토의 보살을 말하기에 '정토 대중'으로 하였다. 『왕생

의 지혜이다. 일체종지란 과거·현재·미래의 모든 것을 걸림이 없이 통달한 것을 말하며, 이것은 크고 적고, 세밀하고 거칠고 하는 등의 모든 것을 알지 못할 것이 없다."(대정장 25권 p.649b)라고 하였다.
406) 성문승과 연각승들이 짓는 선근은 無明住地의 미혹과 相이 섞인 선근이기 때문에 2승의 잡선이라 한다.
407) 上은 보살이고, 中은 연각이며, 下는 성문을 말하기 때문에 여기에서는 성문과 연각을 말한다.
408) 보살이 성문과 연각의 지위에 떨어지는 것을 보살이 죽었다고 하여 시체라 한다.

론』을 번역한 보리유지가 천인이라고 한 것은 중국 사람들이 하늘을 좋아하고 원하기 때문에 이들의 사고방식에 맞추어 하나의 방편으로 번역한 것이 아닌가 생각한다.

다음 담란이 정토의 대중을 "대승의 근기를 성취하여 기울어지고 움직이지도 않다."고 한 것은 안락정토에 태어난 대중들은 부처님이 얻으신 것을 얻어 성불하려는 대승보살의 근기를 완성하였기 때문에 소승들의 법에 마음을 기울이거나 그것에 동요되지 않는다는 것이다. 다시 말하면 극락세계 사람들은 아미타불의 청정한 지혜로부터 태어난 불퇴전의 보살들이기 때문에 다른 소승법에는 관심을 두지 않고 앞으로 꾸준히 정진하여 성불하는 것에만 관심이 있다는 것이다. 그러기에 이들은 대승의 근기를 성취한 보살이고, 성불하는 법 이외는 마음을 두지 않는 것이다.

위 원문에 "어느 부처님을 보시니 법륜을 설하시는데 밑에 있는 대중이 모두 능력이나 소질, 그리고 바라는 것이 각각 여러 가지로 같지 않다."는 것은 무슨 의미인가? 이 가운데 '법륜'이란 산스크리트어 dharma-cakra로 부처님의 가르침을 상징하는데, 여기서 법이란 부처님이 설하신 진리이며, 륜(輪)이란 원래 수레바퀴를 말하는 것으로 부처님의 진리를 수레바퀴처럼 영원히 굴려 중생들에게 지혜의 광명을 주어야 한다는 뜻이다. 그리고 "밑에 있는 대중"이란 석존이 법을 설할 때 연화대 밑에 나열해 있는 대중을 말하고, "능력이나 소질, 그리고 바라는 것"이란 한문으로는 근성욕(根性欲)인데 근(根)은 부처님의 가르침을 받는 사람들의 성질과 능력을 말하며, 성(性)은 중생의 소질을 말하고, 욕(欲)은 법을 들으려 하고 이루려 하는 원을 말한다. 그렇기 때문에 이 내용은 부처님이 설법하시는 연화대 밑에 나열해 앉아 있는 대중들은 과거 세상에서 지은 업에 의해 법을 들으려 하는 능력과 소질이 각기 다를 뿐만 아니라, 법을 듣고 이룩하려는 원이 각기 달라 평등하지 않다. 그러기 때문에 이들은 부처님의 지혜와 관해야 할 법을 듣고도 어떤 사람은 대승의 가르침에서 물러나고, 어떤 사람은 소승의 진리에 빠지어 성불하려고 하는 마음을 내지 않아 근기가 평등하지 않을 뿐만 아니라 순수하고 청정하지도 않다. 이러한 사람들이 모여 있는 곳은 석가모니 부처님의 세계이다. 이것을 담란은 "부처님 지혜에서 혹은 물러나고, 혹은 빠지기도 하여 균일하지 않기 때문에 대중들은 순수하지도 깨끗하지도 않다."고 하였다. 그러나 앞에서 이야기 한 것처럼 아미타불의 대중들은 근기와 소질, 그리고 이룩하려는 원이 평등하다.

　일체종지를 바다로 비유한 것은 바다가 넓고 깊듯이 부처님의 지혜도 넓고 깊어 끝이 없다는 것이며, 또 바다는 죽은 시체를 받아들이지 않고 육지로 보내듯이 아미타불의 지혜로 이루어진 극락세계는 소승의 교에 물들어 보살정신이 죽은 성문과 연각을 받아들이지 않는다는 것이다.

　바. 상수공덕(上首功德) 성취

論 : 如須彌山王 勝妙無過者
論註 : 此二句名莊嚴上首功德成就　佛本何故起此願　見有如來衆中或有強梁者　如提婆達多流比　或有國王與佛並治不知甚推佛或有請佛以他緣廢忘　有如是等似上首力不成就　是故願言　我爲佛時願一切大衆無能生心敢與我等　唯一法王更無俗王　是故言如須彌山王　勝妙無過者

논 : 수미산409)의 왕과 같아
　　수승하고 묘하여 초월할 자 없고

논주 : 이 두 구절을 '장엄상수공덕성취(莊嚴上首功德成就)'라고 한다. 부처님께서 인행시에 이 원을 일으키신 까닭은, 어느 부처님을 보시니 대중 가운데 제바달다와 같이 힘이 센 사람이 있고, 혹은 국왕이 부처님과 더불어 나란히 나라를 다스리지만 심히 부처님을 존경할 줄 모르며, 혹은 부처님을 청하여 놓고도 다른 사정에 의해서 공양청410)을 잊어버리는 수도 있다. 이와 같은 것은 상수(上首)의 힘을 성취하지 못한 것처럼 보였기 때문이다. 그렇기 때문에 원하시길 "내가 부처님이 될 때 일체 모든 대중이 능히 마음을 내어 감히 나와 더불어 동등하다는 생각을 갖지 않게 하고, 오직 하나의 법왕으로서 다시는 세속의 왕처럼 되지 않겠습니다."고 말하였다. 그렇기 때문에 "수미산의 왕과 같아 수승하고 묘하여 초월할 자 없고"라고 말한다.

【講說】

상수(上首)라는 것은 한 회상에서 가장 높은 지위를 말하는 것으로 아미타불 자신이 극락세계에서 가장 높은 지위에 있는 법왕임을 강조한 것이다. 천친은 이것을 인도의 우주설에서 말하는 수미산에 비유하여 "수미산의 왕과 같다"고 하였다. 수미산은 세계의 중심으로 모든 산 가운데 가장 높은 산이고, 이 산의 높이에 대적할 다른 산이 없을 뿐만 아니라 이 산을 모든 산들이 우러러보듯

---

409) 산스크리트어 Sumeru로 妙高라고도 번역한다. 인도의 우주설로 세계 중심이 되는 높은 산이다.
410) 부처님이나 스님들에게 공양하러 오시라고 청하는 것.

이, 아미타불의 수승하고 미묘한 것을 다른 대중과 비교할 수 없고, 다른 대중들이 모두 우러러본다는 것에서 비유를 들었다.

그러면 왜 이러한 상수공덕이 필요한가? 앞에서 아미타불의 수승한 공덕을 석가모니 부처님이 이 세계에서 나타낸 공덕과 비교하였듯이 여기서도 석가모니 부처님의 교단생활을 언급하였다. 즉 자기의 굳건한 힘만을 믿는 제바달다는 석가모니 부처님의 수승한 공덕이 있는 것을 알지 못하여 부처님을 살해하고 자기가 교단을 지배하려고 하였으며, 또 부처님이 사위국에 계실 때 비라연국에 사는 아기달이라는 바라문의 왕이 먼저 부처님께 "금년 여름 안거에는 제가 공양을 청하겠으니 오십시오."라고 말하였으나 막상 여름 안거 중에는 다른 사정으로 인해 이를 잊어버리고, 왕은 왕궁의 성을 지키는 사람에게 어느 누가 와도 문을 열어 주지 말라는 명을 내렸다. 안거가 시작되자 부처님 일행은 성에 도착하였지만 문을 지키는 사람이 문을 열어 주지 않아 방황하던 중 어떤 마부가 말에게 먹이는 보리를 공양하여 3개월간 안거할 수가 있었다[411]고 한다. 이렇게 제바달다가 석가모니 부처님을 살해하려고 한 것은 부처님의 수승하고 미묘한 힘을 항상 나타내지 않아 무시하는 데서 비롯된 것이고, 바라문의 왕인 아기달이 부처님과의 약속을 잊어버리는 것은 가볍게 여기는 데서 비롯된 것이다. 아미타불은 이러한 것을 미리 방지하기 위해 수승하고 미묘한 힘을 나타내실 뿐만 아니라 이를 친견한 모든 대중들은 항상 존경할 마음이 우러나게 하고, 결국 무생법인을 얻도록 하였다. 이것은 하나의 방편이지 아미타불 자신을 높이려고 하는 것은 아니다.

---

411) 대정장 23권 pp.98b~99a에 있는 『十誦律』의 내용을 요약한 것임.

사. 주공덕(主功德) 성취

論 : 天人丈夫衆 恭敬繞瞻仰
論註 : 此二句名莊嚴主功德成就 佛本何故起此莊嚴 見有佛如來 雖有大衆衆中亦有不甚恭敬 如一比丘語釋迦牟尼佛 若不與我解十四難 我當更學餘道 亦如居迦離謗舍利弗 佛三語而三不受 又如諸外道輩假入佛衆而常伺求佛短 又如第六天魔常於佛所作諸留難 有如是等種種不恭敬相 是故願言 使我成佛天人大衆恭敬無倦 所以但言天人者 淨土無女人及八部鬼神故也 是故言天人丈夫衆 恭敬繞瞻仰

논 : 하늘 사람과 장부들은
　　둘러앉아 우러러보며 공경하네.

논주 : 이 두 구절을 '장엄주공덕성취(莊嚴主功德成就)'라고 한다. 부처님께서 인행시에 이 원을 일으키신 까닭은, 어느 부처님을 보시니 승려들이 있는데 그들 가운데는 크게 공경하지 않는 자가 있었다. 마치 한 비구가 "석가모니 부처님이시여, 만약 나를 위해 열네 가지 어려움을 설명해주지 않으면 나는 마땅히 다른 도를 다시 배우겠습니다."[412]고 말한 것과 같고, 또 거가리가 사리불[413]을 비방하자 부처님이 세 번에 걸쳐 나무랐지만

---

412) 如一比丘 於此十四難思惟觀察 不能通達心不能忍 持衣鉢至佛所 白佛言 佛能爲我解此十四難 使我意了者當作弟子 若不能解我當更求餘道(대정장 25권 p.170a)
413) 산스크리트어 Śrīputra로 석가모니 부처님의 십대 제자 가운데 지혜제일이며, 석가모니 부처님이 열반에 드시기 전에 먼저 세상을 하직한 사람이다.

세 번 다 받아들이지 않은 것과 같다. 또 저 외도의 무리가 거짓으로 부처님의 대중 가운데 들어와 항상 부처님의 단점을 찾는 것과 같으며, 또 제6천414)의 마왕이 항상 부처님이 계신 곳에서 모든 일을 어렵게 만드는 것과 같다. 이와 같이 여러 가지 공경하지 않는 모습이 있었다. 그렇기 때문에 원하여 말하시기를 "내가 성불할 때 천인의 대중들이 게으름을 피우지 않고 공경하게 하겠습니다."고 하였다. 단 '천인(天人)'이라고 말하는 이유는 정토에는 여자가 없고 팔부귀신(八部鬼神)415)이 없기 때문이다. 그렇기 때문에 "하늘 사람과 장부들은 둘러앉아 우러러보며 공경하네."라고 말한다.

【講說】
 이 주공덕(主功德) 성취는 앞 국토장엄 가운데 열두 번째 주공덕 성취와 겹치는 느낌이 있다. 국토장엄의 주공덕은 아미타불이 법왕으로 상주하시면서 중생들을 어떻게 보살피는가 하는 것이고, 여기서 주장엄은 앞 상수장엄(上首莊嚴)과 같은 맥락으로 극락정토의 대중들이 법왕이고 주인이신 아미타불을 어떻게 존경하느냐 하는 것이기 때문에 다르다. 앞 상수장엄에서는 제바달다와 바라문의 왕이 부처님을 존경하지 않는 것을 비유하여 말하였고, 이 주장엄에서는 부처님의 법을 듣고 최상의 진리를 깨닫기 위해 출가한 승려들 사이에서 부처님을 존경하지 않는 예를 들어 설명하고 있다. 즉 부처님의 제자 가운데 한 사람이 ① 세계와 나는 항상

---

414) 욕계에 정상에 있는 타화자재천으로 이 하늘에는 부처님 도에 여러 가지 장애를 주는 마왕 파순이 거주한다.
415) 귀신이란 우리들 눈에는 보이지 않는 초인적인 힘을 가지고 있다. 天·용·야차·건달바·아수라·가루라·긴나라·마후라가 등을 말한다.

존재하는가? ② 세계와 나는 무상(無常)한가? ③ 세계와 나는 역시 무상한가, 항상 존재하는가? ④ 세계와 나는 항상 존재하지도 않고, 무상하지도 않는 것인가? ⑤ 세계와 나는 끝이 있는 것인가? ⑥ 세계와 나는 끝이 없는 것인가? ⑦ 세계와 나는 끝이 있기도 하고, 끝이 없기도 하는 것인가? ⑧ 세계와 나는 끝이 있는 것도 아니고, 끝이 없는 것도 아닌가? ⑨ 죽은 뒤에 영혼이 있어 후세에 가는가? ⑩ 죽은 뒤에 영혼이 후세에 가지 않는가? ⑪ 죽은 뒤에 영혼이 후세에 가기도 하고, 후세에 가지 않기도 하는가? ⑫ 죽은 뒤에 영혼이 가는 것도 아니고, 가지 않는 것도 아닌가? ⑬ 후세에 이 몸이 영혼이 되는가? ⑭ 몸이 다르게 되는 것인가, 영혼이 다르게 되는 것인가?416) 등을 석존에게 물었다. 석존은 이러한 물음은 진리를 깨닫는 데 도움이 되지 않기 때문에 옳거나 틀리거나 확실한 대답을 피하였다. 이러한 질문은 부처님을 시험한 것으로 존경하지 않음에서 비롯된 것이다.

 다음 제바달다의 제자인 거가리라는 사람은 석존의 십대 제자 가운데 지혜제일인 사리불 존자와 신통제일인 목련 존자가 여인과 같이 잠을 잤다고 비방하였다. 이에 대해 석존은 사실이 아니며 증거가 없는 일이니 남을 비방하지 말라고 세 번에 걸쳐 꾸짖었지만 그는 잘못을 뉘우치지 않고 계속 주장하였다. 이로 인해 그는 온 몸에 창병이 생기고 지옥에 떨어졌다고 한다.417) 또 이밖에도 부처님의 단점을 찾기 위해 많은 외도의 무리가 승단에 들어왔다는 것은 석존을 경시하여 존경하지 않음에서 비롯된 것이다. 이렇기 때문에 아미타불의 정토는 이러한 일이 일어나지 않도록

---

416) 대정장 25권 p.74c.
417) 대정장 25권 p.157c.

하기 위해 모든 대중들이 아미타불의 주위에 둘러앉아 화합하는 마음을 가지고 게으름을 피우지 않고 항상 우러러보며 존경하게 하였다는 것이다.

한 집단에 있는 구성원들 사이에서 서로 비방한다면 이는 화목이 깨지고 분열되어 발전하는데 많은 지장을 초래할 것이다. 그런데 하물며 그 집단을 통솔하고 인도하는 윗자리에 있는 총수를 비방하고 경시한다면 많은 사람들에게 동요가 일어날 뿐만 아니라 그 집단은 산산이 흩어지고 말 것이다. 반대로 총수를 존경하고 받들며 모든 사람이 화합한 가운데 하나의 이념에 주력하여 노력한다면 이 집단이 꾸준히 발전할 것은 자명한 일이다. 하물며 부처님의 진리를 듣고 이를 깨닫기 위해 출가한 승려들 사이에서 가장 존경해야 할 부처님을 무시하고 경시한다면 이들은 진리를 깨달을 수도 없을 뿐만 아니라 승단이 화합을 유지하지 못하고 파괴될 것이며, 부처님에 대한 신심이 저하될 것이다. 오늘날 한국 불교 종단에서는 많은 불미스런 일이 일어나고 있는데 이러한 것을 귀감으로 삼아야만 발전할 수 있다고 본다.

아. 불허작주지공덕(不虛作住持功德) 성취

論 : 觀佛本願力 遇無空過者 能令速滿足 功德大寶海
論註 : 此四句名莊嚴不虛作住持功德成就 佛本何故起此莊嚴 見有如來 但以聲聞爲僧 無求佛道者 或有值佛而不免三塗 善星提婆遮多居迦離等是也 又人聞佛名號發無上道心 遇惡因緣退入聲聞辟支弗地者 有如是等空過者退沒者 是故願言 使我成佛時値遇我者 皆速疾滿足無上大寶 是故言觀佛本願力 遇無空過者 能令

速滿足 功德大寶海 住持義如上 觀佛莊嚴八種功德 訖之于上

논 : 부처님의 본원력을 관하니
　　　만나는 사람마다 헛되게 지나지 않고,
　　　능히 빠르게 공덕의
　　　큰 보배 바다를 만족시켜 주네.

　논주 : 이 네 구절을 '장엄불허작주지공덕성취(莊嚴不虛作住持功德成就)'418)라고 한다. 부처님께서 인행시에 이 원을 일으키신 까닭은, 어느 부처님을 보시니 다만 성문들로 승단을 이루어 불도를 구하는 사람이 없고, 혹은 부처님을 만나서도 삼도419)를 면하지 못한 사람들이 있는데, 선성(善星),420) 제바달다, 거가리 등이다. 또 사람들이 부처님의 명호를 듣고 무상도(無上道)의 마음을 내지만 나쁜 인연을 만나 물러나 성문이나 벽지불의 지위에 들어가고 만다. 이와 같이 헛되게 지나는 사람, 뒤로 물러나는 사람이 있기 때문에 원하여 말하시기를 "내가 성불할 때 나를 만나는 사람은 모두 무상대보(無上大寶)421)를 빨리 만족하게 하겠다."고 하였다. 그렇기 때문에 "부처님의 본원력을 관하니 만나는 사람마다 헛되게 지나지 않고, 능히 빠르게 공덕의

---

418) 여기서 不虛作住持란 헛되게 하지 않고 항상 보살피며 지켜주신다는 의미이다.
419) 지옥·아귀·축생이다.
420) 『열반경』에 등장한 인물로 석가모니 부처님 제자 가운데 한 사람인데, 이 사람은 출가하여 12부경을 독송하여 제4선정을 얻었지만 악한 친구를 사귀어서 제4선정을 잃고 악한 邪見을 내었다. 그리고 부처님과 법, 열반이 없다고 주장하는 등 부처님에 대해 악한 마음을 품은 과보로 무간지옥에 떨어졌다고 한다.(대정장 12권 p.561c)
421) 부처님이 깨달은 지혜로 無上正覺을 이보다 더할 것이 없는 대공덕의 보배로 비유하여 말하였다.

큰 보배 바다를 만족시켜 주네."라고 말한다. 여기서 '주지(住持)'라는 뜻은 위에서 422) 설명한 바와 같다. 이상으로 부처님의 여덟 가지 공덕장엄을 마친다.

【講說】
　우리는 이 세상을 살면서 많은 사람을 만나고 또 많은 환경을 접한다. 그러나 만나는 사람이나 접하는 환경에서 좋은 이익만을 얻는 것은 아니다. 어떤 사람은 친구를 잘못 만나 평생 동안 벌어 온 퇴직금을 빌려주고 받지 못해 생활에 어려움을 겪는가 하면, 남녀가 사귀어 결혼하고 자식을 낳고서도 몇 년 못 가서 가정법원에 가 이혼수속을 하기도 하며, 등산하다가 발을 잘못 디며 낭떠러지에서 떨어져 상처를 입기도 하고, 운전을 하다가 교통사고로 다치기도 하는 등 만나는 사람, 접하는 환경에서 여러 가지 일로 많은 상처를 받는다. 요즈음 성인병이 발생하는 원인 중 스트레스가 가장 많은 비중을 차지한다고 한다. 이 스트레스는 자기 혼자 스스로 느끼는 것도 있겠지만 자기 주변 사람과 주위 환경으로부터 좋은 감정을 받지 못하여 발생하는 것이 80% 이상일 것이다. 따라서 우리가 스트레스를 받지 않기 위해서는 만나는 사람과 접하는 주위 환경에서 불미스런 일을 받지 말고 좋은 일만 접하여 기쁨과 이익만을 얻어야 하는데 이것은 이 세상에 사는 우리 중생에게는 불가능한 일이다. 왜냐하면 우리는 접하는 객관대상을 잘 소화하는 능력을 갖고 있지 않을 뿐만 아니라, 객관대상이 우리에게 좋고 훌륭한 영향만을 주는 것은 아니기 때문이다.

---

422) 앞 국토 장엄 중 主莊嚴의 註에서 설명하였다.

담란은 이것을, 우리보다 훌륭한 지혜와 복덕을 가지고 중생을 제도하기 위해 법을 설하는 석가모니 부처님을 친견하고서도 부처님의 도를 구하지 않고 소승의 과보인 성문과 연각에 안주하는 사람이 있는가 하면, 심지어 부처님을 비방하여 무간지옥에 떨어지는 사람이 있다는 비유를 들어 설명하면서, 아미타불의 정토는 이와 같은 사람이 전혀 없고, 부처님을 친견하거나 아미타불의 명호를 듣는 사람, 정토의 환경을 접하는 사람마다 헛되게 지나는 일이 없고 한결같이 부처님이 깨달으신 무상대도를 이루는 기쁨만을 얻는다고 하여 아미타불의 수승한 면을 강조하고 있다. 즉 극락정토에 태어난 사람은 선인의 보살들만 만나고 좋은 장엄으로 된 환경만을 접하게 되기 때문에 나쁜 스트레스를 받을 리 없고, 항상 좋은 이익만을 얻어 불도를 이루게 된다.

② 보살장엄 관찰

論註 : 此觀安樂國諸大菩薩四種莊嚴功德成就 問曰 觀如來莊嚴功德 何所闕少復須觀菩薩功德耶 答曰 如有明君則有賢臣 堯舜之稱無爲 是其比也 若使但有如來法王而無大菩薩法臣 於翼讚道 豈足云滿 亦如薪藉小則火不大 如經言 阿彌陀佛國有無量無邊諸大菩薩 如觀世音大勢至等 皆當一生於他方次補佛處 若人稱名憶念者歸依者觀察者 如法華經普門品說無願不滿 然菩薩愛樂功德如海吞流無止足情 亦如釋迦牟尼如來聞一目闇比丘吁言 誰愛功德 爲我維鍼 爾時如來從禪定起來至其所語言 我愛福德 遂爲其維鍼 爾時失明比丘暗聞佛語聲 驚喜交集白佛言 世尊世尊功德猶未滿耶 佛報言 我功德圓滿無所復須 但我此身從功德生 知功德

恩分故 是故言愛 如所問觀佛功德 實無願不充 所以復觀菩薩功
德者 有如上種種義故耳

논주 : 다음은 안락국토에 있는 모든 보살들이 네 가지 공덕
을 성취하여 장엄한 것을 관찰한다.
 묻기를, 여래의 장엄공덕을 관찰하고서도 무슨 부족한 것이
있어 다시 보살공덕을 관찰해야 하는가?
 답하기를, 훌륭한 임금이 있으면 어진 신하가 있는 것과 같
다. 요임금과 순임금[423] 시대를 '무위(無爲)'[424]라고 부른 것과
비교된다. 만약 단 여래법왕만 있고 대보살이라는 법의 신하[425]
가 없다면, 도를 보좌함에 있어서 어찌 만족하다고 말할 수 있
겠는가. 마치 쌓은 땔감이 적으면 불꽃이 크지 않은 것과 같다.
경에서 말씀하시기를 "아미타불의 국토에는 끝없이 한량없는
모든 보살이 있는데 예를 들면 관세음[426]과 대세지[427] 등이다.

---

423) 요임금과 순임금은 좋은 신하가 있어 훌륭한 정치를 하여 국가가 화목
 하고 천하가 태평하여 국민들이 살기 좋았다고 하여 이 임금들을 聖君
 이라고 하고, 또는 明君이라고도 한다.
424) 국토장엄의 세 번째 性功德 成就에서 나온 無爲法身과 달리 여기서는
 국민들을 그대로 두어도 죄를 범한 사람이 없을 뿐만 아니라, 다들 정직
 하게 생업에 종사하기 때문에 임금과 관료가 인위적으로 권력을 남발할
 필요가 없다는 뜻으로 이해해야 될 것 같다. 『論語』 衛靈公篇에는 "無爲
 治者 其舜也與"라고 하였다.
425) 『대지도론』에서는 "부처님은 법왕이 되고, 보살은 법의 장수가 된다."고
 하였다.(대정장 25권 p.109a)
426) 산스크리트어 Avalokiteśvara로 대자대비를 근본 서원으로 한 보살인데
 아미타불을 왼쪽에서 보좌하면서 부처님의 교화를 돕는다. 이 보살은
 자비를 위주로 하여 세상의 중생들을 구원하기 때문에 救世大士라고도
 한다.
427) 산스크리트어 Mahāsthāma-prāpta로 지혜의 광명을 가진 보살로 아미타불
 을 오른쪽에서 보좌하고 계신다. 아미타불에게는 자비문과 지혜문이 있
 는데 관세음보살은 자비문을 담당하고 대세지보살은 지혜문을 담당한

모두 마땅히 일생을 타방에 계시면서 다음에는 부처님이 되는 보처(補處)428)이다."429)고 하였다.

만약 사람들이 (보살의) 명호를 부르거나 억념하는 사람, 귀의하는 사람, 관찰하는 사람은 『법화경』 보문품430)에서 말씀하신 바와 같이 원을 충족시켜 주지 못할 것이 없다.

그러니 보살이 공덕을 원하는 것은 마치 바다가 여러 강물을 삼켜도 만족하다는 생각이 없는 것과 같다. 또 석가모니 부처님께서는 눈 먼 한 비구431)가 탄식하여 "누가 공덕을 원한다면 나

다.
428) 一生補處를 말하는 것으로 미혹의 경계에 묶여 있는 것은 이것이 최후로, 이 일생을 지나면 다음은 불타의 지위를 돕는 자리에 있다고 하여 보처라고 한다. 다시 말하면 미륵보살과 같이 다음 생에는 부처가 되어 석가모니 부처님의 자리를 이어 받는다는 뜻이다.
429) 『아미타경』에서는 "또 사리불이여, 저 부처님에게는 헤아릴 수 없이 많은 성문 제자들이 있는데 모두 아라한들이다. 이들은 어떠한 산수와 비유로 알 수 없느니라. 또 모든 보살들도 이와 같느니라. 사리불이여, 저 부처님의 나라에는 이와 같은 공덕장엄으로 이루어졌느니라. 또 사리불이여, 극락국토에 태어난 중생들은 모두 아비발치이며, 그 가운데 많은 중생들이 일생보처에 오른 이들로, 그 수효는 매우 많아 셈으로도 능히 알 수 없어 무량무변 아승지겁이라고 말할 뿐이다."고 하였다.(쯔보이 순애이 著 이태원 譯 『정토삼부경개설』p.535) 이밖에 『무량수경』에도 보살과 일생보처에 대한 언급이 있다.(앞의 책 p.177, 210, 248)
430) 『법화경』 제25장 관세음보살보문품에 나온 이야기로 어떤 사람이든지 불덩이 속에 떨어지고, 강물에 떠내려 가고, 풍랑을 만나 배가 위험에 처해 있고, 죄를 지어 처형되려고 하는 등 어떠한 액난에 처해 있더라도 관세음보살의 이름을 들으면 모든 액난에서 벗어난다고 하여 명호의 공덕을 말하고 있다.(대정장 9권 p.56c)
431) 여기서 이야기한 한 비구는 산스크리트어 Anuruddha로 한문 음역으로는 천안제일인 아나율이다. 이 사람은 카필라성 석가족으로 부처님의 아버지인 정반왕의 동생인 감로반왕의 둘째 아들로 태어났다. 부처님께서는 제자들을 데리고 카필라성을 방문하였을 때 아누럼에까지 따라와 난타·아난타·데바 등과 함께 출가하였다. 후에 부처님 앞에서 졸다가 꾸지람을 받고 난 후 여러 날을 밤새도록 자지 않으면서 수도 정진하다가 눈이 멀었으나, 그 뒤 천안통을 얻어 부처님 제자 중에 천안제일이

를 위해 바늘에 실을 꿰어주지 않겠는가?"라고 하는 말을 듣고, 이때 여래는 선정에서 나와 그 장소에 이르러 "내가 복덕을 원하기 때문에 그대를 위해 바늘에 실을 꿰어주겠다."라고 말씀하셨다. 이때에 눈 먼 비구가 어둠 속에서 부처님의 소리를 듣고 놀램과 기쁨이 교차하여 사뢰기를 "세존이시여, 세존의 공덕이 아직도 가득 차지 않으십니까?"라고 하니 부처님이 대답해 말씀하시기를 "나의 공덕은 원만해서 다시 바라는 바는 없으나 단 나의 이 몸은 공덕으로부터 생기는 것으로 공덕의 은혜를 알기 때문에 내가 복덕을 원한다."[432]고 하신 것과 같다.

이 물음과 같이 부처님의 공덕을 관하면 실로 원해서 충족되지 않은 것이 없지만 다시 보살공덕을 관찰하는 이유는 위와 같은 여러 가지 의미가 있기 때문이다.

【講說】

앞에서는 극락세계를 장엄하고 있는 국토장엄 열일곱 가지와 부처님 장엄 여덟 가지에 대해 논하였고, 지금부터는 보살에 대한 네 가지 장엄을 논하게 된다. 담란은 이것에 대해 아미타불의 여덟 가지 장엄을 관하면 부족함이 없이 많은 공덕을 갖추는데 무엇이 부족하여 다시 보살장엄을 관하는가 하고 스스로 반문을 제시하여 두 가지 요점을 가지고 대답하였다.

첫째 신하의 비유를 들어 문제를 해결하려고 하였다. 즉 어진 임금 밑에 훌륭한 신하가 있어야 국가를 잘 다스린다는 것이다. 예를 들면, 아무리 어진 대통령이 나와 국가를 잘 통치하려고 하

되었다.
432) 대정장 25권 p.249b.

여도 그 밑에 있는 관료가 부정을 행한다면 국민은 도탄에 빠지고 대통령이 이끌고 있는 정부를 신뢰하지 않아 끊임없는 반대 목소리를 내고 다른 통치자를 선출하려고 한다. 이와 마찬가지로 일반 회사도 회장이나 사장은 건전한 생각을 가지고 기업을 발전시키려고 하지만 밑에 있는 전무나 상무, 또는 일반 직원이 건전하지 못한 생각을 갖고 부정을 행한다면 그 회사는 파산하고 말 것이다. 그렇기 때문에 한 국가나 회사, 그리고 집단이 발전하려면 어진 지도자 밑에 훌륭한 참모가 있어야만 한다.

원시불교 시대 석가모니 부처님의 교단을 보면 사리불, 목련존자, 가섭 등 훌륭한 제자가 있는가 하면 한편으로는 제바달다나 거가리 같은 사람들이 석존을 해하고 비난하여 교단이 조용하지 않았다. 이러한 폐단을 없애기 위해 아미타불께서는 극락세계에 있는 대중들을 모두 관세음보살과 대세지보살 같은 훌륭한 보살들만 상주하게 하였다. 이것을 요임금과 순임금이 훌륭한 신하를 두어 천하를 태평하게 다스리고 국민은 걱정 없이 행복하였다는 것에 비유하여 설명하고 있다.

둘째 보살의 지위와 공덕으로 문제를 해결하고 있다. 극락세계에 있는 보살들은 앞에서도 언급하였듯이 모두 뒤로 물러나지 않고 성불할 수 있는 일생보처의 지위에 있는 보살이며, 이 보살들은 수승한 공덕을 가지고 있기 때문에 이 보살에게 귀의하거나, 명호를 부르고 생각하면 어떠한 어려움도 해결하지 못할 것이 없다.

이것을 다시 말하면, 극락세계를 구성하고 있는 부처님을 위시하여 보살이나 국토는 훌륭한 덕상을 갖추어 장엄된 것으로, 보살을 친견하거나 그의 법을 듣거나 또는 그들의 명호를 부르거나 생각하면 많은 공덕을 얻게 되기 때문에 보살장엄을 논하지 않을 수 없다는 것이다.

여기서 특이한 것은 천친보살이 앞 국토나 부처님 장엄에 대해서는 하나하나 명칭을 붙였지만 보살장엄에 대해서는 "저 보살을 관하니 네 가지 바르게 수행하여 공덕을 성취하였다."고만 하였지, 보살장엄에 대해 하나하나 새로운 명칭을 정하지 않았다. 이것은 천친보살이 논을 지으면서 잊어버리지 않았나 생각해볼 수 있다. 왜냐하면 장행을 보면 보살장엄에 대한 게송을 하나하나 설명하였는데, 이 내용을 자세히 보면 충분히 명칭을 붙일 수 있는데 붙이지 않았기 때문이다.

아래에서 보살장엄에 대해 하나하나 명칭을 붙인 것은 일본 학자인 하야시마 코쇼(早島鏡正)와 오다니 코신(大谷光眞)이 쓴 『정토론주』를 인용하였다. 이것은 『왕생론』의 장행에서 인용한 것이다.

가. 부동응화공덕(不動應化功德) 성취

論 : 安樂國淸淨 常轉無垢輪 化佛菩薩日 如須彌住持
論註 : 佛本何故起此莊嚴 見有佛土 但是小菩薩不能於十方世界廣作佛事 或但聲聞人天所利狹小 是故興願 願我國中有無量大菩薩衆 不動本處遍至十方種種應化如實修行常作佛事 譬如日在天上而影現百川 日豈來耶 豈不來耶 如大集經言 譬如有人善治堤塘量其所宜 及放水時不加心力 菩薩亦如是 先治一切諸佛及衆生應供養 應敎化種種堤塘 及入三昧身心不動 如實修行常作佛事 如實修行者 雖常修行實無所修行也 是故言安樂國淸淨 常轉無垢輪 化佛菩薩日 如須彌住持

논 : 안락세계는 청정하여
　　　항상 때가 없는 법륜을 굴리네.
　　　화현하신 부처님과 보살들[433]의 광명
　　　수미산이 머무는 것과 같다.

논주 : 부처님께서 인행시에 이 원을 일으키신 까닭은, 어느 국토를 보시니 적은 보살[434]들만 있어 널리 시방세계에서 불사를 지을 수가 없고, 혹 단지 성문과 인천만이 있어 이익을 주는 것이 매우 적다. 그러기 때문에 원을 일으켜 "나의 국토 가운데는 한량없는 대보살들이 있어 극락세계에서 본래 자리를 움직이지 않고 두루 시방세계에 다니면서 여러 가지로 화현하여 여실하게 수행해서 항상 불사를 짓게 하겠습니다."고 하였다. 비유하면 태양이 하늘 위에 있지만 그림자가 백이나 되는 강에 나타나는 것과 같다. 태양이 어찌 온 것이며, 어찌 태양이 오지 않는 것이겠는가. 『대집경』에서 말씀하시길 "예를 들면 어떤 사람이 제방을 잘 다스려 필요한 바를 헤아려 물을 방류하면 가히 마음 쓸 필요가 없듯이 보살도 또한 이와 같다. 먼저 공양해야 할 일체 모든 부처님과 교화해야 할 일체 중생을 여러 가지로 제방을 다스리듯이 하면 삼매에 들어가 몸과 마음을 움직이지 않고 여실히 수행하여 항상 불사를 짓는다."고 하였다. '여실수행(如實修行)'이란 비록 항상 수행하지만 실제로는 수행한 바가 없는 것이다. 그렇기 때문에 "안락세계는 청정하여 항상 때

---

433) 화현하신 부처님이나 보살이라는 것은 중생의 능력에 응해서 화현으로 나타나 법을 설하고 이익을 주며 제도한다는 의미이다.
434) 원문에는 '小菩薩'이라고 하였는데, 이 작은 보살이란 남에게 적은 이익은 주지만 크나큰 이익을 주지 못할 뿐만 아니라 자기의 번뇌도 제거하지 못한 보살을 말한다. 『대지도론』에서는 "諸天及小菩薩 雖能利益他 而自未除煩惱故亦不具足"(대정장 25권 p.419b)라고 하였다.

가 없는 법륜을 굴리네. 화현하신 부처님과 보살들의 광명 수미산이 머무는 것과 같다."고 말한다.

【講說】

 '부동응화(不動應化)'란 간단히 말하면 본체는 본 자리에서 움직이지 않고 그대로 있으면서 여러 장소에 변화하여 나타난다는 뜻이다. 즉 극락세계에 계신 부처님이나 보살들은 본래의 몸인 진신은 극락정토에 계시면서 중생들을 제도하기 위하여 화현하신 몸으로 시방의 여러 세계를 다니면서 갖가지 불사를 짓는다는 것이다. 그래서 천친보살의 게송을 의역하면 "안락정토는 청정한 불국토로서 그곳에 있는 보살들은 청정하고 진실한 교를 가지고 법을 설한다. 그 모든 보살들은 화현의 몸으로 여러 국토에 나타나지만 수미산이 산의 왕으로 움직이지 않는 것처럼 몸을 움직이지 않고 극락세계에 있으면서 많은 국토에 나타나 교화하신다."고 할 수 있다.

 첫째, 화현의 몸으로 시방세계를 다닌다는 것은 『아미타경』에서 "그 나라 중생들은 항상 이른 아침마다 바구니에 여러 가지 아름다운 꽃을 담아 가지고 다른 세계로 다니면서 십만억 부처님께 공양하고, 곧 조반 전에 돌아와 식사를 마치고 산책한다."435)고 한 것과 같은 의미로, 진신은 극락정토에 있으면서 화현의 몸으로 여러 부처님 국토를 다닌다는 것이다. 이것을 담란은 『대지도론』에서 "부처님이 한 곳에서 설법하지만 여러 곳에 있는 하나하나의 중생들은 부처님이 자기 앞에서 법을 설하는 것처럼 본다. 비유하

---

435) 쯔보이 순애이 著 이태원 譯 『정토삼부경개설』 p.532.

면 마치 태양이 뜨면 그림자가 많은 물에 나타나는 것과 같다."436) 는 것을 인용하여 설명하였다. 즉 물에 비친 태양은 하늘에 있는 태양의 그림자로 진짜가 아닌 가짜이지만 본래 태양과는 다르지 않듯이, 극락정토의 보살들은 본래의 몸은 정토에 있으면서 화현의 몸으로 여러 국토를 다니면서 많은 중생을 구원하는 것이다.

둘째, 불사란 부처님의 일이란 뜻으로 부처님은 자리(自利)와 이타(利他) 등 두 가지 사업을 완성한 인격자이기 때문에 극락세계에 계신 보살들은 시방세계를 다니면서 자리와 이타를 실천한다. 담란은 이 불사를 극락정토에 있는 보살들이 여러 나라에 이르러 모든 부처님께 공양하는 것과 중생을 교화하는 것으로 보았으며, 『대집경』437)의 내용과는 좀 다르게 자기의 견해를 삽입하여, 물을 저장하는 제방의 설을 인용해 공양해야 할 부처님이나 교화해야 할 중생에게 넘치지도 않고 부족하지도 않게 항상 적당하게 불사를 짓는다고 하였다.

나. 일념변지공덕(一念遍至功德) 성취

論 : 無垢莊嚴光 一念及一時 普照諸佛會 利益諸群生
論註 : 佛本何故起此莊嚴 見有如來 眷屬欲供養他方無量諸佛 或欲敎化無量衆生 此沒彼出先南後北 不能以一念一時 放光普照遍至十方世界敎化衆生 有出沒前後相故 是故興願 願我佛土諸大菩薩於一念時頃遍至十方作種種佛事 是故言無垢莊嚴光 一念及一時 普照諸佛會 利益諸群生 問曰 上章云身不動搖而遍至十方

---
436) 대정장 25권 p.123c.
437) 譬如有人高原陸地種瞻波樹 水常行處復作坻塘云云(대정장 13권 p.72a)

不動而至 豈非是一時義耶 與此若爲差別 答曰上但言不動而至
或容有前後 此言無前無後 是爲差別 亦是成上不動義 若不一時
卽是往來 若有往來 則非不動 是故爲成上不動義故須觀一時

  논 : 때 없이 장엄된 광명
      한 순간 한시에
      널리 모든 부처님 회상에 비추어
      모든 중생들을 이익되게 하네.
  논주 : 부처님께서 인행시에 이 원을 일으키신 까닭은, 어느 국토의 권속들을 보니 다른 세계에 계신 한량없는 모든 부처님에게 공양하고 싶고, 혹은 한량없는 중생들을 교화하고자 하나 여기서 없어졌다가 저기에 나타나야만 하고, 먼저 남쪽에서 한 뒤에 북쪽에서 해야만 한다. 이는 한 순간 한시에 광명을 놓아 널리 비추고, 두루 시방세계에 다니면서 중생들을 교화할 수가 없는 것이다. 이것은 나타났다가 없어져야만 하고, 앞에서 한 후 뒤에 해야만 하기 때문이다. 그렇기 때문에 원을 세워 "나의 불국토의 모든 보살들은 한 순간 한시에 두루 시방세계에 이르러 여러 가지 불사를 짓게 하겠습니다."고 하였다. 그렇기 때문에 "때 없이 장엄된 광명 한 순간 한시에 널리 모든 부처님 회상에 비추어 모든 중생들을 이익 되게 하네."고 말한다.
  묻기를, 위 단원에서 "몸은 움직이지 않고 두루 시방에 이른다."고 말했다. "움직이지 않고 이른다"고 한 것이 어찌 '한시'의 뜻이 아니겠는가! 이것은 어떤 차별이 있는가?
  답하기를, 위에서 다만 움직이지 않고 이른다고 말한 것은 혹 전후가 있는 것처럼 보이나 여기서는 먼저도 없고 후도 없는 것을 말한다. 이것이 차별이다. 또한 이것은 위에서 움직이지 않는다는 뜻도 성립된다. 만일 한시가 아니라면 곧 이것은 왕래하는 것이다. 만일 왕래가 있다면 움직이지 않는 것이 아니다. 그렇기 때문에 위의 움직이지 않는다는 뜻도 성립되므로 모름지기 '한시'라는 것을 관찰해야 한다.

【講說】

이 단원에서는 천백억 화신으로 나타나 중생들을 교화하시는 석가모니 부처님과 천 개의 손과 천 개의 눈으로 고통 속의 중생들에게 이익을 베푸시는 관세음보살을 생각하게 한다. 왜냐하면 빨리 여러 곳에서 많은 중생을 한 순간에 제도하려면 수많은 화현의 몸과 많은 손과 눈이 필요하기 때문이다. 이것이 어떻게 보면 불교가 다른 종교와 다른 자비사상이라 본다. 즉 다른 종교에서처럼 이 사람을 구원하고 나서 다른 사람을 구원하는 시간적인 차이를 두고, 또 이곳에서 구원하고 저곳에서 구원하는 공간적인 차이를 두는 것은 차별을 두는 것으로 평등한 구원이 아니다. 이러한 것을 아신 아미타불은 인행시에 "만약 내가 부처가 되어서도 그 나라 보살들이 부처님의 신통력을 입고 모든 부처님께 한번 밥 먹는 사이에 두루 헤아릴 수 없는 나유타의 모든 불국토에 이를 수 없다면 부처가 되지 않겠습니다."[438]라는 원을 세우신 것이다. 이 원 가운데 '한 번 밥 먹는 사이'란 천친보살이 말한 한 순간이나 한시이다. 즉 아미타불은 자기 국토에 있는 보살들에게 자기의 신통력을 입고 공간과 시간의 차이를 두지 않고 한 순간 한시에 시

---

438) 쯔보이 순애이 著 이태원 譯 『정토삼부경개설』 p.178.(이 원은 23供養諸佛願이다)

방의 여러 부처님 국토를 다니면서 많은 부처님께 공양하고, 많은 중생들을 교화하게 한 것이다. 이러한 것으로 볼 때 불교에서 평등하게 자비를 베풀어 구제해야 할 중생들에 대해 얼마나 깊이 생각하였는지 엿볼 수 있다.

여기서 담란은 위 단원인 '부동응화공덕 성취'에서 '움직이지 않고 두루 시방에 이른다.'와 '한 순간 한시'가 무엇이 다른가에 대해 언급하고 있다. 즉 '움직이지 않고 두루 시방 세계에 이른다'는 뜻에는 전후가 있을 수 있기 때문에 한 순간이라고 단언하기는 어렵지만, '한 순간 한시'란 한번에 나타나는 것이기 때문에 여기에 전후가 있을 수 없다는 것이다. 그리고 담란은 이 '한 순간 한시'란 보살들의 진신은 극락정토에 있으면서 여러 국토에 나타나는 것이기 때문에 앞 단원에서 말한 '부동응화(不動應化)'의 의미도 포함되어 있다고 하였다. 그렇기 때문에 우리들은 보살 장엄 가운데 이 한 순간 한시라는 것을 잘 관찰하여 그와 같이 되기 위해 반드시 정토에 왕생하기를 바래야 한다.

다. 무여공양공덕(無餘供養功德) 성취

論 : 雨天樂華衣 妙香等供養 讚諸佛功德439) 無有分別心
論註 : 佛本何故起此莊嚴 見有佛土 菩薩人天志趣不廣 不能遍

---

439) 『왕생론』 본문에는 "讚佛諸功德"이라고 되어 있다. 천친이 "부처님의 모든 공덕을 찬탄한다."고 한 것은 아미타불 한 분을 지칭한 것이 아닌가 생각할 수 있으나 위 게송에서 "普照諸佛會" 즉 "널리 모든 부처님 회상에 비추어"라는 것이 있기 때문에 이는 모든 부처님을 말한 것이고, 담란이 "모든 부처님의 공덕을 찬탄한다."고 한 것은 그대로 천친의 본의로 바꾸어 놓은 것이라고 본다.

至十方無窮世界供養諸佛如來大衆　或以己土穢濁不敢向詣淨鄕
或以所居淸淨鄙薄穢土　以如此等種種局分　於諸佛如來所不能周
遍供養發起廣大善根　是故願言　我成佛時　願我國土一切菩薩聲聞
天人大衆　遍至十方一切諸佛大會處所　雨天樂天華天衣天香　以巧
妙辨辭供養讚歎諸佛功德　雖歎穢土如來大慈謙忍　不見佛土有雜
穢相　雖歎淨土如來無量莊嚴　不見佛土有淸淨相　何以故　以諸法
等故　諸如來等　是故諸佛如來名爲等覺　若於佛土起優劣心　假使
供養如來非法供養也　是故言雨天樂華衣　妙香等供養　讚諸佛功德
無有分別心

　논 : 하늘에서 음악·꽃·옷·묘한 향기
　　　비 내리듯 내려 공양하며,
　　　모든 부처님 공덕을 찬탄하지만
　　　분별하는 마음 없네.
　논주 : 부처님께서 인행시에 이 원을 일으키신 까닭은, 어느
국토를 보시니 보살이나 사람, 그리고 천인들이 생각하는 것이
넓지 못해 두루 시방의 무궁한 세계를 다니면서 모든 부처님과
대중들에게 공양할 수가 없다. 혹은 자기의 국토가 더럽고 혼탁
하여도 감히 깨끗한 국토를 바라지 못하며, 혹은 거처하는 곳이
청정하여 예토를 멸시한다. 이와 같이 여러 가지로 나누는 차별
된 마음을 가지고 있기 때문에 모든 부처님이 계신 곳에 두루
공양하여 넓고 큰 선근을 심을 수 없다. 그러기에 원하여 말하
시기를 "내가 성불할 때 나의 국토의 모든 보살과 성문, 그리고
천인들이 두루 시방의 모든 부처님 큰 회상에 다니면서 하늘의
음악·하늘의 꽃·하늘의 옷·하늘의 향기를 비 내리듯 공양하고,

교묘하고 변재있는 말로 부처님의 공덕을 찬탄하겠다."고 하였다. 비록 예토의 부처님의 대비(大悲)와 겸손과 인욕을 찬탄하지만 부처님 국토에 더러운 모습이 있는 것을 보지 않고, 비록 정토의 부처님의 무량한 장엄을 찬탄하지만, 불토에 청정한 모습이 있는 것을 보지 않는다. 왜냐하면 모든 법이 평등하기 때문이다. 모든 부처님이 평등하기 때문에 모든 부처나 여래를 '등각(等覺)'[440]이라 부른다. 만약 부처님 나라에서 우열의 마음을 일으켜 여래에게 공양한다면 이것은 법다운 공양이 아니다. 그렇기 때문에 "하늘에서 음악·꽃·옷·묘한 향기 비 내리듯 내려 공양하며, 모든 부처님 공덕을 찬탄하지만 분별하는 마음이 없네."라고 말한다.

【講說】
여기서는 모든 복덕과 지혜를 구족하게 갖추려고 하면 먼저 평등한 마음을 가져야 한다고 강조한 단원이다. 즉 범부들이 복덕과 지혜가 구족하지 못한 것은 객관대상에 대해 시비와 선과 악, 그리고 유(有)와 무(無) 등 여러 가지 차별적인 편견을 갖고 있기 때문에 평등한 진리를 깨닫지 못하고, 이로 인해 광대한 선근을 쌓을 수가 없어 많은 부처님께 공양하려고 해도 할 수 없는 것이다. 그래서 구족한 복덕과 지혜를 가지고 수많은 부처님께 공양하려고 하면 마음속에 자리하고 있는 시비와 선과 악, 그리고 있다 없다 분별하는 편협된 마음을 제거하여 모든 것이 평등하다고 한 진리를 깨달아 광대한 선근을 심어야 한다. 천친보살이 '비 내리듯

---
440) 等正覺이라고도 하는데 이것은 두루하고 바른 보편타당성 있는 깨달음으로 차별되지 않고 평등하고 바른 깨달음을 말한다.

이'라고 표현한 것은 비가 내릴 때는 우열을 가리지 않고 평등하게 내리기 때문에 인용한 것이다.

지금 우리들이 사는 세계는 오탁악세이기 때문에 이러한 것을 이루기가 극히 어렵다. 그래서 아미타 부처님께서는 법장비구로 있을 때 "만약 제가 부처가 되어서도, 그 나라 보살들이 모든 부처님 앞에서 공덕의 근본을 나타내기를 원함에 의해 요구하는 공양물을 뜻대로 갖추지 못하면 저는 부처가 되지 않겠습니다."441)고 48원 중 제24원에서 말하고 있는지 모른다. 이것을 담란은 "내가 성불할 때 나의 국토의 모든 보살과 성문, 그리고 천인들이 두루 시방의 모든 부처님의 큰 회상에 다니면서 하늘의 음악·하늘의 꽃·하늘의 옷·하늘의 향기를 비 내리듯 공양하고, 미묘하고 변재 있는 말로써 부처님의 공덕을 찬탄하겠다."라고 자기 나름대로 부연하여 인용한 것이 다른 점이고, 중관사상의 대가답게 이러한 공덕을 얻기 위해서는 공에 입각한 평등한 진리를 깨닫지 않으면 안 된다고 하였다.

원래 원시불교에서 공양하는 물건에 대해서 언급한 것을 보면 의복·음식·머무는 장소·약 등 네 가지인데 천친보살은 이것을 정토의 보살들은 부처님께 음악·꽃·옷·향으로 공양한다고 하였고, 24원에는 없는 "부처님의 공덕을 찬탄하는데 분별하는 마음이 없는 평등, 무집착(無執着)으로 한다."고 부연하였다. 이것을 담란은 그대로 받아 들여 공양하는 것을 하늘의 음악·하늘의 꽃·하늘의 옷·하늘의 향기라고 하였고, 찬탄하는 것을 교묘하고 변재 있는 말이라고 표현하였다. 담란이 변재를 삽입한 것은 48원

---

441) 쯔보이 순애이 著 이태원 譯 『정토삼부경개설』 p.179.(이 원은 24供具如意願이다.)

가운데 "만약 제가 부처가 되어서도, 그 나라 가운데 보살들의 지혜와 변재가 한량이 있다면 저는 부처가 되지 않겠습니다."[442]고 한 득변재원(得辯才願)을 인용한 것 같다.

　천친보살이 원시불교에서 말한 네 가지 공양물을 달리 표현한 것은 극락세계에 계신 아미타불에게는 이 사바세계처럼 의복과 음식, 그리고 주처(住處)와 약이 필요한 것이 아니고, 아미타불을 장엄하기 위한 음악이나 꽃, 그리고 옷이나 향기가 필요하기 때문이다. 왜냐하면 이 세계에서는 육신이 있으니 먹어야 하고 입어야 하며, 쉬는 곳이 있어야 하고 몸이 있어 아플 때는 약이 필요하지만 극락세계는 화신이기 때문에 이러한 것들이 필요하지 않기 때문이다. 또 정토의 보살들이 아미타불에게 부족한 것이 있어 공양하는 것이 아니고, 그 분에게 공양하므로 인해 공덕을 쌓을 수 있기 때문이다. 이것은 어디까지나 수행하기 위한 하나의 방편에서 비롯된 것이다.

　원문에서 "비록 예토의 부처님의 대비(大悲)와 겸손과 인욕을 찬탄하지만 부처님 국토에 더러운 모습이 있는 것을 보지 않고, 비록 정토의 부처님의 무량한 장엄을 찬탄하지만 불토에 청정한 모습이 있는 것을 보지 않는다."는 것은 정토의 보살들은 모든 법에 대해 평등하기 때문에 차별된 마음을 가지고 사물을 판단하지 않는다는 의미이다. 즉 정토의 보살들은 예토의 부처님의 대비와 겸손, 그리고 인욕의 공덕을 찬탄하고 정토의 여러 가지 장엄을 찬탄하는 것은 부처님 공덕을 분별하는 마음이 없이 평등하고 집착이 없는 마음으로 하기 때문에 예토의 더러운 모습과 정토의 청

---

442) 쯔보이 순애이 著 이태원 譯『정토삼부경개설』p.182.(이 원은 29得辯才願이다.)

정한 모습에 대해서도 분별하지 않는다. 그러기에 예토의 부처님 국토에 더러운 모습이 있는 것을 보지 않고, 정토의 청정한 모습이 있는 것을 보지 않는 것이다.

라. 시법여불공덕(示法如佛功德) 성취

論 : 何等世界無 佛法功德寶 我願皆往生443) 示佛法如佛
論註 : 佛本何故起此願 見有軟心菩薩 但樂有佛國土修行 無慈悲堅牢心 是故興願 願我成佛時 我土菩薩皆慈悲勇猛堅固 志願能捨淸淨土 至他方無佛法僧處 住持莊嚴佛法僧寶 示如有佛使佛種處處不斷 是故言何等世界無 佛法功德寶 我願皆往生 示佛法如佛 觀菩薩四種莊嚴功德成就訖之于上

논 : 어떠한 세계라도
　　공덕의 보배인 부처님 법이 없다면
　　원컨대 나는 다 가서
　　불법을 부처님과 같이 보이겠습니다.
논주 : 부처님께서 인행시에 이 원을 일으키신 까닭은, 어떤 연심보살(軟心菩薩)444)을 보니 다만 부처님이 계신 국토에서 수행하기를 원하나 견고한 자비의 마음이 없다. 그러기에 원을 일으켜 "원컨대 내가 성불할 때 나의 국토의 보살들은 모두 자비와 용맹, 그리고 견고한 원이 있어서 능히 청정한 국토를 버리고 불법승이 없는 다른 세계에 다니면서 불법승의 보배를 머물

---

443) 『왕생론』 본문에는 "我皆願往生"으로 되어 있다.
444) 국토장엄 중 열여섯 번째 大義門功德 成就에서 언급하였으니 참고 바람.

게 하고 장엄하여 보이기를 부처님이 계신 것과 같이 하며, 부처님의 종자445)를 처처에서 끊어지지 않게 하겠습니다."고 하였다. 그렇기 때문에 "어떠한 세계라도 공덕의 보배인 부처님 법이 없다면, 원컨대 나는 다 가서 불법을 부처님과 같이 보이겠습니다."라고 말한다.

보살의 네 가지 장엄공덕 성취를 관찰하는 것을 이상으로 마친다.

【講說】

네 번째, 정토 보살들의 역할은 부처님 법이라는 공덕의 보배가 없는 곳에 가서 부처님 법을 부처님과 똑같이 펴도록 하겠다는 것이다. 이것은 아미타불의 원력인데 이 원은 48원 가운데 보이지 않는다. 이는 아마도 천친보살이 정토사상에 입각하여 자기 나름대로 첨가하여 표현한 것으로 보이며, "불법이 없는 곳"이라고 한 것을 담란은 "불법승 삼보가 없는 곳"이라고 하여 범위를 더 넓혀 설명하였다. 이러한 사상은 용수보살이 "중생들을 위해 부처님과 법, 그리고 대중이 없는 곳에 이르러 삼보를 소리내어 찬탄하겠다."446)는 영향을 받은 것으로 보인다.

부처님 제자로서 할 일이 여러 가지가 있겠지만 그 가운데 제일 중요한 것은 부처님의 진리를 모르는 사람에게 진리를 일깨워 주어 그로 하여금 미혹에서 벗어나 성인의 길을 걷게 하는 것이라 본다. 그렇다고 보면 부처님 법이 없는 세계에 가서 법을 전한다

---

445) 불성이라고도 하는데 이것은 부처가 될 종자라는 의미이다. 이를 중생들이 일으키는 보리심이라고 하는 것은 보리심이 원인이 되어 부처가 되기 때문이다.
446) 『대지도론』 대정장 25권 p.342b.

고 하는 것은 부처님 제자가 당연히 할 일이기 때문에 정토 보살들에게도 이러한 원은 당연히 있었을 것이라고 본다. 그래서 48원 가운데 구체적으로 이러한 것을 하나의 원으로 명시하지는 않았지만 아미타불의 본원에는 당연히 포함되어 있다고 우리는 간주해야 한다.

그러면 불법승 삼보가 없는 곳에 어떻게 부처님 법을 전할 것인가가 문제이다. 오늘날 우리나라 여러 종교계에서는 진리를 전하는 목적을 자기의 명리나 한 집단의 이익에 두어 본래의 종교 이념에서 벗어나 사이비와 같은 종교로 전락하여 많은 비리가 발생하는 경우를 종종 접하고 있다. 불교계에서는 이러한 폐단을 막기 위해서 마음의 자세를 잘 가져야 한다. 즉 부처님이 조금의 이익을 바라지 않고 오로지 중생들을 위해 법을 전하였듯이 우리도 물질과 명예의 이익을 위한 전법의 길을 걷지 말아야 한다. 이러한 것을 강조하기 위해 천친보살은 "불법을 보이기를 부처님과 같이"라고 하였고, 이것을 담란은 부처님과 부처님의 진리, 그리고 승단이 없는 다른 어떤 세계라도 다니면서 이 삼보를 찬탄하면서 법을 설하기를 부처님처럼 하라고 하였고, 부처의 종자를 개발하여 결국 부처가 되게 하겠다고 부연하여 설명하였다.

이상 네 보살들의 장엄을 단적으로 표현한다면, 정토의 보살들은 아미타불을 보좌하여 아미타불과 극락세계의 법을 찬탄하고 전하여 많은 중생들에게 이익을 주어 구원하는 것이다.

4) 회향문(廻向門)

論註 : 此下四句是廻向門
論 : 我作論說偈 願見彌陀佛 普共諸衆生 往生安樂國
論註 : 此四句是論主廻向門 廻向者 廻己功德普施衆生 共見阿彌陀如來生安樂國
論 : 無量壽修多羅章句 我以偈誦[447]總說竟

  논주 : 다음으로 이어지는 아래 네 구절은 회향문이다.
  논 : 제가 논을 짓고 게송을 설함은
      원컨대 아미타 부처님을 친견하고
      널리 모든 중생과 함께
      안락국토에 왕생하는 것입니다.

  논주 : 이 4구절은 이 논주(論註)의 회향문이다. '회향'이란 것은 자기의 공덕을 돌이켜 중생에게 널리 베풀어서 아미타여래를 함께 친견하고, 안락국에 태어나게 하는 것이다.
  논 : 내가 『무량수경』의 글 내용을 게송으로 모두 설해 마쳤다.

【講說】

  이 단원은 천친보살이 수행문을 다섯 단원으로 나눈 가운데 마지막인데, 앞 네 단원을 자리적인 수행문으로 본다면 이 단원은

---

447) 『왕생론』 본문에는 '誦'이라는 글자가 없다.

이타적인 수행문이다. 이 세상을 사는 사람들 90% 이상은 어떤 목적을 갖고 산다. 일반인들 가운데 돈을 많이 갖기를 원하는 사람, 권력을 원하는 사람, 재산을 원하는 사람, 화가나 예술가가 되려고 하는 사람, 학자가 되기를 바라는 사람, 사업가가 되려고 하는 사람, 농사꾼이 되려고 하는 사람 등 천차만별한 원을 가지고 산다. 또한 불자들은 깨달음을 얻기 위해 8정도와 6바라밀, 그리고 염불, 참선, 주력 등 여러 가지를 수행하여 꾸준히 선근의 공덕을 지으려고 정진한다. 이렇게 자기의 목적을 위해 목숨이 마칠 때까지 꾸준히 노력하여 이룬 사람도 있고 이루지 못한 사람도 있지만 이것은 모두 자리적인 것이다.

회향이란 산스크리트어로 pariṇāma라 하는데, 지금까지 자기가 이룬 것을 가지고 방향을 전환하여 사용하는 것이다. 예를 들면 돈을 많이 벌고자 하여 돈을 많이 모은 사람이 그 돈을 불행한 이웃을 위해 쓴다던가 불사를 위해 헌납하는 것은 돈의 방향을 전환시키는 것으로 이타적인 회향이고, 또 부처님 제자가 지금까지 수행하여 닦은 선근 공덕을 다른 중생에게 돌리는 것도 이타적인 회향이며, 하지만 자기의 깨달음을 얻기 위해 돌리는 것은 자리적인 회향이다. 그렇기 때문에 보살정신에 입각해 보면 이 회향은 아주 중요한 위치를 차지하고 있다.

사회가 평화로우려면 이 회향정신이 있어야 한다. 즉 개인적으로 자기만의 이익을 위해 노력한다면 거기에는 피나는 경쟁의식이 생겨 상대를 시기하고 멸시하며, 심지어 비방하며 살인을 자행하게 되고, 이것이 확대되면 국가적으로 전쟁이 일어나 많은 사람을 죽이는 여러 가지 불상사가 발생하여 조용한 날이 없어 사회가 항상 불안할 것이다. 그러나 이 회향정신에 의해 남을 먼저 배려

하고 자기의 이익을 나누어준다면 서로가 감사하는 마음을 갖게 되므로 여기에는 시기와 질투, 서로 비방하는 일이 있을 수 없고 사회와 국가는 항상 평화로울 것이다. 그리고 인생을 살아가면서 많은 사람을 접하는데 만날 때보다 헤어질 때 회향을 잘 해야 하고, 인생은 한번 태어나서 언젠가는 죽는데 죽는 시기에 회향을 잘 해야 한다. 이 회향 정신을 잘 가지려고 하면 어떤 마음을 가지면 좋을지 한번 생각해 보자. 내가 이 한 생을 살아가면서 이 육신을 지탱하기 위해 먹는 음식은 농부와 같은 많은 사람들의 노고에 의한 것이고, 내가 재산을 많이 모은 것이라든가 이외 어떤 목적을 이룬 것은 주위의 많은 사람들의 협조에 의한 것이라고 생각한다면 여기서 감사의 마음이 생길 것이고, 이 감사의 마음이 생길 때 다시 주위 사람에게 회향하려는 마음이 자연히 우러나올 것이다. 이러한 회향 정신을 갖는 사람이 세상에 만연할 때 이 세계는 진정 평화롭고 행복할 것이며, 이 회향 정신이 없을 때는 서로가 반목하여 불안하고 불행한 사회가 될 것이다. 그렇기 때문에 우리 불자들은 항상 이 회향 정신을 잊지 않고 사회 생활이나 수행생활을 해야 한다. 그것이 진정 부처님의 제자가 되는 길이다.

    이러한 정신에 의해 천친보살은 자기가 원생게를 지은 공덕을 자기와 남 모두가 극락정토에 왕생하여 아미타 부처님을 친견하기를 원하는데, 이 회향은 자리이타(自利利他)적인 회향이다. 여기서 한가지 우리가 주의해서 생각해야 할 점은, 천친보살이 5념문 마지막에 회향문을 두어 자타가 다 왕생하기를 원하는데 이것은 앞 네 가지 수행이 왕생에 근본 목적을 두고 이 논을 지었다고 보게 한다.

5) 여덟 가지 문답

(1) 어떤 사람이 왕생하는가?

論註 : 問曰 天親菩薩廻向章中 言普共諸衆生往生安樂國 此指共何等衆生耶 答曰 案王舍城所說無量壽經 佛告阿難 十方恒河沙諸佛如來 皆共稱嘆無量壽佛威神功德不可思議 諸有衆生 聞其名號 信心歡喜乃至一念 至心廻向 願生彼國 卽得往生 住不退轉 唯除五逆誹謗正法 案此而言 一切外凡夫人皆得往生 又如觀無量壽經 有九品往生 下下品生者 或有衆生作不善業五逆十惡 具諸不善 如此愚人 以惡業故 應墮惡道經歷多劫受苦無窮 如此愚人 臨命終時 遇善知識種種安慰爲說妙法 敎令念佛 此人苦逼不遑念佛 善友告言 汝若不能念者 應稱無量壽佛 如是至心令聲不絶 具足十念稱南無無量壽佛 稱佛名故 於念念中除八十億劫生死之罪 命終之後見金蓮華 猶如日輪住其人前 如一念頃 卽得往生極樂世界 於蓮華中滿十二大劫蓮華方開 觀世音大勢至以大悲音聲 爲其廣說諸法實相除滅罪法 聞已歡喜應時則發菩提之心 是名下品下生者 以此經證 明知下品凡夫但令不誹謗正法 信佛因緣皆得往生

논주 : 묻기를, 천친보살이 회향의 단원 가운데 "널리 모든 중생과 함께 안락국토에 왕생하는 것입니다."라고 말한 것은 어떤 중생을 가리켜 함께 한다는 것인가?
답하기를, 왕사성에서 설하신 『무량수경』을 살펴보건대, "부처님이 아난에게 말씀하시기를, 시방에 항하의 모래와 같이 많

은 모든 부처님이 다 함께 무량수 부처님의 헤아릴 수 없는 위신력과 공덕을 찬탄하시느니라. 모든 중생은 그 명호를 듣고 기쁜 마음으로 신심을 내어 한 생각448)이라도 지극한 마음으로 회향하여 저 국토에 태어나기를 원하면 곧 왕생하여 불퇴전의 자리에 머무른다. 오직 오역죄449)와 정법450)을 비방한 사람은 안 되느니라."451)고 하였다. 이것으로 생각해 보면 일체 범부452)들은 모두 왕생할 수 있다고 말할 수 있다. 또『관무량수경』의 9품 왕생453)에 있는 것과 같이 "하품하생이란 어떤 중생

---

448)『무량수경』의 '乃至一念'에는 두 가지 의미가 있다. 첫째는 願成就文과 下輩에서 말한 '乃至一念'은 생각을 일으킨다는 隨念을 의미하는 것으로 아미타불에 대한 염불이다. 둘째는 경의 마지막 부분에 있는 '乃至一念'은 ekacittaprasādam으로 생각을 일으키는 염불이 아니고 깨끗한 믿음인 淨信이다. 그렇기 때문에 일념은 아미타불에 대한 믿음을 가진 염이라고 할 수가 있다. 즉 일념은 깨끗한 믿음이 근본이 되지 않으면 안 된다는 것으로 믿음이 근본이 되어 왕생하기를 바라는 마음의 一念念佛이다. 이에 자세한 것은 졸저『염불의 원류와 전개사』pp.136~151을 참조할 것)
449) 다섯 가지 무거운 죄로, 아버지를 죽이는 것·어머니를 죽이는 것·아라한을 죽이는 것·부처님 몸에 상처를 내는 것·청정한 교단을 파괴하는 것이다.
450) 산스크리트어로 saddharma라 하는데 이는 바른 진리의 교로써 妙法, 또는 善法이라 번역한다. 정법을 불법이라고 하는 것은 어느 부처님이든지 모두 정법을 깨달아 부처가 되고, 이 정법을 중생들을 위하여 널리 펴기 때문이다.
451) 쯔보이 순애이 著 이태원 譯『정토삼부경개설』p.232.
452) 원문에는 外凡夫라고 되어 있다. 이 외범부란 內凡夫에 對한 것으로 10信位 이하의 사람을 말한다. 일본의 親鸞은 外道凡夫라고 하였다.
453)『관무량수경』에서 정토에 태어나는 사람들의 성격이나 행위의 차이를 따라 나누는 아홉 가지 종류를 말한다. 이것을『무량수경』에서는 세 가지로 나누어 三輩왕생이라 하였다. 이것을 중국의 정영사 혜원은 정토에 태어나고자 원하는 사람을 위해 타인의 왕생하는 모습을 보게 하는 관법을 설한 것이라 하고, 여기서 말하는 아홉 가지는 보살 내지 범부라고 하였지만, 선도는 이와 다른 견해로 범부가 정토에 태어나기 위한 실천 방법을 설한 것으로 상품상생, 상품중생, 상품하생은 대승을 수행한

이 착하지 못한 업인 오역죄와 열 가지 악[454]과 가지가지 착하지 않은 업을 갖추었느니라. 이와 같은 어리석은 사람은 악업 때문에 마땅히 악도(惡道)[455]에 떨어져 많은 세월을 지내면서 한량없는 괴로움을 받을 것이니라. 이 어리석은 사람이 목숨을 마칠 때에 선지식[456]이 여러 가지로 편안하게 위로하고 그를 위해서 미묘한 법을 설하여 가르쳐서 부처님을 생각하도록 권함을 받았으나, 이 사람은 고통에 시달려 부처님을 생각할 틈이 없느니라. 선지식은 다시 말씀하시기를 '그대가 만약 부처님을 생각할 수 없으면 무량수불을 불러라.'고 하시느니라. 이와 같이 지극한 마음으로 소리가 끊이지 않게 하여 십념(十念)[457]을 구족하여 나무무량수불[458]을 부르면, 부처님 명호를 부르는 까닭에 생각생각 가운데 80억겁의 생사의 죄를 제거하느니라. 그리고 목숨을 마친 후에는 태양과 같은 황금의 연꽃이 그 사람 앞에 머물러 있는 것을 보고, 한 생각 사이에 극락세계에 왕생하느니라. 그 연꽃 속에서 12대겁을 지나 연꽃이 피는데 관세음보살, 대세지보살이 대자비의 음성으로 그를 위하여 널리 모든

범부, 중품상생, 중품중생, 중품하생은 소승을 수행한 범부, 하품상생, 하품하생, 하품하생은 악을 행한 범부라고 하였다.
454) 몸과 입, 그리고 생각 등 세 가지 업으로 짓는 열 가지 악업이다. 즉 몸으로 하는 殺生・偸盜・邪淫(淫行)이고, 입으로는 妄語・兩舌・惡口・綺語이며, 마음으로는 貪欲・瞋恚・愚癡 등이다.
455) 인간보다 많은 고통을 받는 地獄・餓鬼・畜生 세 가지를 말한다.
456) 산스크리트어 kalyāṇa-mitra로 바른 도리, 즉 진리를 가리켜 인도하는 사람이다.
457) 열 번 아미타불을 염하는 것인데, 선도대사는 열 번 소리내어 아미타불을 부르는 것이라고 하였다. 자세한 것은 졸저『염불의 원류와 전개사』pp.156~151을 참조할 것.
458) 강량야사가 번역한『관무량수경』한역본에는 '나무아미타불'로 되어 있는데, 이것을 담란이 중국적인 사고방식으로 고친 것 같다.

법의 실상[459]과 죄를 없애는 법을 설하는 소리를 듣고 나서 기쁨에 넘쳐 그 때에 곧 보리심을 내느니라. 이것을 하품하생이라고 이름한다."[460]고 하였다. 이 경의 증명으로 분명히 알 수 있는 것은 하품의 범부라도 다만 정법을 비방하지 아니하면 부처님을 믿는 인연[461]으로 모두 왕생할 수 있다는 것이다.

【講說】

이 여덟 가지 문답은 천친보살이 회향문에서 말한 "널리 모든 중생과 함께 안락국에 왕생하기를 바란다"는 가운데 왕생하는 중생이 어떤 중생인가의 문제를 가지고 논한 것이다. 이 단원에서 '어떤 사람이 왕생하는가'의 문답을 분석하면 두 가지로 결론을 내릴 수 있다. 첫째, 왕생할 수 있는 사람은 천친이 말한 관법을 수행하는 사람이 아니고 염불하는 사람이다. 이 왕생하는 업은 여러 가지인데, 초기 정토경전인 『대아미타경』과 『평등각경』에서는 아미타불의 명호를 듣고 신심을 내어 왕생하려고 하는 '욕생심(欲生心)'이 근본이 되어 왕생한다고 하였고, 후기 정토경전인 『무량수경』에서는 보리심을 일으켜 염불하여 정토에 태어나기를 원하면 왕생한다고 하였으며, 『관무량수경』에서는 세 가지 복[462]과 칭명

---

459) 모든 모습에 참다운 모습이 있다는 의미로 천태종에서는 인연법에 의해 이루어진 일체의 현상, 즉 모든 법은 거짓으로 나타난 것이기 때문에 실체가 아니고, 이것의 본질은 진실한 모습, 즉 실상이기 때문에 제법실상이라 한다.
460) 쯔보이 순에이 著 이태원 譯 『정토삼부경개설』 pp.480~481.
461) 앞 「용수의 교판관」에서 언급하였으니 참고 바람.
462) 부모에게 효도하고 어른을 존경하며, 자비스런 마음으로 살생하지 않으며 열 가지 선업을 지어 얻는 세간의 복과 삼귀의계와 구족계를 받아 파하지 않는 지계의 복, 그리고 보리심을 내어 인과를 깊이 믿고 대승경전을 독송하는 수행의 복이다.

염불을 말하였으나463) 그 본의는 어디까지나 하품하생의 칭명염불이다. 9품 중생 가운데 근기가 제일 열등한 것은 하품하생이다. 이 근기가 가장 하열한 하품하생의 중생은 부처님을 마음으로 관하거나 염하는 수행을 하기에는 벅차지만 입으로 부처님의 명호를 부르는 정도는 감당할 수 있다. 이 입으로 부처님의 명호를 부르는 소리를 귀로 듣고 마음속에서 음미하여 부처님을 생각하게 하는 것이 칭명염불이며, 이것이 『관무량수경』의 본의로 죄악이 많은 중생, 부처님이 계시지 않는 무불시대(無佛時代)와 정법시대와 상법시대를 지나서 태어난 말법시대의 중생이 구제 받을 수 있는 수행 법이기에 담란은 이러한 사상에 근거하여 관법에서 염불수행으로 전환시켰다. 왜냐하면 천친보살의 5념문을 보면 부처님께 예배하고 찬탄하거나 왕생하기를 원하는, 작원(作願)하는 사람도 왕생할 수 있지만, 네 번째 아미타불 자신이 수행하여 성취한 공덕으로 장엄한 기세간과 중생 세간을 관찰하는 수행이 왕생의 업이라고 중점적으로 강조하였기에 관찰 중심의 행이라 볼 수 있다. 그런데 담란은 이와 달리 『무량수경』 18원의 염불과 하권 삼배단원 앞 '정정취(正定聚)의 이익'에서 이야기한 염불, 그리고 『관무량수경』 하품하생에서 말한 염불을 들어 이것이 왕생하는 업이라고 중점적으로 강조하였기 때문에 염불 중심의 행이라 할 수 있다. 이러한 것으로 보아 담란은 천친의 영향을 받으면서도 관찰중심의 수행에서 염불중심의 수행으로 전환시켰다고 할 수 있다. 이러한 것을 뒷받침하는 것은 담란 스스로 묻고 답하는 여덟 가지 문답 가운데 정토에 왕생하는 사람을 염불수행한 사람이라고 전

---

463) 이에 대한 것은 이태원 저 『염불의 원류와 전개사』 pp.88~168을 참조할 것.

제하였고, 이 가운데 오역죄와 정법을 비방한 업을 지은 사람은 어떻게 되며, 어떤 업이 무거운가 가벼운, 염불의 염은 어떤 의미를 가지고 있으며, 염의 다소(多少)는 어떠한가 등을 논하였기 때문이다.

둘째는 정법을 비방하지 않으면 부처님을 믿는 신불(信佛)의 인연, 즉 신심을 근본으로 하여 정토에 왕생하는 것이 가능하다는 것이다. 『무량수경』의 18원에서는 시방의 중생들이 지극한 마음으로 원해 저의 나라에 태어나려고 하여 열 번만 염하면 다 태어나지만 오직 오역죄인이나 정법을 비방한 사람은 제외시킨다고 하였고, 앞 원문에서 인용한 삼배단 앞 '정정취의 이익'에서 오역죄인과 정법을 비방한 사람은 제외시킨다고 하여 『무량수경』에서는 두 번에 걸쳐 두 가지 죄를 지은 사람은 왕생이 불가능함을 말하였다. 그런데 『관무량수경』 하품하생에서는 이와는 달리 오역죄를 지은 사람은 염불하여 왕생하기를 바라면 왕생할 수 있다고 하였고, 정법을 비방한 사람은 언급하지 않아 부처님이 설한 두 경이 맞지 않다. 이것에 대한 논란은 담란에서 시작하여 중국과 한국, 그리고 일본의 정토를 연구하는 사람들이 많은 관심을 갖고 이야기 한 것이다. 담란은 이에 대해 열 가지 악과 오역죄의 무거운 죄를 지은 사람이라도 정법을 비방하지 않으면 언젠가는 정법을 들을 기회가 있게 되고, 이 정법을 듣고 나서 부처님을 믿는 인연으로 염불할 수 있지만, 정법을 비방한 사람은 정법 자체를 부정하기 때문에 정법을 들을 기회가 영원히 없을 뿐만 아니라, 부처님을 믿으려 하지 않고 염불하는 법도 몰라 왕생할 수가 없다고 하였다. 원효는 『무량수경』에서 오역죄를 지은 사람은 왕생할 수 없다고 한 것은 정법을 몰라 참회하지 않은 사람이고, 『관무량수경』

에서 오역죄인이 왕생할 수 있다고 한 것은 정법을 알아 참회한 사람이라고 하였다. 즉 정법을 비방한 사람은 참회하는 법 자체를 모르기 때문에 참회할 수 없어 왕생할 수 없다. 그러기에 『관무량수경』에서 정법 비방을 언급하지 않는 것이라고 보고 참회에다 근본을 두어 논464)한 것은 담란과 다른 견해이다.

(2) 오역죄인과 정법을 비방한 사람 중 누가 왕생할 수 있는가?

論註 : 問曰 無量壽經言 願往生者皆得往生 唯除五逆誹謗正法 觀無量壽經言 作五逆十惡具諸不善亦得往生 此二經云何會 答曰 一經以具二種重罪 一者五逆二者誹謗正法 以此二種罪故 所以不得往生 一經但言作十惡五逆等罪 不言誹謗正法 以不謗正法故 是故得生

논주 : 묻기를, 『무량수경』에서 "왕생을 원하는 사람 모두 왕생할 수 있지만, 오직 오역죄와 정법을 비방하는 사람은 제외된다."465)고 말씀하였고, 『관무량수경』에서는 "오역과 열 가지 악한 죄를 짓는 등 모든 착하지 않는 업을 갖추더라도 또한 왕생할 수 있다."466)고 말씀하였는데 이 두 경을 어떻게 이해해야

---

464) 『무량수경종요』 대정장 37권 p.129b.
465) "지극한 마음으로 회향하여 저 국토에 태어나기를 원하면 곧 왕생하여 불퇴전의 자리에 머무른다. 오직 오역죄와 정법을 비방한 사람은 안 되느니라."의 내용.(쯔보이 순에이 著 이태원 譯 『정토삼부경개설』p.232)
466) "어떤 중생이 착하지 못한 업인 오역죄와 열 가지 악과 가지가지 착하지 못한 업을 갖추었느니라. (중간 생략) 곧 한 생각 사이에 극락세계에 왕생하느니라"의 내용.(쯔보이 순에이 著 이태원 譯 『정토삼부경개설』

되는가?

　답하기를, 한 경⁴⁶⁷⁾에서는 두 가지 무거운 죄를 갖춘 것으로 첫째는 오역이고, 둘째는 정법을 비방한 것이다. 이 두 가지 죄 때문에 왕생할 수 없다. 한 경⁴⁶⁸⁾에서는 다만 열 가지 악과 오역 등의 죄를 짓는 것을 말했고, 정법을 비방하는 것은 말하지 않았다. 정법을 비방하지 않았기 때문에 왕생을 할 수가 있다.

【講說】

　이 단원의 초점은 『무량수경』에서는 왕생을 원해도 왕생할 수 없는 사람을 오역죄와 정법을 비방하는 두 가지 죄를 지은 사람이고, 『관무량수경』에서는 정법을 비방하지 않고 열 가지 악과 오역죄를 범한 사람이라도 왕생하기를 원해 염불하면 왕생할 수 있다고 하는데 그 차이가 무엇이냐는 것이다. 앞에서도 언급하였지만 정법을 비방하고 아미타불과 정토를 불신하는 사람은 염불할 마음을 내지 않을 뿐만 아니라 아마도 아미타불이 계신 극락세계에 왕생하는 것 자체도 원하지 않을 것이다. 그렇기 때문에 왕생하는 데는 정법을 비방하지 않고 믿는 것이 얼마나 중요한지 모른다.

　우리가 세상을 살아가면서 입으로 여러 가지 나쁜 업을 짓고 살지만 이 가운데 바르게 사는 길과 남에게 이익을 주는 도리, 서로가 행복해지는 도리, 더 나아가 아집과 독선에서 벗어나는 길을 믿지 않고 비방하고 부정하면서 역행한다면 자신도 불행할 뿐만 아니라 이 사회가 혼탁하고 무질서하여 마음놓고 걸을 수도 없게

---

pp.480 ~481)
467) 『무량수경』이다.
468) 『관무량수경』이다.

될 것이다. 그러기에 우리 인간이 근본적으로 지켜야 할 윤리와 도덕, 바르게 사는 정법을 알아야 하고, 비방하지 말아야 하며, 이러한 법을 실천하지 않으면 안 된다. 우리 주위에서 누구는 나쁜 짓만 해도 잘 살기 때문에 정직하게 살 필요가 없다고 말하는 사람이 간혹 있다. 이러한 생각은 아주 위험한 발상으로 불행을 초래하게 한다. 이 생에서 나쁜 짓하고 잘 사는 사람은 우리가 보지 못한 전생에 지은 선행의 과보에 의한 것이기 때문으로, 이 사람이 지금 행한 나쁜 짓의 과보는 금생의 말년이나 내생에는 반드시 벌을 받게 되는 것은 자명한 일이다. 이러한 관점에서 보면 우리는 아주 긴 미래의 시간을 보고 선행의 법과 정법을 배워 실천해야 한다.

대승경전 여러 곳에서 부처님께서 설한 법을 비방하지 말라고 한 것은 법을 설한 부처님 자신을 덧 보이기 위해서가 아니고 중생들 편에서 구제 받지 못해 불행해지는 사람이 있을까 염려하는 마음에서 나온 것임을 알아야 한다.

(3) 오역죄는 없고 정법만 비방하면 왕생할 수 없는가?

論註 : 問曰 假使一人具五逆罪而不誹謗正法 經許得生 復有一人但誹謗正法而無五逆諸罪 願往生者得生以不 答曰 但令誹謗正法 雖更無餘罪 必不得生 何以言之 經言 五逆罪人墮阿鼻大地獄中 具受一劫重罪 誹謗正法人墮阿鼻大地獄中 此劫若盡復轉至他方阿鼻大地獄中 如是展轉經百千阿鼻大地獄 佛不記得出時節 以誹謗正法罪極重故 又正法者卽是佛法 此愚癡人旣生誹謗 安有願生佛土之理 假使但貪彼土安樂而願生者 亦如求非水之氷無煙之

火 豈有得理

　논주 : 묻기를, 가령 한 사람이 오역죄를 갖추었지만, 정법을 비방하지 않았기에 경469)에서 왕생할 수 있다고 허락하였는데, 어느 한 사람은 정법만 비방하고 오역죄가 없는데 왕생하기를 원한다면 왕생할 수 있겠는가, 없겠는가?
　답하기를, 가령 정법만 비방하고 비록 다른 죄가 없더라도 반드시 왕생할 수 없다. 무엇 때문에 그렇게 말하는가? 경470)에서 "오역죄인은 아비대지옥471)에 떨어져 한 겁을 채워 무거운 죄를 받지만, 정법을 비방한 사람은 아비대지옥 중에 떨어져 이 겁이 다하면 다시 굴러 다른 아비대지옥에 이른다. 이와 같이 전전하여 백천 곳의 아비대지옥을 다닌다."고 말하였다. 부처님이 벗어날 수 있는 시기를 명시하지 않은 것은 정법을 비방하는 죄가 극히 무겁기 때문이다. 또 정법이란 곧 이것은 부처님의 법이다. 어리석은 사람472)이 이미 비방한 것으로 어찌 부처님 국토에 태어나기를 원할 생각이 있겠는가!
　가령 단 저 국토의 안락을 탐하여 태어나기를 원하는 사람은 마치 물이 아닌 얼음과 연기가 없는 불을 구하는 것과 같은 것으로 어찌 바른 도리라 하겠는가!

---

469) 『관무량수경』이다.
470) 대정장 25권 p.108c, 이밖에 같은 책 p.500c, 502a~c에도 비슷한 내용이 있다.
471) 8熱地獄 가운데 하나이다. 阿鼻란 avīci로 無間, 즉 사이가 없다는 의미이다. 이처럼 쉴 사이 없이 고통을 받는 곳으로, 지옥 중에서 極惡한 죄를 지은 사람이 가장 심한 고통을 받는 지옥이다.
472) 바른 지혜가 없는 無知한 사람을 말한다.

【講說】

 오역죄는 짓지 않고 단 정법만을 비방하였더라도 왕생할 수 없다는 이유에 대해서는 앞 강설에서 누차 이야기하였기에 여기서는 생략하고, 담란이 오역죄를 지은 사람과 정법을 비방한 사람이 아비지옥에서 받는 죄가 각기 다르다고 한 것에 대해 생각해 보자. 담란은 경에서 "오역죄를 지은 사람은 아비지옥에 떨어져 한 겁 동안 무거운 벌을 받지만, 정법을 비방한 사람은 아비지옥에 떨어져 한 겁이 다하면 다른 아비지옥에 가서 다시 고통을 받는다. 이와 같이 계속 백천 곳의 아비지옥을 다니면서 벌을 받는다."고 하여 정법 비방과 오역죄의 차이는 무간지옥에서 벌을 받는 시간에다 초점을 맞추었다. 담란이 인용한 경은 어떤 경인지 확실히 알 수 없으나 용수보살이 쓴 『대지도론』에서 "성문의 도 가운데 오역죄를 지은 사람은 부처님께서 말씀하시기를, 지옥에서 일겁 동안 고통을 받고, 보살의 도 가운데서는 불법을 파괴하는 사람은 이 세상에서는 겁이 다하면 타방에 다니면서 무량한 죄를 받는다."고 한 내용 가운데 '부처님께서 말씀하시기를'을 인용하여 경으로 본 것 같다. 그렇지 않으면 논을 경으로 잘못 쓴 것이 아닌가 생각한다. 아무튼 여기서 담란은 정법을 비방한 사람은 벌을 무한한 시간에 걸쳐 받는다고 하여 정법을 알지 못해 참회하지 않는 것에 두지 않았다.

 마지막 부분에 "단 저 국토의 안락을 탐하여 태어나기를 원하는 사람은 흡사 물이 아닌 얼음과 연기가 없는 불을 구하는 것과 같은 것으로 어찌 바른 도리라 하겠는가!"란 말은 여름에 시원하게 먹는 얼음사탕은 물로 만들며, 나무를 태워 불을 일으킬 때는 먼저 연기가 나오면서 비롯되듯이 정법을 모르고 염불하는 법도 모르는 사람이 극락세계의 즐거움을 탐하여 왕생하기를 바라는 것은 원인 없는 결과를 바라는 것과 같으며, 또 구름 한 점 없는 푸른 하늘에서 비가 오기를 바라는 것과 같이 이룰 수 없는 허망한 꿈만 꾸는 것과 같다는 비유이다.

(4) 법을 비방하는 죄는 어떤 것인가?

論註 : 問曰 何等相是誹謗正法 答曰 若言無佛無佛法無菩薩無菩薩法 如是等見若心自解 若從他受其心決定 皆名誹謗正法

논주 : 묻기를, 어떠한 모습이 정법을 비방하는 것인가?
답하기를, 만약 "부처님이 없다"든가 "부처님 법이 없다"든가 "보살이 없다"든가 "보살 법이 없다"든가 등을 말하는 것이다. 이와 같은 견해는 혹은 자기 마음 스스로 알고, 혹은 타인으로부터 받아[473] 그 마음을 결정하는 것으로 정법을 비방한다고 한다.

【講說】
정법 비방이란 앞에서도 언급하였듯이 사회적으로 폭을 넓게 보면 인간이 살아가고 우주법계가 지탱하고 있는 하나의 참된 질서를 비방하는 것이고, 불교적으로 보면 진리를 말씀하신 부처님과 법을 비방하는 것을 말한다. 이러한 법들은 우리에게 무한한 양식을 주어 행복의 언덕에서 참된 삶을 누리게 한다. 그렇기 때

---

[473] 부처님과 법, 보살과 보살법이 없다는 사상을 남으로부터 가르침을 받는 것을 말한다.

문에 정법을 비방하는 법을 남으로부터 배우지도 말고, 스스로도 알려고 하지 않는 것이 정법을 비방하지 않는 것이 된다.

요즈음은 컴퓨터와 인터넷을 통해 많은 정보가 노출되어 있어 좋은 정보를 얻을 수도 있지만, 반면에 나쁜 정보를 쉽게 접해 탈선하는 사람들도 많다. 어쩌면 우리들 마음속에는 남을 칭찬하는 소리보다 험담하는 소리에 더 귀를 기울이고, 좋은 그림보다는 음란성 있는 그림을 보려는 쪽에 더 비중을 두고 있는지 모른다. 이런 면에서 보면 우리가 탈선하지 않고 정도를 걸으려고 한다면 마음가짐을 단단히 해서 나쁜 곳에 마음을 기울여 알려고 하지 말아야 한다. 정도를 걷는다는 것은 그리 쉽지 않기 때문에 부모로부터 어려서 바른 교육을 받아야 하고, 초등학교부터 대학까지 선생님으로부터 바른 교육을 받아야 하며, 사회 환경으로부터 바른 교육을 받는 것이 중요하다. 이렇게 교육을 받는 사람은 능히 자제하고 절제하는 능력이 있어 탈선하지 않을 것이다. 그리고 정도를 걷는 사회를 만들기 위해서는 청소년을 탈선하게 하는 유흥업소가 없어야 하고, 음란물을 인터넷에 올리거나 시중에서 파는 여러 가지 악의 원인을 제공하는 사람과 혐오스런 환경을 제공하는 사람이 없어야 하며, 또 이런 것에 유혹되지 않아야 한다. 그래서 담란은 나쁜 견해를 스스로 일으키지도 말고, 남으로부터 나쁜 견해를 듣고 마음속에 간직하지 말아야 정법을 비방하는 것이 아니라고 했다.

(5) 오역죄보다 왜 법을 비방하는 죄가 무거운가?

論註 : 問曰 如是等計但是己事 於衆生有何苦惱踰於五逆重罪耶

答曰 若無諸佛菩薩說世間出世間善道教化衆生者 豈知有仁義禮智信耶 如是世間一切善法皆斷 出世間一切賢聖皆滅 汝但知五逆罪爲重 而不知五逆罪從無正法生 是故謗正法人其罪最重

논주 : 묻기를, 이와 같은 견해[474]는 다만 자기의 일이다. 중생들에게 무슨 고뇌를 주기에 무거운 오역죄보다 더 하는가?

답하기를, 만약 모든 부처님이나 보살들이 세간[475]과 출세간[476] 법을 설하여 중생을 교화하지 않았다면 어찌 '인의예지신(仁義禮智信)'[477]이 있음을 알겠는가. 이와 같이 세간의 일체 선법을 모두 끊고 출세간의 일체 현성(賢聖)[478]이 모두 없어지면 너는 다만 오역죄가 무겁다는 것만 알 뿐, 오역죄가 정법이 없다는 것으로부터 나오는 줄 알지 못할 것이다. 그렇기 때문에 정법을 비방하는 사람은 그 죄가 가장 무겁다.

【講說】

아버지와 어머니, 그리고 수행한 아라한을 죽이고, 성인이신 부처님 몸에 피를 내며, 청정한 교단을 파괴하는 오역죄는 모두 다른 사람을 해치고 승단을 파괴하는 일로서 죄악이 된다는 것은 자타가 모두 인정하지만, 정법을 비방하는 것은 자기 개인의 일로써

---

474) 정법을 비방하는 견해를 말한다.
475) 산스크리트어 loka의 번역으로 세상의 사물·번뇌에 얽매어 헤어나지 못하고 있는 존재의 모든 현상을 가리킨다. 즉 일체 생사의 법이 세간법이다.
476) 세간을 벗어난 세계로 생사가 없는 곳이며, 열반의 법을 출세간법이라 한다.
477) 이것을 五常이라고도 하는데, 유교에서는 사람의 마음에 선천적으로 갖춘 仁과 義와 禮 그리고 智와 信이 있기 때문에 실천해야 한다고 한다.
478) 국토장엄 가운데 「大義門功德 成就」에서 언급하였으니 참고 바람.

다른 사람에게 아무런 피해를 주지 않는데 왜 오역죄보다 더 무거운 죄인가가 문제이다. 정법이란 가깝게는 인간이 살아가야 할 도리이고, 깊고 넓게는 삼라만상과 우주법계의 진리를 터득하는 법이다. 그러기에 정법을 모르는 사람은 인간이 바르게 행해야 하는 도리를 알지 못하기 때문에 악한 오역죄를 짓지만, 정법을 아는 사람은 오역의 죄가 무겁고 이 죄로 인해 무간지옥에 떨어져 한없는 세월 동안 고통을 받는다는 것을 알기 때문에 죄를 지을 생각을 내지 않을 뿐만 아니라 좋은 일을 행하여 많은 복덕을 짓고, 지혜를 닦으려고 노력한다. 다시 말하면 오역죄를 짓게 되는 원인은 바른 법을 모르는 데서 비롯되기 때문에 정법을 비방하는 죄가 오역죄보다 무거운 것이다. 그래서 앞에서도 언급하였듯이 우리가 이 세상에서 받아야 할 중요한 교육은 인간이 인간답게 바르게 살아가는 도리를 먼저 배워 실천하는 것이고, 다음은 우주 법계의 진리를 깨닫는 법을 배워 아집과 독선에 사로잡혀 극도의 이기주의에 빠지지 말고, 무상의 진리인 공(空)의 세계에 들어가 무생법인을 증득하여 고통 속에 헤매는 중생을 구원하는 것이다.

(6) 『업도경』과 『관무량수경』의 같은 점과 다른 점은?

論註 : 問曰 業道經言 業道如秤 重者先牽 如觀無量壽經言 有人造五逆十惡具諸不善 應墮惡道經歷多劫受無量苦 臨命終時遇善知識敎稱南無無量壽佛 如是至心令聲不絶具足十念 便得往生安樂淨土 卽入大乘正定之聚畢竟不退 與三塗諸苦永隔 先牽之義於理如何 又曠劫已來備造諸行 有漏之法繫屬三界 但以十念念阿彌陀佛便出三界 繫業之義復欲云何 答曰 汝謂五逆十惡繫業等爲重

以下下品人十念爲輕 應爲罪所牽先墮地獄繫在三界者 今當以義校量輕重之義 在心在緣在決定 不在時節久近多少也 云何在心 彼造罪人自依止虛妄顚倒見生 此十念者依善知識方便安慰聞實相法生 一實一虛 豈得相比 譬如千歲闇室光若暫至卽便明朗 豈得言闇在室千歲而不去耶 是名在心 云何在緣 彼造罪人 自依止妄想心依煩惱虛妄果報衆生生 此十念者依止無上信心依阿彌陀如來方便莊嚴眞實淸淨無量功德名號生 譬如有人被毒箭所中截筋破骨 聞滅除藥鼓卽箭出毒除 豈可得言彼箭深毒屬聞鼓音聲不能拔箭去毒耶 是名在緣 云何在決定 彼造罪人依止有後心有間心生 此十念者依止無後心無間心生 是名決定 校量三義 十念者重 重者先牽能出三有兩經一義耳

논주 : 묻기를, 『업도경』479)에서는 "업의 도리란 저울과 같아 무거운 것에 먼저 이끌린다"고 말씀하였다. 그런데 『관무량수경』에서 "어떤 사람이 오역죄와 열 가지 악을 지어 착하지 못한 모든 업을 갖추어 마땅히 악도에 떨어져 여러 겁을 지나면서 무량한 고통을 받아야 하는데, 목숨이 마칠 때에 선지식의 가르침을 만나 '나무아미타불'을 불러라. 이와 같이 지극한 마음으로 소리가 끊이지 않게 하여 십념을 구족하면 곧 안락정토에 왕생할 수가 있다. 그리고 곧 대승의 정정취에 들어가 결국에는 물러나지 않는 지위를 얻어 삼도와 더불어 모든 고통에서 영원히 격리된다."480)라고 말씀하시었는데 "먼저 이끌린다"는 이치는

---

479) 『업도경』이란 어떤 것인지 확실히 알 수가 없다. 이와 비슷한 내용을 설하고 있는 경전으로 오나라 지겸이 번역한 『惟日難經』에서는 "如秤隨重得之"(대정장 17권 p.605a)라 하였고, 안세고가 번역한 『도지경』에서는 "譬如秤一上一下 如是捨死受生種"(대정장 15권 p.233b)이라고 하였다.

어떻게 되는가? 또 한량없는 세월 동안 모든 행481)을 갖추어 지었다. 유루(有漏)482)의 법은 삼계에 얽혀 속박되는데 단 십념으로 아미타불을 염하는 것으로 모든 삼계에서 벗어난다고 했다. 업으로 얽혀 있다는 뜻을 어떻게 이해하면 좋은가?

답하기를, 너는 오역죄와 열 가지 악으로 속박된 업 등을 무겁다고 하고, 하품하생의 사람이 십념을 하는 것은 가볍다고 말하였다. 그래서 마땅히 죄에 이끌리어 먼저 지옥에 떨어지고 삼계에 속박되어 있어야 한다고 하는데, 이제 마땅히 이치를 가지고 가볍고 무거운 뜻을 생각해 보자. 이것은 마음에 있고〔在心〕, 반연483)에 있으며〔在緣〕, 결정에 있는〔在決定〕 것이지 시절이 멀고 가깝거나484) 많고 적음에485) 있는 것은 아니다.

마음에 있다는 것은 무엇인가? 저 죄를 짓는 사람은 스스로 허망하고 전도된 견해486)에 의지해 생기는 것이고, 이 십념하는 사람은 선지식이 방편으로 편안하게 위로하는 실상(實相)의 법을 듣는 것에 의해 생기는 것으로 하나는 진실이고, 하나는 거짓된 것이다. 어찌 서로를 비교할 수 있겠느냐. 비유하면 천년 동안 어두운 방이 있는데 만약 잠시 빛을 비추게 되면 곧 밝아지는 것과 같다.487) 어찌 암실이 천년 동안을 지나야만 어두움이 사라진다고

---

480) 하품하생의 내용을 담란이 자기 나름대로 삽입하여 말한 것은 자기가 주장하고 있는 것을 확실히 하려는 의도라 볼 수 있다.
481) 여기서는 여러 가지 악업을 짓는 것을 말한다.
482) 앞 단원인 「원생게를 짓는 의미」에서 언급하였다.
483) 객관의 대상을 의미한다.
484) 선업이든 악업이든 업을 짓는 시간을 말한다.
485) 업이 많고 적은 것을 말한다.
486) 진실하고 참된 도리를 등진 것에서 일어난 견해로 진실하지 않고 참되지 않는 것이다.
487) 이 비유는 『대보적경』에서 "가섭아, 비유하면 천년 동안 어두운 방에서

하겠는가! 이것을 마음에 있다고 한다.

반연에 있다는 것은 무엇인가? 저 죄를 짓는 사람은 스스로 망상심에 의지하고, 번뇌와 허망한 과보로 된 중생에 의지해 생기지만, 이 십념하는 사람은 위없는 신심에 의지하고 아미타여래가 방편으로 장엄한 진실하고 청정한 한량없는 공덕이 있는 명호에 의해 생긴다. 비유하면 어떤 사람이 독이 있는 화살을 적중하게 맞아 근육이 끊어질 것 같고, 뼈가 부서지는 것처럼 아프나 멸제약(滅除藥)의 북소리를 들으면 화살이 빠지고 독이 제거되는 것과 같다. 『능엄경』488)에서 말씀하시기를 "비유컨대 어떤 약을 멸제약이라 하는데, 만약 전투할 때에 북에 바르면 북소리를 듣는 사람은 화살이 빠지고 독이 제거되는 것처럼 보살마하살도489) 또한 이와 같다. 수능엄삼매에 머물러 그 이름을 들으면 삼독의 화살이 자연히 빠진다."490)고 하였다. 어찌 저 화살이 깊이 박혀 심한 독이 북소리를 듣고 화살이 빠지고 독이 사라질 수 없다고 말할 수 있겠는가. 이것을 반연에 있다고 한다.

결정에 있다는 것은 무엇인가? 저 죄를 짓는 사람은 유후심(有

일찍이 밝음을 보지 못했다. 만약 밝은 등불이 있다면 너의 생각은 어떠하냐? 어두움이 오랫동안 이곳에 있었기에 사라지려고 하지 않겠는가? 세존이시여, 그렇지 않습니다. 만약 밝은 등불이 있을 때 이 어두움은 무력하여 사라지려고 하지 않아도 반드시 없어지고 맙니다. 그렇다 가섭아, 백천만 겁의 오랫동안 익혀온 업의 결과는 하나의 實相法을 관하므로 소멸된다. 그 밝은 등불이란 것은 성인의 지혜이고, 어두운 암실이란 것은 모든 업을 지은 결과이다."(대정장 11권 p.634b)고 한 것을 인용하여 염불하는 공덕이 오랫동안 익혀온 업을 소멸하고 왕생할 수 있다고 강조한 것이다.

488) 한국 제방 강원에서 배우는 『능엄경』이 아니고, 구마라집이 번역한 『수능엄삼매경』이다.
489) 여기서는 도를 구하는 구도자를 말한다.
490) 대정장 15권 p.633b의 내용을 자기 나름대로 인용한 것임.

後心)⁴⁹¹⁾과 유간심(有間心)⁴⁹²⁾에 의지해서 생기지만, 이 십념하는 사람은 무후심(無後心)⁴⁹³⁾과 무간심(無間心)⁴⁹⁴⁾에 의해 생긴다. 이것을 결정이라 한다. 이 세 가지 뜻에 의해 헤아려 보면 십념이 무겁고, 무거운 것에 먼저 이끌리니 능히 삼유(三有)⁴⁹⁵⁾를 벗어날 수가 있다. 그러므로 두 가지 경⁴⁹⁶⁾이 한 뜻이다.

【講說】

업이란 가벼운 것보다 무거운 쪽으로 기울어지기 때문에 무거운 업에 의해 이끌리게 되는 것은 당연하다. 일반 사람들은 흔히 열 가지 나쁜 업과 오역죄가 아미타불을 열 번 염하는 것보다 무겁다고 생각한다. 그러기 때문에 오역죄를 지은 사람이 아미타불을 십념하더라도 먼저 무간지옥에 떨어져 고통을 받아야 하는데 왜 그렇지 않고 극락세계에 왕생하는가 의문을 갖는다. 이러한 의심에 대한 담란의 명석한 해답을 우리는 이 단원에서 읽을 수 있다. 담란의 해답을 보면 주관인 마음과 객관의 대상인 반연, 그리고 마음의 결정 등 세 가지에 의해 업이 무겁고 가벼운 것이 가름된다고 한다.

첫째는 열 가지 악한 업과 오역죄는 진실이 아닌 허망되고 전도

---

491) 한문 그대로 번역하면 뒤가 있다는 생각이지만, 여기서는 한번 실패한 사람이 다음에 또 하면 되지 하는 마음을 갖고 처음부터 굳은 의지가 없이 하는 마음의 상태를 말한다.
492) 염불하는 사람이 오로지 부처님만을 생각하지 않고 사이사이에 다른 생각이 끼어드는 것이다.
493) 한문 그대로 번역하면 뒤가 없는 마음이지만, 여기서는 임종을 맞이하는 사람이 이 다음이란 생각 없이 오로지 염불하는 것이다.
494) 다른 생각이 끼어들지 않는 것으로 순수하고 專一한 마음이다.
495) 欲有・色有・無色有로 욕계・색계・무색계와 같은 삼계다.
496) 『관무량수경』과 『업도경』이다.

된 생각에서 짓기 때문에 실체가 없는 거짓이기에 가볍다는 것이다. 여기서 거짓이란 일반 사전에서는 사실과 어긋나고 사실이 아닌 것을 사실 같이 꾸미는 것이라 하였고, 반대로 진실이란 거짓 없이 참된 것, 즉 사실을 사실로 보는 것이라 하였다. 한편 불교사전에는 일시적으로 중생을 제도하기 위해 방편을 베푼 권가(權假)[497]의 교의(教義)를 거짓이라고 하고, 변하지 않는 영원한 진리를 진실이라 하였다. 거짓에 대한 일반적인 개념은 사실이 아닌 것을 사실 같이 꾸미는 저의가 남을 속이는 데 목적을 두고 있으며, 이에 비해 불교적인 개념은 남을 속여 그 사람에게는 피해를 주고 자기는 이익을 보기 위해 거짓 방편을 사용하는 것이 아니고, 반대로 상대에게 이익을 주기 위해, 또는 진실로 인도하기 위해 일시적으로 사용한다는 것임을 알 수 있다. 담란이 말한 거짓은 불교에서 말하는 일시적인 방편이 아니고, 일반 사회에서 말하는 남을 속이고 해치기 위해 나오는 것을 말한다. 이러한 생각은 진실한 마음이 전도되어 나온 것으로 허망하다. 허망이란 말 그대로 헛되고 거짓된 것으로 진실한 실체가 없는 것을 의미한다. 한국불교에서는 어떤 행사를 하든 먼저 독송하는 천수경 중에서 "죄의 자성은 본래 없어 마음 따라 일어나니 만약 죄의 마음이 소멸하면 죄업 또한 소멸되고, 죄와 마음이 함께 멸해, 멸한 생각이 공해지면 이를 일러 거짓 없는 진실한 참회라 한다."[498]라는 말이 있다. 이것은 죄의 본체는 본래 없어 공(空)한 것으로, 죄란 일시적으로 일어나는 헛된 마음에서 일어나기 때문에 이 헛된 마음의

---

497) 진실에 이르는 계단으로서 베푼 방편 수단을 말한다.
498) 罪無自性從心起 心若滅時罪亦亡 罪亡心滅兩俱空 是則名爲眞懺悔 (『법요집』 보국사 출판 p.21)

작용이 없어지면 죄라는 것도 있지 않다는 것이다. 이것은 마치 푸른 하늘에 흰 구름이 있는데 흰 구름은 허망된 악업의 결과로 잠시 있다가 사라지는 것과 같고, 푸른 하늘은 진실된 마음으로 영원한 진리이다. 그렇기 때문에 거짓된 마음의 작용에서 생긴 열 가지 악업과 오역죄는 실체가 없는 흰 구름과 같으며, 진실한 마음을 바탕으로 한 아미타불을 십념하는 것은 영원히 멸하지 않는 푸른 하늘과 같아 서로 비교될 수가 없다. 그래서 죄와 십념염불은 주관인 마음에서 비롯되는 것으로 진실한 마음에서 일어난 것을 허망한 마음에서 일어난 것으로는 도저히 비교할 수 없다는 것이다.

둘째는 주관인 마음은 객관의 대상에 의하여 좌우된다는 것이다. 우리나라에서 탈선하는 청소년의 80%가 가정 환경이 나쁘다고 한다. 이것은 가정 환경에 의해 주관인 마음이 변하여 탈선하는 것으로 객관인 좋은 환경을 접하는 것이 아주 중요하다는 것을 반증한다. 중국의 맹자 어머니는 일찍이 이러한 주위 환경의 중요성을 알았기 때문에 아들 교육을 위해 이사를 세 번이나 했다는 "맹모삼천(孟母三遷)"이라는 이야기가 있고, 절에 처음 출가한 사람이 배우는 『자경문(自警文)』에서는 "소나무 속에 있는 칡은 바로 천 길을 솟아 올라갈 수 있지만, 잔디 밭 가운데 나무는 석자를 면치 못한다."499)고 하였다. 원래 칡은 스스로 위로 올라 갈 수 없지만 소나무라는 객관의 대상을 잘 만나면 소나무에 의지하여 높이 올라 갈 수 있다는 뜻으로 절에 들어와 좋은 도반과 주위 환경을 잘 만나야 한다는 의미이다. 그리고 우리는 몸에 큰 병이 있을 때

---

499) 野雲比丘가 쓴 『自警文』 "松裏之葛 直聳千尋 茅中之木 未免三尺"의 글이다.

여러 병원을 다니면서 많은 의사를 만나 수술을 받기도 하고, 진찰을 받아 병의 원인을 규명하여 이에 대한 처방을 받아 약을 먹게 되는데, 능력있는 의사를 만나면 수술이 잘되고 좋은 약을 먹어 빨리 완쾌되지만, 이와 반대로 능력없는 의사를 만나지 못하면 수술이 잘못되고 잘못된 처방 약으로 오랫동안 고통을 받는 경우도 있고, 심지어 의사의 오진으로 생명을 잃은 경우도 우리는 주변에서 많이 본다. 그렇기 때문에 일반 사회생활이나 한 종교에 입문하여 수행을 하나 주위 환경을 무시할 수 없다. 이것을 담란은 『수능엄삼매경』을 인용하여, 독화살을 맞은 사람이 멸제약을 바른 북을 두드리는 소리를 들으면 독화살이 빠지고 독이 제거되지만 멸제약을 바르지 않은 북에는 그런 효험이 없다는 비유를 들었다. 이처럼 우리가 인생을 살아가면서 어떤 객관을 만나느냐는 것이 아주 중요하다는 것이다. 그러기에 우리가 살아가는데 진실한 객관의 대상을 의지하느냐, 또는 허망된 대상을 의지하느냐에 따라 얻어지는 결과는 현격한 차이가 있어 행복과 불행으로 갈라진다. 이렇듯이 열 가지 악업과 오역죄는 번뇌와 허망한 과보로 이루어진 중생에 의해 지어지는 것이고, 십념을 구족한 염불은 위없는 신심과 진실하고 한량없는 공덕이 있는 명호를 의지하여 생기기 때문에 이것 또한 비교할 수가 없다.

셋째는 마음속에 어떤 굳은 의지를 갖고 실천하느냐는 것이 결정심(決定心)이다. 인간의 능력과 소질, 그리고 성격은 다양할 뿐만 아니라 머리가 좋은 사람이 있는가 하면, 반대로 머리가 우둔한 사람이 있다. 그래서 이들이 살아가는 방법도 다양하여 이 중에는 성공한 사람이 있는가 하면 실패한 사람이 있고, 행복한 사람이 있는가 하면 불행한 사람이 있다. 성공하여 행복한 사람은 자세히 보면 머리가 좋다고 다 되는 것이 아니라 머리가 좀 나쁘지만 하나의 목표를 향하여 굳은 의지를 가지고 꾸준히 노력하여 얻은 것에 만족할 줄 아는 사람이다. 어려서 머리가 좋고 영리하여 많은 사람으로부터 칭찬을 받은 사람은 자만심에 빠지고 이기심에 빠져서 점점 성장하면서 바람직하지 못한 사람이 되고 마는 경우가 있다. 이와 반대로 어려서 머리가 그다지 좋지 못해 주위 사람으로부터 기대되지 않은 사람이 커서는 남부럽지 않게 성공하여 잘 사는 것은, 굳은 의지를 가지고 쉬지 않고 계속 목표를 향하여 자기의 소질과 능력을 발휘하였기 때문이다. 그러기에 굳은 의지를 갖는 결정심이 얼마나 중요한가를 알 수 있다.

　담란은 이것을 설명하기를, 죄를 짓는 것은 한 번 실패한 사람이 다음에 하면 되겠지 하는 느긋한 마음을 갖고 자꾸 뒤로 미루는 유후심(有後心)과, 어떤 일을 추진하는데 그 일에 매진하지 않고 자주 다른 견해를 가지고 머뭇거리는 유간심(有間心)이 있기 때문이라 하였고, 십념을 구족하여 염불하는 사람은 어떤 일을 뒤로 미루지 않고 지금 하지 않으면 안 된다는 굳은 의지를 갖고 꾸준히 추진하는 무후심(無後心)과, 일을 행하는데 다른 견해를 일으키지 않고 순수하고 오로지 실행하는 마음으로 다른 것에 눈을 돌리지 않는 무간심(無間心)으로 하기 때문에 얻은 공덕은 이루 헤아릴 수 없이 많다고 하였다. 하나의 예를 들면, 음식을 잘못 먹은 사람이 설사병이 들어서 버스를 타고 가면서 오로지 화장실만을 생각하는 것은 무간심이며, 임종을 맞이한 사람이 사업과 처자식을 걱정하지 않고 내세의 양식을 위해 오로지 염불하려는 것은 무후심이다.

　이상 담란이 말한 재심(在心)과 재연(在緣), 그리고 재결정(在決

定) 등 세 가지를 마음속에 갖고 염불한다면 이루어지지 않을 것이 없음을 우리는 명심해야 한다.

(7) 일념(一念)이란?

論註 : 問日 幾時名爲一念 答日 百一生滅名一刹那 六十刹那名爲一念 此中云念者不取此時節也 但言憶念阿彌陀佛若總相若別相 隨所觀緣心無他想 十念相續名爲十念 但稱名號亦復如是

논주 : 묻기를, 어떤 때를 이름하여 '일념'이라 하는가?

답하기를, 백분 가운데 하나의 생멸이 한 찰나[500]이고, 60찰나를 이름하여 일념이라 한다. 이 가운데 염[501]이라 말하는 것은 시간을 말하는 것이 아니고, 다만 아미타불을 억념하는 것을 말한다.[502] 혹은 총상,[503] 혹은 별상[504]을 관하는 반연에 따라 마음에 다른 생각이 없이 열 번 상속하여 염하는 것을 이름하여 십념이라 한다. 단 명호를 부르는 것 또한 이와 같다.

---

500) 산스크리트어 kṣaṇa로 가장 작은 시간의 단위이다. 일 찰나에 대해 여러 가지 설이 있는데 이 논에서는 60찰나를 일념이라 하였고, 『인왕반야경』에서는 90찰나를 일념이라 하고, 『대지도론』에서는 60념을 1탄지, 『구사론』에서는 65찰나를 1탄지라 하였다. 그렇기 때문에 한 찰나는 아주 짧은 시간인데 지금의 시간으로는 0.013초가 1찰나라는 설도 있다.
501) 『관무량수경』 하품하생의 십념을 말한다.
502) 일념이란 시간으로 볼 수 있지만 지금 말하는 十念의 염은 시간을 의미하는 염이 아니고, 아미타불을 생각하는 염으로 담란은 보고 있다.
503) 전체 모습으로 아미타불 전체, 즉 32상 80종호를 관하는 것이다.
504) 전체 모습 가운데 한 부분으로 아미타불의 한 부분을 관하는 것이다.

【講說】

　여기서 말한 일념에는 시간적인 개념과 공관적인 개념이 있음을 알 수가 있다. 첫째는 시간적인 개념이다. 담란이 말한 '백일(百一)'이란 무슨 뜻인지 분명하지 않으나 한 찰나에 9백 번 생멸한다는 말이 있고, 한 찰나에 6백 번 생멸한다는 말이 있는데 여기서 '백일'이란 한 찰나에 백 번 생멸한다는 것을 담란이 잘못 인용한 것이 아닌가 생각한다. 아무튼 담란이 60찰나를 일념이라고 한 것은 시간적인 개념이다. 이는 한 찰나를 산스크리트어로 eka-kṣaṇa라고 하여 한 순간, 또는 일념이라고 하는 것과는 차이가 있지만, 이 모든 설들은 다 극히 짧은 시간을 표현한 것임에는 분명하다.

　둘째는 공간적인 의미다. 이것은 산스크리트어 eca-citta로 앞 단원에서 이야기한 것처럼 일심, 한결같은 생각인데 이것은 아미타불의 전체 모습, 또는 어느 한 부분의 모습을 관하는 것이다. 즉 한 대상에다 마음을 몰입하여 다른 생각을 일으키지 않는 것으로 전일(專一), 일념(一念), 한결같은 상태 등으로 공간적인 의미를 가지고 있다. 담란은 이러한 견해를 가지고 있었기에 아미타불을 관찰의 대상으로 하여 거기에다 한 번 생각을 몰입하는 것이 일념이고, 이러한 마음을 열 번 상속하는 것을 십념이라고 하여 일념(一念)과 십념(十念)에 대한 견해를 피력하였다.

　그리고 "명호를 부르는 것 또한 이와 같다"는 것은 마음을 아미타불에 몰입하여 다른 생각을 일으키지 않고 명호를 열 번 부르는 것이 십념(十念), 즉 십성(十聲)이라고 한 것이다.[505] 이 십성사상(十聲思想)은 중국에서 정토교를 대성한 선도대사에게 큰 영향을

---

505) 『염불의 원류와 전개사』 pp.308~322에서 담란의 염불에 대한 것을 논하였으니 참조할 것.

주어 염(念)은 성(聲)이라고 하였고, 또 '염(念)과 성(聲)은 한 가지다'고 하였다. 다시 말하면 담란의 칭명사상은 도작에게 이어졌고, 도작의 사상이 선도에게 이어져 크게 칭명사상을 주장하여 말법시대에 사는 당나라 사람들에게 많은 감명을 주어 정토교를 크게 선양506)한 것이다.

(8) 염(念)의 다소(多少)를 알 수가 있는가?

論註 : 問曰 心若他緣攝之令還 可知念之多少 但知多少 復非無間 若凝心注想 復依何可得記念之多少 答曰 經言十念者明業事成辨耳 不必須知頭數也 如言蟪蛄不識春秋 伊蟲豈知朱陽之節乎 知者言之耳 十念業成者 是亦通神者言之耳 但積念相續不緣他事便罷 復何暇須知念之頭數也 若必須知亦有方便 必須口授不得題之筆點

논주 : 묻기를, 마음이 만약 다른 생각을 반연하면 그것을 다시 포섭해서 돌려놓아 가히 염(念)이 많고 적음을 안다. 단 염(念)이 많고 적음을 안다면 이는 무간(無間)507)이 아닌데, 만약 마음을 응집하여 생각을 주입하면 무엇에 의해 염이 많고 적다는 다소(多少)를 기록할 수 있겠는가?
답하기를, 경에서 십념이라 말한 것은 왕생하는 업이 완성508)되는 것을 밝힌 것뿐인데 반드시 수를 헤아려 알 필요가 없다.

---

506) 『염불의 원류와 전개사』 pp.439~470을 참조할 것.
507) 앞에서 말한 無間心을 말한다.
508) 원문에 業事成辨으로 이것은 왕생의 업이 완성되는 것을 말한다.

"매미는 봄과 가을을 알지 못한다."509)고 말하는 것과 같다. 이 벌레가 어찌 주양(朱陽)의 시절510)을 알겠는가! 아는 사람만이 그렇게 말할 뿐이다.511) 십념으로 정토의 업을 이룬다는 것 이것 또한 신통한 사람512)만이 그렇게 말한다. 다만 염을 쌓고 상속하면서 다른 일을 반연하지 않으면 그만이지, 어찌하여 반드시 염불하는 수를 알 필요가 있겠는가. 만약 반드시 알 필요가 있다면 이 또한 방편이다. 염주를 돌리며 반드시 입으로 부르는 것은 필요하겠지만 붓으로 기록할 필요는 없다.

【講說】

담란은 앞에서 십념과 십성(十聲)에 대해 숫자적인 의미를 부여하였지만, 이 문답에서는 열 번 상속하는 십념과 십성은 하나의 방편이지, 이 십념의 진정한 의미는 정토에 왕생하는 업이 완성되는 '업사성변(業事成辦)'이라고 하여 담란다운 견해를 피력하였다. 우리가 숫자를 헤아리면서 염불하는 것은 어찌 보면 내가 얼마나 염불하였구나 하는 숫자에 대한 집착으로, 요즈음 선원에서 선랍

---

509) 『장자』의 逍遙遊에서 "蟪蛄不知春秋", 즉 매미는 봄과 가을을 알지 못한다고 하였다.
510) 朱陽이란 『大漢和辭典』권6 p.52에는 만물이 발생하는 氣라 하고, 또는 河南省 靈寶縣 西南에 있는 고을 이름이라 하여 확실히 무슨 의미인지 알 수 없지만, 여기서는 앞 문장에서 시기를 말하였기 때문에 시절로 보아야 할 것이다. 즉 『爾雅·釋天』에서 "春爲靑陽 夏爲朱明"라 하여 봄을 靑陽으로 보고, 가을을 朱明으로 보듯이 시기로 보는 것이 타당하다고 생각한다.
511) 매미는 여름만 살다가 죽기 때문에 봄과 가을, 그리고 겨울이 있는 줄 알지 못한다. 즉 매미 자신 스스로 여름만 사는 줄도 모른다. 그러나 인간은 4계절을 살기 때문에 매미가 여름만 사는 줄 알아 여름만 산다고 말할 수 있다.
512) 인간의 능력이나 범부들의 능력을 초월한 힘을 가지고 있는 부처님을 말한다.

(禪臘)이 몇 년 되었다고 뽐내는 선객과 같고, 학문을 좀 연구하여 남보다 좀 안다고 자랑하는 것과 같아 이것은 불교에서 흔히들 말한 집착하는 병으로 수행에 많은 도움이 되지 않는다. 불교의 진정한 모습은 유나 무에도 집착하지 않는 것이고, 또 이 유무(有無)를 초월한 공(空)에도 집착하지 않는 것인데, 하물며 염불하는 사람이 염불하는 숫자에 집착해서는 안될 것이다.

즉 염주를 돌리면서 입으로 부처님의 명호를 부르고 마음으로 염하면서 수를 헤아리는 것은 정토에 왕생하는 업을 성취하기 위한 하나의 방편에서 필요한 것이지, 이 숫자에 대해 집착하기 위해서가 아니라는 것을 우리는 명심해야 한다. 담란의 의도는 앞 문답에서 열 번 염하고 소리를 내는 십념과 십성은 처음 염불하기 시작한 약한 수행 능력을 갖고 있는 사람들로 하여금 몰입하게 하는 한 가지 방편에서 나온 설명이고, 이 문답에서 말한 십념은 염불을 열심히 하여 익숙한 상근기에 대한 것이라 본다. 그래서 왕생업이 성취되는 십념은 숫자적인 개념이 있을 수 없는 무후념(無後念)과 무간념(無間念)이다. 이러한 염이 왕생의 업을 성취하는 줄은 우리 같은 중생은 알 수 없고, 우주 법계를 깨달아 과거와 현재, 그리고 미래를 볼 줄 아는 부처님만이 안다. 이것을 담란은 여름에 우는 매미가 봄과 가을, 그리고 겨울을 모르기에 자기 자신이 여름만 살고 죽는다는 자체를 모르지만, 인간들은 네 계절을 살기 때문에 매미가 여름만 살다가 죽는 줄 안다는 비유를 들었다. 여기서 매미는 십념의 공덕이 얼마나 큰지를 모르는 인간이나 범부들을 비유하고, 네 계절을 아는 사람은 십념의 공덕이 아미타불의 본원력에 의해 이루어지는 무량한 것이며 왕생하는 업이 되는 줄 아는 부처님에 비유한 것이다. 그렇기 때문에 우리는 처음에는 염주를 돌리면서 아미타불을 염하거나 소리를 내어 부르면서 숫자를 헤아리는 방법을 사용하더라도 이 숫자에 대해 너무 집착하지 말고 무후념과 무간념의 염이 되도록 정진해야 한다.

제3절 해의분(解義分)

1) 원생게의 대의

論 : 論曰
論註 : 已下 此是解義分 此分中義有十重 一者願偈大意 二者起觀生信 三者觀行體相 四者淨入願心 五者善巧攝化 六者離菩提障 七者順菩提門 八者名義攝對 九者願事成就 十者利行滿足 論者議也 言議偈所以也 曰者詞也 指下諸句 是議釋偈詞也 故言論曰
論註 : 願偈大意者
論 : 此願偈明何義示現513) 觀彼514) 安樂世界見阿彌陀如來515) 願生彼國故

논 : 논에서 말하기를
논주 : 이 이하는 뜻을 해석하는 부분이다. 이 뜻을 나누면 열 가지인데 1 원게대의(願偈大義), 2 기관생신(起觀生信), 3 관행체상(觀行體相), 4 정입원심(淨入願心), 5 선교섭화(善巧攝化),

---

513) 『왕생론』 본문에는 '示現'이라는 글이 없다.
514) 『왕생론』 본문에는 '彼'이라는 글이 없다.
515) 『왕생론』 본문에는 "見阿彌陀佛"로 되어 있다.

6 이보리장(離菩提障), 7 순보리문(順菩提門), 8 각의섭대(名義攝對), 9 원사성취(願事成就), 10 이행만족(利行滿足)으로 중요하다. '논(論)'이란 설명한다는 것으로 아래 해석하는 모든 구절이다. 이것은 게송을 해석하여 설명한 것이다. 그러므로 "논에서 말하기를"이라고 하였다.

논주 : 원생게의 대의란?

논 : 이 원생게는 어떤 의미를 밝히고 있는가? 저 안락세계를 관찰하고, 아미타여래를 친견하여 저 국토에 태어나기를 원할 것을 보여 나타낸 것이다.

【講說】

먼저 '해의(解義)'란 지금까지 살펴 본 게송에 대해서 하나하나 해석하는 것으로 이것을 천친보살은 '논왈(論曰)'이라 하였고, 담란은 이 단원을 '해의분'이라 하였다. 다시 말하면 천친 자신이 지은 시적인 게송 하나하나를 부연하여 설명하는 단원이 논이며 해의분이다.

담란은 천친보살의 해의분을 첫째는 앞에서 말한 왕생하기를 원하는 게송의 대의516)를 밝히는 원게대의(願偈大義)이고, 둘째는 관(觀)을 일으키고 신(信)을 일으키는 기관생신(起觀生信)이며, 셋째는 정토의 장엄을 관찰517)하는 관행체상(觀行體相)이고, 넷째는 왕생하기를 원하는 마음에 의해 정토에 들어가는 정입원심(淨入願心)이며, 다섯째는 정토에서 수행을 성취하여 중생들의 세계에 나와

---

516) 앞에서 살펴 본 천친의 원생게의 대의이다.
517) 정토의 29종 장엄을 體相이라 하고, 이 체상을 관하는 수행을 觀行이라 한다.

훌륭하고 미묘하게 교화하는 선교섭화(善巧攝化)이고, 여섯째는 깨달음을 얻는데 장애가 되는 것을 여의는 이보리장(離菩提障)이며, 일곱째는 깨달음에 들어가는 문을 따르는 순보리문(順菩提門)이고, 여덟째는 아미타불의 명호의 힘에 의하여 중생들을 포섭하는 명의섭대(名義攝對)이며, 아홉째는 원하는 일은 모두 성취하는 원사성취(願事成就)이고, 마지막으로 열째는 만족하게 중생들을 이롭게 하는 이행만족(利行滿足) 등 열 가지 단원으로 나누어 설명하고 있다.

첫째 원게대의란 앞에서 말한 '세존아일심(世尊我一心)'부터 마지막 '왕생안락국(往生安樂國)'까지 24행(行)의 5언(言)4구(句)이다. 구로는 총 96구인 게송의 대의를 천친보살은 한 마디로 "저 안락세계를 관찰하고 아미타여래를 친견하여 저 국토에 태어나기를 원할 것을 보여 나타낸 것이다."고 표현하였다. 다시 말하면 예배문과 찬탄문, 그리고 작원문과 29종 장엄을 관찰하는 관찰문, 마지막 회향문의 게송의 목적은, 이 사바세계는 윤회하는 세계로 끊임없는 고통을 받을 뿐만 아니라 불도를 이루는 데 많은 장애가 있기 때문에 고통이 없는 세계, 성불하는 데 장애가 없는 세계인 극락세계에 태어나기를 원하여 왕생하기 위한 수행에 있다. 그래서 우리가 천친의 원생게만 잘 이해하고 실천한다면 왕생하여 불도를 이루는 것은 의심할 여지가 없다.

이 왕생을 원하는 게송인 오념문을 분석하면 예배문·찬탄문·작원문·관찰문은 자리의 행이고, 마지막 회향문 이타의 행으로 이 자리이타는 보살이 지향하는 사상이다. 구도자에 있어서 보살도는 이 자리와 이타의 실천을 완성하는 것이기 때문에 천친의 오념문 게송은 보살도에 근거하여 논한 것이다. 이 보살도에 입각하여 해의분의 열 가지를 분석하면 제2 기관생신부터 제9 원사성취까지는 왕생하려는 중생들의 수행인 오념문이고, 마지막 제10 이행만족은 왕생한 중생이 얻은 결과인 다섯 가지 공덕문이다. 즉 제3 관행체상과 제4 정입원심은 자리의 행인 작원문과 관찰문이고, 제5 선교섭화·제6 이보리장·제7 순보리문·제8 명의섭대는 이타의 대비심인 회향문이며, 제9 원사성취는 오념문을 수행하여 이타의 대비심을 얻는 것이고, 제10 이행만족은 자리이타인 보살도의 행이 완성된 것이다. 이것을 일본의 친란(親鸞)은 정토에 계신 아미타불의 인과에 입각하여 제2부터 제9까지를 법장보살이 인행시에 수행한 오념문으로 보고, 제10을 법장보살이 수행하여 부처가 되어 얻은 덕을 다섯 가지 공덕문으로 분석하였다.[518] 이상으로 보면 천친보살은 왕생을 원하는 수행 자체를 보살도 실천으로 본 것이기 때문에 우리가 정토에 왕생하는 것은 자기의 안위만을 위하여 왕생하는 것이 아니고, 고통 속에 헤매는 중생을 제도하기 위해서 힘을 갖추기 위한 한 단계임을 명시해야 한다.

2) 관(觀)을 일으키고 신(信)을 일으킴

論註 : 起觀生信者 此分中又有二重 一者示五念力 二者出五念門 示五念力者

論 : 云何觀 云何生信心 若善男子善女人 修五念門行成就[519] 畢竟得生安樂國土見彼阿彌陀佛

---

518) 하야시마 쿄쇼(早島鏡正)과 오다니 코신(大谷光眞) 저 『정토론주』 pp.233~234
519) 『왕생론』 본문에는 "修五念門成就者"로 되어 있다.

論註 : 出五念門者

論 : 云何520) 五念門 一者禮拜門 二者讚歎門 三者作願門 四者觀察門 五者廻向門

論註 : 門者入出義也 如人得門則入出無礙 前四念是入安樂淨土門 後一念是出慈悲敎化門

논주 : "관을 일으키고 신을 일으킨다"는 단원 중 두 가지 중요함이 있다. 첫 번째는 오념력(五念力)을 보이는 것이고, 두 번째는 오념문(五念門)에서 나오는 것이다. 오념력을 보인다는 것은?

논 : 어떻게 관찰하고, 어떻게 신심을 내는가? 만약 선남자나 선여인521)이 오념문을 닦아 수행을 성취하면 마침내 안락국토에 태어나 아미타 부처님을 친견할 수 있다.

논주 : 오념문으로부터 나온다는 것은?

논 : 어떤 것이 오념문인가? 첫째 예배문, 둘째 찬탄문, 셋째 작원문, 넷째 관찰문, 다섯째 회향문이다.

논주 : '문(門)'이란 출입의 뜻으로 사람이 문을 찾으면 출입에 장애가 없는 것과 같다. 앞의 네 가지 염522)은 안락정토에 들어가는 문이고, 뒤의 한 가지 염523)은 자비로 교화하기 위해 나오는 문이다.

---

520) 『왕생론』 본문에는 '何等'으로 되어 있다.
521) 산스크리트어 kula-putra · kula-duhitṛ로 전생에 닦은 선근에 의해 지금 부처님 말씀을 듣고 신심을 내어 수행하는 남자나 여자를 말한다. 다시 말하면 출가하지 않은 재가자인 남녀가 부처님의 명호를 듣고 신심을 내어 염불하는 것을 가리킨다.
522) 오념문 가운데 예배문 · 찬탄문 · 작원문 · 관찰문이다.
523) 다섯 번째 회향문이다.

【講說】

불교의 수행의 단계를 흔히 문(聞)·사(思)·수(修)라 하여, 먼저 부처님의 법을 듣고 나서 들은 내용을 깊이 생각하여 긍정이 오면 실천에 옮기는 것을 강조하고 있다. 즉 법을 듣고 깊이 생각하여 여기서 그렇다는 긍정의 믿음이 생겨야 참다운 실천에 돌입하게 된다. 그런데 이 문장에서는 "어떻게 정토의 장엄을 관찰하고, 어떻게 신심을 내는가?"라고 하여 관(觀)과 믿음을 말하고 있다. 이것을 잘못 생각하면 관찰에 의해 신심이 일어나는 것으로 생각할 수 있으나 그렇지 않다고 본다. 왜냐하면 뒤 문장에 "선남자 선여인이 오념문을 수행하여 성취하면 반드시 안락정토에 태어나서 아미타불을 친견할 수 있다."고 하였기 때문이다. 다시 말하면 어떤 중생이든지 선지식으로부터 오념문을 수행하기만 하면 정토에 왕생할 수 있고, 정토에 왕생하기만 하면 아미타불을 친견하여 법문을 듣고 무생법인을 증득할 수 있다는 말을 듣고 조그마한 의심도 없는 확실한 믿음을 갖고 정토의 29종 장엄을 관찰하는 것이 관(觀)이고 믿음이다. 그래서 이 단원의 수행법은 문법(聞法) → 신심(信心) → 관찰(觀察)로 이어지는 행이라 할 수 있다.

다음 '문'에 대해 생각해 보자. 인생을 살아가면서 많은 문을 출입하게 된다. 자기 집에서는 대문과 현관문, 그리고 안방 문이 있고, 사회에 나가 회사에 출근할 때는 정문과 사무실 문이 있으며, 자동차를 운전하고 고속도로에 진입할 때도 매표소 문이 있듯이, 우리는 많은 문들을 출입하면서 산다. 또 현상으로 보이지 않는 학문의 문과 진리의 문, 그리고 경제·정치·문화 등 여러 가지 문이 있는가 하면 선의 문과 악의 문이 있다. 이러한 문을 잘 선택하여 들어가 꾸준히 노력하면 행복하기도 하지만 그렇지 못하면 불행하기도 하다. 그래서 우리는 어떤 마음을 갖고 무슨 문을 선택하여 들어가느냐 하는 것도 중요하고, 이 문에 들어가 꾸준한 실천을 통해 완성한 것을 남에게 베풀기 위해 나오는 문도 또한 중요하다.

삼계에 윤회하면서 많은 고통을 받는 중생이 윤회의 고통에서 벗어나려고 한다면 윤회가 없는 문을 찾아 들어가야 할 것이다. 윤회가 없는 세계는 극락세계이고, 이 문으로 들어갈 수 있는 자격은 오념문 가운데 앞 네 가지(예배문·찬탄문·작원문·관찰문)를 수행하는 것이다. 이 네 가지 수행에 의해 정토의 문에 들어가 아미타불을 친견하여 법문을 듣고 무생법인을 성취한 보살은 다시 정토의 문에서 나와 중생을 구원하는 것이 마지막 회향문이다. 즉 앞 네 가지 문은 정토에 가기 위한 실천의 문으로 들어가는 문이고, 뒤 회향문은 자비심을 갖고 중생들을 제도하기 위해 나오는 문이다. 이러한 것으로 보아 담란은 오념문을 정토에 출입하는 문으로 보고 논하였음을 알 수 있다.

(1) 예배문

論：云何禮拜 身業禮拜阿彌陀如來應正遍知
論註：諸佛如來德有無量 德無量故 德號亦無量 若欲具談紙筆不能載也 是以諸經或擧十名 或騰三號 蓋存至宗而已 豈此盡耶 所言三號卽此如來應正遍知也 如來者 如法相解如法相說 如諸佛安穩道來 此佛亦如是來 更不去後有中故名如來 應者應供也 佛結使除盡得一切智慧 應受一切天地衆生供養故曰應也 正遍知者 知一切諸法實不壞相 不增不減 云何不壞 心行處滅 言語道過 諸

法如涅槃相不動 故名正遍知 無礙光義 如前偈中解
論 : 爲生彼國意故
論註 : 何故言此 菩薩之法常以晝三時夜三時 禮十方一切諸佛 不必有願生意 今應常作願生意 故禮阿彌陀如來也

논 : 어떻게 예배하는가? 신업[524]으로 아미타여래이고 응공이며 정변지(正遍知)에게 예배하는 것이다.

논주 : 모든 부처님은 덕이 한량이 없고, 덕이 한량없기 때문에 그 덕을 무량(無量)이라고 부른다. 만약 더 자세하게 부처님의 한량없는 덕을 이야기한다면 글로써 모두 열거할 수가 없다. 이러한 것에 의해 여러 경전에서는 혹은 열 가지 이름을 열거하고,[525] 혹은 세 가지 이름을 열거하고 있다. 대개 중요한 것만 열거하였을 뿐 어찌 이것이 모두 열거한 것이겠는가! 앞에서 말한 세 가지 명호는 곧 여래와 응공, 그리고 정변지이다.

'여래'란 모든 법 그대로의 모습을 알고, 모든 법 그대로의 모습을 말하며, 모든 부처님이 안온한 진리의 세계로부터 온 것과 같이 이 부처님[526]도 또한 이와 같이 오시지만 다시 후에 유(有)[527] 가운데 계시지 않기[528] 때문에 여래라 이름한다.

'응(應)'이란 응공이다. 부처님은 번뇌를 다 제거하고 일체 지

---

524) 몸으로 하는 행위를 모두 칭하는 것인데, 즉 몸으로 하는 악행은 살생과 도둑질, 삿된 음행이며, 이와 반대로 선행은 방생과 보시, 그리고 바른 행동이다.
525) 앞의 「왕생론이란 題名과 저자」의 단원 註에서 열거하였으니 참고 바람.
526) 아미타불을 말한다.
527) 윤회하는 三有, 즉 욕계·색계·무색계를 말한다.
528) 아미타불은 윤회의 세계에 오시어 중생을 제도하지만 윤회하는 생존을 받지 않는다.

혜를 얻어 하늘과 땅의 모든 중생으로부터 공양을 마땅히 받을 수 있기 때문에 '응'이라 말한다.

'정변지(正遍知)'란 일체 모든 법은 실로 파괴되지 않은 모습으로 늘어나지도 않고 줄어들지도 않는 것을 안다. 어찌하여 파괴되지 않는가? 마음으로 행하는 자리529)가 멸하여 말과 수단을 초월하고, 모든 법은 열반의 모습과 같아, 움직이지 않기 때문에 정변지라 부른다. '무애광(無礙光)'이란 뜻은 앞 게송 가운데 해석한 것과 같다.

논 : 저 국토에 태어나려는 마음을 내기 때문이다.

논주 : 무엇 때문에 그렇게 말하는가? 보살의 법은 항상 낮에 세 차례, 밤에 세 차례 시방의 일체 모든 부처님에게 예배하지만 반드시 태어나기를 원하는 의미를 가지고 있지 않다. 이제 마땅히 태어나기를 원하는 마음을 지어야 하기 때문에 아미타 여래에게 예배한다.

【講說】

예배의 중요성에 대해서는 앞 총설분의 예배문 중에서 귀명(歸命)과 예배의 차이점, 그리고 하심에서 비롯된 예배와 참회하는 마음에서 우러나오는 예배로 나누어 설명하였다. 이 단원에서는 부처님께 예배하는 이유를 무량한 덕을 가지고 계시기 때문이라고 하였다. 즉 말로 표현할 수 없이 많은 덕을 가지고 계시기 때문에 '무량(無量)'이라 하며, 이 무량한 덕을 가지고 계시기에 우리는 마땅히 예배해야 한다는 것이고, 이 덕은 한량없기 때문에 지필(紙筆)을 다하여 표현하려고 하더라도 다할 수 없지만 여러 경전에서

---

529) 마음으로 생각하는 사고 방식을 모두 말한다.

간단하게 표현한 것이 여래십호(如來十號)인데, 담란은 이 가운데 세 가지만을 들어 설명하였다.

첫째는 여래란 산스크리트어로는 tathāgata인데 원래 tathā는 '이와 같다'는 뜻이고, gata는 '가다'는 뜻으로 한문으로 여거(如去)라는 의미인데 중국에서 번역하는 사람이 tathā와 āgata(오다)의 의미를 가지고 여래(如來)라고 하였다. 이 말은 불교뿐만 아니라 인도의 일반종교에서 사용한 말로 수행을 완성한 사람, 인격을 완성한 사람, 몸으로 진리를 체험한 사람이란 뜻을 가지고 있다. 이것이 불교에 들어와 깨달음을 얻은 부처님을 말하고, 특히 대승불교에서는 진여의 세계에서 돌아와 중생을 교화한다는 활동적인 측면에서 사용하고 있다. 이것을 담란은 용수보살이 『대지도론』에서 "어찌하여 tathāgata라고 하는가? 모든 법이 가지고 있는 본질의 모습 그대로 다 알고, 본질의 모습 그대로를 설하며, 모든 부처님이 안온한 도에서 오시는 것과 같이 부처님 또한 이와 같이 오시어 다시는 윤회하는 세계로 가시지 않기 때문에 tathāgata라고 이름한다."530)고 한 것을 그대로 인용하였다. 즉 부처님은 진여의 세계에서 오시어 고통 속에 헤매는 중생들을 구원하시지만 윤회하는 세계에 빠지지 않고 다시 진여의 세계로 가시기 때문에 tathāgata에는 여거(如去)와 여래(如來)의 의미가 포함되어 있다. 여기서 여(如)란 진리를 말한다.

둘째 응공이란 산스크리트어 arhat로, 이것은 소승불교에서 최고 목적지로 정하고 있는 아라한(阿羅漢)이다. 이는 가치 있는 사람, 존경할 만한 사람, 세상에서 공양과 존경을 받을 수 있는 사람,

---

530) 云何名多陀阿伽陀 如法相解 如法相說 如諸佛安穩道來 佛亦如是來更不去後有中 是故名多陀阿伽陀(대정장 25권 p.71b)

세인들의 공양에 응할 수 있는 사람, 모든 번뇌를 끊어서 타인으로부터 공양을 받을 만한 자격이 있는 사람이라는 의미가 있다. 또 상응한 분이란 뜻이 있는데 인천으로부터 존경받고, 공양을 받을 자격을 갖추고 있기 때문에 여기에 상응할 수 있는 분이라는 의미이다. 용수보살이 『대지도론』에서 "arhat란 마땅히 공양을 받을 수 있는 것을 이름하는데 부처님은 모든 번뇌를 다 제거하여 일체 지혜를 얻었기 때문에 마땅히 모든 하늘과 땅에 사는 중생들로부터 공양을 받을 수 있다. 그러므로 부처님을 arhat라 이름한다."531)고 말하는 설을 담란 나름대로 인용하여 해석하였다. 다른 사람이 베푸는 공양에 응할 수 있는 자격을 갖추려면 그에 상응한 수행의 결과가 있어야 할 것이다. 이것을 용수보살은 모든 번뇌를 제거하여 일체 지혜를 얻은 사람이라고 하였는데, 여기에는 모든 번뇌를 제거하고 일체 지혜를 얻은 사람은 남으로부터 공양을 받을 수 있고, 또 남에게 지혜와 복덕을 베풀 수 있는 능력을 갖고 있다는 내용이 포함되어 있다. 왜냐하면 중생들은 자기가 가지고 있는 공양물을 바침으로써 응공의 자격이 있는 분으로부터 복덕과 지혜를 얻어 안온한 삶을 영위할 수 있기 때문이다.

셋째 정변지(正遍知)란 산스크리트어 samtaksaṁbuddha로 바르고 완전하게 진리를 남김없이 깨달은 사람이란 뜻을 가지고 있었는데, 이를 한문으로 번역하면 등정각(等正覺)·정등각(正等覺)·정진도(正眞道)·등각(等覺)·정각(正覺) 등이 있다. 즉 부처님은 본체 세계와 현상 세계에 대한 일체 모든 지혜를 갖추어 우주공간의 온갖 것을 두루 아는 깨달음을 이루었다는 뜻으로 정변지라 한다.

---

531) 阿羅呵名應受供養 諸佛結使除盡得一切智慧故 應受一切天地衆生供養 以是故佛名阿羅呵(대정장 25권 p.71b~c)

용수가 『대지도론』에서 "어찌하여 samtaksaṁbuddha라고 하는가? 삼먁(三藐)은 바르다는 정(正)이고, 삼(三)은 두루하다는 변(遍)이며, 불(佛)은 안다는 지(知)로 이것을 정변지라 한다. 다시 일체 모든 법은 파괴되는 모습이 아니고, 늘어나지도 않고 줄어들지도 않는다. 어찌하여 파괴되지 않는 모습이라 하는가? 마음 작용이 미치지 못하고 말로 표현할 수 없으며, 모든 법을 초월한 열반의 모습과 같아 움직이지 않는다. 그러므로 samtaksaṁbuddha라 이름한다."532)고 한 설을 가지고 담란은 설명하였다. 깨달음에는 여러 가지가 있을 수 있다. 즉 편협된 깨달음과 원만한 깨달음, 한 가지만 아는 것과 많은 것을 아는 것, 아주 적은 것을 아는 것과 많은 것을 아는 것, 그릇되게 아는 것과 바르게 아는 것 등 많은 깨달음이 있기 때문에 어떤 깨달음을 얻느냐는 것은 아주 중요하지 않을 수 없다. 부처님은 그릇되지 않은 바른 깨달음을 얻은 분이고, 시간적으로는 과거와 현재, 그리고 다가오는 미래의 모든 것을 깨달았을 뿐만 아니라 공간적으로 시방의 우주 법계 등 모든 것을 두루 다 아시는 분이기에 정변지라 한다.

위와 같은 공덕을 가지고 계시기 때문에 우리는 부처님 앞에 예배해야 한다. 이 예배하는 목적을 천친보살은 왕생에 두고 있다. 왕생하는 것이야말로 자리와 이타를 두루 갖춘 보살도이기 때문이다. 이 예배하는 법은 낮에 세 번, 밤에 세 번 등 하루에 여섯 차례533)를 항상 행해야 한다. 이것을 『대지도론』에서는 "보살 법은

---

532) 云何名三藐三佛陀 三藐名正 三名遍 佛名知 是名正遍知一切(중간 생략) 復次知一切諸法實不壞相不增不減 云何名不壞相 心行處滅言語道斷 過諸法如涅槃相不動 以是故名三藐三佛陀(대정장 25권 p.71c)

533) 하루를 여섯 때로 나눈 것으로 晨朝(平旦)・日中(日正中)・日沒(日入)・初夜(人定)・中夜(夜半)・後夜(鷄鳴)으로 즉 아침・낮・해질 무렵・초저

낮에 세 차례, 밤에 세 차례 항상 세 가지 일534)을 행하라. 첫째는 아침 일찍이 오른쪽 어깨를 벗고 합장하여 시방에 계신 부처님께 예배하면서 나 아무개는 이 세상에서나 혹은 과거 무량한 세월 동안 몸과 입, 그리고 생각으로 지은 악업의 죄를 시방의 부처님 앞에 참회하오니 원컨대 없애 주시고, 다시는 짓지 않게 하여 주시옵소서. 낮이나 저녁, 밤에도 이와 같다."535)고 하여 죄를 참회하는 예배를 해야 한다고 하였다. 여기서 담란의 의도는 예배의 목적이 참회에 있지만, 이 참회하는 마음을 갖고 예배하는 것은 정토왕생에 두고 있음을 우리는 알아야 한다. 다시 말하면 왕생하기를 원하는 사람은 전생과 금생에 지은 죄를 부처님 전에 낱낱이 드러내어 참회하여야 한다는 것이다.

(2) 찬탄문

論 : 云何讚歎 口業讚歎
論註 : 讚者讚揚也 歎者歌歎也 讚歎非口不宣故曰口業也
論 : 稱彼如來名 如彼如來光明智相 如彼名義欲如實修行相應故
論註 : 稱彼如來名者 謂稱無礙光如來名也 如彼如來光明智相者 佛光明是智慧相也 此光明照十方世界無有障礙 能除十方衆生無

녁·한밤중·새벽녘이다. 중국의 여산 혜원은 물시계를 만들어 하루 여섯 차례에 걸쳐 수행하였다고 하며, 신행은 하루 여섯 차례 발원문을 낭독하였고, 선도대사는 하루 여섯 차례 예배하면서 참회할 것을 『왕생예찬』에서 강조하였다.

534) 첫째는 시방 부처님에게 예배하는 것이고, 둘째는 시방과 삼세 부처님과 그 제자들의 공덕을 염하는 것이며, 셋째는 시방의 모든 부처님이 법을 설해 주시기를 청하는 것이다.

535) 대정장 25권 p.110a.

明黑闇 非如日月珠光但破空穴中闇也 如彼名義欲如實修行相應
者 彼無礙光如來名號能破衆生一切無明 能滿衆生一切志願 然有
稱名憶念 而無明由在而不滿所願者 何者 由不如實修行 與名義
不相應故也 云何爲不如實修行與名義不相應 謂不知如來是實相
身是爲物身 又有三種不相應 一者信心不淳 若存若亡故 二者信
心不一 無決定故 三者信心不相續 餘念間故 此三句展轉相成 以
信心不淳故無決定 無決定故念不相續 亦可念不相續故不得決定
信 不得決定信 故心不淳 與此相違名如實修行相應 是故論主建
言我一心 問曰 名爲法指 如指指月 若稱佛名號便得滿願者 指月
之指應能破闇 若指月之指不能破闇稱佛名號 亦何能滿願耶 答曰
諸法萬差不可一槪 有名卽法 有名異法 名卽法者 諸佛菩薩名號
般若波羅蜜及陀羅尼章句禁呪音辭等是也 如禁腫辭云 日出東方
乍赤乍黃等句 假使酉亥行禁不關日出 而腫得差 亦如行師對陳
但一切齒中誦臨兵鬪者皆陳列在前行 誦此九字 五兵之所不中 抱
朴子謂之要道者也 又苦轉筋者以木瓜對火熨之則愈 復有人但呼
木瓜名亦愈 吾身得其效也 如斯近事世間共知 況不可思議境界者
乎 滅除藥塗鼓之愈 復是一事 此喩已彰於前故不重引 有名異法
者 如指指月等名也

논 : 어떻게 찬탄하는가? 구업으로 찬탄한다.
논주 : '찬(讚)'이란 찬양이고, '탄(歎)'이란 노래로 찬탄하는 것
이다. 찬탄은 입이 아니면 베풀 수 없기 때문에 구업이라 한다.
논 : 저 여래의 이름을 부르는 것은 저 여래의 광명지혜 모습
과 같이, 저 이름의 뜻과 같이 여실하게 수행해서 상응하고자
하기 때문이다

논주 : "저 여래의 이름을 부른다"는 것은 무애광여래의 이름을 부르는 것을 말하고, "저 여래의 광명지혜 모습과 같이"란 부처님의 광명은 지혜의 모습이고, 이 광명은 시방세계를 비추는데 장애가 없어 능히 시방 중생들의 무명의 어두움을 제거한다. 해와 달빛이 단지 동굴 속의 어둠을 없애는 것과는 같지 않다. "저 이름의 뜻과 같이 여실하게 수행해서 상응하고자 한다"란 저 무애광여래의 명호는 중생들의 일체 무명을 능히 제거하고, 중생들의 일체 원하는 바를 능히 만족시켜 준다.

그렇지만 명호를 부르고, 억념해도 무명이 아직 남아있거나 원하는 바를 성취하지 못한 사람이 있다. 왜냐하면 여실하게 수행하지 못하고, 명칭의 뜻과 더불어 상응하지 못했기 때문이다. 어떤 것을 여실하게 수행하지 못하고, 명칭의 뜻과 더불어 상응하지 못한 것인지를 말하면, 여래는 실상신(實相身)[536]이고 위물신(爲物身)[537]인 줄 알지 못하기 때문이다.

또 세 가지 상응치 못한 것이 있으니, 첫째는 신심이 두텁지 아니하여〔不淳〕 어떤 때는 있고 어떤 때는 없어지기 때문이며, 둘째는 신심이 한결같지 않아〔不一〕 결정[538]되지 않기 때문이고, 셋째는 신심이 상속되지 않아 다른 생각이 사이에 끼여들기 때문이다. 이 세 가지는 서로서로 연관 관계가 있다. 신심이 두텁지 않기 때문에 결정심이 없고, 결정심이 없기 때문에 생각이 상속하지 못한다. 또 생각이 상속하지 못하기 때문에 결정된 믿

---

536) 실상 즉 모든 법의 본래 모습 자체를 깨달은 그 자체를 부처님으로 보는 法性法身이다.
537) 實相身이 중생들을 구원하기 위해 어떤 모습으로 나타난 부처님 몸을 말한다. 즉 爲物身을 方便身이라고도 할 수 있다.
538) 마음을 굳건히 하는 것으로 여기서는 굳건한 믿음으로 볼 수 있다.

음을 얻을 수 없고, 결정된 믿음을 얻을 수 없기 때문에 마음이 두텁지 못하다. 이와 같이 상반되는 것을 "여실하게 수행하여 상응한다"고 한다. 그러므로 논의 주인539)이 '아일심(我一心)'540)이라고 말하였다.

묻기를, 명칭은 법을 가리키는 손가락이다. 손가락으로 달을 가리키는 것과 같다.541) 만약 부처님 명호를 불러 곧 원을 만족할 수 있다면 달을 가리키는 손가락이 능히 어둠을 제거해야 한다. 만약 달을 가리키는 손가락이 제거할 수 없다면 부처님 명호를 부르는 것 또한 어찌 능히 원을 만족하겠는가?

답하기를, 모든 법은 여러 가지 차별이 있어 일률적인 것만은 아니다. 명칭과 법이 같은 것도 있고, 명칭과 법이 다른 것도 있다. 명칭과 법이 같은 것은 모든 부처님이나 보살의 명호와 반야바라밀542) 및 다라니543)의 언어와 주문 소리 등이 이것이

---

539) 천친보살이다.
540) 이 논의 첫 머리에 "세존이시여! 나는 일심으로 모든 시방에 장애가 없는 광명을 가진 여래에게 귀의하옵고, 안락국에 태어나기를 원합니다."고 한 것 중 '나는 일심으로'를 말한다.
541) 이 비유는 불교에서 자주 인용하는 것으로 『대지도론』에서 "마치 손가락으로 달을 가리켜 미혹한 사람을 표현하려는 것과 같다. 미혹한 사람은 손가락만 보고 달을 보지 못한다. 사람들은 그것을 말하여 내가 손가락으로 달을 가리켜 너에게 알리려고 하는데 너는 어찌 손가락만 보고 달을 보지 않는가!"(대정장 25권 p.125b)라고 하여 어리석은 사람을 표현한 글을 인용한 것이다.
542) 반야는 산스크리트어 prajñā로 깨달음을 얻은 진실한 지혜, 또는 진실을 볼 수 있는 지혜의 눈이며, 존재하는 모든 것을 파악할 수 있는 경지에 도달한 것을 말한다. 바라밀이란 산스크리트어 pāramitā로 중국에서 옛날에는 '度'라고 번역하였고, 당나라 시대에는 '度彼岸'이라 번역하여 피안에 이른다는 뜻으로 사용하고 있지만 원래는 완료형태로 절대적이다, 또는 완전하다는 뜻이 있다. 여기서는 보살이 완성한 덕목인 지혜 자체이다.
543) 산스크리트어 dhāraṇi의 음역으로 總持·能持·能遮라 번역하여 능히 무

다. 종기의 주문에 '일출동방사적사황(日出東方乍赤乍黃)'544)이라고 말하는 등의 구절과 같이 가령 유시(酉時)와 해시(亥時)545)에 주문을 외우면 해가 뜨는 것과 관계없이 종기가 낫는다. 또한 전쟁을 할 때 적진에 대해 모든 이를 악물고 단 "임병투자개진열전행(臨兵鬪者皆陳列前行)"546)이라고 외우는 것과 같이 이 아홉 자를 외우면 오병(五兵)547)의 무기가 날아와 적중하지 못한다. 『포박자(抱朴子)』548)에서 이것을 중요한 도라고 했다. 또 근육에 통증이 있는 사람이 모과를 가지고 불 위에 데워서 살에 대면 곧 낫는다. 또한 어떤 사람은 다만 모과라는 이름만 불러도 역시 낫는다. 나의 몸에서도 이러한 효험을 얻었다.549) 이와 같은 일반적인 일은 세간에서 다 알고 있는데, 하물며 불가사의한 경계인 것이야! '멸제약(滅除藥)'550)을 북에 바르는 비유

량하고 무변한 이치를 섭수해 지니어 잃지 않는 念慧의 힘이다. 곧 일종의 기억술로, 하나의 일을 기억하는 것에 의해서 다른 모든 일까지 연상하여 잃지 않도록 하는 것을 말하기도 하며, 여러 가지 선한 법을 능히 지니기 때문에 能持라 하고, 여러 가지 악한 법을 능히 막아주기 때문에 能遮라고도 한다.

544) 일출동방사적사황(日出東方乍赤乍黃)이란 태양이 솟아 동쪽 하늘에서는 갑자기 적색이 되고 黃色이 된다는 의미이지만, 원래 주문은 뜻을 풀이하지 않고 그대로 외우는 것이 일반적인 예이다.
545) 酉時는 오후 5시부터 7시까지이고, 亥時는 오후 9시부터 11시까지이다.
546) 전투에 임한 사람 모두 대열을 정리하고 전진하라는 의미가 있지만 이것도 어디까지나 하나의 주문이기 때문에 뜻에 관계하지 말고 외워야 한다.
547) 칼·검·방패·창·활이다.
548) 책 이름으로 동진시대 도사인 葛洪(283~343)이 지은 것으로 內篇과 外篇으로 이루어졌다. 내편에는 늙지 않고 오래 사는 신선이 되는 법이 설해져 있는데 여기에 인용한 아홉 자 주문은 內篇卷第17 登涉·第6節에 나온다.
549) 담란 자신이 이러한 효험을 얻어 병이 나았다는 것이다.
550) 앞 "여덟 가지 문답" 가운데 여섯 번째에 열거하였다.

도 또 이 한 가지 일이다. 이 비유는 이미 앞에 나왔기 때문에 다시 인용하지 않는다. 명칭과 법이 다르다는 것은 손가락으로 달을 가리키는 것과 같은 명칭이다.551)

【講說】

앞 총설분의 찬탄문 가운데 아미타불의 명호에 헤아릴 수 없는 광명과 수명의 공덕이 있기 때문에 찬탄하고, 이 찬탄하는 것은 하나의 수행이라고 설명하였다. 찬탄이란 단어 가운데 '찬(讚)'이란 부처님의 덕과 명호의 공덕을 찬양하는 것이고, '탄(歎)'이란 찬양하는 말에 음률을 붙이는 것을 말한다. 이 찬탄에는 두 가지 의미가 있다고 생각한다. 첫째는 부처님이 설하신 진리와 부처님이 갖추고 있는 지혜와 공덕을 찬탄하는 것이고, 둘째는 아미타불이란 명호의 공덕을 찬탄하는 것이다. 여기서는 둘째에 해당하는데 즉 나무아미타불의 명호가 지니고 있는 공덕을 찬탄하고, 또 이 나무아미타불에 곡조를 붙여 입으로 찬탄하는 염불이다. 이것을 천친보살은 『무량수경』을 근본으로 하였고, 담란은 천친보살의 사상을 받으면서 같은 정토 경전인 『관무량수경』을 근본으로 하여 칭명염불로 하였다.

그럼 아미타불의 명호를 부르는데 어떤 마음 자세가 좋은가? 천친보살은 여실(如實)하게 수행하라고 하였다. 이 여실 가운데 여(如)는 꼭 맞다는 의미로 상응의 뜻이 있고, 실(實)은 참답다는 뜻으로 실상과 같이, 또는 진실에 들어맞게 수행하고 법답게 수행하

---

551) 손가락은 하나의 명칭이고 달은 근본인 체로서 여기서 명칭인 손가락과 근본인 달은 다르다. 그러기 때문에 손가락으로 달을 가리키는 것은 손가락이 근본 체인 달과 동일할 수 없다는 것이다.

는 것을 의미한다. 여기서 수행이란 말 그대로 실천한다든가, 또는 행한다는 뜻으로 산스크리트어로는 yoga, bhāvanā 등이 있다. yoga를 상응이라 번역하는데 원만하고 평등하게 서로 합한다는 뜻으로 법과 법이 서로 합하여 떨어지지 않는 관계이며, 마음과 마음의 대상인 심소(心所)가 상응한다는 것에 많이 사용되고 있다. 그리고 bhāvanā란 익숙하게 닦는다는 수습(修習)의 뜻이 있다. 이 모두 마음을 오로지 하는 전심의 수행, 또는 명상하는 수행 등을 꾸준히 반복하여 몸과 마음이 일치되고 법과 내가 하나가 되어 결국 진리를 증득하게 되는 것이다.

진실에 맞게 칭명염불로 수행하려면 순심(淳心)·결정심(決定心)·상속심(相續心) 세 가지에 전념하는 마음이 있어야 하고, 이 세 가지를 가져야만 상응하지 그렇지 않으면 상응하지 않는다고 담란은 강조하고 있다. 다시 말하면 신심이 두텁고 한결같으며, 상속되어야 한다는 것이다. 즉 이 세 가지가 서로 전전하여 이루는 것으로 신심불순(信心不淳) → 불결정(不決定) → 염불상속(念不相續)되는 것이며, 또 반대로 염불상속 → 불득결정신 → 신심불순이 되는 것이다. 이것을 반대로 말하면 순(淳) → 결정(決定) → 상속(相續)으로 이어지는 것이고, 반대로 상속 → 결정 → 순 등 연속적으로 이어진다. 즉 신심이 두터우면 능히 신심이 결정되며, 신심이 결정된 경우 신심이 필연적으로 상속하게 되는 것이며, 또한 신심이 능히 상속되는 경우 신심이 그대로 결정되고, 신심이 결정되기 때문에 신심이 능히 두텁게 될 수 있다. 그렇지만 반대로 신심이 두텁지 못하면 결정된 신심을 얻지 못하고, 결정된 신심을 얻지 못하면 믿는 마음이 상속되지 않으며, 믿는 마음이 상속되지 못하면 결정된 신심을 얻을 수 없고, 결정된 신심이 없으면 신심이 두텁지 않는다.

여기에서 말한 첫 번째의 순(淳)이란 한문의 순후(淳厚), 순박(淳朴)하다는 의미이지만, 여기서는 신심이 깊고 두터운 것을 말한 것이며, 지극히 순수하게 한다는 뜻이다. 순심(淳心)이란 한문 그대로 번역하면 순박하고 순수한 마음으로 다른 의심이 없는 마음이다. 즉 신심이 어떤 때는 있고 어떤 때는 없어 반신반의하는 것이 아니고, 아미타불에 대하여 오로지 믿어 의심 없는 신심이 결정되는 것을 의미한다.

두 번째로 말한 불일(不一)의 일(一)은 오로지 한결같다고 하는 전일(專一)의 의미이다. 즉 마음속으로 의심하여 결정하지 못하는 것이 아니고, 또 이에 대해 여러 가지 다른 생각을 내지 않고 아미타불 한 가지에 대해 한결같이 오로지 몰입[專注]한 확고부동한 마음의 상태다.

세 번째의 상속이란 신심을 끊임없이 연속적으로 낸다는 의미로 위에서 말한 것처럼 신심이 두텁고 전일하여 의심 없이 결정된 것이다. 즉 신심에 다른 생각이 섞여서 앞과 뒤가 다르지 않게 하여 아미타불에 대해 의심이 없는 결정된 신심이 상속되는 것을 말한다.552) 담란은 이렇게 세 가지 뜻이 구족된 신심이야말로 명의(名義)와 여실하게 상응한다고 하여 신(信)의 중요성을 강조하고 있다.553)

이것을 도작은 『안락집』554)에서 "만약 사람이 단 아미타불의 명호만 부르고 염하여도 능히 시방 중생의 무명과 어둠을 제거하

---

552) 시가라끼또시마로 「曇鸞教學における信の考察」(『曇鸞教學の研究』 眞宗學論叢 제1호 pp.135~137)
553) 이태원 저 『염불의 원류와 전개사』 pp.300~301을 참조할 것.
554) 대정장 제47권 p.12a~b.

고 왕생할 수 있는데, 어떤 중생이 명호를 부르고 억념하여도 무명이 아직 존재하고 원하는 바를 원만히 이루지 못한 것은 무슨 뜻인가?"라는 물음에 담란의 세 가지 불상속(不相應)을 가지고 답하면서 "이러한 마음을 갖추어서도 만약 왕생하지 못하면 이것은 옳은 것이 아니다."고 단언한 것은 도작이 담란의 설을 그대로 받아들인 것이다.555)

이 세 가지 마음은 불교에서 강조한 신심을 바탕으로 하여 표현한 것이다. 그럼 이 신심 즉 믿어야 할 대상은 무엇인가? 믿어야 할 대상은 거짓이 아닌 참된 진리인데 이 진리란 나무아미타불의 명호이다. 이 나무아미타불의 명호에 한량없는 공덕이 있기 때문에 여실하게 부르면서 염하는 사람은 무명의 어두움을 제거하고 원하는 바를 원만하게 성취시켜 준다. 담란이 "무애광여래의 명호는 중생들의 일체 무명을 능히 제거하고, 중생들의 일체 원하는 바를 능히 만족시킨다."고 한 것은 나무아미타불 명호를 부름에 의해 어둠을 제거하고 원하는 바를 원만하게 성취시키는 공덕이 있다는 것을 강조한 것이다.

아무튼 위 세 가지 믿는 마음으로 아미타불의 명호를 부르면 "여래의 광명지혜 모습과 같이"되고 "저 이름의 뜻과 같이"되기 때문에 이것을 여실한 수행이라 한다.

다음으로 법과 명칭이 같은가 같지 않는가 하는 문제에 대해 담란은 여러 가지 비유를 들어 설명하였다. 즉 명칭 그 자체가 진리에 부합하는 것이 있고 부합하지 않는 것이 있다. 즉 부처님이나 보살들의 명호와 반야바라밀, 그리고 다라니와 주문 등은 명호와

---

555) 이태원 저 『염불의 원류와 전개사』 pp.354~355를 참조하기 바람.

언어 자체는 법과 부합되기 때문에 효험이 있다. 예를 들면 나무아미타불이라는 명호는 진리이기 때문에 이 명호를 부르는 것만으로 어두움을 없애는 동시에 원하는 바를 만족하게 성취시켜 주는 힘이 있을 뿐만 아니라 극락세계에 왕생하여 무생법인을 증득하여 법계중생에게 회향할 수가 있다. 그러나 달을 가리키는 손가락은 달이 아니기 때문에 명칭인 손가락만 쳐다보면 법인 달을 보지 못한다. 이것은 법과 명칭이 부합하지 않기 때문이다.

(3) 작원문

論 : 云何作願心 常作願一心專念畢竟往生安樂國土 欲如實修行奢摩他故

論註 : 譯奢摩他曰止 止者止心一處不作惡也 此譯名乃不乖大意 於義未滿 何以言之 如止心鼻端 亦名爲止 不淨觀止貪 慈悲觀止瞋 因緣觀止癡 如是等亦名爲止 如人將行不行亦名爲止 是知止語浮漫 不正得奢摩他名也 如椿柘楡柳 雖皆名木若但云木安得楡柳耶 奢摩他云止者 今有三義 一者一心專念阿彌陀如來 願生彼土 此如來名號及彼國土名號能止一切惡 二者彼安樂土過三界道 若人亦生彼國 自然止身口意惡 三者阿彌陀如來正覺住持力自然止求聲聞辟支佛心 此三種止 從如來如實功德生 是故言欲如實修行奢摩他故

논 : 어떻게 원을 세우는가? 마음을 항상 일심으로 전념하여 필경에는 안락국토에 왕생하려고 원하는 것이다. 여실하게 사마타를 수행하고자 하기 때문이다.

논주 : 사마타를 번역하면 지(止)다. 지(止)란 마음을 한곳에 집중시켜 악을 짓지 않는 것이다. 지라고 번역한 이름에는 큰 뜻에 어긋나지 않지만 만족할 수 있는 뜻은 아니다. 왜냐하면 마음을 코 끝에 집중시키는 것556)도 역시 지라 이름하며, 부정을 관557)하면 탐하는 마음을 그치는 것, 자비를 관558)하면 성냄을 그치는 것, 인연을 관559)하면 어리석음을 그치는 것 등 모든 것을 역시 지라 이름한다. 사람이 마땅히 행하고자 하는 것을 행하지 않는 것 역시 지라 한다. 여기에서 알 수 있듯이 지(止)란 말은 막연하여 사마타의 이름을 바르게 표현할 수 없다. 참죽나무, 뽕나무, 느릅나무, 버드나무와 같은 것을 모두 나무라고 이름할 수 있지만 만약 단지 나무라고만 표현한다면 어찌 느릅나무나 버드나무를 알 수 있겠는가. 사마타를 지(止)라고 하는 것에는 세 가지 뜻이 있다. 첫째는 일심으로 전념하여 아미타여래를 생각해 저 국토에 태어나기를 원하면 이 여래의 명호와 저 국토의 명호는 능히 일체 악을 그치게 한다. 둘째는 저 안락국토는 삼계의 도를 초월하였기에 만약 사람이 저 국토에 태어나면 자연히 몸과 입, 그리고 생각으로 짓는 악이 그친다. 셋째는 아미타여래는 정각에 주지(住持)하는 힘이 있어 자연히

---

556) 『좌선삼매경』에서는 "생각을 정수리·이마·눈썹 사이·코 끝·마음 다섯 곳에 집중시킨다."(繫意五處 頂額眉間鼻端心處)고 하여 마음을 코끝에 집중시켜 수행하는 법을 말하고 있다.(대정장 15권 p.272a)
557) 見道以前의 준비적인 수행의 하나로 五停心觀을 닦는데 이것은 사마타, 즉 관하는 법으로 아래 자비관과 인연관 이외 18界의 모든 법은 모두 地·水·火·風·空·識의 화합에 지나지 않는다고 관하여 我見을 그치는 界分別觀과 호흡을 세어 산란한 마음을 제거하는 數息觀 등 다섯 가지가 있다. 이것은 이 가운데 하나로 인간의 신체의 부정한 모습을 관하는 것이다.
558) 일체 중생에 대하여 자비한 마음을 일으키는 것.
559) 모든 법은 인연에 의해 생기는 도리를 관하는 것.

성문이나 벽지불이 되려는 마음을 그치게 한다. 이 세 가지 지(止)는 여래의 여실한 공덕으로부터 생기기 때문에 "여실하게 사마타를 수행하고자 하기 때문이다."고 말한다.

【講說】

앞 총설분의 작원문에서는 왕생의 생(生)의 의미와 태어나는 주체인 아(我)에 대해 자세하게 검토하였다. 이 단원에서는 왕생과 사마타의 관계를 언급하고 있기 때문에 살펴보자. 결론적으로 말하면 극락세계에 왕생하기를 전념으로 원하여 태어나기만 하면 사마타의 경지에 도달한다는 것이다. 이 사마타란 산스크리트어 Śamatha로 지(止)·지식(止息)·적정(寂靜)·능멸(能滅)이라 한문으로 번역하는데 의미는 우리 마음 가운데 일어나는 망념을 쉬고, 마음을 일정한 대상에 집중시켜 마음이 통일되면 모든 상념이 그치는 고요하고 평온한 상태를 말한다. 보리유지가 『왕생론』을 번역하면서 왜 지(止)란 말을 사용하지 않고 산스크리트어 그대로 사용하였는가를 담란은 여러 가지 비유를 들어 자세히 설명하면서, 왕생하면 있는 사마타의 역할 세 가지를 말하고 있다. 첫째는 이 생에서 지극한 마음으로 왕생하기를 원하여 염불하는 사람은 Amitābha, 또는 Amitāyus의 명호의 공덕과 Sukhāvatī란 국토의 명호의 공덕에 의해 극락세계에 태어나면 모든 악을 짓지 않게 되는 것이 사마타이다. 둘째는 이 생이 아닌 다음 생에서 얻는 이익으로 극락세계는 삼계를 벗어난 세계이기 때문에 여기에 태어난 사람들은 신·구·의 삼업이 청정하여 자연히 악을 짓지 않게 되는 것이 사마타의 역할이다. 셋째는 아미타불은 모든 중생들로 하여금 정각에 머무르게 하는 힘이 있기 때문에 소승의 경지인 성문이나 벽지불에 떨어지지 않게 되는 것이 사마타의 역할이다. 즉 이 것은 이 생에서 염불하는 사람이 성문이나 벽지불의 지위에 떨어지지 않을 뿐만 아니라 내세에도 성문이나 벽지불이 없는 세계에 태어나는 것으로 금생과 내생의 이익이라고 할 수 있다.

여기서 우리가 한 가지 관심을 가져야 할 점은 왕생하기를 바라는 원생심(願生心)과 지(止)와의 관계다. 초기 정토경전인 『대아미타경』과 『평등각경』에서는 정토에 왕생하는 수행은 선을 짓는 것과 보살도를 실천하는 것, 그리고 정토에 태어나기를 바라는 욕생(欲生)을 염하는 것 등이 근본으로 되어 있고, 십념이나 일념의 염불은 나타나 있지 않기560) 때문에 원생심을 왕생하는데 하나의 수행으로 취급하고 있음을 알 수가 있다. 이 극락세계에 왕생하려면 "마음을 항상 일심으로 전념"해야 한다는 말과 같이 이 일념의 상태에 도달하면 모든 잡념이 없는 적정(寂靜)의 경계로 천친보살이 말한 Samatha라고 본다. 즉 이 상태에는 모든 것이 쉬는 지(止)·지식(止息)·능멸(能滅)의 경계로 삼매의 경계가 아닌가 생각한다. 그러므로 천친보살은 안락국토에 왕생하기를 항상 일심으로 전념하는 것을 "여실하게 사마타를 수행하고자 하기 때문이다."라고 한 것이고, 이것을 담란은 자세히 설명한 것이다. 결론적으로 말하면, 천친보살과 담란이 왕생하기를 일념으로 전념하는 것이 Samatha의 수행이라고 한 것은 그들만의 탁월한 생각에서 나온 것이라고 본다.

---

560) 이태원 저 『염불의 원류와 전개사』 p.118~119.

(4) 관찰문

論 : 云何觀察 智慧觀察 正念觀彼 欲如實修行毘婆舍那故
論註 : 譯毘婆舍那曰觀 但汎言觀義亦未滿 何以言之 如觀身無常苦空無我九相等 皆名爲觀 亦如上木名不得椿柘也 毘婆舍那云觀者亦有二義 一者在此作想 觀彼三種莊嚴功德 此功德如實故修行者亦得如實功德 如實功德者決定得生彼土 二者亦得生彼淨土 卽見阿彌陀佛 未證淨心菩薩畢竟得證平等法身 與淨心菩薩 與上地菩薩 畢竟同得寂滅平等 是故言欲如實修行毘婆舍那故
論 : 彼觀察有三種 何等三種 一者觀察彼佛國土莊嚴功德[561] 二者觀察阿彌陀佛莊嚴功德[562] 三者觀察彼諸菩薩莊嚴功德[563]
論註 : 心緣其事曰觀 觀心分明曰察

논 : 어떻게 관찰하는가? 지혜로 관찰하고 바르게 저 국토를 관찰하는 것이다. 여실하게 비파사나를 수행하고자 하기 때문이다.

논주 : 비파사나를 번역하면 '관(觀)'이라 한다. 다만 넓게 관이라고 말할 때는 뜻이 충분하지 못하다. 왜 그렇게 말하는가 하면, 몸이 무상하고 고통스럽고 공(空)이며 무아(無我)이고[564], 구상(九相)[565] 등을 관하는 것과 같은 것도 모두 '관'이라 부른

---

561) 『왕생론』 본문에는 "功德莊嚴"으로 되어 있다.
562) 앞 주와 같이 『왕생론』 본문에는 "功德莊嚴"으로 되어 있다.
563) 앞 주와 같이 『왕생론』 본문에는 "功德莊嚴"으로 되어 있다.
564) 이 내용은 용수보살이 『대지도론』에서 "몸을 관하는 법은 여러 가지 문이 있는데 無常・苦・空・無我 등이다."(대정장 25권 p.403c)라는 내용을 인용한 것이다.
565) 사람이 죽은 뒤 아홉 가지 추한 모습을 말하는 것으로 『대지도론』 권제

다. 또한 앞에서 말한 것처럼 나무라 부르면 동백나무나 뽕나무를 알 수 없는 것과 같다. 비파사나를 '관'이라고 하는 것에는 또한 두 가지 뜻이 있다. 첫째는 여기에566) 있으면서 생각을 지어 저 국토의 세 가지 장엄 공덕567)을 관하는 것이다. 이 공덕은 여실하기 때문에 수행하는 사람은 역시 여실한 공덕을 얻는다. 여실한 공덕은 반드시 저 국토에 태어나게 한다. 두 번째는 저 정토에 태어나면 즉시 아미타불을 친견하고 미증정심보살(未證淨心菩薩)568)이 필경 평등한 법신을 증득하여 정심보살(淨心菩薩)569)과 상지보살(上地菩薩)570)과 더불어 결국에는 적멸평등을 얻는다. 그러므로 "여실하게 비파사나를 수행하고자 하기 때문이다."라고 말한다.

논 : 극락세계를 관찰하는데 세 종류가 있다. 어떤 것이 세 가지인가? 첫째는 저 불국토의 장엄공덕을 관찰하는 것이고, 둘째는 아미타불의 장엄공덕을 관찰하는 것이며, 셋째는 극락세계에 계시는 모든 보살의 장엄공덕을 관찰하는 것이다.

논주 : 마음으로 그 일571)을 반연572)하는 것을 '관(觀)'이라 하고, 마음으로 관한 것이 분명해지는 것을 '찰(察)'이라 한다.

21(대정장 25권 p.217)에서는 九相義란 단원을 만들어 자세히 설명하고 있다.
566) 이 사바세계인 인간계를 나타냄.
567) 극락세계의 국토장엄과 부처님장엄, 그리고 보살장엄을 말한다.
568) 淨心菩薩이란 불퇴전의 지위에 오른 8지보살을 말하기 때문에 未證淨心菩薩이란 아직 8지보살이 되지 않은 초지부터 7지보살이다.
569) 8지보살이다.
570) 9지보살과 10지보살이다.
571) 극락세계에 장엄되어 있는 國土·佛·菩薩이다.
572) 관찰의 대상으로 삼는 것.

【講說】

　앞에 총설분의 관찰문에서는 삼계에서 윤회하는 원인이 무엇이고, 안락세계에서는 윤회하지 않는 원인이 무엇인가를 규명하였으며, 또 강설에서는 비파사나의 의미가 무엇이며, 장엄의 의미는 어떤 것이고 왜 관하는가에 대해 자세하게 언급하였다. 그래서 여기서는 간단히 논할까 한다.

　담란은 관(觀)이란 마음으로 어떠한 일을 반연하여 골똘히 생각하는 것이고, 찰(察)이란 골똘히 생각하는 대상이 분명해지는 것이라고 하였다. 우리는 이 세상을 살아가면서 많은 문제에 봉착하여 깊이 생각하여 거기서 문제의 해답을 찾으려고 하지만 분명하고 명쾌한 해답을 찾지 못해 일을 그릇되게 처리하여 실망감에 사로잡혀 인생을 비관하는 일이 일어나기도 한다. 그러기 때문에 어떤 문제를 골똘히 생각하여 분명한 해답을 찾는다면 문제를 원만히 해결할 수 있을 뿐만 아니라 참된 인생의 삶을 이룩할 수 있을 것이다.

　이 관찰의 대상을 천친보살은 극락세계의 세 가지 장엄만을 언급하고 있는데 반해 담란은 이 세계의 모습과 정토의 모습으로 나누고 있다. 첫째 이 세계의 모습을 관찰하는 것 가운데 우리가 먼저 골똘히 생각하여 문제를 해결해야 할 것은 나라고 하는 몸일 것이다. 이 몸이 어떤 모습인가에 대해 담란은 『대지도론』을 인용하여 시간과 공간의 흐름 속에 항상하지 않고 변하여 결국에는 허무한 모습으로 돌아가는 것이며, 이 몸이 항상하지 않고 변하기 때문에 괴롭고, 진실된 내가 없으며, 또 이 육체는 아홉 가지 추한 모습을 가지고 있다고 하였다. 이 아홉 가지 추한 모습을 구상〔九相(想)〕이라고 하는 것은 육체에 대한 집착을 제거하기 위하여 특

별히 시신의 추악한 모습에 정신을 집중하여 관하는 것으로 미혹한 생각을 끊기 위한 하나의 부정관이다. 첫째는 시체가 바람과 비 등에 의해 피가 엉키고 피부가 황색과 적색으로 푸르퉁퉁한 모습으로 변하는 것을 관하는 청어상(靑瘀想)이고, 둘째는 피부가 짓물러 신체의 아홉 구멍에서 고름이 흘러나오고 벌레가 득실거리는 상태를 관하는 농란상(膿爛想)이며, 셋째는 곤충이나 새와 짐승이 시체를 쪼아먹는 모습을 관하는 충담상(蟲噉想)이고, 넷째는 시체가 부풀어 곡식을 담은 자루처럼 퉁퉁 부른 모습을 관하는 반창상(胖脹想)이며, 다섯째는 시체에 농혈이 가득한 상태를 관하는 혈도상(血塗想)이고, 여섯째는 피부가 부패해 온통 피고름으로 된 상태를 관하는 괴란상(壞爛想)이며, 일곱째는 가죽과 살은 다 없어지고 뼈만 붙어 있으면서 머리와 다리뼈가 뒤섞어 있는 모습을 관하는 패괴상(敗壞想)이고, 여덟째는 시체가 불에 타서 연기가 나고 악취가 나며 재와 흙이 되어 가는 모습을 관하는 소상(燒想)이며, 마지막 아홉째는 백골이 산란하게 흩어진 상태를 관하는 골상(骨想)이다. 이렇게 육체의 추한 모습을 관하는 것은 육체에 대한 미혹한 집착을 끊기 위한 하나의 방편이다. 우리가 이 세상을 살아가면서 많은 번민을 일으키는 것은 나라고 하는 이 육체에 대한 집착에서 비롯된다. 그러므로 육체에 대한 미혹한 집착을 여읠 수만 있다면 다른 것은 쉽게 여읠 수 있을 것이다. 이러한 관점에서 담란이 육체에 대한 관찰을 집중적으로 논했다고 본다.

  둘째는 저 세계의 모습을 관찰하는 방법인데 이것을 담란은 다시 두 가지로 나누어 설명하고 있다. 하나는 인간계에 있으면서 정토의 세 가지 장엄을 관찰하는 것인데 이것에 대해서는 앞 총설분의 관찰문에서 설명하였고, 또 다른 하나는 정토에 태어나면 아미타불을 친견하고 8지보살과 상지보살과 같이 적멸평등(寂滅平等)을 얻는다는 과보를 관찰하는 것이다.

  이 두 가지 관찰법을 결론적으로 말하면 이 세계에서 나라고 하는 육체의 부정한 모습을 관하면 다른 청정한 모습을 간절히 생각하게 할 수 있을 것이다. 이 청정한 모습을 찾기 위해서는 자연히 극락세계의 장엄을 생각하게 되고, 여기에 왕생하려는 마음이 우러나게 될 것이다. 그리고 왕생해서는 어떤 이익이 생기는가를 생각하게 되는 것이 비파사나 수행법이다.

(5) 회향문

論 : 云何廻向 不捨一切苦惱衆生 心常作願 廻向爲首 得[573)]成就大悲心故

論註 : 廻向有二種相 一者往相 二者還相 往相者 以己功德廻施一切衆生 作願共往生彼阿彌陀如來安樂淨土 還相者 生彼土已 得奢摩他毘婆舍那方便力成就 廻入生死稠林敎化一切衆生共向佛道 若往若還皆爲拔衆生渡生死海 是故言廻向爲首 得成就大悲心故

  논 : 어떻게 회향하는가? 일체 고뇌하는 중생을 버리지 않으려는 마음으로 항상 원을 세워 회향하는 것을 제일로 하여야 대비심을 성취할 수 있기 때문이다.

  논주 : 회향에는 두 가지 모습이 있는데 첫째는 왕상(往相)이고, 둘째는 환상(還相)이다. 왕상이란 자기의 공덕을 일체 중생

---

573) 『왕생론』 본문에는 '得'자가 없다.

에게 돌려 베풀어서, 다함께 저 아미타여래의 안락정토에 왕생하려고 원을 세우는 것이다. 환상이란 저 안락세계에 태어나서 사마타와 비파사나를 수행하여 방편의 힘을 성취하면 생사의 조림(稠林)574)에 돌아와 일체 중생을 교화하여 함께 불도에 향하게 하는 것이다. 혹은 왕상회향(往相廻向)하고 혹은 환상회향(還相廻向)하는 것은 모두 중생들을 생사의 바다에서 빼내어 건너게 하는 것이다. 이 때문에 "회향을 제일로 하여야 대비심을 성취할 수 있기 때문이라"고 말했다.

【講說】
앞 총설분의 회향문에서는 회향의 의미에 대해 언급하였기 때문에 이에 대한 것은 생략하고, 여기서는 천친보살이 회향은 대비심에서 비롯되었다고 하였고 담란은 이것을 왕상회향(往相廻向)과 환상회향(還相廻向)을 나누어 설명한 것에 대해 생각해 보자.

오념문 가운데 앞 네 가지 예배문·찬탄문·작원문·관찰문으로 수행한 공덕을 어떻게 전환하여 사용하느냐는 것이 회향인데 이것을 천친보살은 큰 자비심을 성취할 수 있어야 한다고 하였다. 이 의미는 자기가 지은 공덕을 고통 속에 헤매는 사람들을 구원하는 데 사용해야 한다는 것인데, 이는 큰 자비심이 근본이 된 회향이라 볼 수 있다. 이를 담란은 극락세계에 왕생하는 것도 자기의 공덕을 가지고 혼자 왕생하는 것이 아니고, 모든 중생들에게 돌려 베풀어서 함께 왕생하는 것이기 때문에 큰 자비심이 근본이 된 왕

---

574) 중생들에게 邪見과 번뇌가 무성한 것을 비유한 말이다. 『십지경론』에는 "모든 중생들이 邪見과 악한 생각, 그리고 악도의 稠林에 떨어져 있다." (대정장 26권 p.150a)라는 말이 있고, 또 "稠林이란 이 어리석음을 원인으로 한다."(대정장 26권 p.150c)란 말이 있다.

상회향이고, 왕생하여 아미타여래의 설법을 듣고 무생법인을 증득하여 이 생사의 세계에 오는 것은 모든 중생들을 제도하여 함께 부처님 도에 들어가게 하기 위한 것이기 때문에 큰 자비심이 근본이 된 환상회향이다.

다시 말하면 왕상회향이나 환상회향은 다 윤회의 바다에 헤매는 중생들을 구원해야 되겠다는 큰 자비심이 근본이 된 것이기 때문에 정토교에서 수행의 목적은 다 이 이타심에서 비롯된 대승사상이라 할 수 있다. 우리나라에서 천도의식에 널리 사용하고 있는 『석문의범』에 "원컨대 이 공덕을 모든 사람들에게 널리 미치게 하여 나와 더불어 중생들이 마땅히 극락세계에 태어나 모두 아미타불을 뵙고 다 함께 불도를 이루어지어다."[575)]라는 말은 염불수행하는 공덕을 모든 사람과 더불어 회향하는 것으로 이는 대비심에서 비롯된 것이다.

요즈음처럼 서구문명이 들어와 극도의 개인 이기주의에 빠져, 이웃을 생각하기는커녕 자기를 낳아주고 길러주는 부모에게 효도하는 마음이 적고, 자기를 가르치는 스승에게 존경심이 희박한 이때, 남을 먼저 생각하는 정토수행이 이 세상에 만연한다면 이 세계 그대로가 살기 좋은 세상이 되리라고 믿는다.

---

575) 願以此功德 普及於一切 我等與衆生 當生極樂國 同見無量壽 皆共成佛道
　　(안진호 편『석문의범』p.75)

3) 관하는 대상의 모습

論註 : 觀察體相者 此分中有二體 一者器體 二者衆生體 器分中
又有三重 一者國土體相 二者示現自利利他 三者入第一義諦

   논주 : 관찰하는 대상의 모습에는 두 가지 체(體)가 있다. 첫째는 기세간의 본질이요, 둘째는 중생세간의 본질이다. 기체를 나누면 또한 세 가지 중요함이 있다. 첫째는 국토의 대상의 모습이요, 둘째는 자리이타를 나타내 보인 것이고, 셋째는 제일의제(第一義諦)[576]에 들어가는 것이다.

【講說】
   여기서부터는 앞 총설분의 관찰문에서 다루었던 내용들이 나오기 때문에 이 해의분에서는 간단히 논할까 한다. 여기서 말하는 대상의 모습〔體相〕이란 관찰하는 대상의 모습을 말하는데, 무정물(無情物)인 극락국토에 장엄된 열일곱 가지의 기세간과 유정물(有情物)인 극락세계에 계신 부처님에게 장엄된 여덟 가지와 보살에게 장엄된 네 가지 등 중생세간의 모습이다. 다시 말하면 이 오탁악세에서 저 정토에 왕생하기를 원하는 사람들이 마음속으로 극락세계에 장엄된 국토와 부처님, 그리고 보살들의 수승한 모습을 상상하는 수행법이 관찰이다.

---

[576] 산스크리트어 paramārthasatya로 二諦의 하나이다. 世俗諦에 대한 勝義諦를 가리키는 것으로 세간 통속의 진리를 초월한 절대적인 진실을 말한다.

담란은 이 기세간을 관찰하는 단원을 셋으로 나누어 설명하였다. 첫째는 국토의 모습이 어떤 것인가에 대해 논한 국토의 본질의 모습이고, 둘째는 여래가 자리와 이타를 보이신 것이며, 셋째는 국토를 관찰하므로 수승한 경계인 제일의제(第一義諦)에 들어갈 수 있다는 것이다.

(1) 기세간의 모습

① 국토의 모습

論註 : 國土體相者
論 : 云何觀察彼佛國土莊嚴功德577) 彼佛國土莊嚴功德者 成就不可思議力故 如彼摩尼如意寶性 相似相對法故
論註 : 不可思議力者 總指彼佛國土十七種莊嚴功德力 不可得思議也 諸經統言 有五種不可思議 一者衆生多少不可思議 二者業力不可思議 三者龍力不可思議 四者禪定力不可思議 五者佛法力不可思議 此中佛土不可思議 有二種力 一者業力 謂法藏菩薩出世善根大願業力所成 二者正覺阿彌陀法王善住持力所攝 此不可思議如下十七種 一一相皆不可思議 至文當釋 如彼摩尼如意寶性相似相對者 借彼摩尼如意寶性 示安樂佛土不可思議性也 諸佛入涅槃時 以方便力 留碎身舍利以福衆生 衆生福盡 此舍利變爲摩尼如意寶珠 此珠多在大海中 大龍王以爲首飾 若轉輪聖王出世

---

577) 『왕생론』 본문에는 "功德莊嚴"으로 되어 있다. 뒤에 나오는 "공덕장엄"을 담란은 다 "장엄공덕"으로 바꾸어 놓았기 때문에 이에 대한 교열은 생략한다.

以慈悲方便能得此珠 於閻浮提作大饒益 若須衣服飮食燈明樂具
隨意所欲種種物時 王便潔齋置珠於長竿頭發願言 若我實是轉輪
王者 願寶珠雨如此之物 若遍一里若十里若百里隨我心願 爾時卽
便於虛空中雨種種物 皆稱所須滿足天下一切人願 以此寶性力故
彼安樂佛土亦如是 以安樂性種種成就故 相似相對者 彼寶珠力求
衣食者 能雨衣食等物 稱求者意 非是不求 彼佛土則不然 性滿足
成就故無所乏少 片取彼性爲喩 故言相似相對 又彼寶但能與衆生
衣食等願 不能與衆生無上道願 又彼寶但能與衆生一身願 不能與
衆生無量身願 有如是等無量差別 故言相似

論: 觀察彼佛國土莊嚴功德成就者 有十七種[578]應知 何等十七
一者莊嚴[579]清淨功德成就 二者莊嚴量功德成就 三者莊嚴性功德
成就 四者莊嚴形相功德成就 五者莊嚴種種事功德成就 六者莊嚴
妙色功德成就 七者莊嚴觸功德成就 八者莊嚴三種[580]功德成就
九者莊嚴雨功德成就 十者莊嚴光明功德成就 十一者莊嚴妙聲[581]
功德成就 十二者莊嚴主功德成就 十三者莊嚴眷屬功德成就 十四
者莊嚴受用功德成就 十五者莊嚴無諸難功德成就 十六者莊嚴大
義門功德成就 十七者莊嚴一切所求滿足功德成就

論註: 先擧章門 次續提釋

논주: 국토 본질의 모습〔體相〕[582]이란,

---

[578] 『왕생론』본문에는 '事'가 더 있다.
[579] 『왕생론』본문에는 '莊嚴'이 없는데 이는 담란이 삽입하여 장엄을 강조
하였다. 뒤에 나오는 국토장엄 열여섯 가지와 부처님 장엄과 보살 장엄
도 마찬가지이기 때문에 교열은 생략한다.
[580] 『왕생론』본문에는 '三種'이라는 글자가 없다.
[581] 『왕생론』본문에는 '妙'자가 없다. 이는 담란이 '妙'자를 삽입하여 정토의
소리를 강조한 것이라고 생각한다.

논 : 어떻게 저 부처님 국토에 장엄된 공덕을 관찰하는가? 저 부처님 국토에 장엄된 공덕은 불가사의[583]한 힘에 의해 이루어져 있고, 저 마니여의보[584]의 성질과 같아 서로 비슷하고 서로 대할 수 있는 법이기 때문이다.

논주 : 불가사의한 힘이란 총체적으로 저 부처님 국토의 열일곱 가지로 장엄된 공덕의 힘을 헤아릴 수 없는 것을 가리킨다. 여러 경전에서 모두 다섯 가지 불가사의를 말씀하셨다. 첫째는 중생의 많고 적음이 불가사의하고, 둘째는 업의 작용이 불가사의하며, 셋째는 용의 힘이 불가사의하고, 넷째는 선정(禪定)의 힘이 불가사의하며, 다섯째는 부처님 법의 힘이 불가사의하다. 이 가운데[585] 부처님 국토가 불가사의하다고 하는 것에는 두 가지 힘이 있는데, 첫째는 업력으로 이는 법장보살의 출세선근(出世善根)과 큰 원의 업력으로 이루어진 것이며, 두 번째는 정각의 아미타법왕이 잘 주지하신 힘으로 이루어진 것이다. 이 불가사의는 아래의 열일곱 가지와 같이 하나하나 모습이 다 불가사의하다. 본문에 이르러 마땅히 해석하겠다.

"저 마니여의보의 성질과 같아 서로 비슷하고 서로 대할 수 있다."고 한 것은 저 마니여의주의 본질을 빌려 극락세계의 불

---

582) 국토 본질의 모습을 말한다.
583) 앞 국토장엄의 열여섯 번째 「대의문공덕」의 註에서 설명하였다.
584) 흔히들 마니주라고 하는데 마니는 산스크리트어 maṇi의 음역으로 珠玉의 총칭이다. 珠는 산스크리트어 ratna의 의역인데 보석으로 된 구슬이다. 이 마니주는 불행과 재난을 없애주고, 흐린 물을 깨끗하게 하여 물을 변하게 하는 덕이 있다고 하는데, 여기서는 마니에다 如意寶라는 말을 덧붙였다. 이 여의보란 산스크리트어 cinta-maṇi의 번역으로 뜻대로 여러 가지 보배를 만들어 낸다고 하는 의미가 있기 때문에 마니주의 역할을 말한 것으로 마니주의 다른 이름이다.
585) 『왕생론』 중에 이야기한 불가사의한 힘이다.

가사의한 본질을 표현한 것이다. 모든 부처님이 열반에 드실 때 방편의 힘으로 몸을 쪼개어 사리를 남겨 중생의 복이 되게 하였다. 중생의 복이 다하면 이 사리는 변해서 마니여의주가 된다. 이 많은 구슬은 큰 바다 가운데 있어 큰 용왕이 목을 장식하기도 한다.586) 또는 전륜성왕이 세상에 출현하면 자비의 방편으로 능히 이 구슬을 얻어 염부제587)에서 큰 이익을 베푼다. 만약 의복과 음식, 그리고 밝은 등과 악기 등 여러 가지 도구를 생각하는 대로 가지려고 할 때 왕은 곧 몸을 깨끗이 하고 여의주를 긴 장대머리에 모셔놓고 원을 세워 말하길 "만약 내가 실제로 이 전륜성왕이 된다면 여의주에서 이와 같은 물건이 비 내리듯 하여 혹은 1리에 두루하고, 혹은 10리에 두루하며, 혹은 100리에 두루하여 나의 마음 원하는 대로 따르게 하옵소서."라 하면, 이때에 곧 허공에서 여러 가지 물건이 내려 모두 바라는 대로 되어 천하의 모든 사람들의 원을 만족시켜 준다. 이것은 보배스런 본질의 힘이 있기 때문이다. 저 안락세계도 또한 이와 같다. 안락국토의 본질은 여러 가지를 성취시켜 줄 수 있기 때문이다.

"서로 비슷하고 서로 대할 수 있다."란 저 여의주의 힘은 옷과 음식을 구하는 사람에게는 능히 옷과 음식을 비 내리듯 하여 구하는 사람의 뜻에 부합하게 한다. 그러나 이것은 바라지 않는 물건은 존재하지 않는다는 것이다. 저 부처님 국토는 이와

---

586) 이것도 『대지도론』에서 "我等曾聞有如意寶珠 若得此珠則能隨心所索無不必得 菩薩聞是語已白其父母 欲入大海求龍王頭上如意寶珠云云(대정장 25권 p.151b)의 내용을 인용하였다.
587) 산스크리트어 Jambu-dvīpa로 수미산 남쪽에 있는 대륙이다. 즉 수미산을 중심으로 하여 인간세계를 동서남북 네 주로 나누었는데 염부제는 남쪽에 있다.

달리 근본이 만족하게 성취되어 있기 때문에 조금도 모자라는 바가 없다. 이것은 한쪽을 취해서 그 본질의 비유를 삼았을 뿐이다.588) 그렇기 때문에 "서로 비슷하고 서로 대할 수 있다"고 말한다. 또 저 여의주는 다만 중생들의 옷과 음식 등을 원하는 대로 능히 줄 수 있지만 중생의 무상도(無上道)를 원하는 대로 능히 주지 못한다. 또 저 여의주는 단 중생의 이 생에서 몸이 원하는 대로 능히 줄 수 있지만, 능히 중생의 한량없는 생에서 몸이 원하는 대로 능히 주지는 못한다.589) 이와 같이 무량한 차별이 있기 때문에 서로 비슷하다고 말하였다.

논 : 저 부처님 국토를 장엄한 공덕성취를 관찰하는 것에는 열일곱 가지가 있으니 마땅히 알라.590) 어떤 것이 열일곱 가지인가?

 첫째 장엄청정공덕성취(莊嚴淸淨功德成就).

 둘째 장엄량공덕성취(莊嚴量功德成就).

 셋째 장엄성공덕성취(莊嚴性功德成就).

 넷째 장엄형상공덕성취(莊嚴形相功德成就).

 다섯째 장엄종종사공덕성취(莊嚴種種事功德成就).

---

588) 마니주란 인간이 바라는 것은 얻을 수 있게 하지만, 사람들이 원하지 않는 것은 없어 결국 부족함이 있다. 그러나 극락세계는 아미타불의 불가사의한 힘으로 이루어졌기 때문에 국토 자체가 모든 것이 원만히 성취되어 있어 하나도 부족함이 없다는 것이기 때문에 마니주와는 다르다는 것을 강조한 이야기이다. 여기서 마니주로 비교한 것은 한 면만을 취해 비유로 든 것뿐이다.

589) 이 내용은 여의주의 능력은 이 생에서는 원하는 대로 줄 수 있지만, 다가오는 여러 생에서의 원은 만족시켜 주지 못한다는 내용인 듯하다.

590) 『왕생론』 본문에는 "觀察彼佛國土功德莊嚴者 有十七種事應知"라 되어 있는데 담란의 주석서에서 '成就'란 말을 삽입한 것은 아미타불이 공덕을 성취하여 정토를 장엄한 것을 강조하기 위한 것이라고 생각되며, 十七種 다음에 事라는 말을 뺀 것은 담란의 착오인 듯하다.

여섯째 장엄묘색공덕성취(莊嚴妙色功德成就).
일곱째 장엄촉공덕성취(莊嚴觸功德成就).
여덟째 장엄삼종공덕성취(莊嚴三種功德成就).
아홉째 장엄우공덕성취(莊嚴雨功德成就).
열째 장엄광명공덕성취(莊嚴光明功德成就).
열한째 장엄묘성공덕성취(莊嚴妙聲功德成就).
열둘째 장엄주공덕성취(莊嚴主功德成就).
열셋째 장엄권속공덕성취(莊嚴眷屬功德成就).
열넷째 장엄수용공덕성취(莊嚴受用功德成就).
열다섯째 장엄무제난공덕성취(莊嚴無諸難功德成就).
열여섯째 장엄대의문공덕성취(莊嚴大義門功德成就).
열일곱째 장엄일체소구만족공덕성취(莊嚴一切所求滿足功德成就).

논주 : 먼저 장문을 나열하고, 이어서 하나하나의 제목을 해석하겠다.

【講說】
 이 단원에서 천친보살은 어떻게 정토를 관찰해야 하는가를 전제하고 나서 정토를 관찰해 보니 그 본질은 불가사의한 힘을 가지고 있다고 하였고, 이에 대해 담란은 불가사의한 본질에 대해 여러 가지 비유를 들어 논하고 있다. 아미타불이 건설한 극락정토의 본질과 국토의 덕을 총설분에서 언급한 것처럼 열일곱 가지로 장엄되어 있으며, 이러한 장엄을 관찰하는 목적은 정토의 본성은 어떤 것인가를 알기 위한 것이다. 이 정토의 본성에 대해 중국 천태종의 정토가(淨土家)들은 법성(法性)이라고 하였다. 이 법성이란 우주법계가 지니고 있는 진실하고 변하지 않는 본성으로 이것을 진여법성, 또는 여래장이라고도 한다. 그렇다면 극락세계를 진여법성, 여래장으로 본다면 이것을 관찰함으로써 진여법성을 깨달을 수 있게 되며, 본인이 여래임을 자각할 수 있기 때문에 관찰하는 수행이 성불의 지름길임을 알 수 있다.

이러한 정토의 본성에 대해 담란은 인간의 힘으로는 도저히 헤아릴 수 없는 불가사의한 힘이 내재되어 있을 뿐만 아니라, 이것은 이 세상에서 무슨 일이든지 뜻대로 이룰 수 있는 여의주와 비슷하다고 하였다. 이렇게 정토가 불가사의한 힘을 갖고 있는 것은 첫째 과거에 법장보살이 부처가 되기 위해 수행할 때에 세웠던 본원력의 결과이며, 둘째 현재 아미타불 자신이 정토에 계시면서 항상 법을 설하시기 때문이라고 하였다.

이 불가사의한 정토의 힘을 담란은 여의주로 비유를 들어 현실적인 입장에 의해 설명하고 있다. 이것은 이 세상 사람들은 눈앞에 존재하는 것을 보면 이해가 빠르고, 현실의 욕망에 관심이 많은 사람들에게 정토를 알리기 위한 좋은 방법일 것이다. 이 세상 사람들이 종교를 믿는 목적은 심오한 진리를 깨닫기 위한 사람도 있겠지만 대부분은 현실적인 욕망을 채우기 위한 것이 아닌가 생각한다. 이 현실적인 욕망이란 우리가 필요로 하는 의식주와 육체적인 건강이라고 본다. 여의주는 우리가 필요로 하는 의식주를 부족함이 없이 하늘에서 비가 내리듯 원하는 대로 주기 때문에 부족함이 없다. 그러나 극락정토의 본성과는 몇 가지 차별이 있음을 강조하고 있다. 첫째 여의주는 우리가 원하는 물건만 가지고 있지 원하지 않는 다른 것은 구비하고 있지 않다. 그러나 정토는 우리가 지금 생각하지 못한 다른 좋은 것을 모두 두루 갖고 있다는 것이며, 둘째 여의주는 중생들에게 의식주를 줄 수 있지만 진리를 깨닫게 할 수는 없다는 것이고, 셋째 여의주는 이 한 생에 한해 베풀지만 정토는 무량한 세월을 통해 우리가 원하는 대로 주는 차이점이 있어 현격한 차이가 있다. 천친이 정토와 여의주의 본질이 비슷하다고 한 것은 한 부분만 취해서 말한 것임을 우리는 알아야 한다.

다음은 담란이 언급한 사리에 대해 알아보자. 사리란 산스크리트어 Śarīra의 음역으로 한문으로는 신체(身體)・신(身)・신골(身骨)・유신(遺身)이라 번역하며, 통상적으로 석가모니 부처님이 열반하신 후 남긴 유골을 지칭하는데 요즈음 한국에서는 큰스님들이 입적한 후 나온 유골 중 뼈와 색이 다른 일부분을 사리로 보기도 한다. 사리란 불자가 6바라밀과 계(戒)・정(定)・혜(慧) 삼학을 닦은 수행의 결정체로 보기 때문에 사리가 나오는 것은 매우 희귀한 일로 취급하고 있다. 이 사리의 종류로는 부처님처럼 온 몸이 그대로 사리인 것을 전신사리(全身舍利)라 하고, 몸의 일부분에서 나오는 것을 쇄신사리(碎身舍利)라 하며, 사리에 보살의 정신이 담겨져 있는 것을 법신사리(法身舍利)라 하는데, 이것은 모두 뒷사람들을 위해 복전이 되는 것으로 때로는 이 사리에서 광명을 놓기도 한다. 천친보살과 담란대사가 이야기한 사리는 부처님 사리를 말한 것으로, 이에 대해 『대반열반경』의 언급을 보면, 석가모니 부처님이 구시라성의 사라쌍수 아래에서 열반에 드시어 칠보로 된 관을 만들어 부처님을 모신 후 향나무로 화장하여 나온 사리를 여덟 등분으로 나누어 각 나라에 가지고 가서 사리탑을 세웠다고 하였고[591], 또 여래가 사리를 남기신 이유는 중생들에게 복덕을 주기 위해서라고 하였다.[592] 이러한 이야기는 야나발타라가 번역한

『열반경』에도 자세히 언급되어 있다.593) 여기서 담란이 말한 사리에 대한 내용은 용수보살이 지은 『대지도론』에서 "만약 지혜에 의해 머무른 사리를 친견하고 공양하면 금생이나 후세에 한량없는 복을 얻으며, 또 반드시 도를 이룬다."594)는 것과 "어떤 사람이 말하기를 과거 오래 전의 부처님 사리는 법이 이미 다 멸할 때 사리는 변해 구슬이 되어 중생들에게 이익을 준다"595)는 글을 인용한 것 같다. 오늘날 사리 신앙은 남방불교에서 많이 성행하고 있다. 즉 스리랑카에서는 부처님 치아를 모신 불치사(佛齒寺)를 비롯한 많은 사찰에서 사리를 모시고 신앙하고 있고, 또 미얀마에서도 부처님 머리털 여덟 개를 두 무역상인이 가지고 와 세운 쉐다곤 파고다를 비롯하여 부처님 치아를 모신 사원과 사리를 모신 사원에서 사리 신앙이 성행하고 있음을 엿볼 수 있다.

북방불교에서는 중국과 한국에서 성행하고 있다. 『삼국유사』를 보면 우리나라에서는 신라 진흥왕 시대인 대청 기사년(549)596)에 양나라 사신 심호가 사리를 가져왔다597)고 한 것이 역사적으로 처음인 것 같고, 이어서 자장율사가 정관 17년(643)에 중국 오대산에서 부처님 두골과 사리 백 알, 그리고 부처님 가사를 모시고 와 한 부분은 황룡사 탑에 모시고, 한 부분은 태화탑(太和塔)에 모셨으며, 그리고 한 부분은 가사와 함께 통도사에 모셨다598)고 하였다. 그

---

591) 대정장 12권 p.737a.
592) 대정장 12권 p.806a.
593) 대정장 12권 pp.901c~902a.
594) 대정장 25권 p.479b.
595) 대장경 25권 p.478a.
596) 양나라 무제의 연호로 549년에 해당한다.
597) 김용욱 저 『三國遺事引得』 p.73(大淸之初라 하여 연대가 2년 빠르게 되어 있다), 85.

리고 당나라 대중 5년(851)에 원홍이 부처님 치아를 가져왔다고 하였으며599), 의상대사는 도선율사에게 의뢰하여 제석천으로부터 부처님 치아를 받아 왔다600)는 기록이 있는 것으로 보아 석존의 두골과 치아, 그리고 사리가 인도에서 중국을 거쳐 들어왔음을 알 수가 있고, 그리고 석가모니 부처님의 육신에 대한 신앙이 일찍부터 행해졌음을 알 수가 있다. 지금은 부처님 사리가 안치된 기도도량을 적멸보궁이라 하는데 보궁이 있는 사찰은 강원도의 오대산 상원사, 사자산 법흥사, 정암사, 경상남도 영축산 통도사, 그리고 설악산 봉정암 등 여러 곳이 있다.

지금 한국에서는 이러한 사리 신앙이 역사적으로 계속되어 스리랑카나 미얀마, 또는 태국으로부터 많은 불자들이 사리를 모시고 와 전국 전통사찰을 비롯한 새로 건립한 사찰에서 탑을 만들고 있음을 자주 본다. 이러한 것은 『열반경』이나 『불본행집경』에 나타난 사리 신앙에서 비롯된 것으로, 이것은 부처님의 육신 가운데 한 부분이라도 우리가 친견한다면 그 분이 남기신 진리와 은혜를 새롭게 생각할 수 있을 뿐만 아니라 진리를 실천하려는 새로운 각오가 일어나는 계기가 되기 때문에, 사리를 자기가 거주하는 가까운 곳에 모시고 항상 친견하려는 생각에서 비롯된 것이라 본다.

첫째, 청정한 공덕 성취

論 : 莊嚴601) 淸淨功德成就者 偈言 觀彼世界相 勝過三界道故

---

598) 위의 책 p.80, 85.
599) 위의 책 p.85.
600) 위의 책 pp.85~86.
601) 국토와 부처님, 그리고 보살장엄의 제목에 '莊嚴'이라는 글자가 『왕생론』

306   Ⅲ. 원문번역과 강설

論註 : 此云何不思議 有凡夫人煩惱成就 亦得生彼淨土 三界繫
業畢竟不牽 則是不斷煩惱 得涅槃分 焉可思議

　논 : 청정한 공덕을 성취하여 장엄하였다는 것은 게송에서
"저 세계의 모습을 관찰하니 삼계의 도보다 훨씬 뛰어나며"라
고 말하였기 때문이다.
　논주 : 이것이 어찌하여 불가사의한가? 번뇌에 쌓인 어떤 범
부라도 저 정토에 태어나기만 한다면 삼계에 얽힌 업에 결국
이끌리지 않게 된다. 곧 이것이 번뇌를 끊지 않고 열반의 경계
를 얻는 것이니 어찌 가히 헤아릴 수 있겠는가.

【講說】
　앞 총설분의 청정한 공덕 성취에서는 관의 의미와 장엄이 내포
하고 있는 것을 설명하였다. 여기서는 극락세계에 장엄된 본질은
무엇이고, 이것의 역할은 어떤 것인가를 언급할까 한다.
　첫째, 정토의 본질을 왜 청정하게 했는지 알아보자. 청정의 반
대말은 깨끗하지 못한 마음, 즉 악업에 의한 오염된 염오심(染汚
心)일 것이다. 이 염오심은 잘못된 생각에 의해 바르게 행동하지
못하고, 이 그릇된 행동으로 말미암아 악업을 지어 여러 가지 고
통을 받으며 불행 속에 헤매게 된다. 그러나 마음이 청정한 사람
은 바른 생각을 갖게 되고, 이 바른 생각에 의해 정도(正道)를 실천
하게 되며, 이 정도의 실천에 의해 즐거움을 누리게 된다. 그래서
정토의 본질을 청정하게 한 것이다.
　둘째, 청정의 역할은 무엇인가를 살펴보자. 정토의 청정은 아무

───────────
　　본문에 똑같이 없기 때문에 교열은 생략한다.

리 더러운 것이라도 깨끗하게 해준다. 즉 아무리 더럽고 오염된 업이 있어 많은 생을 거쳐 감수하기 힘든 고통을 받지 않으면 안 될 사람이라도 정토에 태어나기만 하면 오염된 업이 소멸되어 고통을 받지 않을 뿐만 아니라 열반의 경계에 들어가 법의 즐거움을 누린다. 왜 이렇게 되는가 하면, 정토의 본질이 청정하여 이 청정이 악업을 없애주는 불가사의한 힘이 있기 때문이다. 예를 들면 우리가 입는 옷에 오물이 묻어서 더러울 때 이것을 제거할 수 있는 세제를 사용하면 오물이 제거되어 깨끗해지는 것과 같다. 정토의 정보(正報)와 의보(依報)의 본질은 청정으로 장엄된 것이다. 이 청정으로 장엄된 정보와 의보의 모든 역할은 사람들로 하여금 업의 속박으로부터 벗어나 고통을 받지 않게 하며, 무생법인(無生法忍)을 증득(證得)하여 즐거움을 누리게 하는 것이기 때문에 이 청정이 얼마나 중요한지를 알 수 있다.

둘째, 양공덕(量功德) 성취

論 : 莊嚴量功德成就者 偈言 究竟如虛空 廣大無邊際故
論註 : 此云何不思議 彼國人天若意欲宮殿樓閣若廣一由旬若百由旬 若千由旬千間萬間 隨心所成 人各如此 又十方世界衆生願往生者 若已生 若今生 若當生 一時一日之頃算數所不能知其多少 而彼世界常若虛空 無迫迮相 彼中衆生住如此量中 志願廣大亦如虛空 無有限量 彼國土量能成衆生心行量 何可思議

논 : 양공덕(量功德)을 성취하여 장엄하였다는 것은 게송에서 "끝이 허공과 같아 넓고 커서 다함이 없더라."고 말하였기 때문

이다.

  논주 : 이것이 어찌하여 불가사의한가? 만약 저 국토의 사람, 하늘사람들이 생각으로 궁전이나 누각의 넓이가 혹은 일 유순(由旬)602), 혹은 백 유순, 혹은 천 유순, 천간(千間)이나 만간(萬間)이 되기를 바란다면 뜻에 따라 이루어진다. 사람들 각각 이와 같다. 시방세계의 중생들이 왕생을 원하는 사람은 혹은 이미 태어났거나 혹은 지금 태어나거나 혹은 장차 태어나는데 한 때나 또는 하루 동안 헤아리더라도 그 많고 적음을 알 수가 없다. 그러니 저 세계는 항상 허공과 같아 비좁고 옹색한 모습이 없다. 저 가운데 중생들도 이와 같이 헤아릴 수 없는 모습〔量〕가운데 머무르기에 그 뜻이 광대한 것 역시 허공과 같아서 한량이 없다. 저 극락세계의 양〔無量〕은 능히 중생들의 마음속의 한량없는 행을 이루게 하는 것이니 어찌 가히 헤아릴 수 있겠는가.

【講說】

  앞 총설분의 양공덕(量功德)에서는 단순히 정토의 넓이를 헤아릴 수 없다는 것에 중점을 두고 논하였다. 담란은 여기서 양공덕의 역할이 무엇인가에 대해서 말하고 있다. 불가사의한 힘을 가지고 있는 양공덕에 의해 정토에 태어나는 사람들은 첫째는 자기가 거처하고자 하는 궁전이나 누각의 넓이를 마음대로 할 수 있다는 것이다. 이 세상 사람들에게 있는 여덟 가지 고통 가운데 구하려

---

602) 산스크리트어 yojana의 음역으로 인도의 거리를 나타내는 단위이다. 1유순은 멍에를 맨 황소가 수레를 이끌고 하루 길을 간 거리를 말하여 중국에서는 40里에 해당한다고 한다.(앞 총설분 부처님 座功德의 註에서 한번 언급하였다.)

고 해도 구하지 못해 고통을 느끼는 '구부득고(求不得苦)'가 있다. 다시 말하면 재산을 많이 갖고 싶지만 갖지 못하는 고통, 명예와 권력을 누리고 싶어도 누리지 못하는 고통 등이 그것으로, 우리가 이 세상을 살면서 많은 것에 대해 목적을 두고 노력하지만 다 이루어지지는 않는다. 그러므로 재산을 몰래 훔치고, 강도짓을 하여 구하려 하고, 명예와 권력을 부정한 방법으로 쟁취하여 누리려다 스스로 불행을 자초하는 사람들을 과거 역사에서도 흔히 보아 왔고, 지금도 보고 있다. 그러나 이러한 것을 아신 아미타 부처님께서 정토에 양공덕이라는 장엄을 해놓았기 때문에 이 불가사의한 힘에 의해 정토 사람들은 그 어떠한 것이라도 한없이 충족할 수 있어 구하지 못하는 고통은 없다.

둘째는 옹색한 생각을 하지 않고 허공과 같이 광대한 생각을 갖게 한다는 것이다. 이 세상 사람들은 협소하고 한쪽으로 치우친 편협된 마음을 갖고 있어 한쪽을 좋아하고, 다른 한쪽을 싫어하는가 하면, 남을 시기하거나 질투하고, 모함하려고 하여 나뿐만 아니라 남에게도 고통을 주고 있다. 그렇지만 정토의 사람들은 양공덕이라는 불가사의한 힘에 의해 허공처럼 넓고 큰 광대한 마음을 갖고 있기에 좋아하고 싫어할 마음이 없으며, 그리고 남을 이롭게 하는 자비스런 마음만 있어 고통을 전혀 주지 않고 서로가 즐거움만을 준다.

우리의 마음은 본래 크거나 적지 않지만 주위 환경과 교육에 의해 마음을 적고 편협되고 옹색하게 먹기도 하고, 모든 것을 다 이해하고 아량을 넓고 크게 먹어 허공을 다 포함할 수 있기도 하다. 극락세계는 헤아릴 수 없이 광대한 자연 환경으로 장엄되어 있고, 아미타불이 광대한 진리를 설하여 교육시키기 때문에 거기에 거주하는 사람들의 마음은 자연히 광대하리라 본다. 그러므로 담란은 정토의 사람들이 옹색한 생각을 갖고 있지 않다고 하였다. 우리가 무생법인을 증득하여 성불하려고 한다면 옹색한 마음으로는 도저히 될 수 없고, 광대한 마음에 의해서만 가능하기 때문에 아미타불께서는 정토에다 양공덕(量功德)을 장엄한 것이다.

　셋째, 성공덕(性功德) 성취

論 : 莊嚴性功德成就者 偈言正道大慈悲 出世善根生故
論註 : 此云何不思議 譬如迦羅求羅蟲 其形微小 若得大風身如大山 隨風大小爲己身相 生安樂衆生亦復如是 生彼正道世界 卽成就出世善根 入正定聚 亦如彼風非身而身 焉可思議

　논 : 성공덕(性功德)을 성취하여 장엄하였다는 것은 게송에서 "바른 길의 대자비는 출세간의 선근으로부터 생기며"라고 말하였기 때문이다.
　논주 : 이것이 어찌하여 불가사의한가? 비유하면 가라구라[603]라는 벌레가 그 형태는 아주 작지만, 만약 큰 바람을 만나면 몸이 큰 산과 같이 되듯이 바람의 크고 적음에 따라 자기 몸의 모습이 된다. 안락국토에 태어나는 중생들도 역시 이와 같다. 저 정도의 세계에 태어나면 출세의 선근을 성취하고 정정취에 들어가는 것, 또한 저 바람이 몸이 아니지만 몸이 되는 것과 같으

---

[603] 원어는 알 수 없지만 『대지도론』에서는 몸의 광명이 모든 중생들을 비추어 제도한다는 것을 설명하면서 이 비유를 들고 있다. 즉 가라구라 벌레의 몸은 아주 미세하지만 바람을 만나면 커져서 모든 것을 삼킨다고 하였다.(대정장 25권 p.113b)

니 어찌 헤아릴 수 있겠는가.

【講說】

  앞 총설분에서는 평등에 근본을 두고 대자비가 발생한다는 것을 자세히 논하였다. 여기서는 대자비를 근본으로 한 극락세계의 불가사의한 힘이 거기에 태어나는 사람들에게 어떤 역할을 하는지 논하고 있다. 이것을 담란은 가라구라라는 벌레가 바람을 만나면 바람의 힘의 강약에 따라 몸의 크기가 변한다는 비유를 들어서 정토의 역할을 설명하였다. 즉 정토의 본질은 거기에 태어나는 사람이 아무리 미약하다고 할지라도 불퇴전의 지위에 올라 무생법인을 증득하게 하는 힘이 있다. 다시 말하면 정토에 태어나기만 하면 본인의 노력이 없어도 저절로 부처님 도를 향해 나아가게 하는 것이 정토의 본질인데 이는 우리의 식견으로는 헤아릴 수 없는 힘이다. 마치 맑은 물에다 빨간 물감을 넣으면 빨갛게 되고 노란 물감을 넣으면 노랗게 되며, 황색 물감을 넣으면 황색으로 변하는 것은 맑은 물 자체의 힘에 의해 되는 것이 아니고, 물감의 작용에 의해 저절로 변하듯이 정토에 왕생한 사람은 정토 본질의 힘에 의해 저절로 성불의 길로 나아가게 된다. 이러한 힘은 아미타불의 대자비심에서 비롯된 것으로 우리는 항상 아미타불에 대해 감사하는 마음을 가져야 한다.

  넷째, 형상공덕(形相功德) 성취

論 : 莊嚴形相功德成就者 偈言 淨光明滿足 如鏡日月輪故
論註 : 此云何不思議 夫忍辱得端正 我心影響也 一得生彼無瞋

忍之殊 人天色像平等妙絶 蓋淨光之力也 彼光非心行而爲心行之
事 焉可思議

  논 : 형상공덕(形相功德)을 성취하여 장엄하였다는 것은 게송
에서 "깨끗한 광명 가득한 것 마치 거울과 해, 달과 같네."라고
말하였기 때문이다.
  논주 : 이것이 어찌하여 불가사의한가? 무릇 인욕으로 단정을
얻는 것은 내 마음의 그림자가 나타난 것이다. 한번 저 국토에
태어나면 성냄과 인욕의 차별 없이 사람이나 하늘사람의 모습
이 평등하고 절묘한 것은 모두 깨끗한 광명의 힘이다. 저 광명
이 마음의 작용은 아니나, 마음을 작용하는 일을 하니 어찌 헤
아릴 수 있겠는가.

【講說】
  앞 총설분에서는 태양과 정토의 광명을 비교하여 논하였다. 즉
태양은 한 면을 비추면 다른 세 면은 비추지 못하는 단점이 있지
만, 정토의 광명은 동서남북 그리고 상하와 앞뒤를 두루 비추는
장점만이 있음을 지적하였다. 여기서는 광명의 작용이 불가사의함
을 설명하고 있다. 담란은 경전에서 "인욕을 수행하면 단정을 자
연히 얻는다."[604]는 설을 인용하여 광명의 작용과 비유하고 있다.
인욕이란 산스크리트어 kṣānti를 번역한 말로 밖으로는 고통과 어
려움, 그리고 나에게 모욕을 주고 박해를 주는 모든 불미스러운

---

  604) 『대집경』에서는 "성내고 화내는 것으로 단정함을 얻는 일은 있을 수 없
      고, 인욕을 수행하고 익혀야만 단정함을 얻는다."고 하였다.(대정장 13권
      p.14c)

것을 참을 뿐만 아니라, 안으로는 마음을 항상 편안하게 먹으며 화내는 생각을 일으키지 않는 수행법이다. 이 인욕은 마땅히 실천해야 할 여섯 가지 바라밀 가운데 하나로 보살도에서 중요시하는 항목이다.

부처님이나 출가한 승려가 입고 있는 가사를 인욕의 옷이라 하는데, 이는 인욕하는 마음이 밖에서 오는 모든 장애를 막는 것처럼 가사를 입고 있는 승려는 항상 인욕을 실천하지 않으면 안 된다는 뜻에서 비롯된 것이다. 『법화경』의 법사품에서 "여래의 옷이란 부드럽고 화평한 것으로 이는 인욕하는 마음이다."605)고 하였다. 담란이 인욕을 수행함으로 인해 단정함을 얻는 것은 내 마음의 그림자가 나타나는 것과 같다라고 말한 것은, 원래『유마경』에서 "만약 보살이 정토를 얻고자 하면 그 마음을 깨끗이 하라. 그 마음이 깨끗함에 따라 불토가 깨끗하니라."606)는 내용에 대해, 후진시대의 성조(384~414)607)가 "정토는 모두 이 마음의 영향일 뿐이다. 메아리를 순하게 하고자 한다면 반드시 온화한 소리를 내어야 하고, 그림자를 단정하게 하려면 반드시 그 형상이 바라야 하는 것은 보답에 응하여 결정된 진리이다."608)라고 하는『주유마힐경』의 설을 인용한 것이다. 즉 인욕하는 수행의 힘이 신체에 영향을 줌으로 단정해지는 것처럼 한 번 정토에 태어난 사람은 성냄과 인욕에 대한 차별이 없이 모두 다 훌륭한 얼굴 모습과 자세를 갖

---

605) 대정장 9권 p.31c.
606) 若菩薩欲得淨土當淨其心 隨其心淨則佛土淨(대정장 14권 p.538c)
607) 중국의 장안 사람으로 노자와 장자의 사상을 좋아하여 心要를 주장하다가 지겸이 번역한 『유마경』을 읽고 불교에 귀의하였다. 그 뒤 구마라즙의 제자가 되어 역경사업에 종사하였고, 저서로는 『般若無知論』・『寶藏論』・『涅槃無名論』 등 많은 저서를 남겼다.
608) 대정장 38권 p.337c.

추게 되는데, 이는 정토에 가득한 광명의 불가사의한 힘에서 이루어진 것이다. 이 광명은 마음의 작용에 의해 있는 것이 아니고 아미타불의 본원력에 의해 장엄된 것으로, 이 광명이 마음을 작용하여 훌륭한 모습을 갖게 한다. 다시 말하면 정토에 가득한 광명이 왕생한 사람들의 마음을 작용하여 모든 선근공덕을 이루게 하며, 이 선근공덕에 의해 훌륭한 모습을 갖게 한다. 모든 것은 마음에서 비롯된다는 유마거사의 설을 인정하면서, 이 마음을 작용하는 것은 정토의 광명이라고 한 것은 사론종의 종주다운 견해로 담란이 아니면 말할 수 없는 것으로 높이 평가하고 싶다.

　　다섯째, 종종사공덕(種種事功德) 성취

論 : 莊嚴種種事功德成就者 偈言 備諸珍寶性 具足妙莊嚴故
論註 : 此云何不思議 彼種種事 或一寶十寶百千種寶 隨心稱意 無不具足 若欲令無儵焉化沒 心得自在有踰神通 安可思議

　　논 : 종종사공덕(種種事功德)을 성취하여 장엄하였다는 것은 게송에서 "온갖 진귀한 보배의 성품을 갖추어 미묘한 장엄으로 구족된 것"이라고 말하였기 때문이다.
　　논주 : 이것이 어찌하여 불가사의한가? 저 국토의 여러 가지 사물들 혹 한 가지 보배, 열 가지 보배, 백 천 가지 보배는 마음과 뜻에 따라 부합하게 구비되지 않은 것이 없다. 혹 없애기를 바라면 잠깐 사이에 변해 없어진다. 마음이 자재하여 신통력을 초월한 것 어찌 헤아릴 수 있겠는가.

【講說】

　이 단원은 정토에 장엄된 여러 가지 사물들은 우리들 마음에 만족하지 않은 것이 없다는 것이다. 우리가 이 세상을 살면서 많은 물건들을 필요로 하여 구하지만 구입할 때부터 마음에 들지 않는 것도 있고, 설사 마음에 든 것이라도 사용하면서 결함이 발견되고 고장이 나 불편함을 느끼는 일은 모두 경험해 봤을 것이다. 그리고 요즈음 물건이 필요 없어 버리려고 하면 돈을 주고 버리는 고통이 따르고, 이러한 폐기물로 인해 산과 들은 오염될 뿐만 아니라, 우주 공간의 오존층도 파괴되고 있으며, 우리가 마시지 않으면 안 되는 공기와 물까지 오염되어 많은 피해를 주고 있는 것이 현실이다. 그러나 극락세계에 있는 물건들은 모두 결함 없는 우리의 마음에 흡족한 것들로 이루어졌으며, 혹 이것을 버리려는 마음만 먹으면 순식간에 저절로 변해 없어지기 때문에 여기에는 오염시키는 일도 없고, 우리들에게 고통을 주는 일도 없으며 오직 즐거움만 누린다. 이러한 이유에 대해서는 앞 총설분에서 말했듯이 정토에 장엄된 여러 가지 사물들은 아미타불의 청정한 원심(願心)에서 비롯된 것이고, 사람들을 제도하기 위한 대비심에서 이루어졌기 때문에 깨끗하여 고통을 주지 않고 즐거움만 주는 역할을 하는 불가사의한 힘이 있다. 그러기에 정토 사람들은 조금도 불편함을 느끼지 않고 항상 자유자재한 마음을 가지게 되고, 이 마음은 신통력을 초월한 것으로 무엇이든 할 수 있기에 불도를 성취할 수가 있다.

　여섯째, 묘색공덕(妙色功德) 성취

論 : 莊嚴妙色功德成就者 偈言 無垢光炎609)熾 明淨曜世間故
論註 : 此云何不思議 其光曜事則映徹表裏 其光曜心則終盡無明 光爲佛事 焉可思議

　논 : 묘색공덕(妙色功德)을 성취하여 장엄하였다는 것은 게송에서 "때 없이 불꽃처럼 눈부시게 빛나 밝고 깨끗하게 세간을 비추네."라고 말하였기 때문이다.
　논주 : 이것이 어찌하여 불가사의한가? 그 광명이 사물에 비추면 곧 겉과 속을 밝게 비추고, 그 광명이 마음에 비추면 곧 무명이 다 없어진다. 광명이 불사610)를 짓는 것 어찌 가히 헤아릴 수 있겠는가.

【講說】
　앞 형상공덕에서의 광명은 동서남북 상하, 그리고 앞과 뒤를 비추는 것을 말하였고, 이 묘색공덕에서는 광명이 어떠한 물체라도 겉과 속을 환하게 비출 뿐만 아니라 사람들을 어리석게 하는 무명을 제거해 주는 역할을 한다고 강조하였다. 광명이 온 세계를 두루 비추는 것도 중요하지만 한 물체를 맑은 물을 들여다보는 것처럼 투명하게 비추는 힘이 있다면 이는 금상첨화(錦上添花)일 것이다. 우리가 위나 장이 아플 때 어디가 어떻게 아픈가를 알기 위해서 내시경을 하고, 간이 안 좋을 때는 초음파 검사를 하며, 머리가 아플 때는 MRI에 의한 검사를 하고, 여기에 증상이 심각하면 조직검사를 하기 위해 병든 부분을 채취하는 고통이 따르지만 정토의

---
609) 『왕생론』 본문에는 '炎'이 '焰'으로 되어 있다.
610) 부처님께서 중생들을 교화하시는 일이다.

광명처럼 속을 환하게 들여다 볼 수 있다면, 이러한 고통은 따르지 않으며, 잘못된 오진에 의해 생명을 잃지도 않을 것이다. 또 조그만 지식을 가지고 있으면 항상 자기 몸 상태를 스스로 관찰할 수 있기 때문에 초기에 치료하여 머리를 쪼개고 배를 갈라 수술하는 큰 아픔은 없을 것이다.

극락세계의 광명은 물체 겉과 속을 환하게 비출 뿐만 아니라 정신세계도 환하게 비추어 무명을 제거하는 힘이 있어 육체와 정신에 즐거움을 주기 때문에 담란은 광명에서 나는 미묘한 빛이 불사를 짓는다고 하였다.

일곱째, 촉공덕(觸功德) 성취

論 : 莊嚴觸功德成就者 偈言 寶性功德草 柔軟左右旋 觸者生勝樂 過迦旃隣陀故
論註 : 此云何不思議 夫寶例堅强而此柔軟 觸樂應著而此增道事同愛作 何可思議 有菩薩字愛作 形容端正生人染著 經言 染之者或生天上或發菩提心

논 : 촉공덕(觸功德)을 성취하여 장엄하였다는 것은 게송에서 "보배스런 본질의 공덕으로 된 풀은 부드러워 좌우로 흔들리며, 접촉하는 사람에게 수승한 즐거움이 생기는 것은 가전린다를 초월하네."라고 말하였기 때문이다.

논주 : 이것이 어찌하여 불가사의한가? 대개 보배라고 들고 있는 것은 원래 굳고 강하다. 이것은 유연하면서 접촉하면 즐거워 애착심이 나지만 도를 증진시킨다. 이러한 일 애착하는 것과

같다. 어찌 헤아릴 수 있겠는가! 애작(愛作)이라 부르는 보살이 있는데 용모가 단정하여 사람들이 집착하게 된다. 경에서 "이에 물든 사람은 혹 천상에 태어나기도 하고, 혹 보리심을 내기도 한다."611)고 말씀하셨다.

【講說】

지구상에 있는 금과 은, 그리고 다이아몬드 같은 보석들은 딱딱하고 강하지만 극락세계에 있는 보배들은 물새의 깃털보다 더 부드러워 접촉하는 사람들에게 환희하는 마음을 일으키게 할 뿐만 아니라 진리를 깨닫게 하는 역할을 한다. 다시 말하면, 이 세상의 귀금속은 빛이 나 눈으로 보고 즐거움을 느끼지만 몸에 부착하는데 딱딱하여 그다지 즐거움을 주지 못한다. 그러나 극락세계에 있는 보배들은 우리가 인식하는 육근(六根)에 두루 영향을 주어 진리를 깨닫게 하는 역할을 한다.

불교에서는 어떤 사물에 대해 국집하고 애착을 가지므로 미혹하게 되고, 이 미혹으로 인해 악업을 짓는다고 대승과 소승 등 모든 경전에서 강조하고 있다. 예를 들면 어떤 사람이나 다른 사람이 다이아몬드를 가지고 있으면 자기도 갖고 싶어하는 것은 일반적인 예이다. 그러나 만약 가질 능력이 없는 사람이 소유욕이 강해 자제할 힘을 잃을 때는 부정한 방법으로 가지려고 하여 강도짓을 하게 되고, 또 요즈음처럼 권력을 누리고 싶은 욕망이 강한 사람이 권력을 누리지 못할 때는 여러 가지 부정을 저지르고 있는 것을 우리는 매스컴을 통해 알고 있다. 이것은 애착이 무지(無知)

---

611) 『대보적경』에서 "愛作菩薩 數數發願 女人見我 若發欲心 尋時得離 於女人身 得成男子 爲人所尊"(대정장 11권 p.598c)

를 일으킨 결과이기에 이 세상에서 지혜롭게 살려고 하면 마음을 비우는 수행을 하여 애착을 가지지 않는 것이 중요하고 마음을 절제하는 능력 또한 중요하다. 이와 반대로 정토에 있는 사물에 대해 애착을 깊게 가지면 가질수록 진리를 깨달아 도의 깊이가 더 깊어지게 된다. 왜냐하면 정토의 사물은 지혜를 일깨우는 역할을 하므로 사물에 대한 관심도가 깊으면 깊을수록 지혜가 깊어지기 때문이다. 그래서 이 세계의 사물과 정토의 사물은 현격한 차이가 있음을 우리는 인식하고, 다음 생에는 반드시 정토에 태어나 장엄에 대한 관심을 깊이 갖도록 해야 할 것이다.

여덟째, 삼종공덕(三種功德) 성취

論 : 莊嚴三種612) 功德成就者 有三種事613) 應知 何等三種614) 一者水 二者地 三者虛空
論註 : 此三種所以幷言者 以同類故也 何以言之 一者六大類 所謂虛空識地水火風 二者無分別類 所謂地水火風虛空 但言三類者 識一大屬衆生世間故 火一大彼中無故 雖有風風不可見故 無住處故 是以六大五類中 取有而可莊嚴 三種幷言之

논 : 세 가지 공덕을 성취하여 장엄하였다는 것이란 세 가지 사물이 있음을 마땅히 알라. 어떤 것이 세 가지인가? 첫째는 물이요, 둘째는 땅이며, 셋째는 허공이다.

---

612) 『왕생론』 본문에는 '三種'이라는 글이 없다.
613) 『왕생론』 본문에는 '事'라는 글이 없다.
614) 『왕생론』 본문에는 '種'이 없다.

논주 : 이 세 종류를 한꺼번에 이야기하는 이유는 이것이 같은 부류이기 때문이다. 왜 이렇게 말하는가? 첫째는 6대(大)의 종류로 말하자면 허공·식(識)·땅·물·불·바람이다. 둘째는 분별할 수 없는 것으로 말하자면 땅·물·불·바람·허공이다. 여기서 단 세 종류만 말한 것은 식(識) 한 가지는 중생 세간에 속하기 때문이고, 불 한 가지는 저 가운데(정토)에 없기 때문이며, 바람은 비록 있어도 바람을 가히 볼 수 없고 머무는 곳이 없기 때문이다. 그래서 여섯 가지나 다섯 가지 중에서 장엄해야 할 것을 취해 세 종류를 함께 말한 것이다.

【講說】
앞에서 보았듯이 다른 장엄은 하나하나를 한 항목으로 만들어 설하고 있는데, 이 단원에서는 세 가지를 한 항목으로 만들어 논하고 있는 이유가 무엇인지를 설명하고 있다. 고대 인도에서는 지구상에 존재하고 있는 물질의 원소를 흙, 물, 불, 바람 4대(大)라 하였고, 이것이 좀 발전하여 허공을 더하여 5대라 하고, 여기에다 식(識)을 더하여 6대라 하였지만, 지금 과학자들은 109종 정도로 분석하고 있다. 담란은 수장엄(水莊嚴)과 지장엄(地莊嚴), 그리고 허공장엄(虛空莊嚴)이 옛날 원소 중 6대나 5대에 속하기 때문에 천친보살이 한 항목으로 묶어 말한 것이라고 하였다.
그러면 나머지 불과 바람, 그리고 식(識)은 정토에 없는 것인가에 대해 담란은 불이란 빛을 내는 역할을 하는데 정토에는 부처님의 여덟 가지 장엄과 보살에게 있는 네 가지 장엄, 그리고 기세간에 있는 열일곱 가지 무정장엄(無情莊嚴)에서 미묘한 광명을 한량없이 내기 때문에 있을 필요가 없고, 정토에 있는 바람은 난간에 있는 방울과 나무를 움직여 묘한 진리의 소리를 내게 하여 사람들로 하여금 무생법인을 깨닫게 하지만 우리 눈으로 볼 수 없기 때문에 말하지 않은 것이며, 식은 유정에게만 있기 때문에 기세간장엄(器世間莊嚴)을 논한 이 단원에서 말하지 않지만 물과 땅, 그리고 허공은 극락세계에 있어 한 곳으로 묶어 논한다고 하였다.

a. 수공덕(水功德) 성취

論 : 莊嚴水功德成就者615) 偈言 寶華千萬種 彌覆池流泉 微風動華葉 交錯光亂轉故
論註 : 此云何不思議 彼淨土人天非水穀身 何須水耶 淸淨成就 不須洗濯 復何用水耶 彼中無四時 常調適不煩熱 復何須水耶 不須而有 當有所以 經言 彼諸菩薩及聲聞若入寶地 意欲令水沒足 水卽沒足 欲令至膝水卽至膝 欲令至腰水卽至腰 欲令至頸水卽至頸 欲令灌身自然灌身 欲令還復水輒還復 調和冷煖自然隨意 開神悅體蕩除心垢 淸明澄潔淨若無形 寶沙暎徹無深不照 微瀾迴流 轉相灌注 安詳徐逝不遲不疾 波揚無量 自然妙聲隨其所應莫不聞者 或聞佛聲或聞法聲或聞僧聲 或聞寂靜聲空無我聲大慈悲聲波羅蜜聲 或聞十方無畏不共法聲 諸通慧聲無所作聲不起滅聲 無生忍聲乃至甘露灌頂衆妙法聲 如是等聲稱其所聞歡喜無量 隨順淸淨離欲寂滅眞實之義 隨順三寶力無所畏不共之法 隨順通慧菩薩聲聞所行之道 無有三途苦難之名 但有自然快樂之音 是故其國名曰安樂 此水爲佛事 安可思議

---

615) 『왕생론』본문에는 "莊嚴水者"라고만 되어 있다.

논 : 수공덕(水功德)을 성취하여 장엄하였다는 것은 게송에서 "천 가지 만 가지 보배스런 꽃들 흐르는 연못 위를 가득히 덮고, 부드러운 바람이 불면 꽃잎 휘날리어 교착되는 광명 찬란하다."라고 말하였기 때문이다.

논주 : 이것이 어찌하여 불가사의한가? 저 정토의 사람과 하늘 사람은 물과 곡식으로 된 몸이 아닌데 어찌 물을 필요로 하고, 청정을 성취하였기에 세탁해야 할 필요가 없는데[616] 무엇 때문에 물을 사용하려고 하며, 거기에는 네 계절이 없어 항상 적당하여[617] 불의 번거로움[618]이 없는데 어찌 물을 필요로 하는가? 필요하지 않는데 있는 것은 마땅히 무슨 이유가 있을 것이다. 경에 말씀하시길 "저 모든 보살이나 성문들이 만약 보배스런 연못[619]에 들어가서 생각으로 다리가 물에 잠기기를 바라면 물은 곧 다리까지 잠기고, 무릎까지 차기를 바라면 물은 곧 무릎까지 올라오며, 허리까지 차기를 바라면 물은 곧 허리까지 차며, 목까지 차기를 바라면 물은 곧 목까지 차고, 온 몸을 적시기를 원하면 자연히 온 몸을 적지고, 물을 다시 돌려보내고자 하면 다시 돌아가느니라. 차고 따뜻함이 저절로 조화를 이루어 생각하는 대로 되며, 정신이 맑아지고, 몸이 상쾌하여 마음의

---

616) 아미타불의 본원 가운데 제38원 중 "만약 제가 부처가 된다면, 그 나라 가운데 중생들이 옷을 얻으려 하면 생각하는 대로 바로 생기며 부처님이 찬탄한 바와 같은 법다운 묘한 의복이 몸에 입혀지는 것과 같으리니, 만약 바느질, 다듬이질, 더러워 세탁할 필요가 있다면 저는 부처가 되지 않겠습니다."(쯔보이 순애이 著 이태원 역 『정토삼부경개설』 p.187)고 하는 내용이다.
617) 춥거나 덥지 않아 항상 적당한 온도를 유지한다는 것이다.
618) 불에 의한 화재를 말하는 것 같다.
619) 여기에서는 寶地, 즉 보배스런 땅으로 되어 있지만 『무량수경』(대정장 12권 p.271b)에는 보배스런 연못이라는 寶池로 되어 있기 때문에 地는 池의 誤字인 듯하다.

때가 씻어지느니라. 청명하고 맑고 깨끗하여 형체가 없는 것 같고, 보배스런 모래는 훤히 드러나 깊은 곳이라도 비추지 않는 곳이 없으며, 잔잔한 물결은 빠르지도 않고 느리지도 않고 한량 없는 자연의 묘한 소리를 내어 그 바라는 바에 따라 듣지 못한 사람이 없다. 혹은 부처님 소리를 듣고, 혹은 법의 소리를 들으며, 혹은 승려의 소리를 듣고, 혹은 적정(寂靜)의 소리[620], 공(空)과 무아(無我)의 소리[621], 대자비의 소리[622], 육바라밀의 소리[623], 혹은 십력(十力)[624], 무외(無畏)[625], 불공법(不共法)[626]의

---

620) 열반의 진리를 알게 하는 소리.
621) 모든 법은 인연에 의해 생기기 때문에 항상 머무르지 않아 空이고, 본래 나라고 하는 존재가 없기 때문에 무아인데 이러한 소리를 듣는 것. 이것을 산스크리트어 책에서는 空·無相·無願으로 달리 표현되어 있다.
622) 부처님께서 중생들의 고통을 제거하고 즐거움을 주는 마음이 대자비(大慈悲)인데 산스크리트어 책에서는 慈·悲·喜·捨의 四無量心으로 되어 있다.
623) 보시·지계·인욕·정진·선정·지혜의 여섯 가지 보살도를 실천하게 하는 소리.
624) 산스크리트어로는 daśa-bala라 한다. 부처님만이 가지고 있는 열 가지 지혜의 힘으로 이는 18不共法 가운데 열 가지이다. ① 여실히 이치와 이치가 아닌 것을 아는 힘인 處非處智力. ② 여실히 삼세의 업과 그 과보의 인과관계를 아는 힘인 業異熟智力. ③ 여실히 모든 선정이나 삼매의 순서나 깊고 옅음을 아는 힘인 靜慮解脫等持等至智力. ④ 여실히 중생의 능력이나 성질의 우열을 아는 힘인 根上下智力. ⑤ 여실히 중생들이 깨닫고 끊으며 선정을 얻는 것을 아는 힘인 種種勝解智力. ⑥ 여실히 중생의 성격이나 소질, 그리고 행위 등을 아는 힘인 種種界智力. ⑦ 여실히 人天 등의 모든 세계에 태어나는 수행의 인과를 아는 힘인 遍趣行智力. ⑧ 여실히 과거세의 여러 가지 일을 기억해 내어 다 아는 힘인 宿住隨念智力. ⑨ 여실히 천안을 가지고 중생이 죽어서 태어나는 시기나 미래세의 선악을 아는 힘인 死生智力. ⑩ 스스로 번뇌가 다하여 다음의 생존을 받지 않는 것을 알고, 또 다른 사람이 번뇌를 끊는 것을 틀림없이 아는 힘인 漏盡智力이다.
625) 산스크리트어 vaiśāradya로 이것은 부처님이 보살이 가지고 있는 덕으로 설법할 때 두려움이 없이 자신을 갖고 용감하게 하는 것을 말한다. 먼저 부처님에게 있는 네 가지 無所畏를 보면, 첫째 나는 일체 법을 깨달아

소리, 모든 무애(無礙)의 소리627), 지을 바가 없다고 하는〔無所作〕 소리628), 일으킬 것도 없고 없앨 것도 없다고 하는 소리629), 무생법인(無生法忍)630)의 소리나 감로관정(甘露灌頂)631) 등 여러

      증득하여 두려움이 없는 自信인 諸法現等覺無畏이고, 둘째 일체 번뇌를 아주 끊어 두려움이 없는 자신인 一切漏盡智無畏이며, 셋째 수행에 장애되는 것을 이미 다 설해 마쳐 두려움이 없는 자신인 障法不虛決定, 넷째는 고통의 세계이며 미혹의 세계에서 벗어나 해탈에 들어가는 길을 다 설하여 두려움을 갖지 않는 自信인 爲證一切具足出道如性無畏이다. 다음 보살에게는, 첫째 가르침을 기억하여 그 뜻을 설할 수 있는 자신. 둘째 상대의 능력을 알고 적절하게 설할 수 있는 자신. 셋째 상대의 의문을 해결할 수 있는 자신. 넷째 모든 물음에 대해 자유자재로 대답할 수 있는 자신이다.

626) 산스크리트어로는 āveṇika-buddha-dharma이다. 이는 부처님이나 보살에게만 갖추어져 있고 범부나 성문과 연각에게는 갖추어져 있지 않는 훌륭한 특질을 말하는데 여기에서는 부처님에게만 있는 18不共法이다. 즉 앞에서 이야기한 열 가지 힘〔力〕과 네 가지 두려움이 없는 4無所畏에 3念住(첫째는 중생이 부처님을 믿으나 부처님은 기쁜 마음이 생기지 않으며, 항상 바른 마음과 바른 지혜에 안주하는 것이고, 둘째는 중생이 부처님을 믿지 않아도 부처님은 번민하지 않으며, 항상 바른 생각과 바른 지혜에 안주하는 것이며, 셋째는 동시에 한 부류는 믿고 한 부류는 믿지 않아도 부처님은 알아서 기뻐한다거나 근심을 하지 않고 항상 바른 생각과 바른 지혜에 안주하는 것)와 부처님의 대비를 합한 것이다.

627) 원문의 通慧는 산스크리트어 pratisaṃvid로 四無碍智, 四無碍解, 四無碍 弁의 약칭이다. 즉 자유자재하여 어떤 것에도 방해받지 않는 네 가지 이해력과 언어적인 표현으로 첫째는 언어나 문장에 정통하여 어떤 의미든지 사리에 맞게 표현할 수 있는 지혜인 法無碍智이고, 둘째는 문자나 언어로 표현된 의미와 내용에 정통한 지혜인 義無碍智이며, 셋째는 지방의 언어에 정통한 지혜인 辭無碍智며, 넷째는 바르게 생각한 대로 말할 수 있는 능력인 樂說無碍智이다.

628) 산스크리트어 anabhisaṃskāra로 평등의 진리를 깨달으면 지어야 할 아무 것도 없다는 것을 알게 하는 소리.

629) 평등의 진리를 깨달으면 일으켜야 할 선도 없고 없애야 할 악도 없다는 것을 알게 하는 소리.

630) 여기서 인이란 인가 또는 인정의 뜻으로 확실히 그렇다고 인정하는 것으로, 즉 생기지도 않고 없어지지도 않는 불생불멸의 진리를 깨달아 확실히 알고 인정하여 거기에 안주하여 움직이지 않아 평온한 것으로 세 가지 法忍 중 하나이다.

가지 진리, 이와 같은 소리는 그 듣는 바에 적합하여 한량없는 기쁨이 되어 청정하고 욕심을 여의고, 적멸하고 진실의 뜻에 부합하며, 삼보의 힘과 무소외(無所畏), 불공법(不共法)에 부합하며, 무애지(無碍智)를 체득하게 되며, 보살, 성문들이 수행하는 도에 부합하게 되느니라. 거기에는 삼도의 고통과 어려움이란 이름도 없고 다만 자연스런 즐거움의 소리만 있기 때문에 이 나라를 안락이라 이름한다."632)고 하였다. 이 물이 불사를 짓는 일 어찌 가히 헤아릴 수 있겠는가!

【講說】
　정토에 거주하는 사람들은 정신과 육체가 청정하기 때문에 목욕해야 할 물이 필요 없고, 거기에는 화재가 일어날 재앙이 없기 때문에 화재를 진압해야 할 물이 필요 없으며, 사람들의 육체는 화신이기 때문에 수분을 섭취해야 할 필요가 없다. 그런데 물이 있는 것은 중생들의 생각에 부합하기 위한 하나의 방편이 아닌가 생각한다. 즉 이 세계에 사는 중생들뿐만 아니라 식물들까지도 물이 없으면 생존할 수 없어서 물을 갈구하는 생각이 우리 의식 속에 깊게 자리 잡고 있기 때문에 아미타불께서는 정토의 사람들을 제도하기 위한 방편으로 장엄하였고, 이 물에서 나는 소리가 진리를 설하여 듣는 사람들로 하여금 저절로 수행하게 하며, 진리를 깨닫게 한 것이라고 생각한다. 이 물의 장엄에 대해서는 앞 총설분의 강설에서 자세히 언급하였기 때문에 여기서는 이 정도만 언

---

631) 부처님은 진리의 물을 가지고 제10지 보살의 머리 위에 뿌리기 때문에 甘露灌頂이라 한다. 이것은 부처님으로부터 수기를 받는 것이다.
632) 쯔보이 순애이 著 이태원 역 앞의 책 pp.220~221.(대정장 12권 p.271b)

급한다.

　b. 지공덕(地功德) 성취

論 : 莊嚴地功德成就者633) 偈言 宮殿諸樓閣 觀十方無礙 雜樹
異光色 寶欄遍圍繞故
論註 : 此云何不思議 彼種種事或一寶十寶百寶無量寶 隨心稱意
莊嚴具足此莊嚴事 如淨明鏡十方國土淨穢諸相 善惡業緣一切悉
現 彼中人天見斯事故探湯不及之情自然成就 亦如諸大菩薩以照
法性等寶爲冠 此寶冠中皆見諸佛 又了達一切諸法之性 又如佛說
法華經時 放眉間光照于東方萬八千土皆如金色 從阿鼻獄上至有
頂諸世界中六道衆生 生死所趣善惡業緣 受報好醜於此悉見 蓋斯
類也 此影爲佛事 安可思議

　논 : 지공덕(地功德)을 성취하여 장엄하였다는 것은 게송에서 "궁전과 누각에서 시방을 걸림없이 관찰할 수 있고, 여러 나무의 서로 다른 빛과 색이 보배스런 난간 두루 둘러싸고 있네."라고 말하였기 때문이다.

　논주 : 이것이 어찌하여 불가사의한가? 저 여러 가지 사물들 혹은 한 가지 보배, 열 가지 보배, 백 가지 보배, 혹은 한량없는 보배는 마음에 따라 생각하는 대로 만족하게 장엄되어 있다. 이 장엄된 사물들은 마치 깨끗한 거울과 같아 시방국토의 깨끗하고 더러운 모습, 선과 악의 업에 의한 인연 등 모든 것이 다 나타난다. 저 세계의 인천들은 이러한 일들을 보기 때문에 선을

---

633) 『왕생론』 본문에는 "莊嚴地者"라고만 되어 있다.

쌓으려 하고 악을 그치려는 것이⁶³⁴⁾ 저절로 이루어진다. 또한 모든 대보살⁶³⁵⁾과 같이 법성 등을 비추는 보배로 관(冠)을 삼고, 이 보관 가운데 모든 부처님을 친견할 수 있으며, 또 모든 법의 성품을 깨달아 통달한다. 부처님이 『법화경』을 설하실 때 "미간에서 광명을 놓아 동방으로 일만 팔천이나 되는 국토를 비추면 모두 금색과 같이 되고, 아비지옥으로부터 위로 유정천(有頂天)에 이르기까지 모든 세계 가운데 육도중생⁶³⁶⁾이 생사로 윤회하는 것과 선악의 업에 의한 인연, 과보를 받는 것이 좋고 나쁜 것 등⁶³⁷⁾이 모두 여기에 보인다."⁶³⁸⁾고 하는 것과 같다. 대개 이러한 예로서 그림자가 불사를 짓는 일을 어찌 가히 헤아릴 수 있겠는가!

【講說】

앞 총설분에서는 우리가 살고 있는 땅은 높고 험하며, 망망한 바다와 땅이 생긴 모양과 땅 위에 사는 억센 가시덤불과 습지 등 식물들의 모습에 대해 언급하였는데 여기서는 이 세계의 땅이 맑지 않고 깨끗하지 않아 탁하지만 극락세계는 그렇지 않다는 것을 강조하였다. 즉 극락세계의 땅은 약사여래불이 계시는 동방 유리광 세계처럼 깨끗하여 모든 것이 그 위에 비친다는 것이다.

---

634) 원문 探湯不及의 뜻이다. 『논어』 第十六季氏篇에 "見善如不及 見不善如探湯"이라고 하였다.
635) 극락세계에 있는 보살들이다.
636) 地獄・餓鬼・畜生・阿修羅・人間・天上이다.
637) 다음 세상에 태어나 그 果報가 좋고 나쁨을 거울에 비치듯이 다 안다는 것이다.
638) 爾時佛放眉間白毫相光 照東方萬八千世界 靡不周遍 下至阿鼻地獄 上至阿迦尼吒天 於此世界 盡見彼土六趣衆生(대정장 9권 p.2b)인데 담란이 땅의 장엄을 강조하기 위하여 더 삽입한 것임을 알 수가 있다.

그러면 왜 땅이 맑은 거울처럼 깨끗해야 하는가를 생각해 보자. 우리가 거울 앞에 자주 서서 자기 얼굴이나 몸을 비추어 본다면 자연히 얼굴을 깨끗이 하려고 하고, 몸의 자세를 바르게 하려는 마음이 생길 것이다. 그런데 거울 속에 사람들의 심성이 나타나고 선과 악의 결과가 나타나며, 육도 중생들이 윤회하는 모습이 나타날 뿐만 아니라, 부처님의 모습을 친견할 수 있고 여기에다 평등한 법성의 진리를 볼 수 있다면 이는 저절로 수행이 될 수밖에 없다. 이러한 관점에서 아미타불은 본원을 세워 극락세계 땅이 탁하지 않고 맑은 유리처럼 깨끗하게 장엄하여 이 세계에 사는 사람들로 하여금 항상 땅을 보고 선과 악, 평등한 법성의 진리를 깨닫게 한 것이다.

c. 허공공덕(虛空功德) 성취

論 : 莊嚴虛空功德成就者639) 偈言 無量寶交絡 羅網遍虛空 種種鈴發響 宣吐妙法音故
論註 : 此云何不思議 經言 無量寶網彌覆佛土 皆以金縷眞珠百千雜寶奇妙珍異莊嚴校飾 周匝四面垂以寶鈴 光色晃耀盡極嚴麗 自然德風徐起微動 其風調和不寒不署 溫涼柔軟不遲不疾 吹諸羅網及衆寶樹 演發無量微妙法音 流布萬種溫雅德香 其有聞者塵勞垢習自然不起 風觸其身皆得快樂 此聲爲佛事 焉可思議

논 : 허공공덕(虛空功德)을 성취하여 장엄하였다는 것은 게송

---

639) 『왕생론』 본문에는 "莊嚴虛空者"로 되어 있다.

에서 "한량없이 많은 보배의 영락으로 된 나망(羅網)은 허공에 두루하여, 여러 가지 방울에서 나는 소리 미묘한 법을 연설하네."라고 말하였기 때문이다.

 논주 : 이것이 어찌하여 불가사의한가? 경에서 말씀하시길, "한량 없는 보배의 그물이 부처님 국토에 가득 덮여 있는데 모두 금으로 된 실과 진주, 백천 가지 많은 보배가 기묘하고 진기하며 장엄하게 장식되어 있다. 보배스런 방울이 사면에 두루 드리워져 있는데 빛나는 광명이 극치에 달한다. 자연히 덕이 있는 바람이 서서히 일어나 잔잔하게 움직이는데 그 바람은 적당하여 춥지도 않고 덥지도 않으며, 따뜻하고 시원하며, 부드럽고, 느리지도 않으며 빠르지도 않는다. 모든 그물과 여러 가지 보배스런 나무에 불면 한량없는 미묘한 진리의 소리를 연설하며 여러 가지 온화하고 덕이 있는 향기가 퍼지는데, 그 향기를 맡는 사람은 번뇌와 더러운 습관이 자연히 일어나지 않고, 바람이 그 몸에 스치면 모두 쾌락을 얻는다."[640]라고 하였다. 이 소리가 불사를 짓는 것을 어찌 가히 헤아릴 수 있겠는가![641]

【講說】
 이 단원에서는 허공에 보배로 장식된 나망(羅網)이 있는데 이 나망이 바람에 의지하여 진리의 소리를 내는 것에 역점을 두고 천친과 담란은 강조하고 있음을 알 수 있다. 담란은 정토의 허공에는 칠보로 된 보배스런 그물에서 광명이 나고, 바람이 불면 진리를

---

[640] 『무량수경』대정장 12권 p.271a.
[641] 『유마경』에서는 "음성과 문자를 가지고 불사를 짓는다."(대정장 14권 p.553c)고 하였다.

연설한다는 것에 대해 『무량수경』을 인용하여 설명하고 있다. 이 바람은 아미타불의 본원력에 의해 이루어졌기 때문에 여러 가지 작용을 하는데 우리가 느끼기에 적당한 온도를 가지고 있으며, 또 바람이 허공에 장엄된 나망을 움직여 진리의 소리를 내게 한다는 것에 중점을 두었다.

　사실 한 세상을 살다 보면 귀로 여러 가지 소리를 접하게 되는데, 이 중에는 듣기 좋은 소리가 있는가 하면 듣기 좋지 않는 소리가 있다. 즉 우리 목에서 나오는 음성도 이와 마찬가지로 사람을 선도하고 기분 좋게 하는 말이 있고, 나쁜 길로 유혹하는 말이 있으며, 또 마음에 상처를 주는 말 등이 있다. 그리고 유명한 연주자가 피아노나 현악기를 가지고 내는 소리는 듣기 좋지만 기계에서 나는 소리는 스트레스를 주어 짜증나게 한다. 19세기부터 21세기에 걸쳐 다방면에서 고도의 과학이 발달되었고, 거기에 수반되어 많은 물건들이 이미 만들어졌고 지금도 만들어지고 있다. 이러한 물건을 만드는 공장에서 나는 소리나 이미 만들어진 자동차나 기차, 그리고 비행기가 속도를 내기 위해 엔진에서 발산하는 소리는 듣기 싫고, 사람을 죽이기 위해 폭탄이 터지는 소리, 총알이 발사되는 소리 등은 우리에게 두려움을 준다. 이러한 소리가 심하면 청각에 이상이 생기고, 더 나아가 정신적으로 스트레스를 받고, 이것이 점점 더하면 신체에 지장을 주어 고칠 수 없는 불치병에 걸려 목숨을 잃는 경우까지 생길 수 있다. 그러나 극락정토는 이러한 물건을 만드는 공장이 있지 않을 뿐만 아니라 과학의 발달이 필요치 않아 이러한 소음이 있을 리 만무하고, 만약 다른 어떤 소리가 있다고 한다면 이것은 아미타불의 원력에 의해 생긴 것으로 우리의 청각을 은은하게 작용하여 법의 희열을 느끼게 하기 때문에 이익을 주는 소리만이 존재한다.

아홉째, 우공덕(雨功德) 성취

論 : 莊嚴雨功德成就者 偈言 雨華衣莊嚴 無量香普薰故
論註 : 此云何不思議 經言 風吹散華遍滿佛土 隨色次第而不雜
亂 柔軟光澤馨香芬烈 足履其上陷下四寸 隨擧足已還復如故 華
用已訖地輒開裂 以次化沒 清淨無遺隨其時節 風吹散華如是六返
又衆寶蓮華周滿世界 一一寶華百千億葉 其華光明無量種色 靑色
靑光白色白光 玄黃朱紫光色亦然 暐曄煥爛明曜日月 一一華中出
三十六百千億光 一一光中出三十六百千億佛 身色紫金相好殊特
一一諸佛又放百千光明 普爲十方說微妙法 如是諸佛各各安立無
量衆生於佛正道 華爲佛事 安可思議

논 : 우공덕(雨功德)을 성취하여 장엄하였다는 것은 게송에서 "화려한 옷 비 내리듯 장엄하고, 한량없는 향기 널리 퍼지네"라고 말하였기 때문이다.

논주 : 이것이 어찌하여 불가사의한가? 경에서 말씀하시기를 "바람은 꽃을 휘날려 부처님 국토에 가득 채운다. 빛깔은 섞여 어지럽지 않고 유연하게 빛나고, 그윽한 향기를 풍기며 발로 그 위를 밟으면 아래로 네 치나 들어가고 발을 들어올리면 다시 전과 같이 돌아오며, 꽃잎은 쓰임새를 다하면 땅이 갈라져 들어가서 흔적도 없이 깨끗해진다. 때에 따라 바람이 불면 꽃은 흩어지는데 하루 여섯 번 되풀이된다. 또 여러 가지 보배 연꽃은 세계에 가득 차는데 하나하나의 연꽃에는 백천 억의 잎이 있고,

그 꽃의 광명은 한량없는 여러 가지 색이 있으며 푸른색에는 푸른 광명이 나고, 흰색에는 흰 광명이 나며, 노란 빛, 붉은 빛, 자주 빛도 또한 이와 같이 화려하고 찬란하여 해와 달보다 밝게 빛나느니라. 하나하나의 꽃 가운데서 삼십 육백 천억 가지 빛을 발하며, 하나하나의 광명 가운데 삼십 육백 천억 분의 부처님이 나타나시는데 몸의 빛은 자금색이고 상호는 뛰어나 훌륭하니라. 한 분 한 분의 모든 부처님은 또한 백천 가지 광명을 놓아 널리 시방의 중생을 위해 미묘한 법을 설하느니라. 이와 같이 모든 부처님은 각각 한량없는 중생들로 하여금 부처님의 바른 도리에 편안히 머물게 하느니라."[642]고 하였다. 꽃이 불사를 짓는 일 어찌 가히 헤아릴 수 있겠는가!

【講說】

앞 총설분 강설에서 정토에는 사람들이 필요한 물건을 하늘에서 비 내리듯 하여 국토에 충만하기 때문에 이것을 구하려고 하는 수고로움이 없다고 말하였다. 여기서는 담란이 『무량수경』의 내용을 인용하여 "꽃이 하늘에서 비 내리듯 내린다."는 것을 설명하고 있는데 이에 대해 생각해 보자. 첫째는 꽃에서 광명이 나고, 그 광명 속에 부처님이 나타나신다는 것을 강조하고 있다. 부처님 가르침을 수행하여 얻는 삼매에는 해인삼매(海印三昧)[643]를 비롯하여

---

[642] 쯔보이 순애이 著 이태원 역 『정토삼부경개설』 pp.229~230.
[643] 산스크리트어 sāgaramudrā-samādhi로, 과거와 현재, 그리고 미래의 모든 것이 이 마음속에 도장을 찍듯이 나타나는 삼매로 부처님이 『화엄경』을 설할 때 들어간 삼매이다. 여기서 海印 가운데 印이란 도장을 찍는다는 의미로 큰 바다 가운데 일체의 사물을 印象하는 것 같이 깊고 고요한 부처님의 智海에 일체의 법을 도장 찍듯이 나타내는 것을 海印이라 한다.

여러 가지가 있지만 부처님을 친견하는 삼매에는 『관경』에서 말하는 관불삼매(觀佛三昧), 『반주삼매경』에서 말하는 반주삼매(般舟三昧)가 있다. 관불삼매는 부처님의 모습과 공덕, 그리고 실상을 관상(觀想)하면서 마음을 흩어지지 않게 하여 얻는 삼매이며, 이 삼매에 의해 부처님을 친견할 수 있다. 다음으로 반주삼매를 천태종에서는 상행삼매(常行三昧)라고도 하는데 90일간 도량 안에 불상을 안치하고 주위를 돌면서 아미타불을 생각하고 이름을 부르는 수행으로 얻는 삼매이다. 이 삼매에 의하여 시방의 모든 부처님이 수행자 앞에 와서 서 계시는 것을 볼 수 있기 때문에 이것을 불립삼매(佛立三昧)라고 한다. 이처럼 부처님을 친견하는 삼매를 두 경전에서 강조하는 것은 부처님을 친견하는 것이 중요하다는 것을 말한다. 사실 우리 앞에 부처님이 계시어 그 모습을 친견할 수 있고, 설법하는 음성을 들을 수 있다면 우리는 빨리 미혹에서 벗어날 수 있을 것이고, 또 진리에 의심이 있다면 부처님께 직접 물어 명쾌한 해답을 얻어 날로 수행의 깊이가 더해질 것이다. 그렇기 때문에 선인(先人)들은 부처님이 계시지 않을 때 태어난 것을 통탄했는지 모르고, 현재 일부 수행자들 가운데 지금 도솔천에서 계신 미륵보살이 이 세계에 오시어 성불할 때 태어나 수행하기를 원하는지 모른다. 이것은 다 부처님을 직접 뵙고 법문을 듣기를 바라는 마음에서 비롯되었다고 본다. 그런데 정토에는 아미타불이 상주하시는가 하면 하늘로부터 내리는 꽃 속에 부처님이 화현하신다고 하니 여기도 부처님, 저기도 부처님이기 때문에 저절로 부처님을 친견할 수 있을 뿐만 아니라, 수행의 깊이가 날로 더해 진리를 깨달을 수 있을 것이다.

둘째는 하늘에서 꽃이 하루에 여섯 번 내리며, 쓰임새가 다하면 저절로 땅 속으로 사라진다는 것은 정토의 청정을 강조한 것이다. 우리는 주위환경을 무시할 수 없다. 즉 정직하게 열심히 노력한 사람들이 모여 사는 곳에 태어나 자란 사람은 주위 환경에 의해 보고 듣는 것이 정직하게 열심히 노력하여 생활해야 된다는 교육이 저절로 되어 열심히 노력하려는 마음을 갖지만, 이와 반대로 가정 환경이 안 좋고 항상 가정 불화가 지속된 결손 가정에서 자란 사람과 그리고 주위 환경이 폭력배나 윤락가가 있는 좋지 못한 곳에서 성장한 사람은 만사를 부정적으로 보고 자기를 반성하지 않고 남을 탓하며 항상 시비하려고 하는 마음을 가지게 되어 많은 사람들로부터 외면당하게 된다. 이러한 것은 현실로 나타나기 때문에 주위 환경을 무시하지 못한다. 그런데 극락세계는 좋은 성현들만이 모여 살면서 항상 진리를 구하기 때문에 거기에 태어난 사람은 스스로 성현과 같이 진리를 구하는 자세가 되어 빨리 부처가 될 것이다.

다음으로 극락세계의 주위 환경은 쓰레기 같은 오물이 있지 않고 언제나 깨끗하다. 왜냐하면 하늘에서 내리는 꽃도 쓰임새가 다하면 저절로 땅 속으로 사라져버려 흔적이 없기 때문이다. 오늘날 세계는 환경 문제로 심각하다. 우리 인간들이 문화생활을 누리기 위해 사용하고 버린 쓰레기가 공기와 물을 오염시켜 생태계를 파괴시킬 뿐만 아니라, 사용하고 버린 쓰레기로 거리와 산천은 지저분하기가 이루 말할 수 없고, 또 날마다 나오는 쓰레기를 매립하기 위해 매립할 장소를 구하기가 어려운 실정이다. 자기 지역에 매립할 장소를 제공하면 오염이 될 뿐만 아니라, 악취가 나기 때문에 서로 장소를 제공하지 않으려고 아우성인 것이 현실이다. 인간이 살아가는 데는 재산과 권위가 필요할지 모르지만 공기와 물이 오염되어 마실 물과 공기가 없다면 생존이 불가능하기에, 우리에게 중요한 것은 돈과 권위가 아니라 좋은 환경일 것이다. 극락정토는 언제나 좋은 환경을 가지고 있는 청정한 세계이기 때문에 이런 걱정은 필요 없다는 것을 우리는 재삼 인식해야 한다.

열째, 광명공덕(光明功德) 성취

論 : 莊嚴光明功德成就者 偈言 佛慧明淨日 除世癡闇冥故
論註 : 此云何不思議 彼土光明從如來智慧報起 觸之者無明黑闇 終必消除 光明非慧能爲慧用 焉可思議

　논 : 광명공덕(光明功德)을 성취하여 장엄하였다는 것은 게송에서 "부처님의 지혜 밝고 깨끗한 태양과 같아 세상의 어리석은 어둠을 제거해 줍니다."라고 말하였기 때문이다.
　논주 : 이것이 어찌하여 불가사의한가? 저 국토의 광명은 여래의 지혜 작용으로부터 생겼다. 이에 접촉되는 사람은 무명의 암흑이 결국에는 반드시 소멸되어 없어진다. 광명은 지혜 자체가 아니지만 능히 지혜의 작용을 하는 것 어찌 가히 헤아릴 수 있겠는가!

【講說】
　광명이 앞 총설분의 형상공덕(形相功德)에서는 동서남북 상하, 그리고 앞과 뒤를 비춘다고 언급하였고, 묘색공덕(妙色功德)에서는 어떠한 물체라도 속과 겉을 환하게 비출 뿐만 아니라 사람들에게 어리석음을 주는 무명을 제거해 주는 역할을 한다고 하였으며, 광명공덕(光明功德)에서는 묘색공덕과 같이 무명의 암흑을 제거한다고 다시 한번 강조하였다. 이 단원에서 색다른 점은 광명은 지혜와 같지 않지만 작용은 지혜와 같다는 것이다. 왜냐하면 이 세상에 있는 태양 빛을 비롯하여 전기불, 모닥불 등 여러 가지 광명은 원소가 분해하면서 내는 빛이지만, 정토의 광명은 아미타불의 지혜에서 나는 광명이기 때문에 이 세상의 빛과는 완전히 다르다. 태양이 아무리 밝다고 하더라도 인간의 어리석음을 제거할 수 없다. 그렇지만 정토의 광명은 여래의 지혜에서 비롯된 광명이기 때문에 이에 접촉된 사람은 저절로 어리석음이 사라지게 하는 작용을 한다. 그래서 정토의 광명은 여래의 지혜에서 나온 것으로 지혜와 같지는 않지만, 이 광명이 하는 역할은 지혜와 같다는 것이다.

열한째, 묘성공덕(妙聲功德) 성취

論 : 莊嚴妙聲功德成就者 偈言 梵聲悟[644]深遠 微妙聞十方故
論註 : 此云何不思議 經言 若人但聞彼國土淸淨安樂剋念願生 亦得往生則入正定聚 此是國土名字爲佛事 安可思議

논 : 묘성공덕(妙聲功德)을 성취하여 장엄하였다는 것은 게송에서 "청정한 소리 심원한 진리를 깨닫게 하고, 미묘하게 시방세계에 들리네."라고 말하였기 때문이다.
논주 : 이것이 어찌하여 불가사의한가? 경[645]에서 말씀하시기

---

[644] 『왕생론』 본문에는 '語'라고 되어 있는데 이는 '悟'를 잘못 쓴 것이 아닌가 생각한다.

를 "만약 사람이 단 저 국토의 청정함과 안락함을 듣고 지극한 마음으로 염하여 왕생하기를 원하면, 왕생할 수 있고 곧 정정취에 들어간다."고 하였다. 이 국토의 이름이 불사를 짓는 것 어찌 가히 헤아릴 수 있겠는가!

【講說】

앞 총설분 묘성공덕 강설에서는 여러 가지 소리에 대해 언급하였다. 여기서는 소리를 듣는 자세에 대해 생각해 보자. 아무리 좋은 진리의 소리라도 마음을 기울이지 않고 무심코 들으면 깊은 의미를 깨닫지 못할 것이며, 또 아무리 좋은 음악을 연주하더라도 거기에 대한 지식이 없으면 아무런 흥미를 느끼지 못할 것이다. 즉 밖에서 울리는 좋은 소리에 대해 지식을 갖고 마음을 기울이고 이해하려고 노력할 때 이 소리가 주는 의미를 충분히 이해할 수 있다. 그러면 여기서 "안락정토의 명호를 듣고 지극한 마음으로 염하여 왕생하기를 원하면 왕생할 수 있고 곧 정정취에 들어간다."고 한 것에 대해 생각해 보자.

부처님 명호를 아무런 생각 없이 듣는다면 지극한 마음이 우러나지 않을 것이고, 또 정토에 왕생하기를 원하지도 않을 것이다. 그러기에 안락정토가 왜 좋으며, 무엇 때문에 왕생을 원해야 하는지에 대한 지식과 명확한 이해가 있어 정토의 명호와 부처님 명호를 들으면 지극한 마음으로 명호를 염하게 될 것이고, 또 태어나려고 할 것이다. 다시 말하면 이 세계와 극락세계의 차이점, 그리

---

645) 『무량수경』 하권 삼배단 앞의 내용(대정장 12권 p.271b)과 『평등각경』 제17원과 제18원(대정장 12권 p.281b~c)의 내용, 그리고 『대아미타경』 제4원(대정장 12권 p.301b)의 내용인 듯하다.

고 삼계에서 윤회하는 괴로움과 윤회하지 않는 정토의 차별성에 대해 확실한 이해가 있고 믿음이 깊은 사람에게는 다른 사람이 명호를 부르는 소리를 들으면 들을수록 기쁜 신심이 새록새록 우러나게 되며, 자기도 지극한 마음으로 명호를 염하여 정토에 왕생하기를 원할 것이다. 오늘날 한국 불교에서 현실 정토와 유심정토(唯心淨土)를 자주 말하면서 극락 정토에 왕생하기를 간절히 원하지 않는 수행자가 간혹 있는데 진정 이 세계 그대로가 극락 세계처럼 윤회하지 않는 세계가 될 수 있고, 아무런 고통이 없는 세계가 될 수 있으며, 그리고 시비가 끊어지고 애욕이 끊어져 저절로 8지보살이 되어 무생법인을 증득할 수 있는 이상 세계가 될 수 있는지를 깊이 생각해야 할 것이다. 석가모니 부처님이 2천 5백년 전에 이 세상 중생들에게 법문을 설하였고 이 법문에 의해 수행하여 많은 선지식이 나왔지만, 아직까지 현실 그대로가 정토가 된 적이 없고, 여전히 오탁악세로 고통이 따르며 많은 지역에서는 전쟁이 일어나 피비린내가 났으며, 지금도 나고 있고 앞으로도 계속될 것이다. 그러기에 우리는 이상세계인 극락 세계에 왕생하기를 간절히 원해야 하고, 거기에 태어날 수 있는 수행을 게을리 하지 말아야 한다.

　이 문명사상은 『무량수경』 하권 삼배단 앞 제18원 성취문에서는 "모든 중생이 그 명호를 듣고 기쁜 마음으로 신심을 내어 한 생각이라도 지극한 마음으로 저 국토에 태어나기를 원하면 곧 왕생하여 불퇴전의 자리에 머무른다."[646]고 하여 정토의 명호에 대해 분명하게 말하지 않았고, 『대아미타경』의 제4원[647]과 『평등각

---

646) 쯔보이 순애이 著 이태원 譯 앞의 책 p.232.
647) 대정장 12권 p.301b.

경』의 제17원648)에는 "나의 공덕으로 된 국토가 좋다고 설하고 중생들이 나의 명자를 듣고 云云"라 하여 아미타불의 명자를 듣는 것으로 되어 있다. 이것은 담란이 부처님의 명호나 명자를 정토를 찬탄하는 소리로 이해하고 논한 것으로 추측된다.

열둘째, 주공덕(主功德) 성취

論 : 莊嚴主功德成就者 偈言 正覺阿彌陀 法王善住持故
論註 : 此云何不思議 正覺阿彌陀不可思議 彼安樂淨土爲正覺阿彌陀善力住持 云何可得思議耶 住名不異不滅 持名不散不失 如以不朽藥塗種子 在水不瀾在火不燋 得因緣則生 何以故 不朽藥力故 若人一生安樂淨土 後時意願生三界敎化衆生 捨淨土命隨願得生 雖生三界雜生水火中 無上菩提種子畢竟不朽 何以故 以逕正覺阿彌陀善住持故

논 : 주공덕(主功德)을 성취하여 장엄하였다는 것은 게송에서 "바른 진리를 깨달은 아미타불 법의 왕으로 잘 주지하시네."라고 말하였기 때문이다.

논주 : 이것이 어찌하여 불가사의한가? 바른 진리를 깨달은 아미타 부처님은 불가사하시고, 저 안락한 정토는 바른 진리를 깨달은 아미타 부처님의 선(善)의 힘으로 머무른다.649) 어찌 가히 헤아릴 수 있겠는가? '주(住)'란 변하지 않고 멸하지 않는 것

---

648) 대정장 12권 p.281b.
649) 원문의 住持란 산스크리트어 adhiṣṭhāna로, 加持라고도 번역한다. 보호하며 지킨다는 뜻인데 여기서는 머무른다로 하였다.

을 말하고, '지(持)'란 흩어지지 않고 잃어버리지 않는 것을 말
한다. 썩지 않는 약을 종자에 바르면 물에 있더라도 젖지 않고,
불에 있더라도 타지 않지만 인연을 만나면 곧 싹이 트는 것과
같다. 왜냐하면 썩지 않는 약의 힘이 있기 때문이다. 만일 어떤
사람이 한번 안락한 정토에 태어난 후에 뜻이 삼계에 태어나
중생을 교화하기를 원하면 정토의 목숨을 버리고 원에 따라 태
어날 수 있다. 비록 삼계의 잡생(雜生)의 물과 불[650] 가운데 태
어나지만 무상보리(無上菩提)의 종자는 끝까지 썩지 않는다. 이
유가 무엇인가 하면, 바른 진리를 깨달은 아미타 부처님이 잘
보호〔住持〕하시기 때문이다.

【講說】

이 단원에서는 아미타불이 극락 세계에 항상 머물러 계시는 이
유는 거기에 태어난 사람들로 하여금 불도에 대한 마음이 변하지
않게 하고 멸하지 않게 하며, 잃어버리지 않게 하기 위한 것이고,
만약 정토를 버리고 삼계에 태어나 미혹한 중생들과 섞여 살더라
도 보리의 종자는 썩지 않게 하기 위한 원력이라고 강조하였다.
이를 담란은 썩지 않는 약에 비유하여 이 약을 종자에 발라 물 속
에 두더라도 썩지 않으며, 불 속에 두더라도 타지 않고, 좋은 인연
을 만나면 싹이 튼다고 하였다. 즉 아미타불의 원력은 썩지 않게
작용하는 약과 같아 중생들이 아미타불을 염하여 극락 세계 태어
나기만 하면 아미타불은 그 사람 곁에 항상 계시면서 타락하지 않

---

650) 미혹한 중생들이 섞여 생존하는 것을 雜生(胎・卵・濕・化)이라 하고,
 이들이 물과 불 속에서 고통을 받는 것처럼 보이기 때문에 水火中이라
 하였다. 즉 善業과 惡業 등 有漏의 업이 뒤섞여 삼계에서 고통을 받으며
 사는 것을 말한다.

게 하고, 법을 듣고 빨리 무생법인을 증득하게 하신다. 즉 아미타불은 중생들에 대해 항상 염려하시는 마음을 갖고 극락 세계에 상주하시는 것이 '주지(住持)'며 이것이 주공덕(主功德)이다. 이러한 의미에서 오늘날 한국 불교계에서 주지의 직책을 갖고 있는 스님이 아미타불이 극락 정토에 주지하는 것과 같이 그 사찰의 대중과 신도들, 그리고 널리 일반 민중들을 항상 염려하고 있는지 한번쯤 생각해 볼 필요가 있다.

열셋째, 권속공덕(眷屬功德) 성취

論 : 莊嚴眷屬功德成就者 偈言 如來淨華衆 正覺華化生故
論註 : 此云何不思議 凡是雜生世界 若胎若卵若濕若化 眷屬若干 苦樂萬品 以雜業故 彼安樂國土莫非是阿彌陀如來正覺淨華之所化生 同一念佛無別道故 遠通夫四海之內 皆爲兄弟也 眷屬無量 焉可思議

논 : 권속공덕(眷屬功德)을 성취하여 장엄하였다는 것은 게송에서 "여래와 같이 있는 깨끗한 대중, 정각의 꽃으로부터 화생하고"라고 말하였기 때문이다.

논주 : 이것이 어찌하여 불가사의한가? 무릇 이 잡생(雜生)의 세계는 혹은 태로 태어나고 혹은 알로 태어나며, 혹은 습기로 태어나고, 혹은 변화해서 태어나는데 이 권속들에게는 고통과 즐거움 여러 가지가 있다. 이는 여러 가지 업이 섞여 있기〔雜業〕때문이다. 저 안락 국토는 이 아미타 여래의 정각의 깨끗한 꽃에서 화생하지 않은 이가 없다. 이것은 똑같이 부처님을 염하

는 것이지 다른 길은 없기 때문이다. 멀리 네 바다까지 통해 모
든 이들이 형제가 되어651) 권속이 한량없다. 이 어찌 가히 헤아
릴 수 있겠는가!

【講說】

이 세상의 중생을 분석해 보면 사람을 비롯하여 사자, 호랑이,
소, 돼지 같은 짐승이 있는가 하면, 잉어, 붕어, 상어, 고래 등 수많
은 물고기가 있고, 새와 곤충에도 수많은 종류가 있다. 또 사람은
남자와 여자로 크게 나눌 수 있으며, 인종에는 백인종·흑인종·
황색인종이 있고, 외모에는 잘생긴 사람과 못생긴 사람이 있으며,
신분에는 의사, 종교인, 사업가, 정치가, 예술가 등 천차만별한 각
기 다른 업을 가지고 태어나 산다. 이렇게 제각기 다르게 태어나
다르게 사는 것은 과거에 각기 다른 업을 지었기 때문이다. 담란
은 제각기 다르게 태어나는 것을 잡생(雜生)이라 하고, 이 원인을
잡업(雜業)이라고 하였다. 이 잡업을 짓게 되는 것은 제각기 다른
생각에 의해 행동을 달리하기 때문이다. 이 세상은 생각을 달리한
중생들이 생존하기 때문에 서로의 의견충돌이 생기게 되며, 시비
가 끊임없이 존재하게 되고, 이 의견충돌로 인해 크게는 서로를
죽이는 전쟁으로 두 차례의 세계대전을 비롯하여 6·25전쟁이 일
어났으며, 현재도 세계 도처에서 분쟁이 계속되고 있다. 우리나라
에서도 남과 북이 항상 불안하게 대처하고 있다. 앞으로 세계 각
처에서 이러한 일이 일어날 위험성을 가지고 있는 것이 현실이고,
이외 총성 없는 무역전쟁과 종교전쟁, 그리고 사상전쟁은 지금도

---

651) 『논어』 顔淵 第12에서 "君子敬而無失 與人恭而有禮 四海之內 皆兄弟也
君子何患乎無兄弟也"라고 하였다.

지속되고 있다. 전쟁 없이 평화스럽게 살려고 하면 나만의 의견에 대해 국집하지 말고 상대방의 의견을 이해하고 존중해야 하는데 그렇게 되기는 쉬운 일이 아니기에 인류가 존재한 고대부터 오늘날까지 항상 시비가 따르고, 이 시비로 인해 많은 사람들이 고통을 받아 왔다.

이러한 시비를 없애려고 하면 같은 생각을 가지고 같은 행동을 하면 될 것이다. 극락세계에 태어난 사람들은 염불하는 같은 업으로 똑같이 연꽃 속에서 태어나 똑같이 보살도를 실천하는 행을 하기에 여기에 의견충돌이 있을 리 없어 항상 평화로운 세계이다. 그래서 이 단원은 정토의 대중들은 아미타불을 염하는 수행에 의해 태어나지, 염불 외에 다른 수행법이 없다고 강조한 항목이라 본다.

열넷째, 수용공덕(受用功德) 성취

論: 莊嚴受用功德成就者 偈言 愛樂佛法味 禪三昧爲食故
論註: 此云何不思議 不食而資命 蓋所資有以也 豈不是如來滿本願乎 乘佛願爲我命 焉可思議

　논: 수용공덕(受用功德)을 성취하여 장엄하였다는 것은 게송에서 "부처님 법의 맛을 좋아하고 원하여 선삼매(禪三昧)로 밥을 삼으며"라고 말하였기 때문이다.
　논주: 이것이 어찌하여 불가사의한가? 먹지 않고 목숨이 유지되는 것은 대개 유지되는 이유가 있다. 이 어찌 여래의 본원이 원만하게 충만한 것이 아니겠는가! 부처님의 원력을 입어 내

목숨이 유지되는 것 어찌 가히 헤아릴 수 있겠는가!

【講說】

 이 세상에서 건강하게 오래 사는 장수의 비결은 적당한 음식을 섭취하고, 적당하게 운동을 하며, 여러 가지 스트레스를 받지 않고 병 없이 사는 것일 것이다. 그러기 위해서는 물질로 이루어진 육체가 끊임없이 좋은 세포로 분열하는데 지장을 받지 않고 건전하게 진행되어야 한다. 이렇게 되기란 쉬운 일이 아니다. 나이가 들면 육체의 모든 기관이 노쇠하게 되고 좋은 세포 분열도 제대로 되지 않으며, 심지어 암세포 같은 것이 발생하는가 하면 여기 저기 고장이 나 아프게 되어 결국에는 보통 백년 이내에 이 생을 마치게 된다. 그래서 중국이나 한국에서는 오래 살기 위한 희망에 의해 신선이 되는 수행법이 존재했는지 모른다. 나는 이 신선법에 의해 신선이 되려고 하는 사람은 보았으나 이미 신선이 된 사람은 보지 못했고, 주위에서도 본 사람이 없다고 하는 것을 보면 신선이 되기가 그리 쉽지 않다는 것을 알 수 있다. 이것은 아마도 인간이 오래 살기 위한 바램에서 나온 수행법으로 이미 신선이 된 사람이 있다고 하는 것은 하나의 전설에 불과한지도 모른다.

 극락 세계에 태어나는 사람들은 색신을 가지고 있지만, 이는 물질로 이루어져 끊임없이 세포 분열을 하는 것이 아니고 화현의 몸이기 때문에 적당한 음식을 섭취할 필요가 없다. 그리고 이 색신이 영원히 존재할 수 있는 것은 아미타불의 48원 가운데 제13원 "만약 제가 부처가 되어서도, 수명에 한계가 있어 백천 억 나유타 겁에 이르지 못하면 저는 부처가 되지 않겠습니다."[652]고 한 수명무량원(壽命無量願)과 제15원 "만약 제가 부처가 된다면, 그 나라 중생들의 수명이 능히 한량이 없으리라. 다만 중생제도의 서원을 따라 수명을 길게 짧게 자유로이 함을 제외하고, 만약 이렇게 되지 않는다면 저는 부처가 되지 않겠습니다."653)고 한 권속장수원(眷屬長壽願)에 의한 것이기 때문에, 우리는 이러한 세계를 건설하고 거기에 맞아들이는 아미타불께 항상 감사한 마음을 갖고 살아야 할 것이다.

열다섯째, 무제난공덕(無諸難功德) 성취

論 : 莊嚴無諸難功德成就者 偈言 永離身心惱 受樂常無間故
論註 : 此云何不思議 經言 身爲苦器心爲惱端 而彼有身有心而受樂無間 安可思議

논 : 모든 어려움이 없는 공덕을 성취하여 장엄하였다는 것은 게송에서 "영원히 몸과 마음의 번뇌를 여의고, 즐거움을 누리는 것 항상하여 끊임없고"라고 말하였기 때문이다.
논주 : 이것이 어찌하여 불가사의한가? 경에서 말씀하시기를, "몸은 고통의 그릇이 되고, 마음은 번뇌의 근본이 된다."654)고 하였다. 그러나 저기에는 몸이 있고 마음이 있어 끊임없이 즐거움만을 받는 것을 어찌 가히 헤아릴 수 있겠는가!

---

652) 쯔보이 순애이 著 이태원 譯『정토삼부경개설』p.172.
653) 쯔보이 순애이 著 이태원 역『정토삼부경개설』p.173.
654) 『法句譬喩經』에서 "천하에 고통은 몸보다 더할 것이 없고, 몸은 고통이 그릇이 되어 근심과 두려움이 한이 없다."(대정장 4권 p.595b)는 내용을 인용하여 마음은 번뇌의 근본이 된다는 내용을 더 삽입한 것 같다.

【講說】

우리가 즐겁다고 느끼는 쾌락에는 여러 가지가 있다. 음식을 먹는 즐거움, 술을 마시는 즐거움, 노래하고 춤을 추는 즐거움, 여행하는 즐거움, 권력을 장악하는 즐거움, 재산을 증식하는 즐거움 외 수많은 즐거움이 있을 수 있다. 그러나 이러한 즐거움은 자기에게 영원히 존재하는 것이 아니고, 무상하게 스쳐간 후 다시 괴로움이 등장한다. 다시 말하면 이 세상 어느 누구도 태어나서 죽을 때까지 한 생 동안 쾌락만 받고 사는 사람은 없을 것이다. 그리고 이 세상의 즐거움에 대해 깊이 생각해 보면 육체와 정신적으로 느끼는 일시적인 즐거움이고 위선의 즐거움이지 진정한 즐거움은 못 된다. 왜냐하면 진정한 즐거움이라고 한다면 잠시 있다가 없어지는 즐거움이 되지 않고 영원히 지속되어야 하며, 여기에 거짓이 없어야 하고 허무하지 않아야 하는데 그렇지 못하기 때문이다.

이러한 것을 아신 아미타불께서는 우리에게 진정한 즐거움을 누리게 하기 위해 극락세계에다 여러 가지로 장엄하고, 그 장엄에 의해 진리를 깨닫게 한 것이다. 즉 극락세계에서 누리는 즐거움이란 진리를 깨닫는 법의 즐거움이기 때문에 항상 마음속에 존재하며 없어지지 않고 영원히 누리기 때문에 이것을 진정한 즐거움이라 할 수가 있다.

열여섯째, 대의문공덕(大義門功德) 성취

論 : 莊嚴大義門功德成就者 偈言 大乘善根界 等無譏嫌名 女人及根缺 二乘種不生故 淨土果報離二種譏嫌過應知 一者體 二者名 體有三種 一者二乘人 二者女人 三者諸根不具人 無此三過

故名離體譏嫌 名亦有655)三種 非但無三體 乃至不聞二乘女人諸
根不具三種名 故名離名譏嫌 等者平等一相故
論註 : 此云何不思議 夫諸天共器飯有隨福之色 足指按地 乃詳
金礫之旨 而願往生者 本則三三之品 今無一二之殊 亦如淄澠一
味 焉可思議

 논 : 대의문공덕(大義門功德)을 성취하여 장엄하였다는 것은 게송에서 "대승 선근의 세계 평등하여 싫어한다는 이름조차 없네. 여인과 불구자, 성문과 연각은 태어나지 못하고"라고 말하였기 때문이다. 정토의 과보에는 두 가지 싫어하는 허물을 여의었다. 마땅히 알라. 첫째는 체(體)656)요, 둘째는 명(名)이다. 체에 세 가지가 있는데 첫째는 이승(二乘)657)의 사람이고, 둘째는 여인이며, 셋째는 불구인 사람이다. 이 세 가지 허물이 없기 때문에 체(體)에 싫어하는 것을 여의었다고 한다. 명(名)에도 또한 세 가지가 있는데 단 세 가지 체가 없을 뿐만 아니라 내지 이승이나 여인, 그리고 불구란 세 가지 이름도 듣지 않는다. 이렇기 때문에 싫어할 이름을 여의었다고 한다. '평등하여'란 평등해서 한 가지 모습이기 때문이다.

 논주 : 이것이 어찌하여 불가사의한가? 무릇 모든 하늘사람들이 같은 그릇을 함께 가지고 있는데 밥을 담으면 복에 따라 색깔이 다르게 된다. 발가락으로 땅을 밟으니 자갈이 금으로 된 뜻을 살펴라. 그런데 왕생을 원하는 사람이 본래 9품이라도 지

---

655) 『왕생론』 본문에는 '有'가 없다.
656) 근본, 또는 본질이란 의미이다.
657) 성문과 연각이다.

금은 하나니, 둘이니 하는 다름이 없다. 또한 치수(淄水)나 민수(澠水)[658]의 물이 한 가지 맛인 것과 같이 이 어찌 가히 헤아릴 수 있겠는가!

【講說】

　불교의 진리가 위대한 것은 아마도 평등 사상 때문이라고 생각한다. 이 세상에서는 모든 것이 평등하지 않고 차별이 있기 때문에 항상 좋고 잘난 것에 부러움을 가지게 되고, 이에 도달하지 못하거나 이를 가지지 못하면 시기하고 질투하게 되며, 이러한 일이 한 걸음 더 나아가면 상대를 모함하고 음해하여 죽이기도 한다.
　담란은 『유마경』「불국품」에서 "부처님이 사리불에게 이르시기를 나의 부처님 국토는 항상 청정한 것이 이와 같으니라. 그렇지만 하열한 사람들을 제도하기 위하여 일부러 이렇게 여러 가지 추악하고 청정하지 못한 국토를 보인 것이다. 이는 마치 여러 하늘들이 함께 보배 그릇으로 음식을 먹지만 그들의 복덕에 따라 음식의 빛깔이 다른 것과 같으니라. 사리불아, 그러니 만일 사람의 마음이 청정하면, 문득 이 국토가 공덕으로 장엄된 것을 보게 되리라."[659]고 한 설과 "이에 있어서 부처님이 발가락으로 땅을 어루만지시니, 그 때에 삼천 대천 세계가 약간의 백천 가지의 값진 보배로 장엄하여 꾸민 것이 마치 보배장엄 부처님의 한량없는 공덕의 보배로 장엄된 국토와 같았다. 이에 모든 대중들이 일찍이 없었던 일로 감탄하였다. 그리고 자신들이 보배스러운 연꽃에 앉았음을 보았다."[660]고 한 것은 원래 주관인 마음이 청정한 경지에

---

[658] 중국 산동성에 있는 淄水와 澠水라 하는 두 개의 강이다.
[659] 대정장 14권 p.538c.

도달하면 객관의 세계인 모든 것이 청정하게 보이기 때문에 마음을 잘 닦아야 한다는 설인데, 이 가운데 일부만을 인용하여 이 세상은 제각기 자기가 지은 복덕에 의해 차별이 생긴다는 것만을 부각시켰다. 앞에서도 이야기하였지만 수많은 사람들이 제각기 다른 차별을 가지고 살기 때문에 이로 인해 많은 부조리가 생기게 되고 고통이 따른다. 이러한 부조리와 이에 수반되어 따라 오는 고통을 없애기 위해 아미타불께서는 극락세계에 태어나는 사람들에게 한결같은 보살들로 차별 없이 평등하게 하였다. 그래서 담란은 사실 『관무량수경』에서 구품왕생(九品往生)을 설하고 있지만 이 9품은 이 세상에 존재한 사람들의 능력을 말한 것이지 정토에 9품의 차별이 있지 않다고 하였다. 이 평등의 위대성에 대해서는 앞에서 여러 번 언급하였기에 생략한다.

열일곱째, 일체소구만족공덕(一切所求滿足功德) 성취

論 : 莊嚴一切所求滿足功德661)成就者 偈言 衆生所願樂 一切能滿足故
論註 : 此云何不思議 彼國人天若欲願往他方世界無量佛刹供養諸佛菩薩 及所須供養之具無不稱願 又欲捨彼壽命向餘國生修短自在 隨願皆得 未階自在之位而同自在之用 焉可思議

　논 : 일체 구하는 바가 원만한 공덕을 성취하여 장엄하였다는 것은 게송에서 "중생들이 원하는 것 일체 능히 만족시켜 주네"

---

660) 위 註와 같음.
661) 『왕생론』 본문에는 "功德滿足"으로 되어 있다.

라고 말하였기 때문이다.

　논주 : 이것이 어찌하여 불가사의한가? 저 국토의 사람과 하늘사람들이 만약 다른 세계 한량없는 부처님 나라에 가서 여러 부처님과 보살들에게 공양하기를 바라면 필요한 공양을 갖추어지는 것이 원에 따라 이루어지지 않는 것이 없다. 또 저기에서 수명을 버리고 다른 국토에 가서 태어나기를 바라면 수명을 길게 또는 짧게 자재하게 원에 따라 모두 할 수 있다. 아직 자재의 지위662)에 오르지 않았더라도 똑같이 자재하게 사용한다. 이 어찌 가히 헤아릴 수 있겠는가!

【講說】
　우리는 부족함이 있을 때 불만이 있게 되고, 이 불만에 의해 자신도 괴로워하고 남도 괴롭힐 수도 있다. 그러나 한 지역에 사는 모든 사람들이 똑같이 필요한 모든 것을 자유자재로 구할 수 있고, 또 모든 것에 자재할 수 있다면 거기에 불만이 있을 리 없고, 시비가 있을 리 없어 항상 마음은 편안할 것이며, 상대를 편안하고 포근하게 대하여 상대방에게 기쁨을 줄 것이다. 그래서 아미타 부처님은 정토에 사는 모든 이들로 하여금 생각하는 대로 모든 것을 이루게 할 뿐만 아니라 자기의 수명도 원에 따라 자유자재하게 하셨다.

　여기서 담란이 말한 "저 국토 사람과 하늘 사람들이 만약 타방 세계 한량없는 부처님 나라에 가서 여러 부처님과 보살들에게 공양하기를 바라면 필요한 공양을 갖추어지는 것 원에 따라 이루어

---
662) 8지 이상의 보살은 마음에 바라는 대로 무엇이든 다 이룰 수 있는 힘을 가지고 있다.

지지 않는 것이 없다."고 한 것은 48원 가운데 제23원 "만약 제가 부처가 되어서도 그 나라 보살들이 부처님의 신통력을 입고 모든 부처님께 한 끼의 공양을 올리는 사이에 두루 헤아릴 수 없는 나유타의 모든 부처님 국토에 이를 수 없다면 저는 부처가 되지 않겠습니다."663)의 공양제불원(供養諸佛願)과 제24원 "만약 제가 부처가 되어서도, 그 나라 보살들이 모든 부처님 앞에서 그 공덕의 근본을 나타내기를 원함에 요구하는 공양물을 뜻대로 갖추지 못한다면 저는 부처가 되지 않겠습니다."664)고 한 공구여의원(供具如意願)을 인용한 것이며, 또 담란이 "저기에서 수명을 버리고 다른 국토를 향해 태어나기를 바라면 수명을 길게 또는 짧게 자재하게 원에 따라 모두 할 수 있다."고 한 것은 48원 가운데 제15원 "만약 제가 부처가 된다면, 그 나라 중생들의 수명이 능히 한량이 없으리라. 다만 중생제도의 서원을 따라 수명을 짧거나 길게 자유로이 함을 제외하고, 만약 이렇게 되지 않는다면 저는 부처가 되지 않겠습니다"665)고 한 권속장수원(眷屬長壽願)을 말한 것이다.

② 여래가 보인 자리와 이타

論註 : 示現自利利他者
論 : 略說彼阿彌陀佛國土十七種莊嚴666)功德成就667) 示現如來自身利益大功德力成就 利益他功德成就故

---

663) 쯔보이 슌에이 著 이태원 역 『정토삼부경개설』 p.178.
664) 쯔보이 슌에이 著 이태원 역 『정토삼부경개설』 p.179.
665) 쯔보이 슌에이 著 이태원 역 『정토삼부경개설』 p.173.
666) 『왕생론』 본문에 十七種 앞에 莊嚴이라는 단어가 있다.
667) 『왕생론』 본문에는 '成就'라는 글이 없다.

論註 : 言略者 彰彼淨土功德無量 非唯十七種也 夫須彌之入芥子 毛孔之納大海 豈山海之神乎 毛芥之力乎 能神者[668]神之耳 是故十七種雖曰利他 自利之義炳然 可知

　논주 : 자기도 이익되고 남도 이익되게 하는 것을 보이는 것이란?
　논 : 간략히 저 아미타 부처님 국토의 장엄된 공덕성취를 열일곱 가지로 설하였다. 여래 자신의 이익인 대공덕력(大功德力)의 성취와 다른 사람들을 이익되게 하는 공덕을 성취한 것을 보이셨기 때문이다.
　논주 : 략(略)이라고 말한 것은, 저 정토의 공덕이 한량없어 단 열일곱 가지만 있지 않은 것을 나타낸 것이다. 대개 '수미산을 개자(芥子) 씨 안에 넣는다.'는 것과 '터럭 속에 큰 바닷물을 넣는다.'라는 말이 있는데 이 어찌 산과 바다의 신통이나 개자씨나 터럭의 힘이겠는가! 이는 부처님의 신통일 뿐이다. 그러기에 열일곱 가지가 비록 남을 이롭게 한다고 하지만 자신을 이익되게 하는 뜻이 분명히 있는 줄을 알아야 한다.

【講說】
　사실 아미타불이 건설한 정토의 공덕을 어찌 언어와 문자로 다 설명할 수 있겠는가! 정토라고 하는 기세간의 공덕은 우리 중생들의 생각으로 헤아릴 수가 없지만, 천친은 줄이고 줄여서 간단히 열일곱 가지만 이야기한 것이기에 우리는 정토에 헤아릴 수 없이

---

668) 한문 그대로 번역하면 신통을 능히 발휘하는 사람으로 여기서는 부처님을 가리킨다.

많은 공덕이 충만해 있음을 알아야 한다. 그리고 이 열일곱 가지 국토장엄 등 그 밖의 수많은 공덕장엄이 자기도 이롭게 하고 남도 이롭게 하는 무궁한 힘, 또는 성불하게 하는 힘도 가지고 있음을 알아야 한다.

③ 제일의제(第一義諦)에 들어감

論註 : 入第一義諦者
論 : 彼無量壽佛國669)土莊嚴第一義諦妙境界相670) 十六句及一句次第說應知
論註 : 第一義諦者 佛因緣法也 此諦是境義 是故莊嚴等十六句 稱爲妙境界相 此義至入一法句文 當更解釋 及一句次第者 謂觀器淨等 總別十七句觀行次第也 云何起次 建章言歸命無礙光如來 願生安樂國 此中有疑 疑言 生爲有本衆累之元 棄生願生 生何可盡 爲釋此疑 是故觀彼淨土莊嚴功德成就 明彼淨土是阿彌陀如來 淸淨本願無生之生 非如三有虛妄生也 何以言之 夫法性淸淨畢竟無生 言生者是得生者之情耳 生苟無生 生何所盡 盡夫生者 上失無爲能爲之身 下酣三空不空之痼 根敗永亡號振三千 無反無復 於斯招恥 體夫生理 謂之淨土 淨土之宅所謂十七句是也

논주 : 제일의제671)에 들어간다고 한 것은

---

669) 『왕생론』 본문에는 '國'자가 없다.
670) 『왕생론』 본문에는 '相'자가 없다.
671) 산스크리트어 paramārtha-satya로 勝義諦, 또는 聖諦眞諦라 하는데 世俗諦에 對한 말이다. 涅槃・眞如・實相・中道 등 불교 구경의 진리는 그 뜻이 심오하고 광대하여 모든 것 가운데 제일이라는 의미이다. 여기서

논 : 저 아미타불의 국토장엄은 제일의제의 묘한 경계이다. 16구 및 1구의 순으로 설한 줄 마땅히 알라.

논주 : 제일의제란 부처님의 인연 법인데 여기서 '제(諦)'란 경계라는 뜻이다.672) 그렇기 때문에 장엄 등의 16구(句)673)를 말해 묘한 경계의 모습674)이라 한다. 이 뜻은 '입법구(入法句)'의 문장에서 다시 해석한다. "급일구차제(及一句次第)"란 기세간의 청정한 공덕을 관찰하는 것을 말한다.675) 여기서는 총체적인 모습과 나누어진 모습 등 17구(句)를 관찰하는 수행의 순서이다.676) 어떻게 일으키는 것이 순서인가? 처음 글을 쓸 때677), "세존이시여! 저는 일심으로 모든 시방에 장애가 없는 광명을 가진 여래에게 귀의하옵고, 안락국에 태어나기를 원합니다."라고 말하였는데 이 중에 의심이 있다.

말하자면, "생(生)이란 생존의 근본이고 많은 번민의 근원이다. 생678)을 버리고 생679)을 원하는데 생을 언제 다할 수 있겠

---

satya을 번역하여 '諦'라 하지만 이는 '진실'이라는 의미를 가지고 있는데 여기서는 묘한 경계라 하였다.
672) 『十二門論』에서 "모든 부처님 인연법을 이름하여 깊고 깊은 第一義라 한다. 이 인연법은 자성이 없기 때문에 나는 空이라 말한다."(대정장 30권 p.165a~b)는 내용을 인용한 것이고, 여기서 諦를 '경계의 뜻'이라고 한 것은 관찰의 대상을 말한다.
673) 기세간의 장엄이 모두 열일곱 가지인데 여기서는 제일 청정장엄 이하의 열여섯 가지 장엄의 게송을 말하기 때문에 16句라고 하였다.
674) 깨달음의 경계인 묘한 모습이다.
675) 정토의 열일곱 가지 기세간 장엄 가운데 제일 청정장엄 이하를 순서대로 관찰한다는 의미이다.
676) 청정장엄을 관찰하는 1句는 총체적인 모습이고, 이 뒤에 나오는 열여섯 가지 장엄을 관찰하는 16句는 나누어진 모습이다.
677) 천친보살이 『왕생론』을 지을 때 첫 번째 문장을 말한다.
678) 미혹하여 윤회하는 이 세계에 태어나는 생이다.
679) 깨달음의 세계인 정토에 태어나는 생이다.

는가?"680)라고 의심할 수 있다. 이 의심을 풀어 주고자 하기 때문에 저 정토의 장엄공덕 성취를 관하는 것이다. 저 정토는 이 아미타여래의 청정한 본원에 의한 무생(無生)의 생(生)681)이고, 삼유(三有)682)의 허망한 생과 같지 않다는 것을 밝혔다. 무엇을 가지고 그렇게 말하는가? 저 법성은 본래 청정해서 필경에는 태어남이 없다. (정토에) 태어난다고 말한 것은 (극락 세계에) 태어난 사람들의 생각일 뿐이지 생이 진실로 무생인데 생이 어찌 다한 곳이 있겠는가! 저 생(生)이 다한 사람은 위로는 무위(無爲)와 능위(能爲)683)의 몸을 잃고, 아래로는 삼공(三空)과 불공(不空)684)의 병685)에 빠져 성불할 수 있는 근기가 영원히 썩어 없어지기에 통곡하여 우는 소리가 삼천 대천 세계를 흔들며, 돌이킬 수가 없어686) 이에 부끄러워할 뿐이다.687) 저 생(生)의

---

680) 이 윤회하는 세계에 태어나는 생을 버리고, 깨달음의 세계에 태어나는 생을 바란다면 이것은 차별하는 마음에서 나오는 것이기 때문에 이 차별하고 분별하는 마음에 의하면 결국 生을 다할 수 없지 않겠는가 하는 질문이다.
681) 불생불멸로 생멸을 초월한 생으로 진실하고 청정한 열반의 경계에 든 것을 말한다.
682) 欲有·色有·無色有로 즉 욕계·색계·무색계이다.
683) 한다는 작용 없이 능히 무슨 일이든 한다는 의미이지만, 여기서는 부처님이나 보살들이 중생을 제도하는 힘이다. 『注維摩經』 서문에 僧肇가 '眇莽無爲而無不爲'(대정장 38권 p.327a)이라 하였다.
684) 해탈의 문에 들어가려고 하면 空三昧에서 無相三昧로, 무상삼매에서 無願三昧로 들어가야 한다. 이 空은 진정한 공이 아니기 때문에 不空이라 한다.
685) 원문의 痼는 불치병이다.
686) 『유마경』에서 "범부들은 부처님의 법 가운데 반복이 있지만 성문들에게는 그것이 없습니다. 그러한 까닭이 무엇인가 하면, 범부들은 부처님 법을 듣고서 능히 無上道의 마음을 구하여 삼보를 끊어지지 않게 하지만, 성문들은 종신토록 부처님 법에서 열 가지 힘과 네 가지 두려움이 없는 것들을 들어도 무상도의 마음을 영원히 내지 아니합니다."(대정장 14권 p.549b)는 내용이다.

진리를 체득[688]하는 곳을 정토라 한다. 정토의 집은 이른바 17구가 이것이다.

【講說】

문장 가운데 "제일의제란 부처님의 인연법이고, 여기서 '제(諦)'란 경계의 뜻이다"고 한 의미는 천친보살이 말한 정토의 기세간의 열일곱 가지 장엄은 관찰하는 객관적인 대상으로 이 대상은 본래 자성이 없으며, 공(空)의 도리를 깨달은 경계를 말한다. 그러므로 우리가 정토의 열일곱 가지 장엄을 관하는 수행을 하게 되면 자성이 없는 도리와 공의 도리를 깨달을 수밖에 없고, 이 정토에 장엄된 모든 것은 공을 초월하여 존재한 묘유(妙有)이며, 이것은 아미타불의 원력을 인연으로 하여 생긴 제일의(第一義)인 것이다.

다음 "저 법성은 본래 청정해서 필경에는 태어남이 없다."고 한 의미는 진여나 법성의 깨달음의 세계는 항상 청정하고 불생불멸한 세계이기 때문에 여기에 태어나고 죽는다는 말을 붙일 수가 없다는 것이다. 그러나 이 세계 사람들은 태어나기를 좋아하고 죽는 것을 싫어하는 마음을 가지고 있기 때문에 이 가운데 인간들이 좋아하는 생각에 의해 생(生)을 가지고 말한 것뿐이라고 한 것이 담란의 견해이다. 이런 맥락에서 보면 태어난다는 '생(生)'이란 말보다 진리의 세계에 들어간다는 '입(入)'이 좋지 않나 필자는 생각하여 정토에 태어난다고 하는 것보다 정토에 들어간다고 표현하는 것이 적당하다고 본다.

---

687) 『주유마경』에 "범부들에게는 돌이키는 이름이 있지만, 성문과 연각에게는 성불할 수 있는 根機가 없어져 부끄러움만 있다."(대정장 38권 p.392c)는 내용이다.
688) 無生의 生이라는 도리를 깨닫는 것.

그래서 아마도 뒷 문장에 "(정토에) 태어난다고 말한 것은 (극락 세계에) 태어난 사람들의 생각일 뿐이지 생(生)이 진실로 무생(無生)인데 생이 어찌 다한 곳이 있겠는가! 저 생이 다한 사람은 위로는 무위(無爲)와 능위(能爲)의 몸을 잃고, 아래로는 삼공(三空)과 불공(不空)의 병에 빠져 성불할 수 있는 근기가 영원히 썩어 없어져 통곡하여 우는 소리가 삼천 대천 세계를 흔들며, 돌이킬 수가 없어 이에 부끄러워할 뿐이다."고 하였을 것이다. 이 문장은 정토에 '왕생한다'든가 '태어난다'는 말을 사용한 것은 정토에 태어나려고 하는 사람들의 입장에서 표현한 것이지, 깨달은 사람들의 경지에서 보면 우리들이 이 세계에 존재하는 자체를 태어남이 없는 무생(無生)이라고 할 것이다. 그렇다면 정토에 태어나 존재하는 것 자체도 태어남이 없는 무생의 생이기 때문에 생 자체를 부정할 수 없다는 것이다. 만약 무생의 생 자체를 부정한다면 이는 불교를 수행하는데 큰 병에 걸리어 위로는 이타심(利他心)을 갖고 중생들을 교화하려는 몸을 잃게 되고, 아래로는 소승에 집착하는 공병(空病)에 빠져 성불할 수 있는 능력을 영원히 잃어버리게 될 것이다. 그리고 부처님의 가르침을 듣고도 이해하지 못하여 이에 대해 스스로 슬퍼하여 통곡하는 소리가 전 세계를 흔들 것이며, 다시는 대승의 가르침을 들을 기회마저 잃어버려 마냥 부끄러워한다는 의미이다. 여기서 "부처님의 가르침을 듣고도 이해하지 못하여 이에 대해 스스로 슬퍼하여 통곡하는 소리가 전 세계를 흔들 것이며"라는 글은 『유마경』에서 "비유하면 마치 어떤 눈먼 자 앞에서 온갖 색상을 나타내 보이지만 저 눈먼 사람은 보지 못한 것과 같아서 모든 성문들이 이 '사의할 수 없는 해탈의 법문'을 듣고도 능히 알지 못함이 이러합니다. 지혜가 있는 자는 이를 듣고 누구라도 아뇩다라삼먁삼보리의 마음을 내지 않겠습니까? 그런데 우리들은 어찌하여 그 (삼보의) 뿌리를 오랫동안 끊었기에 이 대승에 대하여는 이미 썩어 없어진 씨앗과 같게 되었습니까? 그러니 모든 성문들이 이 '사의할 수 없는 해탈의 법문'을 듣고서는 통곡하여 우는 소리가 삼천 대천 세계를 진동해도 시원치 않을 것이요."[689] 라고 한 내용 가운데 한 부분을 인용하여 자기 집착에 빠진 소승교를 비난하고 대승의 문에 들어갈 것을 담란이 간곡하게 당부한 것이다.

論註 : 十七句中總別爲二 初句是總相 所謂是淸淨佛土過三界道 彼過三界有何相 下十六種莊嚴功德成就相是也 一者量 究竟如虛空 廣大無邊際故 旣知量 此量以何爲本 是故觀性 性是本義 彼淨土從正道大慈悲出世善根生 旣言出世善根 此善根生何等相 是故次觀莊嚴形相 旣知形相 宜知形相何等體 是故次觀種種事 旣知種種事 宜知種種事妙色 是故次觀妙色 旣知妙色 此色有何觸 是故次觀觸 旣知身觸 應知眼觸 是故次觀水地虛空莊嚴三事 旣知眼觸 應知鼻觸 是故次觀衣華香薰 旣知眼鼻等觸 須知離染 是故次觀佛慧明照 旣知慧光淨力 宜知聲名遠近 是故次觀梵聲遠聞 旣知聲名 宜知誰爲增上 是故次觀主 旣知有主 誰爲主眷屬 是故次觀眷屬 旣知眷屬 宜知此眷屬若爲受用 是故次觀受用 旣知受用 宜知此受用有難無難 是故次觀無諸難 旣知無諸難 以何義故無諸難 是故次觀大義門 旣知大義門 宜知大義門滿不滿 是故次

---

689) 대정장 14권 p.547a.

觀所求滿足 復次此十七句 非但釋疑 觀此十七種莊嚴成就 能生
眞實淨信 必定得生彼安樂佛土

　논주 : 17구 가운데 '총(總)'과 '별(別)' 두 가지로 한다. 처음 구(句)690)는 총상(總相)으로 말하면 이 청정한 부처님 국토는 삼계(三界)의 도를 초월한다. 저 곳은691) 삼계를 초월한다고 하는데 어떤 모습을 가지고 있는가? 아래 나오는 열여섯 가지 장엄공덕성취(莊嚴功德成就)의 모습이 이것이다.
　첫째는 양(量)692)으로 "끝이 허공과 같아 넓고 커 다함이 없더라."라고 하였기 때문이다. 이미 양을 알았는데 이 양은 무엇으로 근본을 삼는가?
　이러한 이유로 성(性)693)을 관찰하였다.694) 이 성은 근본이라는 의미이다. 저 정토는 "바른 길의 대자비는 출세간의 선근으로부터 생기며"라 하여 이미 출세선근이라고 말했다. 이 선근 자체가 어떤 등의 모습을 생기게 하는가?
　이러한 이유로 이어서 장엄형상(莊嚴形相)695)을 관찰하였다. 이미 형상을 알았다면 마땅히 형상의 본질이 무엇인가를 알아야 한다.
　이러한 이유로 이어서 종종사(種種事)696)를 관찰하였다. 이미

---

690) 17종 장엄 가운데 첫 번째 莊嚴淸淨功德成就이다.
691) 극락세계이다.
692) 제2 量功德成就이다.
693) 제3 性功德成就이다.
694) 앞에서 이미 한 장엄, 한 장엄을 논했기 때문에 '하였다'는 과거로 번역한다.
695) 제4 形相功德成就이다.
696) 제5 種種事功德成就이다.

여러 가지 일을 알았다면 마땅히 여러 가지 사물에 있는 묘색(妙色)을 알아야 한다.

이러한 이유로 이어서 묘색697)을 관찰하였다. 이미 미묘한 색을 알았다면 이 색에 어떤 촉감이 있는 것인가(를 알아야 한다).

이러한 이유로 이어서 촉(觸)698)을 관찰하였다. 이미 신체의 촉감을 알았다면 마땅히 눈의 촉감을 알아야 한다.

이러한 이유로 이어서 물·땅·허공의 장엄699) 등 세 가지 일을 관찰하였다. 이미 눈의 촉감을 알았다면 마땅히 코의 촉감을 알아야 한다.

이러한 이유로 이어서 의복과 꽃, 그리고 향기700)를 관찰하였다. 이미 눈과 코 등의 촉감을 알았다면, 모름지기 집착을 여읠 줄 알아야 한다.

이러한 이유로 이어서 부처님의 지혜의 광명이 밝게 비추는 것701)을 관찰하였다. 이미 부처님 지혜의 광명에 깨끗한 힘이 있는 줄 알았다면 마땅히 (부처님의) 명성이 멀고 가까움을 알아야 한다.

이러한 이유로 이어서 (부처님 국토의) 명성이 멀리 들리는 것702)을 관찰하였다. 이미 명성을 알았다면 마땅히 누가 증상인(增上人)703)인가를 알아야 한다.

---

697) 제6 妙色功德成就이다.
698) 제7 觸功德成就이다.
699) 제8 莊嚴功德成就로 즉 三種功德成就이다.
700) 제9 雨功德成就이다.
701) 제10 光明功德成就이다.
702) 제11 妙聲功德成就이다.
703) 앞 총설분 妙色功德成就의 강설에 자세히 언급하였으니 참고 바람.

이러한 이유로 이어서 주인704)을 관찰하였다. 이미 주인이 있는 줄 알았다면 누가 주인의 권속인가를 알아야 한다.

이러한 이유로 이어서 권속705)을 관찰하였다. 이미 권속을 알았다면 마땅히 이 권속들이 무엇을 수용하는 줄 알아야 한다.

이러한 이유로 이어서 수용706)을 관찰하였다. 이미 수용을 알았다면 마땅히 이 수용에 어려움이 있는지 없는지를 알아야 한다.

이러한 이유로 이어서 무제난(無諸難)707)을 관찰하였다. 이미 여러 가지 어려움이 없는 줄 알았다면 무슨 뜻을 가지고 있기에 장애가 없는 것인가(를 알아야 한다).

이러한 이유로 이어서 대의문(大義門)708)을 관찰하였다. 이미 대의문을 알았다면 마땅히 대의문에 (원하는 바가) 가득 찼는가 안 찼는가를 알아야 한다.

이러한 이유로 이어서 원하는 바가 만족한가709)를 관찰하였다.

또 이어서 이 열일곱 가지 구절은 단 의문을 해석한 것만이 아니고, 이 열일곱 가지 장엄 성취를 관찰하면 능히 진실하고 깨끗한 믿음이 생겨 반드시 저 안락한 부처님 국토에 왕생할 수 있다.

---

704) 제12 主功德成就이다.
705) 제13 眷屬功德成就이다.
706) 제14 受用功德成就이다.
707) 제15 無諸難功德成就이다.
708) 제16 大義門功德成就이다.
709) 제17 一切所求滿足功德成就이다.

【講說】

　위 문장 가운데 '이러한 이유로 이어서 OO을 관찰한다'는 내용이 자주 나오는데 이는 앞에서 열거한 장엄공덕의 근본을 알기 위해서는 뒤에 나오는 장엄공덕을 관해야 한다는 것이다. 예를 들면 정토의 한계가 허공과 같이 광대하게 무량한 모습을 가진 줄을 '양공덕성취'에서 알았다면 이 광대한 정토의 본성이 무엇인가를 알기 위해서는 '성공덕성취'를 관찰해야 한다는 것이다. 그래서 정토의 기세간 장엄 열일곱 가지 가운데 첫 번째 청정공덕성취를 빼놓고 나머지 열여섯 가지에 순서를 정하여 관찰하게 한 것이라고 단언한 것은 담란의 탁견이라 하지 않을 수 없다.

　첫 번째 청정공덕은 기세간 장엄이든 중생세간 장엄이든 정토에 헤아릴 수 없이 많은 모든 장엄에 갖추어진 근본이기 때문에 모든 장엄에 다 청정이 내재되어 있다. 즉 정토에 장엄된 모든 것은 청정을 근본으로 하였기 때문에 청정하지 않은 것이 없다. 그러기에 첫 번째 청정공덕성취를 총상관(總相觀)이라 하고, 나머지 열여섯 가지를 별상관(別相觀)이라 나누어 이름을 붙인 것이다.

論註 : 問曰 上言知生無生 當是上品生者 若下下品人乘十念往生 豈非取實生耶 但取實生卽墮二執 一恐不得往生 二恐更生生惑 答 譬如淨摩尼珠置之濁水 水卽淸淨 若人雖有無量生死之罪濁 聞彼阿彌陀如來至極無生淸淨寶珠名號 投之濁心 念念之中罪滅心淨卽得往生 又是摩尼珠 以玄黃幣裏投之於水 水卽玄黃一如物色 彼淸淨佛土有阿彌陀如來無上寶珠 以無量莊嚴功德成就帛裏 投之於所往生者心水 豈不能轉生見爲無生智乎 又如氷上燃火

火猛則氷解 氷解則火滅 彼下品人雖不知法性無生 但以稱佛名力
作往生意 願生彼土 彼土是無生界 見生之火自然而滅

　논주 : 묻기를, 앞에서 생(生)이 무생(無生)인 줄 안다고 말한
것은 마땅히 이 상품으로 태어나는 사람이라야 할 것이다. 만약
하품하생의 사람이 십념을 의지해 왕생하는 것이 어찌 실제로
생(生)을 취하지 않는 것이겠는가? 단 실제로 생이 있다고 국집
한다면 곧 두 가지 국집인, 첫째 아마도 왕생하지 못할 것이고,
두 번째 아마 왕생하더라도 다시 미혹을 일으키는 것에 떨어질
것이다.
　답하기를, 비유컨대 정마니주(淨摩尼珠)[710]를 흐린 물에 두면
물이 곧 청정해지는 것과 같다. 만약 사람이 비록 한량없는 생
사의 죄에 흐려져 있더라도 저 아미타여래는 다함이 없는 무생
이며, 청정하고 보배스러운 구슬과 같은데 이 명호를 듣고 그것
을 흐려진 마음에 간직하면 생각생각 가운데 죄가 멸해지고 마
음이 깨끗해져 곧 왕생할 수가 있다. 또한 이 마니주를 검고 누
런 비단에 싸서 물에 담그면 곧 물은 검어지거나 누렇게 되어
한결 같이 물체의 색[711]과 같다. 저 청정한 부처님 국토에는 아
미타여래의 무상(無上)의 보배스런 구슬이 있어 이것을 무량한

---

710) 이에 대한 것은 총설분의 묘색공덕성취와 해의분의 국토의 體相에서 언
급하였기 때문에 여기서는 경과 논에 있는 이야기를 소개하는데 그치겠
다. 『화엄경』에서는 "비유하면 구슬을 흐린 물 속에 넣으면 곧 청정해지
는 것과 같이 보리심의 구슬도 또한 이와 같이 일체 번뇌에 흐린 것을
제거한다."(대정장 9권 777b)고 하였으며, 『대지도론』에서는 "세존이시
여, 만약 물이 흐려 구슬을 물 속에 넣으면 곧 청정해집니다. 이 구슬의
덕이 이와 같습니다."(대정장 25권 p.477b)란 내용이다.
711) 마니주를 싼 비단의 색이다.

장엄의 공덕성취라는 명주로 싸서 이것을 왕생할 사람의 마음에 던지는데, 어찌 태어난다고 하는 견해를 바꾸어 태어남이 없다〔無生〕는 지혜로 되지 않겠는가!712)

또한 얼음 위에 불을 피우는데 불이 맹렬하면 곧 얼음을 녹이고, 얼음이 녹으면 곧 불이 꺼지는 것과 같이 저 하품의 사람이 비록 법성이 무생인 줄 알지 못하더라도 단 부처님 명호를 부르는 힘으로 왕생의 뜻을 짓게 되며713), 저 국토에 태어나기를 원하면 저 국토는 무생(無生)의 세계이므로 생(生)이라는 견해의 불이 자연히 없어진다.714)

【講說】

위 문장에서 "생(生)이 무생(無生)인 줄 안다고 말한 것은 마땅히 이 상품으로 태어나는 사람이라야 할 것이다."고 한 글의 내용은 상품의 근기를 가진 사람은 '생즉무생(生卽無生)'의 진리, 즉 불생불멸의 도리를 깨달을 수 있는 사람이고 훌륭한 근기를 가진 사람으로, 이 근기를 가진 사람만이 정토에 왕생할 것이라는 의미이고, 뒤 "하품하생의 사람이 십념을 의지해 왕생하는 것이 어찌 실제로 생(生)을 취하지 않는 것이겠는가?"란 의미는 이 세상 사람들

---

712) 극락정토에 계시는 아미타불을 위없는 보배 구슬이라고 한 것은 명호 자체가 정마니주처럼 불가사의한 힘이 있다는 것이고, 또 정토의 장엄도 불가사의한 공덕을 성취시키는 힘이 있기 때문에 아미타불의 명호를 듣고 마음속에 간직하거나 장엄공덕을 관찰한다면 실제로 생사가 있다는 집착에서 벗어나 태어남이 없다는 無生의 지혜를 깨닫는다는 의미이다.
713) 아미타불의 명호를 부르는 힘에 의해 왕생할 수 있다는 것이다.
714) 안락정토는 無生을 깨달은 세계이기 때문에 거기에 태어나기만 하면 마니주가 자연히 흐린 물을 깨끗하게 하는 것처럼 이 세계에서 실제로 태어나고 죽는다는 생각이 없어지고 무생의 진리를 깨닫게 된다는 의미이다.

가운데 부처님 진리를 깨달을 능력이 가장 미약한 사람, 그리고 하품하생의 근기를 가지고 왕생한 사람은 분명 아미타불의 명호를 열 번 부르는 염불에 의해 왕생한 사람이기 때문에 우리가 이 세상에서 태어나고 죽는 것처럼 실제로 생사가 있다는 생각, 즉 분별하는 마음을 마음속에 굳게 간직한 사람이 아니겠는가 하고 의문하는 내용이다.

다음 담란은 실제로 생이 있다고 국집할 경우 두 가지에 떨어질 것이라고 하는 의심을 본문에서 제기하고 있다. 첫째 "아마도 왕생하지 못할 것이라."고 한 것은 불생불멸한 정토를 실제로 태어나고 죽는 생멸이 있는 세계라 생각하여 집착한다면 아마도 태어날 수가 없을 것이고, 둘째 "아마 왕생하더라도 다시 미혹을 일으킬 것이다."는 것은 만일 정토에 왕생하더라도 생과 사의 상대적인 생각에 사로잡혀 있다면 아마 어리석은 미혹만을 일으켜 왕생하지 않은 것과 같을 것이라는 가상의 의심을 제기하고 있다. 이러한 의심에 대해 담란은 정마니주(淨摩尼珠)의 불가사의한 힘과 불이 얼음을 녹이고 나니 녹은 물이 다시 불을 소멸시킨다는 비유를 들어 아미타불의 명호 자체에 불가사의한 힘이 있다는 것을 명석하게 해석하고 있음에 감탄한다. 사실 우리가 '나무아미타불'이라는 여섯 자 명호를 부르지만 마음속에 있는 무명이 제거되지 않는 사람들을 많이 본다. 이는 아마도 아미타불 명호를 입으로 부르는 작용에 그치지 정마니주를 물 속에 넣듯이 이 아미타불 명호를 마음속 깊이 간직하지 않은 것이 아닌가 생각한다. 우리가 아미타불의 명호를 마음속 깊이 간직하여 아무런 잡념이 없을 때 우리들 스스로가 부처님과 같은 마음이 되기 때문에 생과 사의 상대적인 개념을 뛰어 넘어 무생의 진리의 세계에 들어가는 것일 것이다.

사실 정토는 깨달음의 세계이고, 무생(無生)의 세계이다. 무생이란 태어남도 없고 죽음도 없는 생멸을 초월한 경지이다. 이에 대해 우리들이 생존하는 세계는 윤회하는 생멸이 있는 세계다. 그렇기 때문에 우리들 마음속에는 항상 태어남이 있으면 죽음이 있고, 죽음이 있으면 다시 태어남이 있다는 상대적인 생각을 갖게 되고 이것이 우리 뇌리 속에 박혀 있다. 이 상대적인 생각을 갖고 무생의 정토를 생각하기는 그리 용이하지 않기 때문에 정토에 왕생하는 것 자체를 우리가 이 세상에 태어나는 것처럼 생각하지 무생의 생으로 생각하지 않아 항상 혼란이 따른다. 그래서 담란은 물 위에 불이 타는 비유를 들었다. 즉 얼음 위에다 장작을 쌓아 놓고 불을 붙이면 장작이 활활 타는 동시에 얼음은 녹는다. 그리고 얼음이 녹음과 동시에 활활 타는 불은 얼음이 녹은 물에 의해 소멸된다. 장작이 타는 불은 우리 범부들이 생각하는 것처럼 '실제로 태어난다고 보는 견해'이고, 이러한 견해를 갖고 정토에 태어나면 정토의 공덕인 무생의 작용, 즉 아미타불의 원력에 의해 녹은 물이 장작불을 소멸시켜버린 것처럼 '실제로 태어난다는 견해'의 불을 소멸시켜 무생의 진리를 깨닫게 된다.

그러므로 정토에 태어나는 것은 윤회하는 것과 같이 태어나 죽고, 다시 태어나는 생(生)이 있는 세계가 아니고, 열반·해탈을 체득(體得)하기 위해 태어남이 없는 무생(無生)의 생이다. 현재 우리는 미혹에 의해 생존하는 것은 죽음을 수반하고 있지만 정토의 무생의 생은 죽음을 수반하지 않기 때문에 영원히 생존할 수밖에 없다. 그래서 정토의 대중은 영원히 죽지 않고 생존하기에 무량수(無量壽)라 한다.

(2) 중생의 모습

論註 : 衆生體者 此分中有二重 一者觀佛 二者觀菩薩 觀佛者
論 : 云何觀佛莊嚴功德成就715) 觀佛莊嚴功德成就716)者 有八種
相717) 應知
論註 : 此觀義己彰前偈
論 : 何等八種 一者莊嚴座功德成就718) 二者莊嚴身業719)功德成
就 三者莊嚴口業720)功德成就 四者莊嚴心業721)功德成就 五者
莊嚴大722)衆功德成就 六者莊嚴上首功德成就 七者莊嚴主功德成
就 八者不虛作住持功德成就

논주 : 중생의 모습이란 이 가운데 두 가지 중요한 부분이 있다. 첫째는 부처님을 관하는 것이요, 둘째는 보살을 관하는 것이다. 부처님을 관하는 것이란?

논 : 어떻게 부처님의 장엄공덕성취를 관하는가? 부처님의 장

---

715) 『왕생론』 본문에는 "功德莊嚴成就"로 되어 있는데 여기서는 "莊嚴功德成就"라고 하여 단어를 바꾸어 놓았으나 내용은 다르지 않다.
716) 위 주석과 마찬가지이고 『왕생론』 본문에는 "功德莊嚴成就"로 되어 있다.
717) 『왕생론』 본문에는 '相'이라는 글자가 없는데 담란이 이를 삽입하여 뜻을 분명히 하려고 하였다.
718) 『왕생론』 본문에는 부처님의 여덟 가지에 "○○莊嚴"이라고 간단히 하였는데 담란은 "莊嚴○○功德成就"라고 한 것은 장엄을 강조하기 위한 것으로 보인다. 아래 나오는 부처님 장엄과 보살 장엄도 마찬가지이기 때문에 교열은 생략한다.
719) 『왕생론』 본문에는 '業'자가 없다.
720) 『왕생론』 본문에는 '業'자가 없다.
721) 『왕생론』 본문에는 '業'자가 없다.
722) 『왕생론』 본문에는 '大'자가 없다.

엄공덕성취를 관하는 것에 여덟 가지가 있음을 마땅히 알라.

논주 : 이 관(觀)의 의미에 대해서는 이미 앞 게송에서 밝혔다.

논 : 어떤 것이 여덟 가지인가? 첫째는 장엄좌공덕성취이고, 둘째는 장엄신업공덕성취이며, 셋째는 장엄구업공덕성취이고, 넷째는 장엄심업공덕성취다. 다섯째는 장엄대중공덕성취이고, 여섯째는 장엄상수공덕성취이며, 일곱째는 장엄주공덕성취이고, 여덟째는 장엄불허작주지공덕성취이다.

【講說】

지금부터는 아미타불에게 장엄된 공덕을 관찰하는 수행법인데 이것을 천친은 여덟 가지로 나누어 설명하고 있다. 이 여덟 가지 장엄도 앞 기세간의 열일곱 가지 장엄처럼 이미 총설분에서 자세히 설명하였기 때문에 원문을 해석하고 중요한 부분만 강설에서 다루려고 한다.

① 부처님 장엄을 관함

첫째, 좌공덕(座功德) 성취

論 : 何者莊嚴座功德成就723) 偈言無量大寶王 微妙淨華臺故
論註 : 若欲觀座 當依觀無量壽經

---

723) 이것도 『왕생론』 본문에는 부처님의 여덟 가지에 "○○莊嚴"이라고 간단히 하였는데 담란은 "莊嚴○○功德成就"라고 하였다. 아래 나오는 부처님 장엄이 모두 마찬가지이기 때문에 이것도 교열은 생략한다.

논 : 무엇이 장엄좌공덕성취인가? 게송에서 "한량 없이 크고 좋은 보배로 미묘하고 깨끗한 연화대가 있네."라고 말하였기 때문이다.

논주 : 만약 좌대를 관찰하고자 하면 마땅히 『관무량수경』에 의지해야 한다.

【講說】

담란이 『관무량수경』724)을 의지하라는 내용을 보면 "부처님께서 아난과 위제휘에게 말씀하셨다. '자세히 듣고 이것을 잘 생각하라. 나는 마땅히 그대들을 위하여 고뇌를 제거하는 법을 분별하여 설명할 것이니, 그대들은 잘 기억하여 널리 여러 중생들을 위해 분별하여 주어라.' 이 말씀을 하실 때 무량수불이 공중에 서 계시고, 관세음보살과 대세지보살 두 보살은 좌우에서 모시고 계시었다. 그 광명은 눈부시게 빛나 똑바로 바라볼 수 없었으며 백천 가지 염부단금의 빛깔로 되어 비교할 수가 없었다. 그때 위제휘는 무량수불을 뵙고 그 발아래 예배드리고 나서 부처님께 사뢰었다. '부처님이시여, 제가 이제 부처님의 힘에 의해 무량수불과 두 보살을 뵈올 수 있습니다만, 미래의 중생은 참으로 어떻게 하여야 무량수불과 두 보살을 뵈올 수 있겠습니까?"라고 한 문장 뒤에는, 좌대를 관하는 수행에 의해 아미타불과 관음보살과 대세지보살을 친견할 수 있고, 이 친견에 의해 모든 고뇌가 제거된다고 하였다. 이 좌대를 관하는 내용에 대해서는 이미 담란이 총설분 '좌공덕성취'에서 인용하였고, 필자가 강설에서 논했기 때문에 자세한 것은

---

724) 쯔보이 순애이 著 이태원 譯 『정토삼부경개설』 pp.443~445의 연화대를 생각하는 관법이다.

참고하기 바란다.

둘째, 신업공덕(身業功德) 성취

論 : 何者莊嚴身業725)功德成就 偈言相好光一尋 色像超群生故
論註 : 若欲觀佛身 當依觀無量壽經

논 : 무엇이 장엄신업공덕성취인가? 게송에서 "상호의 광명 일심(一尋)으로 비추는데 색상이 모든 중생들을 뛰어 넘으며"라고 말하였기 때문이다.
논주 : 만약 부처님 몸을 관하고자 하면 마땅히 『관무량수경』을 의지해야 한다.

【講說】
석가모니 부처님의 광명과 아미타불의 광명이 어떻게 다르며, 『관무량수경』726)의 제8 불상을 관하는 법에서 말한 법계신(法界身)과 이 마음 그대로 부처라는 내용에 대해서는 앞 총설분 '신업공덕성취'에서 자세히 설명하였기 때문에 여기서는 생략하고, 단 『관무량수경』의 제9 진신관(眞身觀)727)에서 아미타불의 진실한 색신과 그 광명을 생각하는 관법에 대해 생각해 보자. 경전에서 "다음에는 무량수불 몸의 상호와 광명을 생각하여 관할지니라. 아난

---

725) 『왕생론』 본문에는 '業'자가 없다.
726) 쯔보이 순애이 著 이태원 譯 『정토삼부경개설』 pp.447~448.(제8 불상을 관하는 법)
727) 쯔보이 순애이 著 이태원 譯 『정토삼부경개설』 pp.450~454.(제9 부처님의 진실한 몸을 생각하는 법)

아, 마땅히 알라. 무량수불의 몸은 백천만 억의 염부단금 색과 같고, 부처님의 높이는 육십만 억 나유타 항하사 유순이 되고, 양 눈썹 사이의 백호는 오른쪽으로 돌아 있는데 다섯 수미산과 같으며, 부처님 눈은 큰 네 바다의 물과 같이 푸르고 흰 것이 분명하니라. 몸의 모든 털구멍으로부터 광명이 발하는 것이 수미산과 같고, 저 부처님의 둥근 광명은 백억 삼천 대천 세계와 같으며, 둥근 광명 가운데 백억 나유타 항하의 모래와 같이 많은 화신 부처님이 계시고, 하나하나의 화신 부처님에게 또 여러 무수한 화신 보살이 계시고, 낱낱의 상호에 각 팔만 사천 가지 수형호(隨形好)가 있으며, 낱낱의 수형호에는 팔만 사천 가지 광명이 있고, 하나하나의 광명에는 두루 시방세계를 비추어 염불하는 중생을 섭취하여 버리시지 않느니라. 이 광명과 상호와 화신 부처님은 이루 다 말할 수 없는 것이니, 다만 깊이 생각하여 마음의 눈으로 보도록 하여라."고 하였다. 즉 이 관법에 의해 이러한 현상을 볼 수 있다는 것이다. 이 진신관에서는 부처님의 광명을 강조하고 있다. 이 광명 가운데는 무수한 화신의 부처님과 화신의 보살들이 나타나고, 이 광명은 부처님을 생각하는 시방세계의 중생들을 널리 섭취하시기 때문에 이 진신관을 수행하여 부처님의 광명을 친견한 사람은 염불삼매를 성취하고, 또 이 관법을 하는 사람은 아미타불뿐만 아니라 시방의 모든 부처님을 친견할 수가 있다. 그래서 담란이 '신업공덕성취'에서 『관무량수경』을 의지하라고 한 것은 제8 불상을 생각하는 상상관(像想觀)과 제9 부처님 진신을 생각하는 진신관(眞身觀)이라고 볼 수 있다.

셋째, 구업공덕(口業功德) 성취

論 : 何者莊嚴口業[728]功德成就 偈言 如來微妙聲 梵響聞十方故

논 : 무엇이 장엄구업공덕성취인가? 게송에서 "여래의 미묘한 소리인 깨끗한 소리가 시방에 들리네."라고 말하였기 때문이다.

【講說】
석가모니 부처님의 명호와 아미타불의 명호가 다른 국토에 널리 퍼지는 차이점과 총체적인 구업에 대해서는 앞에 총설분 '구업공덕성취'에서 설명하였다.

넷째, 심업공덕(心業功德) 성취

論 : 何者莊嚴心業[729]功德成就 偈言 同地水火風 虛空無分別故 無分別者 無分別心故
論註 : 凡夫衆生 以身口意三業造罪 輪轉三界無有窮己 是故諸佛菩薩莊嚴身口意三業 用治衆生虛誑三業也 云何用治衆生 以身見故受三塗身卑賤身 醜陋身八難身流轉身 如是等衆生 見阿彌陀如來相好光明身者 如上種種身業繫縛皆得解脫 入如來家 畢竟得平等身業 衆生以憍慢故 誹謗正法毀訾賢聖 損庫尊長[730] 如是之人應受拔舌苦 瘖瘂苦 言教不行苦 無名聞苦 如是等種種諸苦衆生 聞阿彌陀如來至德名號說法音聲 如上種種口業繫縛皆得解脫 入如來家畢竟得平等口業 衆生以邪見故心生分別 若有若無若非

---
728) 『왕생론』 본문에는 '業'자가 없다.
729) 『왕생론』 본문에는 '業'자가 없다.
730) 담란은 "尊者君父師也 長者有德之人及兄黨也"라고 하여, 尊이란 임금과 지아비, 그리고 스승이고, 長이란 덕이 있는 사람과 형들이라고 하였다.

若是若好若醜 若善若惡若彼若此 有如是等種種分別 以分別故長淪三有 受種種分別苦取捨苦 長寢大夜無有出期 是衆生若遇阿彌陀如來平等光照 若聞阿彌陀如來平等意業 是等衆生如上種種意業繫縛 皆得解脫 入如來家畢竟得平等意業

논 : 무엇이 장엄심업공덕성취인가? 게송에서 "흙과 물, 그리고 불과 바람, 허공은 평등하여 분별이 없고"라고 말하였기 때문이다. 분별이 없다는 것은 분별하는 마음이 없기 때문이다.

논주 : 범부인 중생은 신구의 삼업을 가지고 죄를 지어 삼계에 윤회하는데 끝이 없다. 이 때문에 모든 부처님과 보살은 신구의 세 가지 업의 장엄을 사용하여 중생들의 허황되고 잘못된 세 가지 업을 다스린다. 어떻게 작용하여 다스리는가? 중생들에게는 몸에 대한 견해[731]가 있기 때문에 삼도의 몸[732], 비천한 몸[733], 누추한 몸[734], 여덟 가지 어려운 몸[735], 윤회하는 몸을 받는다. 이와 같은 등의 중생들이 아미타여래의 상호(相好)에서 나는 광명의 몸을 친견하면 위와 같은 여러 가지 신업(身業)에

---

731) 원문 身見은 산스크리트어 satkāya-dṛṣṭi으로 내가 있다고 한 我見, 즉 나라고 집착하는 견해이다.
732) 지옥·아귀·축생 세 가지로 생존하는 상태.
733) 신분이 낮은 몸으로 태어나는 것.
734) 용모가 보기 싫게 나쁜 것.
735) 부처님의 도를 수행하는데 장애가 되는 여덟 가지 몸을 받는 것을 八難身이라 한다. 즉 ① 지옥의 몸 ② 아귀의 몸 ③ 축생의 몸(이상 세 가지는 고통이 심하기 때문에 수행에 장애가 있다) ④ 長壽天의 몸과 ⑤ 색계와 무색계의 몸은 즐거움만 받기 때문에 부처님 도를 구하려고 하지 않는다. ⑥ 신체에 장애가 있는 사람(눈과 귀, 그리고 입 등 신체의 감각기관에 장애가 있는 사람) ⑦ 世智辯聰(세속의 지혜뿐만이라고 생각하여 바른 진리를 따르지 않는 것) ⑧ 佛前佛後(부처님이 세상에 출현하실 때를 만나지 못한 사람)

얽힌 것에서 모두 해탈을 얻어 여래의 집에 들어가[736] 결국에는 평등한 신업을 얻는다.

　중생이 교만하기 때문에 정법을 비방하고 성현을 헐뜯으며, 웃어른들을 가볍게 취급한다. 이와 같은 사람들은 마땅히 혀를 뽑는 고통, 벙어리의 고통, 말과 가르침을 행할 수 없는 고통, 명호를 들을 수 없는 고통을 받을 것이다. 이와 같이 여러 가지 모든 고통을 받는 중생들이 아미타여래의 지극한 덕이 있는 명호, 설법하는 음성을 들으면 위와 같은 여러 가지 구업에 속박된 것에서 모두 해탈을 얻고, 여래의 집에 들어가 결국에는 평등한 구업을 얻는다.

　중생의 그릇된 견해 때문에 마음에서 분별이 생긴다. 혹은 있다고 하고 혹은 없다고도 하며, 혹은 그르다고 하고 혹은 옳다고도 하며, 혹은 좋다고 하고 혹은 추하다고도 하고, 혹은 선하다고 하고 혹은 악하다고도 하며, 혹은 저것이라고 하고 혹은 이것이라고도 한다. 이와 같은 여러 가지 분별이 있고, 이 분별을 사용하기 때문에 길게 삼계에 빠져 여러 가지 분별하는 고통과 취하고 버리는 고통을 받으면서 오랫동안 어두운 밤 긴 잠에 빠져 벗어날 기약이 없다. 이 중생이 만약 아미타여래의 평등한 광명을 만나고, 만약 아미타여래의 평등한 의업(意業)을 들으면 이 중생들은 위와 같은 여러 가지 의업의 속박에서 모두 해탈을 얻어 극락세계에 태어나 필경은 평등한 의업을 얻는다.

---

[736] 정토에 태어난 것을 의미한다.

【講說】

　담란은 '신업공덕성취'와 '구업공덕성취'를 나누어 논하지 않고 이 '의업공덕성취'에서 합해 주석하였지만 필자는 나누었다. 그리고 담란의 신업과 구업의 자세한 해석은 의업에서 했지만 여기서 한번 더 논할까 한다. 우리가 가지고 있는 몸과 입, 그리고 생각 세 가지 업은 좋은 것보다 나쁜 업이 많고, 현재 행동하는 것도 좋은 쪽보다 나쁜 쪽에 더 관심을 갖고 그릇되게 행동하여 좋지 않은 결과에 의해 고통을 받고 있는 것이 현실이다.

　먼저 몸에 대한 업에 대해 살펴보면, 우리가 부처님의 법을 만날 수 있는 곳에 태어나는 것도 중요하지만 부처님 법을 듣고 실천할 수 있는 몸을 가지는 것 또한 중요하다. 즉 지옥이나 아귀, 그리고 축생의 몸을 받고 태어나면 받는 고통이 심해 부처님 법을 수행하는데 장애가 되고, 축생의 경우는 머리가 어리석어 이해하려고도 하지 않지만 들어도 이해하지 못할 것이다. 이와 반대로 오래 사는 장수촌이나 즐거움만 받는 천상의 세계에 태어난 몸은 즐거움에 도취되어 불교에 귀의하려는 마음도 나지 않고 수행하려고도 하지 않는다. 그러므로 우리는 부처님 법이 있는 곳에 태어나 이 법을 실천할 수 있는 몸을 갖기를 원해야 한다. 이렇게 되기 위해 가장 좋은 방법은 아미타불의 국토에 태어나기 위한 염불이다. 염불을 하면 아미타불의 광명을 친견할 수 있고, 친견하기만 하면 몸의 모든 나쁜 업이 녹아 없어지고 해탈을 얻을 수 있기 때문이다.

　다음 구업에 대해 살펴보자. 이 세상 사람들은 흔히 다 자기 잘난 맛에 산다. 자기가 제일이라는 자만심에 빠져 입으로 남을 헐뜯고, 윗사람들을 존경하지 않으며, 심지어는 진리를 비방하고 성인들을 무시하는 경우가 있다. 담란은 이런 구업을 지으면 혀를 뽑는 고통을 받고, 벙어리, 귀머거리 등 장애자가 되어 부처님 법을 들을 수도 없고, 명호를 부를 수도 없는 고통을 받는다고 하였다. 그러기에 우리는 입으로 남을 칭찬하고 진리를 찬탄하며, 부처님의 명호를 불러 정토에 태어나는 수행을 해야 할 것이다. 정토에 태어나기만 하면 구업으로 지은 모든 나쁜 업이 소멸되고 해탈을 얻어 부처가 될 수 있기 때문이다.

다음은 의업이다. 이 세상 사람들 가운데 그릇된 견해를 가지고 바른 것을 그르다 하고, 진리가 아닌 것을 진리라고 고집하는 경우가 있다. 그리고 자기가 가지고 있는 이념이 제일인 것처럼 생각하여 부처님 법에 대한 관심을 전혀 갖지 않을 뿐만 아니라 심지어는 불법을 비방하여 무거운 죄를 범하기도 한다. 그렇기 때문에 우리는 바른 생각을 가지고 바르게 판단하여 바른 도를 실천해야 하는데 이렇게 되기란 그리 쉬운 일이 아니다. 그래서 아미타불께서는 어떤 사람이든지 염불하여 부처님의 광명을 만나거나 아미타여래의 평등한 의업에 대한 것을 듣기만 하면 자연히 나쁜 의업이 소멸되어 해탈을 얻는다고 하였다.

이렇게 우리가 아미타불의 불상이나 진신(眞身)을 관하여 부처님의 상호에서 나는 광명을 친견하기만 하면 이 허망하고 거짓된 세 가지 업의 속박에서 벗어나 목숨을 마치고 정토에 왕생하여 해탈을 얻을 수 있다.

본문 가운데 "중생들이 아미타여래의 상호에서 나는 광명의 몸을 친견하면 위와 같은 여러 가지 신업(身業)에 얽힌 것에서 모두 해탈을 얻어 여래의 집에 들어가 결국에는 평등한 신업을 얻는다."는 의미는, 부처님 도를 수행하는데 장애가 되는 아무리 어려운 업을 가지고 있더라도 아미타 부처님에게서 나는 광명을 친견하기만 하면, 앞에서 이야기한 여러 가지 나쁜 업은 여름 태양 빛에 의해 눈이 녹듯이 자연히 녹아 없어지고 정토에 태어나 결국에는 평등한 진리의 세계에 들어간다는 것이다.

論註 : 問曰 心是覺知相 云何可得同地水火風無分別耶 答曰 心雖知相入實相 則無知也 譬如蛇性雖曲 入竹筒則直 又如人身若鍼刺 若蜂螫則有覺知 若石蛭㗱 若甘刀割則無覺知 如是等有知無知 在于因緣 若在因緣則非知非無知也 問曰 心入實相可令無知 云何得有一切種智耶 答曰 凡心有知則有所不知 聖心無知故無所不知 無知而知 知卽無知也
問曰 旣言無知故無所不知 若無所不知者 豈不是知種種法耶 旣知種種之法 復云何言無所分別耶 答曰 諸法種種相皆如幻化 然幻化象馬 非無長頸鼻手足異 而智者觀之 豈言定有象馬分別之耶

　논주 : 묻기를, 마음은 깨닫고 아는 것이다. 어찌하여 땅과 물, 그리고 불과 바람 같이 분별이 없는 것을 얻을 수 있다고 하는가?
　답하기를, 마음이 비록 아는 모습이 있지만 실상에 들어가면 곧 아는 것이 없다. 비유컨대 뱀의 속성은 구부러지는 것이지만 대나무 통에 들어가면 곧게 되는 것과 같다.737) 또 사람의 몸에 만약 침으로 찌르고, 혹은 벌이 쏘면 곧 깨달아 알지만, 혹 거머리738)에 물리거나, 혹 예리한 칼에 베면 즉시에 깨닫지 못하

---

737) 이 내용은 『대지도론』(대정장 25권 p.134a와 p.709b) 참고 바람.

는 것과 같다. 이와 같이 알고 모르는 것은 인연에 있다. 만약 인연에 있다고 하면 즉 아는 것도 아니고 모르는 것도 아니다.

묻기를, 마음이 실상에 들어가면 알지 못해야 하는데 어찌하여 일체종지가 있다고 할 수 있는가?

답하기를, 범부의 마음에 아는 것이 있다고 하면 곧 알지 못하는 것도 있다는 것이다. 성인의 마음은 아는 것이 없기 때문에 알지 못할 것이 없는 것이다. 아는 것 없이 아는 것이다. 안다는 것은 곧 아는 것이 없는 것이다.

묻기를, 이미 아는 것이 없기 때문에 알지 못할 것이 없다고 말했다. 만약 알지 못할 것이 없다고 하면 어찌 이 여러 가지 법을 알지 못하겠는가? 이미 여러 가지 법을 안다고 하면 어찌 분별한 것이 없다고 말할 수 있겠는가?

답하기를, 모든 법의 여러 가지 모습은 모두 환술(幻術)로 변화한 것과 같다. 그런데 환술에 의한 코끼리와 말에게도 긴 목과 코와 팔다리가 다르지 않는 것은 아니다. 그러니 지혜가 있는 사람이 이것을 관하고 어찌 결정하여 코끼리와 말이 있다고 이것을 분별하여 말하겠는가!

【講説】

담란이 여기서 중심적으로 강조한 것은 무지(無知)의 지(知), 즉 앎이 없이 아는 것이다. 무지란 반야로, 즉 지혜를 말한다. 이 지혜는 우리들이 지금 생각하고 있는 분별하는 지식을 뛰어 넘는 근본무분별지(根本無分別知)로 부처님의 지혜이다. 담란은 이 무지의 사상을 가지고 아미타불의 본원력을 밝히려고 하였다. 즉 이 분별

---

738) 원문의 石蛭이란 물 속의 돌 위에 사는 거머리를 말한 것 같다.

지(分別知)의 세계에 있는 우리가 염불이라는 수행에 의해 무분별지(無分別知)의 세계인 정토에 태어나 깨달음을 얻을 수 있다는 것이다. 담란에게 이러한 영향을 준 사람은 승조법사[739]이다. 그는 유명한 『조론』과 『보장론』 두 가지 저술을 남겼는데 이 가운데 『조론』의 「반야무지론(般若無知論)」의 영향을 특히 많이 받았다. 승조가 「반야무지론」의 서두에서 말하기를 "무지(無知)의 허현(虛玄)[740]한 반야는 성문과 연각, 그리고 보살 모두가 종극(宗極)[741]으로 여기는 것으로 차이 없는 진실한 하나이다."[742]라고 하여 반야는 앎이 없어 상대적인 의존관계의 인식이 끊어진 것이고, 또 앎이 없고 관조(觀照)의 작용마저 끊어진 것이며, 이 반야를 불교의 모든 분야에서 근본적이고 궁극적인 것으로 삼는다고 명료하면서도 간단하게 표현하였다. 승조가 이러한 사상을 가지게 된 것은 『방광반야경』과 『도행반야경』의 영향이다.[743] 즉 『방광반야경』에서 "깊은 반야는 공(空)하여 곧 이 모습은 실제로 존재하는 모습이

---

739) 승조(384~414)는 장안 사람으로 노장학을 좋아하여 이를 가장 중요한 사상으로 받아들이다가 지겸이 번역한 『유마경』을 읽고 불교에 귀의하였다. 그 후 구마라집의 제자가 되어 역경사업에 종사하였다. 세간에서는 구마라집 문하의 제자들 가운데 유명한 사람을 四哲이라고 하는데 이 사철 가운데 한 사람이 승조이다. 그는 論議에 가장 뛰어난 재능을 보인 것으로 전해지고 있다. 이처럼 시대에 앞서가는 그의 뛰어난 사상과 학식을 이해하지 못했던 주위 사람들의 시기와 질투 때문에 진나라 義熙 10(414)년 장안에서 31세로 비극적인 인생을 마쳤다. 그는 유명한 두 가지 저술을 남겼는데 『肇論』과 『寶藏論』이다.
740) 비우고 그윽하다는 의미이지만 여기서는 상대적인 의존관계의 인식이 끊어졌기 때문에 虛라 말하고, 앎이 없고 觀照의 작용마저 끊어졌기 때문에 玄이라 한다.
741) 근본적이고 궁극적인 것으로 해석하는 것이 좋을 것 같다.
742) 夫般若虛玄者 蓋是三乘之宗極也 誠眞一之無差(대정장 45권 p.153a)
743) 승조는 이 두 경전을 인용하여 "放光云 般若無所有相 無生滅相 道行云 般若無所知 無所見"(대정장 45권 p.153a)라고 하였다.

없고 원해야 할 모습도 없으며, 행해야 할 모습도 없고 따라서 생하고 멸하는 모습도 없다."744)고 한 것과 『도행반야경』에서 "반야라고 하는 것은 가져야 할 법이 있지 않고 수호해야 할 법이 있지 않으며, 마치 공(空)과 같아 취해야 할 것도 없고 가져야 할 것도 없으며, 볼 것도 없고 관할 것도 없다."745)고 한 내용의 영향이라 할 수 있다.

그래서 승조는 반야에 대한 규정을 "반야 자체는 진실하기는 하나 정말로 모습이 있지는 않으며, 번뇌가 텅 비긴 하였으나 실제로 없지도 않다. 있는 그대로 간직해 둘 뿐 시비의 의론(議論)을 제기하지 못할 것은 성인의 지혜뿐이다. 무엇 때문에 반야는 유(有)와 무(無)에 속하지 않을까? 반야가 있다 말하려 하나 모양도 명칭도 없으며, 없다고 말하려 하나 성인은 이로서 신령하기 때문이다."746)고 하였고, "반야는 텅 비었으나 관조하는 작용이 가능하며, 중도(中道)의 진제는 모습이 없어도 알 수가 있으며, 움직이면서 변화하는 현상의 모든 사물은 그 속에 나아가 고요할 수 있으며, 성인의 감응은 심의식(心意識)의 작용 없이 작용이 가능하다. 이는 알지 않으면서도 스스로 알며, 작용하지 않으면서도 스스로 작용하는 것이다. 다시 무슨 사량(思量)하고 분별하는 앎이 있겠으며, 무슨 인위적인 작용이 있겠는가"747)라고 하였다.

이러한 영향을 받아 담란은 무지(無知)의 지(知)를 논하였다. 위

---

744) 대정장 8권 p.77b.
745) 대정장 8권 p.443c.
746) 然其爲物也 實而不有 虛而不無 存而不可論者 其有聖智乎 何者 欲言其有 無狀無名 欲言其無 聖以之靈(대정장 45권 p.153b)
747) 是以般若可虛而照 眞諦可亡而知 萬動可卽而靜 聖應可無而爲 斯則不知而自知 不爲而自爲矣 復何知哉 復何爲哉(대정장 45권 p.143b)

글에서 "알고 모르는 것은 인연에 있다. 만약 인연에 있다고 하면, 즉 아는 것도 아니고 모르는 것도 아니다."라고 담란이 말한 것은 승조가 "왜냐하면 일체의 모든 만법은 일심이 인연으로 회합한 것이며, 이는 반연에 의해 모여 발생했기 때문이다. 일체의 모든 법이 인연이 회합하여 발생했다면 모든 법이 인연으로 회합해서 발생하기 이전에는 없었을 것이고, 인연으로 회합한 것은 인연이 분리되면 사라질 것이다."748)고 한 인연설에다 비지(非知)와 비무지(非無知)를 관련시켜 안다는 지(知)를 해석하려 하였다.

그리고 담란이 "범부의 마음에 아는 것이 있다고 하면 곧 알지 못하는 것도 있다는 것이다. 성인의 마음은 아는 것이 없기 때문에 알지 못할 것이 없다. 아는 것 없이 아는 것이다. 안다는 것은 곧 아는 것이 없는 것이다."라고 하여 범부의 마음으로 아는 유지(有知)와 성인의 마음으로 아는 무지(無知)의 차이점을 가지고 논한 것은, 승조가 "답변해 주리라. 성지(聖智)가 없다는 것은 알아야 할 것이 없다는 것이고, 혹지(惑智)가 없다는 것은 아는 것이 없다는 것이다. 이 없다는 것은 같지만 없다는 원인은 다르다. 왜냐하면 성인의 마음은 비고749) 고요하여 알지 못할 것이 없으므로 가히 무지(無知)라고 말할 수 있는 것이지, 아는 것이 없다는 말은 아니다. 미혹의 지(智)는 아는 것이 있기 때문에 알지 못한 것이 있을 수 있어 아는 것이 없다고 말하지 무지라고는 말하지 않는다."750)고 한 영향을 받았다. 이것은 성지와 혹지에 대해서 논한 것

---

748) 何則 一切諸法 緣會而生 緣會而生 則未生無有 緣離則滅(대정장 45권 p.150c)
749) 번뇌가 없다는 이야기다.
750) 答曰 聖智之無者 無知 惑智之無者 知無 其無雖同 所以無者異也 何者 夫聖心虛靜 無知可無 可曰無知 非謂知無 惑智有知 故有知可無 可謂知無

으로 승조가 말한 "왜냐하면 일반적으로 인식으로 헤아려서 알 대상이 있다면 인식이 미치지 못하는 대상은 알지 못함이 있겠지만, 성인의 마음은 앎이 없기 때문에 알지 못한 것도 없다. 알지 않고 아는 것을 일체지(一切知)라고 말한다. 경751)에서 '성인의 마음은 아는 것이 없으며, 알지 못하는 것도 없다.'고 말하였는데 이것은 믿을 만한 말이다."752)고 한 내용에 근거한 것이다. 즉 담란은 범부의 마음으로 아는 것을 유지(有知)라고 하는 논리와 부처님이나 보살인 성인들의 마음으로 아는 것은 앎이 없이 아는 무지(無知)라고 하는 논리의 영향을 받아 논한 것이다. 다시 말하면 혹지란 범부의 마음으로 아는 것이 있다는 유지로, 이는 자기 스스로가 관심을 갖고 있는 부분은 고찰하고 헤아려 알 수 있지만 관심이 없는 부분 또는 생각하지 않는 분야에 대해서는 알지 못한다. 이것은 분별하는 마음으로 알기 때문에 분별지라 한다. 성지란 일체 모든 것에 대해 알지 못할 것이 없기 때문에 여기에 안다 모른다는 말을 붙일 수가 없어 이것을 반야의 무지라고 하며 일체지라고도 하는데, 이는 안다는 분별없이 알기 때문에 무분별지라고도 한다.

다섯째, 대중공덕(大衆功德) 성취

論: 何者莊嚴大753)衆功德成就 偈言 天人不動衆 淸淨智海生故

非曰無知也(대정장 45권 p.154b~c)
751) 釋德淸의 略註에는 『思益經』이라고 하였는데 이와 같은 말은 없고 "以無所得故得 以無所知故知"(대정장 15권 p.39b)라는 글은 있다.
752) 何者 夫有所知 則有所不知 以聖心無知 故無所不知 不知之知 乃曰一切知 故經云 聖心無所知 無所不知 信矣(대정장 45권 p.153a)

논 : 무엇이 장엄대중공덕성취인가? 게송에서 "물러나지 않는 정토 대중들 청정한 지혜의 바다로부터 태어나네."라고 말하였기 때문이다.

【講說】
　대중이란 같이 모여 생활하는 사람을 말한다. 한 사회나 한 직장, 한 가정 안에 같이 모여 사는 구성원들이 서로의 성격 차이나 이해의 득실에 의해 마음이 항상 불편하다면 살맛이 나지 않을 것이고, 반대로 서로가 서로를 이해하고 도와주려고 한다면 마음에 평화로움이 와 항상 기쁨이 넘칠 것이다. 이러한 것을 아신 아미타불께서는 극락정토를 수승한 보살들만이 모여 사는 세계로 만들어 서로가 서로를 도와주게 하였다. 즉 극락세계에 들어가 사는 사람은 보살의 자격을 갖춘 분들이다. 이 보살이란 남을 불쌍히 여기는 대비(大悲)가 근본이 되어 항상 구원해 주려고 하는 마음을 갖고 있기에 남에게 피해를 주거나 스트레스를 주지 않고 진리를 깨닫게 해 준다.
　지금 우리가 사는 세계는 어떤가를 한번 생각해 볼 필요가 있다. 즉 우리 주위에 얼마나 좋은 대중이 모여 사는지 하는 것이다. 사람에 따라 다르겠지만, 아마 좋은 사람보다 불편한 사람, 나에게 이익을 주려고 하는 사람보다 나의 이익을 가져가려고 하는 사람이 많다. 그러다 보니 남보다 내가 더 많은 것을 갖기 위한 생존경쟁이 치열한 것이 아닌가 생각한다. 즉 국가적으로는 총성 없는 무역전쟁이 일어나고 있으며, 사회적으로는 경쟁하는 상대 회사보

---

753)『왕생론』본문에는 '大'자가 없다.

다 자기 회사의 물건을 더 많이 팔려고 하며, 교육계로 보면 유명한 대학에 들어가기 위한 입시경쟁이 치열하며, 또 좋은 회사에 취직하기 위해 입사경쟁이 치열하고, 취직하고 나서는 상사에게 잘 보이기 위하여 또 경쟁하는 것 등이 그렇다. 그래서 필자는 이렇게 생각하면 어떨까 한다. 나에게 좋은 벗이 있는가 생각하기보다 내가 남에게 좋은 벗이 되고 있는가를 스스로 반성해 보자. 왜냐하면 나에게 좋은 벗이 있는가 하는 발상 자체는 자기가 남으로부터 도움을 받기 위한 극도의 이기심에서 나오는 것이기 때문이다. 사실 불교의 수행 가운데 '보살도 수행'하면 여섯 가지 바라밀을 들 수가 있는데 이 가운데 첫째가 남을 위하는 보시행(布施行)이다. 이 보시행을 실천하지 않고 어찌 나에게 좋은 벗이 있기를 바라고, 내가 보살의 길을 걷는다고 할 수 있겠는가! 그래서 이 세계를 좋은 대중이 모여 사는 세계로 만들려면 서로 서로가 보살도를 실천하는 행이 만연해야 하고, 먼저 내가 남을 위한 행이 있어야 한다고 본다.

여섯째, 상수공덕(上首功德) 성취

論 : 何者莊嚴上首功德成就 偈言 如須彌山王 勝妙無過者故

논 : 무엇이 장엄상수공덕성취인가? 게송에서 "수미산의 왕과 같아 수승하고 미묘하여 초월할 자 없고"라고 말하였기 때문이다.

일곱째 주공덕(主功德) 성취

論 : 何者莊嚴主功德成就 偈言 天人丈夫衆 恭敬繞瞻仰故

  논 : 무엇이 장엄주공덕성취인가? 게송에서 "하늘 사람과 장부들은 둘러앉아 우러러보며 공경하네."라고 말하였기 때문이다.

【講說】
  앞 여섯째 '상수공덕성취'와 이 '주공덕성취'는 다 극락세계에 상주하고 계시는 아미타불에 대한 이야기이다. 이 아미타불에 대한 이야기는 총설분 국토장엄의 '주공덕성취'와 부처님 장엄의 '주공덕성취', 그리고 해의분 국토장엄 '주공덕성취', 그리고 총설분의 '상수공덕성취'와 해의분의 '상수공덕성취'에서 각 한 번씩 논하였고, 지금 이 단원의 '주공덕성취'에 나와 있기 때문에 모두 여섯 번에 걸쳐 논하고 있다. 이렇게 많은 단원에서 아미타불에 대한 이야기를 강조한 것은 그만큼 비중이 크다고 볼 수 있다. 왜냐하면 아미타불이라는 분이 등장함으로 인해 극락세계가 건설되고, 이 세계에 많은 대중들이 살면서 다 성불의 길로 나아가게 되기 때문이다. 이것을 역설적으로 말하면 한량없는 광명과 수명을 가진 아미타불이 없었다면 극락세계는 이루어지지 않았을 것이고, 이 세계가 없다면 거기에 상주하는 보살도 있을 수 없어 불도를 이루는 사람도 없었을 것이라는 것은 당연한 일이기 때문에, 아미타불에 대한 이야기는 되풀이하여 강조해도 부족할 것이다. 그러기에 천친보살은 여러 단원을 만들어 아미타불을 강조하지 않았나 생각한다.
  사실 한 집안에서도 가장이 덕이 있고 지혜가 있으며 생활능력이 있으면 그 집안 식구는 어려움을 모르고 잘 살 뿐만 아니라, 건전한 가정교육이 되고 상하질서가 바로 잡혀 항상 화목할 것이지만, 이와 반대로 가장의 성격이 포악하고 지혜와 덕이 없고, 가정을 이끌어 갈 생활능력이 없으면 그 가정은 모든 면에 부족하여 식구들로부터 불만이 싹트고 상하의 질서는 무너져 고통이 따르므로 화목하지 못하여 결국은 가정이 유지되지 못할 것이다. 한 가정도 이러한데 큰 회사의 총수, 지방자치단체의 단체장, 그리고 국가의 통수권자가 어떤 사람이 되느냐는 것은 아주 중요하다고 하지 않을 수 없다. 그러기에 대통령과 지방자치단체장을 뽑을 때 잘 선출해야 한다. 돈을 많이 뿌리고 상대방을 근거가 없는 유언비어로 모함하고, 온갖 수단과 방법을 다 동원하는 입후보자는 어떻게든지 권력을 잡아야 되겠다는 권력욕에 사로잡혀 있을 뿐만 아니라 진실성이 결여되어 있기 때문에 이 사람이 당선되면 선거할 때 마음과 달리 권위의식에 의해 국민을 무시하고 기만하며, 어떻게든 자기의 사리사욕을 채우려고 하는 마음으로 행정을 집행하기 때문에 그 단체나 국가가 도태될 것이다. 그러기에 우리는 한 집단을 진실한 마음으로 건전하게 이끌어 갈 능력이 있는 사람을 뽑아야 한다.

　이런 의미에서 우리가 신앙하는 종교의 교주도 어떤 원을 가지고 어떻게 사람들을 구원하여 어디로 향하게 하는지 자세히 고찰할 필요가 있다. 이런 것을 해결하기 위해 천친보살은 극락세계의 법왕인 아미타불이 무슨 원을 가지고 정토에 태어난 사람들을 어떻게 구원하시어 무엇을 성취하게 하는지를 여러 번에 걸쳐 강조하였다고 생각한다.

여덟째, 불허작주지공덕(不虛作住持功德) 성취

論 : 何者莊嚴不虛作住持功德成就 偈言 觀佛本願力 遇無空過者 能令速滿足 功德大寶海故

論註 : 不虛作住持功德成就者 蓋是阿彌陀如來本願力也 今當略示虛作之相不能住持 用顯彼不虛作住持之義 人有輟飡養土 或疊起舟中積金盈庫 而不免餓死 如斯之事觸目皆是 得非作得在非守在 皆由虛妄業作 不能住持也 所言不虛作住持者 依本法藏菩薩四十八願 今日阿彌陀如來自在神力 願以成力力以就願 願不徒然力不虛設 力願相符畢竟不差 故曰成就

논 : 무엇이 장엄불허작주지공덕성취인가? 게송에서 "부처님의 본원력을 관하니 만나는 사람 헛되게 지나지 않고, 능히 빠르게 공덕의 큰 보배 바다를 만족시켜 주네."라고 말하였기 때문이다.

논주 : '불허작주지공덕성취'[754]란 대개 이 아미타여래의 본원의 힘이다. 지금 능히 주지할 수 없어 헛되게 짓는 모습을 보임으로 헛되게 하지 않고 주지하신다는 뜻을 간단히 나타내었다. 어떤 사람은 자기는 먹지 않고 식객을 먹이고, 혹은 다툼이 배 가운데서 일어나며, 금을 창고에 넘치게 쌓아 두고서도 굶어 죽음을 면치 못하였다. 이와 같은 일 눈에 보이는 대로이다. 얻고도 얻은 것을 지키지 못하고, 있으나 있는 것을 지키지 못하는 것은 다 허망한 업으로 지은 것이기 때문에 능히 지키지 못한다. 말한 바 '불허작주지'란 본래 법장보살의 48원과 오늘날

---

754) 不虛作住持란 헛되게 하지 않고 항상 보살피며 지켜주신다는 의미이다.

아미타여래의 자재한 신통력에 의한 것이다. 원으로 힘을 이루고 힘으로 원을 좇는 것이다. 원이 헛되지 않고, 힘을 베푸는 것 헛되지 않는다. 힘과 원이 서로 부합하여 결국에는 어긋나지 않기 때문에 성취라 한다.

【講說】
　본문에 "능히 주지할 수 없어 헛되게 짓는 모습을 보임으로 헛되게 짓지 않고 주지하신다는 뜻을 간단히 나타내었다."고 한 의미는 이 세상 부처님은 우리들을 항상 보호하고 지켜주지 못하기 때문에 허황하고 거짓된 모습을 짓게 되지만, 극락세계의 아미타 부처님은 항상 계시면서 극락 세계의 대중들로 하여금 허망하고 거짓된 것을 짓지 않고 진실한 불도만을 이루도록 보살피고 지켜주신다는 것이다. 여기서 주지(住持)란 산스크리트어 adhiṣṭhāna로 가지(加持)라고 번역하지만 보호하며 지킨다는 뜻으로 해석하는 것이 좋을 것 같다.
　다음 "자기는 먹지 않고 식객을 먹이고"란 사람이 식비를 아끼기 위해 자기는 먹지 않고 손님만 대접하여 굶주림에 허덕인다는 의미이고, "다툼이 배 가운데서 일어나며"란 『오월춘추(吳越春秋)』 권4와 『여씨춘추(呂氏春秋)』 권10에 나오는 고사(古事)이다. 위나라의 경기(慶忌)가 보살펴 키운 요리(要離)라는 사람은 실은 오나라 왕의 자객이었다. 이 두 사람이 어느 날 배를 타고 가는데 강 가운데 이르자 요리가 본심을 드러내 경기를 죽였다는 이야기로, 키운 은혜를 배신하고 죽임을 당한다는 것이다. 또 "금을 창고에 넘치게 쌓아 두고서도 굶어 죽음을 면치 못한다."는 것은 『전한서(前漢書)』 권제93에 나오는 등통(鄧通)의 고사이다. 등통이 평생 모은 돈을 낮은 벼슬아치에게 몰수당했기 때문에 결국 그는 굶어 죽었다는 이야기이다. 이러한 비유는 진실하지 않고 허망한 업으로 이루어진 것이기 때문에 고통을 받는다는 것을 강조하기 위한 것이다.

아미타불은 사람들에게 이 허망한 업을 지어 고통을 받지 않게 하기 위해 본원을 세워 성불하였고, 정토를 이룩하시었으며, 또 항상 거기에 상주하시면서 정토에 태어난 사람들을 옆에서 보살피고 계신다. 즉 아미타불의 본원은 허망한 원이 아니며, 이 원이 허망하지 않기 때문에 원에 의해 이루어진 정토는 고통이 없고 진실한 것이며 즐거움만이 있을 수 있다.

다음 "원으로 힘을 이루고 힘으로 원을 좇는 것이다. 원이 헛되지 않고, 힘을 베푸는 것 헛되지 않는다."고 한 의미에 대해 생각해 보자. 법장보살이 부처가 되기 위해 세운 마흔여덟 가지 원의 결과는 불가사의한 힘을 가진 아미타불이 되신 것이고, 불가사의한 힘을 가진 정토를 이룬 것이라는 뜻에서 "원으로 힘을 이루고"라고 하였으며, 이 아미타불과 정토의 불가사의한 힘은 중생을 제도하기 위한 힘으로 이는 48원을 실천하기 위한 것이기 때문에 "힘으로 원을 좇는 것이다."고 하였다. 그리고 법장보살이 원을 일으키는 것이 허망하지 않고 진실한 것이며, 아미타불이 불가사의한 힘을 베푸는 것이 헛되지 않고 사람들을 진리의 세계로 구원하여 인도하시기 때문에 "원이 헛되지 않고, 힘을 베푸는 것 헛되지 않는다."고 하였다.

한 생을 살면서 많은 분들로부터 도움을 받아 열심히 노력하지만 노력한 것만큼 이룬 사람은 별로 없는 것 같다. 그래서 속담에 "호랑이를 잡으러 가서 호랑이 대신 고양이를 잡아오면 다행이다."라는 말이 있는지 모른다. 또 설사 이룬 것이 있다고 하더라도 영원하지 않고 무너져 하루아침에 물거품이 되는 경우가 있게 되는 것은 이룬 것이 진실하고 견고하지 못하기 때문이다. 이러한 고통을 없게 하기 위하여 아미타불께서는 원을 세워 부처가 되어 정토를 건설하신 것이다. 즉 아미타불이 극락 세계의 대중들이 헛되게 짓지 않게 하고 항상 견고하고 진실한 것만을 짓게 하기 위해 항상 보살피고 보호하시는 것을 '불허작주지'라 한다. 이렇기 때문에 중생들을 위해 세운 아미타불의 원이 헛되지 않고, 중생들에게 불가사의한 힘을 베푸는 것이 헛되지 않는 것이다.

論 : 卽見彼佛　未證淨心菩薩　畢竟得證[755]平等法身　與淨心菩薩[756]　與上地諸菩薩　畢竟同得寂滅平等故

論註 : 平等法身者　八地已上法性生身菩薩也　寂滅平等者　卽此法身菩薩所證寂滅平等之法也　以得此寂滅平等法故　名爲平等法身　以平等法身菩薩所得故　名爲寂滅平等法也　此菩薩得報生三昧　以三昧神力　能一處一念一時遍十方世界　種種供養一切諸佛及諸佛大會衆海　能於無量世界無佛法僧處　種種示現種種敎化　度脫一切衆生　常作佛事　初無往來想　供養想度脫想　是故此身名爲平等法身　此法名爲寂滅平等法也　未證淨心菩薩者　初地已上七地已還諸菩薩也　此菩薩亦能現身　若百若千若萬若億　若百千萬億無佛國土　施作佛事　要須作心入三昧　乃能非不非心　以作心故名爲未得淨心　此菩薩願生安樂淨土　卽見阿彌陀佛　見阿彌陀佛時　與上地

---

755) 『왕생론』 본문에는 '證'이라는 글자가 없는데 담란이 삽입한 것이다.
756) 『왕생론』 본문에는 "無異 淨心菩薩"이 있는데 이를 뺀 것은 담란의 착오이다.

諸菩薩 畢竟身等法等 龍樹菩薩 婆藪槃頭菩薩輩 願生彼者 當爲
此耳

논 : 즉 저 부처님을 친견하면 미증정심(未證淨心) 보살(菩薩)
은 마침내 평등한 법신을 증득할 수가 있고, 상지(上地)의 모든
보살과 결국에는 똑같이 적멸평등을 얻을 수가 있기 때문이다.
  논주 : 평등법신(平等法身)이란 8지 이상의 법성으로 태어난
보살이고, 적멸평등(寂滅平等)이란 곧 이 법신보살이 증득한 적
멸하고 평등한 법이다. 이 적멸하고 평등한 법을 얻었기 때문에
평등법신이라 이름하고, 평등법신 보살이 얻어 가지고 있기 때
문에 적멸하고 평등한 법이라 이름한다. 이 보살은 보생삼매(報
生三昧)757)를 얻고, 이 삼매의 신령스런 힘을 가지고 능히 한 곳
에서 한 생각으로 한시에 시방세계를 두루하여 여러 가지로 일
체 모든 부처님 및 모든 부처님 회상의 대중들에게 공양하고,
능히 불·법·승이 없는 한량없는 세계에서 여러 가지로 나타내어
가지가지로 교화하고 일체중생을 제도해 해탈하게 하는 불사를
항상 짓는데 처음부터 오고 간다는 생각과 공양한다는 생각, 그
리고 제도하여 해탈시켰다는 생각이 없다. 이렇기 때문에 이 몸
을 평등법신이라 이름하고, 이 법을 적멸하고 평등한 법이라 이
름한다. 아직 정심(淨心)을 증득하지 못한 보살이란 초지 이상
부터 7지 이하의 모든 보살들이다. 이 보살 또한 능히 몸을 나
타내는데 혹은 백, 혹은 천, 혹은 만, 혹은 억, 혹은 백천 만 억
부처님이 계시지 않는 국토에서 불사를 베풀고 짓는다. 요컨대

---

757) 8지 이상의 보살에게 자연히 생기는 삼매이며, 法性生身이 얻은 삼매이
다. 마음을 작용하지 않고도 자연히 얻을 수 있는 것처럼 삼매 가운데
중생을 제도하는 행을 할 수 있다.

마음을 작용하여 삼매에 들어가는 것을 능히 한다. 이는 마음을 작용하지 않는 것이 아니기에 작심(作心)을 이름하여 미득정심(未得淨心)이라 한다. 이 보살이 안락국토에 태어나기를 원하면 곧 아미타 부처님을 친견하고, 아미타불을 친견할 때 상지(上地)보살과 더불어 결국에는 몸이 평등하고 법이 평등하게 된다. 용수보살과 바수반두보살[758]들이 저기에 태어나길 원하는 것은 마땅히 이와 같은 이유에서이다.

【講說】

　이 단원의 중요한 논지는 8지 이상의 보살과 7지 이하의 보살에 어떤 차이점이 있고, 만약 7지 이하의 보살이 아미타불을 친견하게 되면 어떻게 되는가를 설하고 있다. 이것을 간단히 요약하면 다음과 같다. 8지 이상의 보살은 평등법신으로 적멸하고 평등한 법을 깨달아 마음을 작용하지 않고도 삼매 가운데 모든 부처님들께 공양할 수도 있으며, 불·법·승 삼보가 없는 시방세계에 다니면서 중생을 제도하는 행동을 할 수 있어 이 보살을 상지보살(上地菩薩)이라고 한다.

　다음 초지 이상부터 7지 이하의 보살은 상지보살들처럼 부처님이 계시지 않는 곳에 몸을 나타내어 중생을 제도하는 불사를 짓지만 이 불사를 하는 행위는 짓는다는 생각에서 하기 때문에 미증정심(未證淨心) 보살이라 한다. 그러나 이 미증정심 보살도 아미타불을 친견하기만 하면 위 상지보살과 똑같이 결국에는 몸이 평등한 평등법신을 얻을 뿐만 아니라 법이 평등한 적멸평등을 얻는다. 그러므로 극락세계에 태어난 모든 사람은 항상 아미타불을 친견할

---

758) 천친보살이다.

수 있기 때문에 모두가 평등한 몸이고, 얻는 진리도 평등하다. 이것이 아미타불의 원력임을 천친보살이 역점을 두고 강조한 것이다.

여기서 '미증정심 보살'이란 우리가 수행을 시작하여 보살이 되어 부처가 되기까지 거치지 않으면 안 되는 열 단계의 지위 가운데 초지부터 7지까지의 보살을 말하고, 이는 8지 이상의 정심보살(淨心菩薩)에 대한 말이다. 이것을 그대로 번역하면 아직 깨끗한 마음을 깨달아 얻지 못한 보살이란 뜻이지만 여기서 미증정심(未證淨心)이란 미신심(未信心), 즉 아직 신심을 완전히 갖추지 못했다고 번역할 수도 있다. 이렇게 번역하는 것은 불교에서 신심을 표현하는 산스크리트어 중 prasāda라는 말이 있는데 이는 깨끗한 것을 증득하였다는 증정(證淨)으로 번역하고 있기 때문이다.759) 이 prasāda는 가르침을 듣고 몸과 마음에 기쁨이 넘치는 것을 말하고, 또는 마음이 깨끗하게 작용하는 것을 말한다. 이러한 의미에서 보면 '미증정심 보살'이란 부처님의 진리를 듣고 몸과 마음에 완전한 기쁨이 넘치지 못하거나 또는 마음이 완전히 깨끗하게 작용하지 못하는 단계의 보살이라 할 수 있다. 그러나 이 초지부터 7지까지 보살이라도 그 몸을 나타내어 부처님이 지으신 것을 하려고 하고, 중생들에게 이익을 주기 위해 분별심을 지어야 하기 때문에 이 보살은 노력을 더 해야 한다는 의미에서 유공용지(有功用地)760) 단계

---

759) 졸저 『염불의 원류와 전개사』 중 '정토경전 가운데에서의 信에 의한 得果와 往生'(pp.21~43)이란 단원에서 언급하였으니 참고 바람.
760) 여기서 功用이란 산스크리트어 sābhoga로 몸과 입, 그리고 생각으로 하는 동작, 즉 인위적인 동작을 가한 상태를 말하고, 이와 반대로 無功用이란 산스크리트어 an-ābhoga로 몸과 입, 그리고 생각 등 세 가지 업으로 하는 동작을 빌리지 않고 자연 그대로 하는 상태이다. 일반적으로 7지 이전의 보살은 아직 자연한 無相觀을 닦을 수 없고, 노력을 더하는

의 보살이라 한다. 그래서 아마도 7지 이하의 보살은 노력하지 않으면 뒤로 물러설 수 있기 때문에 불퇴전보살이라 하지 않고, 8지 이상의 보살만을 불퇴전보살이라 하지 않나 생각한다. 이 불퇴전보살은 어떠한 작용을 가하지 않고도 저절로 하게 되고, 앞으로만 나아가기 때문이다.

담란이 "평등법신이란 8지 이상의 법성으로 태어난 보살이고, 적멸평등이란 곧 이 법신보살이 증득한 적멸하고 평등한 법이다."고 한 것에 대해 생각해 보자. 여기서 이야기한 평등법신이란 평등하고 적멸한 도리를 깨달은 8지 이상의 보살인데 이 보살은 시방세계 어느 곳이든지 일시에 가지가지의 교를 설하고, 부처님의 작용을 행하지만 왕래하였다거나 어떠한 일을 했다는 생각없이 하는 것을 말하고, 법성으로 태어난 보살〔法性生身〕이란 이미 진여를 증득하여 삼계에서 생사윤회하는 몸을 버리고, 태어나지도 않고 죽지도 않는 몸을 가지고 수없이 변할 수 있는 몸, 즉 불사의변신(不思議變身)을 얻은 초지 이상의 보살을 말한다. 다음 적멸평등(寂滅平等)이란 말 중 적멸이란 열반 즉 산스크리트어 nirvāna의 번역으로 미혹한 세계를 영원히 벗어난 경계를 의미하고, 평등이란 차별이 없는 진리라는 뜻으로 모든 현상을 일관하는 절대의 진리를 말한다. 그렇기 때문에 8지 이상의 상지보살은 평등한 적멸의 진리를 깨달아 수없이 변화할 수 있는 법신을 얻은 보살이라고 한마디로 표현할 수 있다.

담란이 "이는 마음을 작용하지 않는 것이 아니기에 작심(作心)을 이름하여 미득정심(未得淨心)이라 한다."고 한 것이 한문 원문

功用이 있어야 하기 때문에 有功用地라 하고, 8地 이상의 보살을 無功用地라 한다.

에는 '非不非心 以作心故 名爲未得淨心'으로 되어 있다. 이 가운데 '비불비심(非不非心)'의 해석이 난해하다. 이것은 앞뒤 문장을 연결하여 해석하면 비심(非心)을 작심(作心)으로 해석하여 '작심하지 않는 것이 아니기에'로 하는 것이 바람직하다고 보아 위와 같이 해석하였다. 이 뜻은 8지 이상의 보살은 마음을 모으는 작용 없이도 저절로 삼매에 들어가지만, 7지 이하의 보살은 마음을 모아야만 삼매에 들어갈 수 있다는 것이다. 그러기에 7지 이하의 보살은 아직 마음이 완전히 깨끗하게 작용하지 못하는 보살이라고 할 수 있다.

論註 : 問曰 案十地經 菩薩進趣階級漸有無量功勳 逕多劫數然後乃得此 云何見阿彌陀佛時畢竟與上地諸菩薩 身等法等耶 答曰 言畢竟者未言卽等也 畢竟不失此等故言等耳
問曰 若不卽等 復何待言菩薩 但登初地以漸增進 自然當與佛等 何假言與上地菩薩等 答曰 菩薩於七地中得大寂滅 上不見諸佛可求 下不見衆生可度 欲捨佛道證於實際 爾時若不得十方諸佛神力加勸 卽便滅度與二乘無異 菩薩若往生安樂見阿彌陀佛 卽無此難 是故須言畢竟平等 復次無量壽經中 阿彌陀如來本願言 設我得佛 他方佛土諸菩薩衆來生我國 究竟必至一生補處 除其本願自在 所化爲衆生故 被弘誓鎧積累德本 度脫一切 遊諸佛國修菩薩行 供養十方諸佛如來 開化恒沙無量衆生 使立無上正眞之道 超出常倫諸地之行現前修習普賢之德 若不爾者不取正覺 案此經推彼國菩薩 或可不從一地至一地 言十地階次者 是釋迦如來於閻浮提一應化道耳 他方淨土何必如此 五種不思議中佛法最不可思議 若言菩

薩必從一地至一地 無超越之理 未敢詳也 譬如有樹名曰好堅 是樹地生百歲 乃具一日長高百丈 日日如此 計百歲之長 豈類修松耶 見松生長日不過寸 聞彼好堅何能不疑 卽曰 有人聞釋迦如來證羅漢於一聽 制無生於終朝 謂是接誘之言 非稱實之說 聞此論事 亦當不信 夫非常之言不入常人之耳 謂之不然亦其宜也

    논주 : 묻기를, 『십지경』761)을 살펴보면 보살들이 앞으로 나아가는 계단에는 점점 무량한 공덕이 있어야 하고, 여러 겁을 지난 연후에 이를 얻는다고 하였다. 어찌하여 아미타 부처님을 친견할 때 결국에는 상지보살과 더불어 몸이 평등하고 법이 평등하다고 하는가?
    답하기를, 결국이란 말은 즉시에 평등하다는 말이 아니고, 결국에는 이 평등을 잃지 않기 때문에 평등이라고 말한 것뿐이다.
    묻기를, 만약 즉시에 평등하지 않으면 다시 어찌 보살이란 말을 기대하며, 단 초지에 올라가서 점점 증진하여 자연히 부처님과 더불어 평등하게 될 수 있다. 어찌하여 상지보살과 더불어 평등하다는 말을 빌려 할 수 있는가?
    답하기를, 보살은 7지 가운데 대적멸762)을 얻으면 위로는 모든 부처님을 구한다는 견해가 없고, 아래로는 중생들을 가히 제도한다는 견해가 없이 부처님의 도를 버리고 실제(實際)763)를

---

761) 『화엄경』에「十地品」(대정장 10권 p.178b~310c)이 포함되어 있는데 인도 이래 단독으로 이 십지품을 십지경이라고 불려져 왔다. 이 십지품이란 보살이 수행하여 올라가는 단계를 초지부터 10지까지 열 가지로 나누어 설한 것이다.
762) 소승적인 열반에 대해 대승의 열반을 말하며, 또는 나한의 열반을 小涅槃이라 하고 부처님의 열반을 大涅槃이라 한다. 여기서는 모든 생각이 없어진 경지를 말한 것 같다.

증득하고자 한다. 이때에 만약 시방의 모든 부처님의 신통력의 가호를 입지 못하면 죽어 성문과 연각과의 다름이 없다. 보살이 만약 극락 세계에 왕생하고자 하여 아미타불을 친견하면 곧 이러한 어려움은 없다. 그렇기 때문에 반드시 결국에는 평등하다고 말할 수 있다. 또 다시『무량수경』가운데 아미타여래 본원에서 말하기를 "만약 내가 부처가 되어서도 다른 부처님 국토의 모든 보살들이 저의 국토에 태어나면 반드시 일생보처764)에 이르게 될 것입니다. 그들이 서원에 따라 자유로이 변하여 중생을 위해서 큰 서원을 세워765) 공덕을 쌓아 모든 중생을 제도하고, 모든 부처님 국토에 다니면서 보살의 행을 닦으며, 시방세계의 모든 부처님께 공양하고, 항하의 모래와 같이 무량한 중생을 제도하여 위없이 바르고 참된 도를 세우게 하며, 차례차례의 모든 지위의 행766)을 초월해 바로 보현보살767)의 덕을 닦게 하는 이는 제외합니다. 만약 그렇게 하지 못하면 저는 부처가 되지 않겠습니다."768)라고 하였다. 이 경에 의해 저 국토의 보살

---

763) 虛妄을 떠난 無餘涅槃의 깨달음을 말하며, 또는 眞如의 理體를 말하기도 한다.
764) 산스크리트어 eka-jātipratibaddha의 번역으로 보살의 높은 지위로서 다음 생에는 부처님이 된다.
765) 한문 원문 '弘誓鎧'란 중생을 제도하려는 서원이 굳은 것을 갑옷에 비유한 것이다.
766) 한문 원문의 '常倫諸地之行'이란 사바세계에서 보통 사람이 차례차례로 건너야 한다는 의미로, 여기서는 보살의 지위를 한 단계 한 단계 올라가는 수행을 말한다.
767) 앞 총설분 청정한 공덕 성취에 한 번 나온 것으로 보현보살은 범어 Samantabhadra · Viśvabhadra의 번역으로 문수보살과 함께 석가모니 부처님을 양쪽에 모시는 脇侍菩薩이다. 보현보살은 석가여래의 왼쪽에서 모시면서 理·定·行의 德을 맡아 언제나 중생을 제도하는 일을 돕고 있다.
768) 48원 가운데 제22 必至補處願으로 쯔보이 순에이 著 이태원 譯『정토삼

을 생각하니 반드시 한 지위에서 한 지위에 오르지 않는다. 10지의 단계를 말한 것은 석가모니 부처님이 염부제769)에서 하신 하나의 응신(應身)과 화신(化身)의 법일 뿐이다.770) 다른 세계의 정토가 어찌 반드시 이와 같겠는가. 다섯 가지 불가사의 중에서는 부처님 법이 가장 불가사의하다.771) 만약 보살들이 반드시 한 지위에서 한 지위로 올라가는데 이를 초월하는 이치가 없다고 말하면 아직은 자세히 알지 못한 것이다. 비유컨대 호견이라는 나무가 있는데 이 나무는 땅에서 백살을 살 수 있는 수명을 갖추고 있다. 마치 하루에 성장하는 높이가 백장(百丈)772)이 되는 것처럼 하루하루에 이와 같이 하여 백년 동안 자라는 것을 헤아리면 어찌 소나무가 백년 자라는 것과 같을 수 있겠는가!773) 소나무가 성장하는 것을 보면 하루에 한 치에 지나지 않는다. 저 호견이라는 나무에 대해 듣고 어찌 의심하지 않을 수 있겠는가! 곧 말하기를, 어떤 사람은 석가모니 부처님께서 나한들이 한 번 듣고 무생법인을 짧은 시간에 증득한다고 하신 것을 듣고는 이것은 중생들을 이끌기 위한 말이지 참으로 실제의

부경개설』p.177을 참조 바람.
769) 앞 국토의 체상에서 언급하였다. 즉 산스크리트어 Jambu-dvīpa로 수미산 남쪽에 있는 대륙이다.
770) 초지에서 2지에 오르고, 2지에서 3지로 오르는 단계를 설한 것은 석가모니불이 이 세상에 응신과 화신을 출현하여 중생들을 교화하기 위한 하나의 방편으로 설한 것이라는 뜻이다. 이 말은 다른 세계는 이와 같지 않을 수도 있다는 것이다.
771) 앞 '기세간의 모습'의 본문에 논해져 있다.
772) 1丈이란 열 자〔十尺〕를 말하기 때문에 여기에다 백을 곱하면 천 자〔千尺〕가 된다.
773) 『대지도론』(대정장 25권 p.131c)을 보면, 호견이란 나무는 땅 속에 백년 동안 있다가 싹이 터 자라는데 하루에 百丈의 높이로 성장한다. 이 나무가 백년 동안 성장하면 모든 나무가 그 밑에 있는 것처럼 부처님도 이 세상에서 제일 높은 분이라는 비유에서 이야기했다.

설이 아니라고 말한다. (그리고) 이러한 이야기들을 듣고 또한 마땅히 믿지 않는다. 무릇 평상적인 말이 아닌 것은 보통사람의 귀에는 들어가지 않지만, 이러한 것을 그렇지 않다고 말한 것은 역시 마땅한 도리이다.

【講說】

이 단원에서는 『화엄경』의 「십지품」에서 이야기한 것처럼 초지 보살이 2지 보살이 되기 위해서는 헤아릴 수 없이 수많은 세월 동안 수행하여 무량한 공덕을 쌓아야 하는데, 왜 정토에 태어나기만 하면 이러한 단계를 거치지 않고 8지 이상의 보살이 되어 평등한 법신을 얻고, 평등한 법을 깨달을 수 있는가를 자문자답으로 해석하였다. 담란은 한량없는 세월 동안 많은 공덕을 쌓아서 한 지위에 오른다는 십지품의 이야기는 화신 부처님이신 석가모니불이 말씀한 이 세계의 일이고, 극락세계는 이와 똑 같지 않다는 것이다. 왜냐하면 아미타불의 48원 가운데 제22원의 '일생보처원'에서 말한 것처럼 극락세계에 태어나면 누구나 다 평등하게 일생보처가 되어 평등한 법신을 얻고 평등한 진리를 깨닫기 때문에 이 세계의 사람들과는 다르다고 명석하게 해결하였다.

본문에 "결국774)이란 말은 즉시에 평등하다는 말이 아니고, 결국에는 이 평등을 잃지 않기 때문에 평등이라고 말한 것뿐이다."고 한 의미는, 결국이란 말은 어떤 성과가 즉시에 이루어지는 것이 아니고 언젠가 또는 결국에는 꼭 이루어진다는 뜻으로 말한 것이다.

---

774) 한문 원문에는 '畢竟'이라고 되어 있지만 필자는 '결국'이라고 번역하였다.

또 본문에 "만약 즉시에 평등하지 않으면 다시 어찌 보살이란 말을 기대하며, 단 초지에 올라서 점점 증진하여 자연히 부처님과 더불어 평등하게 될 수 있다. 어찌하여 상지보살과 더불어 평등하다는 말을 빌려 할 수 있는가?"란 의미는 결국이란 말이 즉시에 평등하다는 의미가 아니면, 어찌해서 보살과 평등하다고 말할 필요가 있는가, 또 단 초지에 진입하면 한 계단 한 계단 점차로 올라 자기 스스로 부처님과 평등하게 되어야 하는데 어찌하여 한번에 뛰어 올라 상지보살과 평등하다고 말하지 않으면 안 되는가라고 질문한 것이다.

본문에 "보살은 7지 가운데 대적멸을 얻으면 위로는 모든 부처님을 구한다는 견해가 없고, 아래로는 중생들을 가히 제도한다는 견해가 없이 부처님 도를 버리고 실제(實際)를 증득하고자 한다. 이때에 만약 시방의 모든 부처님의 신통력의 가호를 입지 못하면 죽어 성문과 연각과의 다름이 없다."는 의미는 보살이 10지 가운데 제7지 보살이 되어 모든 생각이 없어진 공(空)의 경지를 얻고서는 위로 가르침을 구할 모든 부처도 없다고 생각하고, 아래로는 제도해야 할 중생도 없다는 견해를 가질 뿐만 아니라, 자리와 이타의 불도수행(佛道修行)을 버리고 스스로 깨달아 얻은 공의 도리에만 머물려고 한다. 이때 시방의 모든 부처님들이 위신력을 가지고 법을 설하여 자리와 이타의 수행을 버리지 않고 성불하기 위해 꾸준히 정진하게 하는 보살핌을 입지 않으면 부처가 되어야겠다는 마음이 없는 성문과 연각의 사람들과 같이 되어 버린다는 뜻이다. 다시 말하면 7지보살은 불퇴전의 지위에 오르지 못했기 때문에 뒤로 물러나 성문과 연각의 지위에 떨어질 우려가 있어 부처님의 보호를 받아야만 성불의 길로 나아갈 수 있다는 의미이다.

본문에 "무릇 평상적인 말이 아닌 것은 보통 사람의 귀에는 들어가지 않지만, 이러한 것을 그렇지 않다고 말한 것은 역시 마땅한 도리이다."란 의미는 보통 사람은 일반적으로 자기가 보고 들은 상식적인 이야기는 이해하지만, 이것을 초월한 말은 허무맹랑한 것이라고 일축하기 싶다. 이렇듯이 부처님이 깨달은 지혜의 눈으로 본 세계를 보통 범부들에게 말하면 이것을 이해하지 못하고 그 말은 절대로 그럴 리가 없다고 한다면 이 사람을 꾸짖고 타일러서 알도록 이해시키지 않으면 안 된다. 이 이해시키는 일이 마땅한 도리라는 의미이다. 그렇기 때문에 이미 정토를 알고 수행하는 사람들은 이 세상 사람들이 정토의 장엄을 믿으려 하지 않으면 이를 이해시키려고 노력하여 그들로 하여금 믿게 하고, 왕생의 수행을 하게 해야 할 것이다. 그래서 필자도 이러한 의무감을 갖고 이 저서를 몇 년에 걸쳐 쓰고 있는지 모른다.

論 : 略說八句 示現如來自利利他功德莊嚴次第成就 應知
論註 : 此云何次第 前十七句是莊嚴國土功德成就 旣知國土相 應知國土之主 是故次觀佛莊嚴功德 彼佛若爲莊嚴 於何處坐 是故先觀座 旣知座已 宜知座主 是故次觀佛莊嚴身業 旣知身業 應知有何聲名 是故次觀佛莊嚴口業 旣知名聞 宜知得名所以 是故次觀莊嚴心業 旣知三業具足 應爲人天大師 堪受化者是誰 是故次觀大衆功德 旣知大衆有無量功德 宜知上首者誰 是故次觀上首 上首是佛 旣知上首 恐同長幼 是故次觀主 旣知是主 主有何增上 是故次觀莊嚴不虛作住持 八句次第成已

논 : 간략히 여덟 게송을 설하여 아미타여래의 자리와 이타의 공덕장엄을 차례로 성취한 것을 나타내 보였으니 마땅히 알라.

논주 : 이것은 어떤 순서인가? 앞 17구는 이 국토에 장엄된 공덕성취이다. 이미 국토의 모습을 알았다면 마땅히 국토의 주인을 알아야 하기 때문에 이어서 부처님의 장엄공덕을 관찰했다. 저 부처님이 어떻게 장엄하였고, 어느 곳에 앉아 계시는가? 이 때문에 먼저 좌대를 관찰하였다. 이미 좌대를 알았다면 마땅히 좌대의 주인을 알아야 한다. 이 때문에 이어서 부처님께 장엄된 몸의 업을 관찰하였다. 이미 몸의 업을 알았다면 마땅히 무슨 명호가 있는가를 알아야 한다. 이 때문에 이어서 부처님께 장엄된 입의 업을 관찰하였다. 이미 명호를 알았다면 마땅히 명호의 이유를 알아야 한다. 이 때문에 이어서 장엄된 마음의 업을 관찰하였다. 이미 삼업이 구족한 줄 알았다면 마땅히 사람과 천인들의 대사가 있는 줄 알아야 한다. 교화를 받는 사람이 누군가? 이 때문에 이어서 대중공덕을 관찰하였다. 이미 대중에게 무량한 공덕이 있는 줄 알았다면 마땅히 상수자(上首者)가 누군가를 알아야 한다. 이 때문에 이어서 상수를 관찰한다. 상수란 이 부처님이시다. 이미 상수를 알고서도 어른과 아이들이 같은가 하는 우려가 있다. 이 때문에 이어서 주인을 관찰하였다. 이미 이 주인을 알았다면 주인에게 어떤 증상(增上)[775]이 있는가? 이 때문에 이어서 헛되지 않게 항상 주지하시는 장엄을 관찰하였다. 8구가 차례대로 이어지는 것을 성립하고 마친다.

---

[775] 앞 총설분 '묘색공덕성취'의 강설에 자세히 언급하였으니 참고 바람.

【講說】

　본인 스스로도 성불을 위해 매진할 뿐만 아니라, 자기보다 못한 사람들에게 진리를 전하여 이익을 주는 행위를 우리는 보살도라 한다. 천친보살은 아미타 부처님의 여덟 가지 공덕장엄은 자리와 이타를 완성한 결과라고 단언하였고, 담란은 천친보살이 이 여덟 가지 장엄을 나열한 순서에 대한 견해를 자기 나름대로 설명한 것이 이 단원의 요점이다.

　본문에 "이미 삼업이 구족한 줄 알았다면 마땅히 사람과 천인들의 대사가 있는 줄 알아야 한다."라는 의미는 아미타불이 가지고 계신 신업(身業)의 작용, 구업(口業)의 작용, 의업(意業)의 작용에 대해 관찰하여 어느 부처님보다 훌륭한 줄 알았다면, 아미타불의 주위에 있는 대중에 대해 알아야 한다는 것이다.

　또 본문에 "이미 상수를 알고서도 어른과 아이들이 같은가 하는 우려가 있다."란 의미는 아미타불이 극락세계에서 제일 높은 상수인 줄 알고서도 극락세계에 모인 대중들 가운데 어른과 어린이의 순서를 혼동할 우려가 있다는 것이다. 그래서 뒤에 나오는 '주공덕'을 관찰해야 한다는 것이다. 어른과 어린이의 혼동을 우려하여 '주공덕'을 관찰한다는 것은 담란이 억지로 붙인 것이라고 본다. 왜냐하면 정토에는 아미타불이 법왕으로 계시고 보살들이 대중으로 있어 상하의 순서가 이미 정해져 있기 때문에 혼동할 우려가 없을 뿐만 아니라, 정토에 왕생을 원하는 사람은 법왕이신 아미타불을 인정하고 그 분의 법을 듣기 위해 왕생하기 때문에 주인이 누구인 줄 다 안다.

② 보살 장엄을 관함

論註 : 觀菩薩者
論 :　云何觀察[776]菩薩莊嚴功德[777]成就　觀察[778]菩薩莊嚴功德[779]成就者 觀彼菩薩 有四種正修行功德成就 應知
論註 : 眞如是諸法正體 體如而行則是不行 不行而行名如實修行 體唯一如而義分爲四 是故四行以一正統之

　논주 : 보살을 관찰하는 것이란?
　논 : 어떻게 보살이 공덕장엄을 성취한 것을 관찰하는가? 보살의 공덕장엄을 성취한 것을 관찰한다는 것은 저 보살의 공덕성취를 관하는 네 가지 바른 수행이 있음을 마땅히 알라.
　논주 : 진여는 모든 법의 바른 본체이다. 본체가 진여에 부합하여 행하면 곧 이것은 행하는 것이 아니다. 행하지 않으면서 행하는 것을 여실한 수행이라고 한다. 본체는 오직 일여(一如)[780]하지만 뜻을 나누어 넷을 만들었다. 그러므로 네 가지 행을 하나로 하여 바르게 그것을 통솔한다.

【講說】
　여기서는 보살 장엄을 관찰하는 방법을 네 가지로 나누는 이유

---

776) 『왕생론』 본문에는 '察'자가 없다.
777) 『왕생론』 본문에는 "功德莊嚴"으로 되어 있는데 담란은 이것을 "莊嚴功德"으로 단어를 바꾸었다.
778) 이것도 『왕생론』 본문에는 '察'자가 없다.
779) 이것도 『왕생론』 본문에는 "功德莊嚴"으로 되어 있는데 "莊嚴功德"으로 단어를 바꾸어져 있다.
780) 절대적인 진리를 의미한다.

를 설명하고 있다. 천친보살은 보살 장엄을 관찰하는 네 가지를 바른 수행이라 하였고, 담란은 이것을 "여실한 수행"이라 하였다. 다시 말하면 한문의 '정(正)'을 '여실(如實)'로 해석하여 주목을 끌고 있다. 이 여실이란 국어사전에서는 사실과 꼭 같은 것을 의미한다고 하였지만, 불교사전에서는 산스크리트어 yathā-bhūtam으로 진실한 도리에 꼭 맞는다는 의미를 가지고 있고, 여(如)는 평등을 의미하며, 실(實)은 진실이라는 의미로 있는 그대로라는 뜻도 있다고 하였다. 그래서 "여실수행(如實修行)"이란 진리에 맞게 수행하는 것, 또는 진여를 증득하기 위해 수행하는 것을 가리키는 말이라 생각된다. 앞 총설분 보살장엄 서두에서 "단 여래 법왕만 있고 대보살이라는 법의 신하가 없다면"이라 하여 여래를 법왕으로 보고, 보살을 법의 신하로 보았다. 이러한 사상을 가지고 있는 담란이기 때문에 여기서는 모든 법의 본체를 진여로 보고, 진여에 맞게 수행하는 것을 '여실수행'이라 하였다. 사실 진여란 유(有)와 무(無), 동(動)과 정(靜)을 초월하기 때문에 여기에다 행하니 행하지 않으니 하는 말을 붙일 수가 없다. 그래서 담란은 "본체가 진여에 부합하여 행하면 곧 이것은 행하는 것이 아니다. 행하지 않으면서 행하는 것을 여실한 수행이라고 한다."고 하였다. 이러한 담란의 생각에서 보면 모든 법의 본체인 진여의 세계에서 작용하는 것인 법의 신하가 보살이다. 이 법은 절대적으로 하나이지만, 이를 네 가지로 나누어 관찰하는 것이 보살장엄이다.

첫째, 부동응화공덕(不動應化功德) 성취

論 : 何者[781]爲四 一者於一佛土 身不動搖而遍十方 種種應化

如實修行 常作佛事 偈言 安樂國淸淨 常轉無垢輪 化佛菩薩日
如須彌住持故 開諸衆生淤泥華故
論註：八地已上菩薩常在三昧 以三昧力 身不動本處而能遍至十
方 供養諸佛敎化衆生 無垢輪者佛地功德也 佛地功德無濕氣煩惱
垢 佛爲諸菩薩常轉此法輪 諸大菩薩亦能以此法輪 開導一切無暫
時休息 故言常轉 法身如日而應化身光 遍諸世界也 言日未足以
明不動 復言如須彌住持也 淤泥華者 經言高原陸地不生蓮華 卑
濕淤泥乃生蓮華 此喩凡夫在煩惱泥中爲菩薩開導 能生佛正覺華
諒夫紹隆三寶 常使不絶

논 : 무엇이 네 가지인가? 첫째는 한 부처님 국토에서 몸을 움직이지 않고 시방에 두루 응화신(應化身)으로 나타나 여실하게 항상 불사를 짓는 것이다. 게송에서 "안락세계는 청정하여 항상 때가 없는 법륜을 굴리네. 화현하신 부처님과 보살들의 광명 수미산이 머무는 것과 같다."고 말하였기 때문이다. 모든 중생은 연잎 속에서 꽃이 피듯 하기 때문이다.

논주 : 8지 이상의 보살은 항상 삼매에 있으면서 삼매의 힘을 가지고 몸은 본처[782]에서 움직이지 않고, 능히 시방세계에 두루 다니면서 모든 부처님에게 공양하고 중생들을 교화한다. 무구륜(無垢輪)[783]이란 부처님의 공덕을 말하고, 부처님 지위의 공덕은 습기[784]나 번뇌[785]의 더러움이 없다. 부처님은 모든 보살

---

781) 『왕생론』 본문에는 '何等'으로 되어 있다.
782) 극락세계이다.
783) 때가 없이 청정한 법륜으로 부처님의 진리를 수레바퀴를 굴리듯이 전하는 것이다.
784) 산스크리트어 vāsanā로 習이라고도 한다. 우리들은 사상이나 행위, 특히

들을 위해 항상 이 법륜을 굴리시며, 모든 대보살도 능히 이 법륜으로 모든 이를 깨우쳐 인도하는데 잠시도 쉬지 않기 때문에 '항상 굴린다'고 말한다. 법신은 태양과 같고, 응신과 화신의 광명은 모든 세계에 두루 비친다. 태양이라고 말한 것으로는 아직 움직이지 않는다는 뜻에 충분하지 못하기에 다시 수미산에 주지하는 것과 같다고 했다.

진흙 속의 연꽃이란 경에서 "높은 언덕이나 육지에서는 연꽃이 자라지 못하고, 습기가 있는 낮은 진흙땅이라야 연꽃을 자라게 한다."[786]고 말씀하셨다. 이는 번뇌의 진흙 속에 있는 범부는 보살들의 깨우침으로 인도하심을 받아 능히 부처님 정각의 꽃을 피우는 것에 비유한 것이다. 진실로 삼보를 이어 받들어 능히 끊어지지 않게 해야 한다.[787]

【講說】

이 '부동응화'를 천친보살이 "응화신으로 나타나 여실하게 불사를 짓는 것이다."고 한 것을 담란은 "8지 이상의 보살은 항상 삼매에 있으면서 삼매의 힘을 가지고 몸은 본처에서 움직이지 않고 능히 시방세계에 두루 다니면서 모든 부처님에게 공양하고 중생들을 교화한다."고 하였다. 사실 극락세계 보살들의 본체는 극락세

번뇌를 가끔 일으킴에 의해서 우리들 심중에 印象지어지고 배어진 관습으로 이를 기분·習性·餘習·殘氣라 한다. 그러므로 번뇌가 끊어졌어도 아직 그 餘習인 습기는 남는 수가 있다.

785) 산스크리트어 kleśa로 惑이라 번역하기도 한다. 중생의 몸이나 마음을 번거롭게 하고 괴롭히고 어지럽히고 미혹하게 하여 더럽히는 정신작용의 총칭이다. 중생은 번뇌에 의해 업을 일으켜 행동하여 괴로움의 과보를 받는다.
786) 譬如高原陸地不生蓮華 卑濕淤泥乃生此華(대정장 14권 p.549b)
787) 紹隆三寶能使不絶(대정장 14권 p.537a)

계에 항상 머물러 있고 화현의 몸으로 시방 세계를 다니면서 위로는 모든 부처님들께 공양하고 아래로는 중생들에게 아미타불의 법을 전하여 교화하는 일을 한다. 이러한 의미에서 '부동응화'라 한다.

본문에 진흙 속의 연꽃에 대한 비유는 문수보살과 유마힐거사의 문답 중에 나오는 말이다. 즉 문수보살이 "몸이 있는 것이 부처가 될 씨앗이 되며, 무명으로 애욕이 있는 것이 부처가 될 씨앗이 되고, 탐욕과 진에(瞋恚)와 우치(愚癡)들이 부처가 될 씨앗이 됩니다. 네 가지 전도들이 부처가 될 씨앗이 되며, 다섯 가지 덮음이 부처가 될 씨앗이 되며, 云云"788)이라 하여 여러 가지를 열거하고 있다. 이는 우리가 버려야 할 나쁜 것들에 의해 고통을 받기 때문에 이 고통에서 벗어나 부처가 되겠다는 마음을 내어 위를 향해 꾸준히 정진한다는 의미이다. 이어서 문수보살은 "만일에 무위(無爲)를 보고 결정된 지위에 들어간 사람들은 능히 다시는 아뇩다라삼먁삼보리의 마음을 발할 수가 없다."789)고 하면서 진흙 속의 연꽃의 비유를 들었다. 이는 현재의 즐거움에 안주한 사람은 부처가 되려고 하는 마음을 내지 않고 노력하지 않지만 자기와 자기 주위에 고통의 씨앗이 있어 괴로움을 스스로 받거나 남이 받은 것을 보면 이 괴로움이 원인이 무엇인지 규명하고 해결하려고 노력하여, 결국에는 나도 모든 것에서 벗어난 해탈자가 되기 위해 성불해야 되겠다는 마음을 내기 때문에 번뇌와 삼독 등이 부처가 될 씨앗이 되는 것이다. 이러한 설을 담란은 정토의 보살들이 이 진흙 속에서 고통받는 중생들을 깨우침의 길로 인도한 것으로 해석

---

788) 대정장 14권 p.549a~b.
789) 대정장 14권 p.549b.

하여 인용한 것이 『유마경』의 본의와 다른 점이다.

둘째, 일념변지공덕(一念遍至功德) 성취

論 : 二者 彼應化身 一切時不前不後 一心一念放大光明 悉能遍至十方世界 教化衆生種種方便 修行所作 滅除一切衆生苦故 偈言 無垢莊嚴光 一念及一時 普照諸佛會 利益諸群生故
論註 : 上言不動而至 容或至有前後 是故復言 一念一時 無前後也

논 : 둘째, 저 응화신(應化身)은 한 시에 앞도 아니고 뒤도 아닌 한 마음 한 순간790)에 큰 광명을 놓아 능히 두루 시방세계에 다 이르러 중생을 교화한다. 여러 가지 방편으로 수행하여 지은 것으로 일체 중생의 고통을 제거하기 때문이다. 게송에서 "때 없이 장엄된 광명 한 순간 한시에 널리 모든 부처님 회상에 비추어 모든 중생들을 이익되게 하네."라고 말하였기 때문이다.
논주 : 앞에서 움직이지 않고 두루 다닌다고 말하였는데 혹 두루 다니는 것에는 전후가 있어야 할 것 같지 않은가? 이 때문에 다시 한 순간, 한시라고 하여 전후가 없다고 말했다.

【講說】
정토의 보살들이 시방세계에 두루 화현의 몸을 나타내는 것을 앞에서는 "움직이지 않고 화현의 몸으로"라 하였고, 여기서는 "한 순간 한시"라 하여 시간과 공간에 대해 이야기하였다. 이에 대한

---

790) 一念을 한 순간으로 번역하였다.

의미와 차이점에 대해서는 총설분 "일념변지공덕 성취"에서 자세하게 언급하였기 때문에 생략한다.

셋째, 무제공양공덕(無除供養功德) 성취

論 : 三者 彼於一切世界無餘 照諸佛會大衆無餘 廣大無量供養 恭敬讚歎 諸佛如來功德[791] 偈言 雨天樂華衣 妙香等供養 讚諸佛[792]功德 無有分別心故
論註 : 無餘者 明遍至一切世界一切諸佛大會 無有一世界一佛會 不至也 肇公言 法身無像而殊形並應至韻 無言而玄籍彌布 冥權無謀而動與事會 蓋斯意也

논 : 셋째, 저는 일체 세계에 남음 없이 모든 부처님의 회상에 비추고, 대중도 남음 없이 광대하고 무량하게 모든 부처님들의 공덕에 공양하고 공경하며, 찬탄하겠다는 것이다. 게송에서 "하늘에서 음악·꽃·옷·묘한 향기를 비 내리듯 공양하며, 모든 부처님 공덕을 찬탄하지만 분별하는 마음이 없습니다."라고 말하였기 때문이다.

논주 : '남음 없이'란 두루 모든 세계와 모든 부처님 회상에 가는 것으로 한 세계나 한 부처님 회상에 가지 못하는 곳이 없다는 것을 밝힌 것이다. 조공[793]께서 말하기를, "법신은 형상이

---

791) 『왕생론』 본문에는 '功德'이라는 글이 없다.
792) 『왕생론』 본문에는 "讚佛諸"라고 되어 있다. 이에 대해서는 앞 총설분 주석에서 해석하였다.
793) 승조법사(374~414)를 말하는데 앞 부처님 장엄을 관찰하는 것 가운데 넷째 '심업공덕성취'의 註에서 언급하였다.

없지만 다른 형상으로 모두 응하며, 훌륭한 말[794]은 말이 없지만 깊고 묘한 진리를 두루 편다.[795] 중생을 구제하는 방편[796]은 모색하지 않으나 움직여 현실을 알게 한다."[797]고 하였다. 이것이 모두 그 뜻이다.

【講說】
우리가 이 세상에서 다른 사람들에게 이익을 베푸는 일이 그리 쉬운 일은 아니지만 만약 능력이 있어 베푼다고 해도 자기가 사는 마을 주민에게 골고루 주기도 어렵고, 한 사회나 국가의 모든 사람들에게 베풀기는 더더욱 어려울 것이며, 전 세계 사람들에게 골고루 베풀기는 불가능하고, 더 나아가 우주 법계의 모든 중생들에게 베푼다고 하는 것은 생각할 수도 없을 것이다. 이는 자기가 가지고 있는 능력에 한계가 있을 뿐만 아니라 생각 자체도 한계가 있기 때문에 이익을 베푼 영역도 한계가 있을 수밖에 없다. 이런 점을 생각하여 아미타불께서는 극락세계에 있는 보살들에게 모든 것을 충만하게 가지게 할 뿐만 아니라 생각 자체도 한없는 중생들에게 미치게 하여 베푸는 것도 부족함이 없게 하였고, 모든 이들에게 평등하게 베풀게 하였다. 보살에게 이러한 공덕이 있는 것을 '무여공양(無餘供養)'이라 하고 천친보살은 이것을 관찰하게 한 것

---

794) 한문 '至韻'은 훌륭한 소리라는 의미이지만, 여기서는 부처님이나 보살들이 설법하는 소리이다.
795) 한문 '玄籍彌布'의 玄籍은 玄妙한 典籍, 또는 경전이라는 의미이지만, 나는 깊고 묘한 진리로 보고, 이러한 진리를 세상에 가득히 전하는 것으로 해석하였다.
796) 한문의 '冥權'으로 부처님이나 보살들이 중생을 교화하기 위한 방편이 權이고, 이 權을 헤아려 알 수 없는 것이 冥이다.
797) 승조법사가 지은 『注維摩詰經』 서문(대정장 38권 p.327a)에 있다.

이다.

　본문에 "법신은 형상이 없지만 다른 형상으로 모두 응하며, 훌륭한 말은 말이 없지만 깊고 묘한 진리를 두루 편다. 중생을 구제하는 방편은 모색하지 않으나 움직여 현실을 알게 한다."고 한 것은 승조법사가 『유마경』을 해석한 『주유마힐경』 서문에서 말한 것으로, 이 가운데 "법신은 형상이 없지만 다른 형상으로 모두 응하며"란 법신은 일정한 모양을 가진 형상이 없지만 중생들을 교화하기 위해서는 중생들의 근기에 맞추어 여러 가지 형상으로 나타내는 응신(應身)의 작용을 말하며, "훌륭한 말은 말이 없지만 깊고 묘한 진리를 두루 편다."란 진여를 깨달은 근본적인 진리는 어떤 말로도 표현할 수 없어 말을 초월하지만 부처님이나 보살이 이러한 자리에서 설법하는 소리는 두루 시방 세계에 퍼져 중생을 구원한다는 의미이고, "중생을 구제하는 방편은 계략하지 않으나 움직여 현실을 알게 한다."는 것은 부처님이나 보살이 중생을 구제하기 위해 베푼 방편을 생각하고 분별하여 어떤 계략을 억지로 꾸미지 않지만 사람들의 근기에 응해 교화하여 이익을 준다는 의미이다. 즉 이는 극락세계의 보살은 법신의 근본 자리에 있어 형상과 말이 없지만 모든 중생들의 능력에 맞추어 방편의 몸을 나타내어 진리를 설하여 구원하시는 것에 부족함이 없이 골고루 평등하게 하신다는 뜻이다.

　넷째, 시법여불공덕(示法如佛功德) 성취

論 : 四者 彼於十方一切世界無三寶處 住持莊嚴佛法僧寶功德大海 遍示令解如實修行 偈言 何等世界無 佛法功德寶 我願皆往

生798) 示佛法如佛故
論註 : 上三句雖言遍至 皆是有佛國土 若無此句 便是法身有所
不法 上善有所不善 觀行體相竟

  논 : 넷째, 저는 시방 일체 세계에 삼보가 없는 곳에서 큰 바다와 같은 불법승의 공덕을 머물게 하여 장엄하고, 두루 보여 여실히 수행하여 깨닫게 하겠다는 것이다. 게송에서 "어떠한 세계라도 공덕의 보배인 부처님 법이 없다면 원컨대 나는 다 가서 불법을 부처님과 같이 보이겠습니다."고 말하였기 때문이다.
  논주 : 앞의 세 구는799) 비록 두루 간다고 말했지만 이것은 모두 부처님이 계신 국토이다. 만약 이 구(句)가800) 없다면 이 법신에게 법이 아닌 곳이 있다는 것이고, 상선(上善)801)에게 선 아닌 곳이 있다는 것이 된다. 관찰하는 수행의 근본 모습을 마친다.

【講說】
  보살장엄의 네 가지 가운데 앞의 세 가지는 부처님이 계신 국토를 보살들이 다니면서 중생들에게 이익을 주는 것이지만, 마지막이 네 번째는 부처님뿐만 아니라 부처님 법과 승려들이 없는 곳에 정토의 보살들이 가서 부처님처럼 중생들을 교화하여 이익을 주

---

798) 『왕생론』 본문에는 "我皆願往生"으로 되어 있다.
799) 보살장엄의 네 가지 관찰 가운데 앞에서 이야기한 제1 不動應化功德成就, 제2 一念遍至功德成就, 제3 無餘供養功德成就 세 가지 장엄을 관찰하는 것이다.
800) 보살장엄의 네 가지 가운데 마지막 제4 示法如意佛功德成就이다.
801) 극락세계의 보살들이다.

기 때문에 이 항목이 중요하지 않을 수 없다. 왜냐하면 부처님이 계신 곳에 가서 다른 사람에게 법을 설하여 이익을 주는 것은 부처님이 계시지 않는 곳보다 교화하기 쉽기 때문이다. 예를 들면 이 지구상에 많은 종교가 난립해 있다. 서구지역에는 기독교가 많이 성행하고 있고, 아랍지방에는 회교가 성행하고 있으며, 태국, 미얀마 그리고 일본은 불교가 성행하고 있다. 이미 불교가 자리잡아 불교 문화가 형성되어 있는 곳에 가서 불법을 전하는 것은 그다지 어려운 일이 아니지만 회교가 성행하는 아랍지방에 가서 불교를 전하려고 하면 그 지방의 회교문명과 많은 마찰을 가져올 뿐만 아니라, 생명을 잃을 수도 있는 험난한 길이 될 것이다. 이 불법이 없는 곳에서 부처님 진리를 전하여 그들로 하여금 광명을 찾아 미혹의 마음에서 벗어나게 한다면, 이보다 더 좋은 전법은 없다고 본다. 그러기에 이 네 번째 부처님 법이 없는 곳에 가 법을 전하는 보살장엄을 관찰하는 것이 중요한 항목이라 하지 않을 수 없다.

본문에 "만약 이 구가 없다면 이 법신에게 법이 아닌 곳이 있다는 것이고, 상선에게 선 아닌 곳이 있다는 것이 된다."고 한 의미는 법신은 부처님 국토나 부처님 국토가 아니나 관계하지 않고, 또는 부처님 법이 있고 없고 가리지 않고 우주 법계에 충만하다. 만약 이 우주 법계에 충만한 법신을 증득한 정토의 보살들이 불법승 삼보가 없는 곳에 갈 수 없다면 법신이 충만한 것이 아니다. 그러기에 네 번째 부처님처럼 진리를 설하겠다는 "시법여의불공덕성취"가 없다면 진여를 본체로 하고 있는 극락세계의 보살에게는 법신의 자격을 갖추지 못한 것이 되고, 선근이 부족한 것이 된다는 의미이다. 왜냐하면 정토의 보살은 법신이고, 이 법신은 시방의 우주 법계에 두루하지 않는 곳이 없고, 선을 충만하게 갖추지 못한 것이 없기 때문에 부처님이 계신 국토나 부처님이 계시지 않은 국토에도 이 법신은 충만하지 않으면 안 된다. 만약 부처님이 계신 국토에만 충만하고 계시지 않는 곳에는 충만하지 않다면 정토의 보살을 법신이라 할 수 없을 것이다.

4) 깨끗한 원심(願心)의 장엄

(1) 깨끗한 원심에서 비롯된 장엄이란

論註 : 已下是解義中第四重 名爲淨入願心 淨入願心者
論 : 又向說觀察莊嚴佛土功德成就[802) 莊嚴佛功德[803) 成就 莊嚴[804) 菩薩功德成就 此三種成就 願心莊嚴 應知[805)
論註 : 應知者 應知此三種莊嚴成就 由本四十八願等淸淨願心之所莊嚴 因淨故果淨 非無因他因有也

　논주 : 이하는 이 '해의분(解義分)' 중에 네 번째 중요한 것이다. 이름하여 "깨끗한 원심으로 이루어졌다"고 한다. "깨끗한

---

802) 『왕생론』 본문에는 "又向說佛國土功德莊嚴成就"으로 되어 있다.
803) 『왕생론』 본문에는 앞의 莊嚴이 여기에 들어 있다.
804) 『왕생론』 본문에는 '莊嚴'이 없다.
805) 『왕생론』 고려장경 본문에는 '應知'가 없는데 담란이 본 원문에는 있었던 것 같다. 왜냐하면 본문에 이 글이 없었다면 이 '應知'에 대해 주석을 달 리가 없기 때문이다.

원심으로 이루어졌다"란,

 논 : 또 앞에서 말한 부처님 국토의 공덕장엄성취와 부처님 공덕장엄성취, 그리고 보살의 공덕성취이다. 이 세 가지 성취는 원심(願心)으로 장엄된 것임을 마땅히 알아야 한다.

 논주 : "마땅히 알아야 한다."는 것은, 이 세 가지 장엄성취는 본래 48원의 청정한 원심으로 장엄되었고, 원인이 깨끗하기 때문에 결과가 깨끗하며, 이 원인 없이 다른 원인에 의해 있는 것이 아님을 마땅히 알아야 한다는 것이다.

【講說】
 극락세계의 29종 장엄은 법장비구가 부처가 되기 위해 세운 48원의 원심에 이루어졌고, 이 원심이 어떤 것인가에 대해 앞 총설분 "청정한 공덕 성취"에서 언급하였다.

 본문에 "원인이 깨끗하기 때문에 결과가 깨끗하며, 이 원인 없이 다른 원인에 의해 있는 것이 아님을"이란 아미타불이 법장비구로 있을 때 부처가 되어 극락세계를 건설하기 위해 세운 48원이 깨끗하기 때문에 결과인 극락세계의 장엄이 깨끗하다는 것이다. 즉 이러한 것은 법장비구의 원심이 원인이 된 것으로 원인이 없는 것이 아니고, 또 이 법장비구의 원심 외 다른 원인에 의해 극락세계가 이루어진 것이 아니라는 뜻이다.

(2) 서로 함유하는 법성과 방편

論 : 略說入一法句故
論註 : 上國土莊嚴十七句 如來莊嚴八句 菩薩莊嚴四句爲廣 入

一法句爲略 何故示現廣略相入 諸佛菩薩有二種法身 一者法性法身 二者方便法身 由法性法身 生方便法身 由方便法身 出法性法身 此二法身異而不可分 一而不可同 是故廣略相入統以法名 菩薩若不知廣略相入 則不能自利利他

 논 : 간략히 설하면 한 법구(法句)에 흡수되기 때문이다.
 논주 : 위 국토장엄 17구와 여래장엄 8구, 그리고 보살장엄 4구는 넓혀 놓은 것이고, 한 법구에 흡수된다는 것은 간략하게 한 것이다. 무엇 때문에 넓히기도 하고 간략하게도 하여 (서로) 흡수되는 것을 보였는가? 모든 부처님과 보살에게는 두 가지 법신이 있는데 첫째는 법성법신(法性法身)이고, 둘째는 방편법신(方便法身)이다. 법성법신에 의해 방편법신이 생기고, 방편법신에 의해 법성법신이 출현한다. 이 두 법신은 다르지만 나눌 수 없고, 하나이나 같다고 할 수 없다. 그렇기 때문에 넓히고 간략하게 하는 것이 서로 받아들여 총체적으로 법신이라 이름한다. 보살이 만약 넓히고 간략한 것이 서로 받아들인다는 것을 알지 못하면 곧 자리와 이타에 능하지 못한다.

【講說】
 여기서 말한 한 법구란 뒤에 나오지만 진여법성(眞如法性)이다. 이 진여법성에 의해 극락세계의 모든 장엄이 이루어진 것이기 때문에 장엄 자체가 청정하지 않을 수 없고, 진실하지 않을 수 없다. 왜냐하면 진여법성은 청정과 진실을 근본으로 하고 있기 때문이다. 그래서 이 단원에서 이야기한 것처럼 넓혀 놓았다는 '광(廣)'이란 극락세계의 29종 장엄이며, 간략히 한다는 '략(略)'이란 진여법성이다. 진여법성에 의해 29종 장엄이 이루어졌고, 우리가 이 29종 장엄을 관찰함으로 인해 본래 가지고 있는 진여법성이 출현하기 때문에 서로 연관관계가 있는 것이다. 담란은 이 진여법성을 법성법신(法性法身)이라 하여 근본 당체를 말하였고, 29종 장엄을 방편법신(方便法身)이라 하여 사람들을 구원하기 위해 사용한 방법으로 하였다. 이것을 현상적으로 보면 서로 달라 하나라고 할 수 없지만 이 두 가지는 다 법신이 근본이기 때문에 전혀 다른 것이라고도 할 수 없다. 그래서 담란은 "이 두 법신은 다르지만 나눌 수 없고, 하나이나 같다고 할 수 없다. 그렇기 때문에 넓히고 간략하게 하는 것이 서로 받아들여져 총체적으로 법신이라 이름한다."라고 하여 두 가지가 다르지 않다는 '이불이(二不二)'를 주장하였다.

　일반 사회에서 상대를 교육시키고 설득시키는 데도 위와 같은 광략(廣略)을 가지고 해야 할 것 같다. 왜냐하면 하나의 진리를 한 마디만 하여 알아듣는 사람에게는 본론만 이야기하면 되지만, 알아듣지 못하는 사람에게는 여러 가지 비유를 들어 이해하도록 설득시켜야 하기 때문이다. 이때 여러 가지 비유를 들어 사용하는 목적은 하나의 진리를 알게 하는데 두어야지 다른 방향으로 흐르게 하면 안 된다. 우리 불교에서도 법을 전하는 법사는 이러한 점을 감안하여 사람들의 머리가 좋은가 좋지 않는가, 또는 수행하는 근기가 이근(利根)인가 둔근(鈍根)인가를 잘 파악하여 광략(廣略)을 잘 사용해 모두가 성불의 길로 가게 해야 할 것이다. 그래서 담란은 "보살이 만약 넓히고 간략한 것이 서로 받아들인다는 것을 알지 못하면 곧 자리와 이타에 능하지 못한다."고 하였을 것이다.

(3) 한 법구는 청정구(淸淨句)

論 : 一法句者 謂淸淨句 淸淨句者 謂眞實智慧無爲法身故
論註 : 此三句展轉相入 依何義名之爲法 以淸淨故 依何義名爲淸淨 以眞實智慧無爲法身故 眞實智慧者實相智慧也 實相無相故眞智無知也 無爲法身者法性身也 法性寂滅故法身無相也 無相故能無不相 是故相好莊嚴卽法身也 無知故能無不知 是故一切種智卽眞實智慧也 以眞實而目智慧 明智慧非作非非作也 以無爲而標法身 明法身非色非非色也 非於非者豈非非之能是乎 蓋無非之曰是也 自是無待復非是也 非是非非 百非之所不喩 是故言淸淨句 淸淨句者 謂眞實智慧無爲法身也

논 : 한 법구란 청정구를 말한다. 청정구란 진실한 지혜와 위없는 법신을 말하기 때문이다.

논주 : 이 세 구806)는 서로 순차대로 흡수된다. 무슨 뜻에 의해 이것을 법807)이라 부르는가? 청정함을 가지고 있기 때문이다. 무슨 뜻에 의해 청정이라 이름하는가? 진실한 지혜, 위없는 법신이기 때문이다. 진실한 지혜란 실상의 지혜이고, 실상은 형상이 없기 때문에 참된 지혜는 아는 것이 없다. 위없는 법신이란 법성의 몸이며, 법성이란 고요하고 적멸하기 때문에 법신은 형상이 없다. 형상이 없기 때문에 능히 형상 아닌 것이 없다. 그러므로 상호의 장엄은 법신이다. 안다고 하는 것이 없기 때문에 능히 알지 못할 것이 없다. 이 때문에 일체종지이며, 진실한

---

806) 한 法句·淸淨句·眞實智慧 無爲法身이다.
807) 한 法句를 말한다.

지혜이다. 진실을 가지고 지혜라 하는 것은 지혜가 짓는 것도 아니고 짓지 않는 것도 아님을 밝힌 것이다. 무위(無爲)를 가지고 법신을 표현한 것은 법신은 색도 아니고 색 아닌 것도 아님을 밝힌 것이다. 비(非)를 부정하고 어찌 비(非)가 아닌 것을 능히 옳다고 하겠는가. 대개 그릇됨이 없는 이것을 옳다고 말한다. 스스로 옳은 것은 대비함이 없이는 다시 옳은 것은 아니다. 옳은 것도 아니고, 그릇된 것도 아닌 백 가지 부정하기 위한 비유는 아니다. 이 때문에 청정구라 하고, 청정구란 진실한 지혜, 위없는 법신을 말한다.

【講說】

천친보살이 말한 "한 법구와 청정구"를 오오다니 대학에서 학장을 지낸 야마구치 수수무(1895~1976)는 다음과 같이 논했다. 청정구란 산스크리트어 eka-dharma-pada 또는 eka-dharmasya-padaḥ로, 여기서 eka-dharma는 일법(一法) 또는 진여법성(眞如法性)이고, pada는 구(句)로 어떤 일을 의지하는 의사(依事)이고, 의지하는 의처(依處)이며, 방편·세속제(世俗諦)라는 의미이기 때문에 청정구란 "진여법성에 의지한다"는 하나의 복합사(複合詞)이다. 그리고 유가유식(瑜伽唯識)에서 말한 승의제진여(勝義諦眞如)를 '무(無)'와 '무(無) 가운데 유(有)'의 두 가지 뜻 중 두 번째 '무 가운데 유'라고 하였다. 즉 진여법성의 작용에 의해 세간적으로 나타나는 것이 정토의 청정한 장엄이며 이것은 우리들로 하여금 깨닫게 하기 위한 하나의 방편이라는 것이다.

다음 청정구란 산스크리트어 vyavadāna-pada로 청정하게 하는 작용이며, 29종 장엄 모두가 이 청정에 의지한다고 하였다.[808] 이러한 설로 미루어 보면 정토의 장엄은 우리가 본래 가지고 있는 진여법성에서 비롯된 것이며, 진여법성이 청정하기 때문에 장엄 자체가 청정하며, 이 청정한 장엄의 목적은 사람들로 하여금 청정한 진여법성을 깨닫게 하기 위해 방편으로 나타난 것인 줄 알아야 한다.

본문에 "이 세 구는 서로 전전해서 흡수된다."는 것은 천친보살이 말한 한 법구가 청정구(淸淨句)며, 이 청정구는 진실지혜(眞實智慧), 무위법신(無爲法身)이라고 순서대로 말한 이 세 가지는 서로 관계가 있다는 것이다. 여기서 말한 한 법구란 진여법성이며, 이 진여법성은 청정을 근본으로 하기 때문에 청정구에 포함되며, 이 청정은 진실지혜 · 무위법신에 포함되기에 서로 관계가 있다. 즉 한 법구란 모든 장엄의 근본은 청정하다는 청정구이며, 이 청정은 진실한 지혜와 위없는 법신이 주관적인 근본이 되며, 이러한 주관적인 근본에 의해 객관적으로 여러 가지 장엄이 이루어진 것이다.

본문에 "위없는 법신이란 법성의 몸이며, 법성이란 고요하고 적멸하기 때문에 법신에는 형상이 없다. 형상이 없기 때문에 능히 형상 아닌 것이 없다."는 것은 앞에서도 이야기하였지만 법의 몸이란 법성에서 비롯된 것으로 이 법성은 모든 것이 끊어진 최상의 경지로 적멸의 세계이다. 이 적멸의 세계에는 움직이는 작용이 없기 때문에 어떤 형상이 성립될 수 없지만, 중생을 구원하기 위해서는 움직임 없이 움직여 어떤 형상이든지 나타내지 못할 것이 없다는 의미이다. 가령 이 적멸의 법신이 하나의 목적을 향하여 움직인다면 한 가지 형상만을 나타내는 데 그치고, 다른 형상을 짓

---

808) 야마구치 수수무 著 『세친의 정토론』 p.158~160.

지 못할 것이지만 법신은 일정한 작용이 없기 때문에 무슨 작용이든지 하지 못할 것이 없고, 무슨 형상이든지 나타내지 못할 것이 없다. 그러기에 "형상이 없기 때문에 능히 형상 아닌 것이 없다."고 한 것이다.

　본문에 "진실을 가지고 지혜라 하는 것은 지혜가 짓는 것도 아니고 짓지 않는 것도 아님을 밝힌 것이다. 무위(無爲)를 가지고 법신을 표현한 것은 법신은 색도 아니고 색 아닌 것도 아님을 밝힌 것이다."라는 뜻은, 지혜 자체는 거짓이 없는 진실이기 때문에 진실을 가지고 지혜라고 하는 것이며, 이 지혜가 어떤 일정한 작용만을 한다고 한다면 다른 작용은 하지 못하기 때문에 짓는다고 할 수 없고, 이 지혜는 어떠한 것을 짓는다는 생각 없이 어떠한 것이든지 짓지 못할 것이 없기 때문에 짓지 않는다고도 할 수 없다는 의미이다. 다음 무위의 법신이 한 가지 일정한 색을 가지고 있다면 다른 색을 나타내지 못하기 때문에 '색도 아니고'라고 하였고, 일정한 색을 가지고 있지 않기 때문에 무슨 색이든지 나타내지 못할 것이 없기에 '색 아닌 것도 아니다.'고 한 것이다.

　본문에 "비(非)를 부정하고 어찌 비(非)가 아닌 것을 능히 옳다고 하겠는가. 대개 그릇됨이 없는 이것을 옳다고 말한다."는 것은 한 가지 일을 옳다고 주장하기 위해서는 옳지 않은 다른 것을 가지고 비교하여 옳음을 주장해야 하며, 옳다고 주장하기 위해서는 그릇됨이 없는 것을 가지고 해야 한다는 의미이다. 그래서 담란은 뒤에 부정한 것은 부정만을 주장하기 위한 것이 아니고, 옳음을 주장하기 위해 사용한 하나의 방법이라고 하였다.

(4) 두 가지 청정

論：此淸淨有二種應知
論註：上轉入句中 通一法入淸淨 通淸淨入法身 今將別淸淨出二種故 故言應知
論：何等二種 一者器世間淸淨 二者衆生世間淸淨 器世間淸淨者 如[809)向說十七種莊嚴佛[810)土功德[811)成就 是名器世間淸淨 衆生世間淸淨者 如向說八種莊嚴佛功德[812)成就 四種莊嚴菩薩功德[813)成就 是名衆生世間淸淨 如是一法句 攝二種淸淨義[814)應知
論註：夫衆生爲別報之體 國土爲共報之用 體用不一所以應知 然諸法心成無餘境界 衆生及器復不得異不得一 不一則義分 不異同淸淨 器者用也 謂彼淨土是彼淸淨衆生之所受用故名爲器 如淨食用不淨器 以器不淨故食亦不淨 不淨食用淨器 食不淨故器亦不淨 要二俱潔乃得稱淨 是以一淸淨名必攝二種 問曰 言衆生淸淨則是佛與菩薩 彼諸人天得入此淸淨數不 答曰 得名淸淨非實淸淨 譬如出家聖人 以殺煩惱賊故名爲比丘 凡夫出家者持戒破戒 皆名比丘 又如灌頂王子初生之時 具三十二相 卽爲七寶所屬 雖未能爲轉輪王事 亦名轉輪王 以其必爲轉輪王故 彼諸人天亦復如是 皆入大乘正定之聚 畢竟當得淸淨法身 以當得故得名淸淨

---

809) 『왕생론』 본문에는 '如'자가 없다.
810) 『왕생론』 본문에는 '國'자가 더 있다.
811) 『왕생론』 본문에는 앞 '莊嚴'이 여기에 들어 있다.
812) 『왕생론』 본문에는 앞 '莊嚴'이 여기에 들어 있다.
813) 『왕생론』 본문에는 앞 '莊嚴'이 여기에 들어 있다.
814) 『왕생론』 본문에는 '義'자가 없다.

논 : 이 청정에 두 가지가 있음을 마땅히 알라.

논주 : 앞에서 순서대로 들어가는 구(句) 가운데 일법(一法)을 통해 청정에 들어가고, 청정을 통해 법신에 들어간다. 지금은 마땅히 청정을 두 가지로 분류하였기 때문이다. 그러기에 '마땅히 알라'고 하였다.

논 : 무엇이 두 가지인가? 첫째는 기세간 청정이요, 둘째는 중생세간 청정이다. 기세간 청정은 앞에서 설한 부처님 국토의 공덕장엄성취 열일곱 가지이다. 이것을 기세간 청정이라 이름한다. 중생세간 청정은 앞에서 설한 것과 같이 부처님의 공덕장엄성취 여덟 가지와 보살들의 공덕장엄성취 네 가지이다. 이것을 중생세간청정이라 이름한다. 이와 같이 한 법구에 두 가지 청정을 포함하고 있는 줄 마땅히 알라.

논주 : 저 중생은 별보(別報)의 체(體)[815]이고, 국토는 공보(共報)의 용(用)[816]이다. 체(體)와 용(用)이 하나가 아니다. 그러므로 '마땅히 알라'고 하였다. 그런데 모든 법은 마음으로 이루어져 다른 경계가 없다. 중생 및 기세간은 또 다르다고도 할 수 없고, 하나라고도 할 수 없다. 하나가 아니기에 뜻을 분류하고, 다르지 않기에 똑같이 청정하다. 기(器)[817]란 사용하는 것으로

---

815) 부처님은 부처님의 행위에 의해 결과를 얻고, 보살은 보살의 행위에 의해 결과를 얻으며, 중생은 중생의 행위로 인해 결과를 얻고, 중생들 가운데 제각기 다른 행위에 의해 각기 다른 결과를 얻기 때문에 중생의 몸을 別報라 하며, 이는 각기 다른 果報에 의해 이루어진 몸이기 때문에 이를 體라 한다.

816) 한 국토는 거기에 거주하는 모든 사람들의 공통된 업으로 이루어졌기 때문에 같이 수용한다. 그러기에 국토를 共報라 하고, 또 이 국토를 모든 사람들이 공용하기 때문에 用이라 한다.

817) 산스크리트어 bhājana-loka로 물건을 담는 그릇을 의미하지만, 여기서는 중생들이 머무르는 국토 즉 기세간이다. 즉 열일곱 가지 국토장엄으로 이루어진 극락세계는 아미타불과 보살들이 같이 공유하기 때문에 用이

말하면 저 정토는 청정한 중생들이 수용하는 것이기 때문에 이름하여 기라 한다. 깨끗한 음식을 깨끗하지 못한 그릇에다 담으면 그릇이 깨끗하지 않기 때문에 음식 또한 깨끗하지 못하고, 깨끗하지 못한 음식을 깨끗한 그릇에 담으면 음식이 깨끗하지 못하기 때문에 그릇 역시 깨끗하지 못하다. 요컨대 두 가지가 다 깨끗해야만 깨끗하다고 할 수 있는 것과 같다. 그러므로 한 가지가 청정하다고 하는 이름에는 반드시 두 가지[818] 청정이 포함된다.

묻기를, 중생이 청정하다고 말한 것은 곧 이 부처님과 보살들이다. 저 모든 사람들과 하늘 사람들은[819] 이 청정의 수에 들어갈 수 있는가, 없는가?

답하기를, 청정하다고 말하지만 실제로 청정한 것은 아니다. 비유컨대 출가한 성인은 번뇌의 도적을 죽이기 때문에 이름하여 비구라 한다.[820] 출가한 범부 가운데는 계를 지킨 사람과 파계한 사람이 있지만 모두 비구라 하는 것과 같다. 또 관정(灌頂)[821]하는 왕자는 처음 태어날 때 32상을 갖추고 곧 7보를 갖게 된다. 비록 아직 능히 전륜성왕의 일을 하지 못하더라도 또한 전륜성왕이라고 부르는 것과 같다. 그는 반드시 전륜성왕이 되기 때문이다. 저기의 모든 사람과 하늘 사람들도 역시 이와

다.
818) 기세간 청정과 중생세간 청정이다.
819) 이 세계에서나 하늘세계에서나 극락세계에 태어난 사람들을 말한다.
820) 이 말은 『대지론』의 "比名破 丘名煩惱 能破煩惱故名比丘"(대정장 25권 p.80a)라는 내용을 인용한 것이다.
821) 인도에서 제왕의 즉위식이나 태자를 책봉할 때에 그 머리 위에 네 바다의 물을 가지고 이마 위에 뿌리는 의식으로 밀교에서는 이 의식을 많이 사용하고 있다. 여기서는 灌頂하는 의식을 받는 왕자, 즉 전륜성왕의 황태자이다.

같이 모두 대승의 정정취(正定聚)에 들어가 결국은 마땅히 청정한 법신을 얻기 때문에 청정하다고 할 수 있다.

【講說】
　여기서 천친보살은 한 법구에 두 가지 청정이 있다고 말하였다. 즉 이 한 법구인 진여법성은 청정을 근본으로 하고 있기 때문에 여기서 출현한 장엄은 청정할 수밖에 없고, 이 청정한 장엄을 유정인 중생세간과 무정인 기세간 등 두 가지로 나눈다는 것이다. 그리고 천친보살이 '마땅히 알라'고 한 것은 체(體)인 유정장엄인 중생세간과 용(用)인 무정장엄인 기세간의 근본은 청정한 법신이기 때문에 서로 다르지 않지만 현상적으로 유정과 무정이기 때문에 다른 줄도 알아야 한다는 것이다.
　두 가지가 청정해야 한다는 것을 강조하기 위해 담란은 그릇과 밥의 비유를 들고 있다. 즉 완벽한 청정이란 그릇과 밥이 다 깨끗해야지 어느 한 쪽은 깨끗하고 다른 한 쪽은 깨끗하지 못한 것이 합하면 결국 깨끗하지 못한 것이 된다. 예를 들면 아무리 깨끗한 집이라도 그 안에 들여 놓는 물건들이 더러우면 집안은 더러울 것이다. 그러므로 집도 깨끗해야 하고 들여 놓을 물건도 깨끗해야 하듯이 극락세계는 그릇인 기세간도 깨끗하고 밥인 중생세간도 깨끗하여 더러움이 없는 곳이다.
　논주 본문에 "앞에서 순서대로 들어가는 구 가운데 일법을 통해 청정에 들어가고, 청정을 통해 법신에 들어간다"고 한 것은 앞에서도 한번 언급하였지만 일법구·청정구·진실지혜와 무위법신 등 세 가지 구는 진여법성의 한 법구인 청정구에 흡수되며, 이 청정구는 진실지혜·무위법신에 흡수되는 것이 순서대로 들어간다는 의미이고, 뒤의 문장은 한 법구인 진여법성을 통해 장엄된 모든 것이 청정하기 때문에 청정구에 포함되고, 이 청정을 통해 진실한 지혜와 위없는 법신에 들어가기 때문에 위없는 법신에 흡수된다는 것이다.

그리고 본문에 "그런데 모든 법은 마음으로 이루어져 다른 경계가 없다."고 한 의미는 정토의 중생세간 장엄과 기세간 장엄 등 모든 것은 법장보살의 원심에 의해 장식된 것이지, 이 원심 이외 다른 원인에 의해 장식되지 않았다는 것이다. 또 본문에 "중생 및 기세간은 또 다르다고도 할 수 없고, 하나라고도 할 수 없다. 하나가 아니기에 뜻을 분류하고, 다르지 않기에 똑같이 청정하다."는 것은 중생세간과 기세간은 한 가지가 아니기 때문에 중생세간을 별보(別報), 기세간을 공보(共報)로 나눌 수가 있고, 중생세간과 기세간은 똑같이 청정을 근본으로 하고 있기 때문에 다르지 않은 하나라고 할 수 있는 것이다.

담란이 자문자답(自問自答)한 가운데 "출가한 성인은 번뇌의 도적을 죽이기 때문에 이름하여 비구라 한다. 출가한 범부 가운데 계를 지킨 사람과 파계한 사람이 있지만 모두 비구라 하는 것과 같다."는 것은, 출가하여 성인의 지위에 오른 사람은 모든 번뇌를 여의었기 때문에 비구라 하는데, 출가하여 아직 번뇌에 속박된 사람도 번뇌를 없앤 사람처럼 비구라 하는 것은 이 비구도 부처님의 가르침을 실천하면 언젠가는 번뇌를 없앨 수 있기 때문이다. 다음 "관정(灌頂)하는 왕자는 처음 태어날 때 32상을 갖추고 곧 7보를 갖게 된다. 비록 아직 능히 전륜성왕의 일을 하지 못하더라도 또한 전륜성왕이라고 부르는 것과 같다. 그는 반드시 전륜성왕이 되기 때문이다."는 것은 전륜성왕의 후계자로 태어난 왕태자는 아직 전륜성왕의 자리에 올라 일을 처리하지 못하지만 처음 태어날 때부터 32상을 갖추었을 뿐만 아니라 다음에는 전륜성왕이 소유하고 있는 칠보를 소유할 수 있고, 후에 반드시 전륜성왕이 되기 때문에 미리 전륜성왕이라 부른다는 것이다. 여기서 담란이 중요하게 강조하고 있는 것은 극락세계에 태어난 사람은 아직 아미타불처럼 청정하지 못하지만 언젠가는 아미타불의 법을 듣고 정진하여 꼭 완벽한 청정, 즉 위없는 법신을 증득하기 때문에 우리가 일반적으로 깨끗하다는 청정과 비교해서는 안 되고, 무위법신(無爲法身)의 자리를 청정으로 보고 말한 줄 이해해야 한다.

5) 미묘한 방편의 교화

(1) 사마타와 비파사나의 수행

論註 : 善巧攝化者
論 : 如是菩薩奢摩他毘婆舍那廣略修行 成就柔軟心
論註 : 柔軟心者 謂廣略止觀 相順修行成不二心也 譬如以水取影 淸靜相資而成就也
論 : 如實知廣略諸法
論註 : 如實知者 如實相而知也 廣中二十九句略中一句 莫非實相也
論 : 如是成就巧方便廻向
論註 : 如是者 如前後廣略皆實相也 以知實相故 則知三界衆生

虛妄相也 知衆生虛妄則生眞實慈悲也 知眞實法身則起眞實歸依
也 慈悲之與歸依巧方便在下

논주 : 미묘한 방편으로 교화하여 섭취한다822)는 것이란,

논 : 이와 같은 보살은 사마타823)와 비파사나824)를 넓고825) 간략하게826) 수행하여 유연심(柔軟心)을 성취하였다.

논주 : 유연심이란 넓히고 간략히 한 지(止)와 관(觀)을 서로 따라 수행하여 둘이 아닌 마음을 이루는 것을 말한다. 비유컨대 물에 그림자가 나타나듯이 맑음[淸]과 고요함[靜]이 서로 도와 성취된 것과 같다.

논 : 실답게 넓고 간략하게 한 모든 법을 알아

논주 : 실답게 안다는 것은 실상과 같이 아는 것이다. 넓힌 가운데 29구827)와 간략하게 한 가운데 1구828)는 전부 실상이 아닌 것이 없다.

논 : 이와 같이 미묘한 방편 회향을 성취하였다.

논주 : '이와 같이'란 앞뒤 넓히고 간략히 한 것 모두가 실상과 같다는 것이다. 실상을 알기 때문에 곧 삼계 중생이 허망한 모습인 줄 안다. 중생이 허망한 줄 알면 곧 진실한 자비가 생긴

---

822) 원문의 善巧란 부처님이나 보살이 중생을 교화하는데 그 방법과 수단이 능숙한 것으로, 중생의 능력이나 소질에 따라 여러 가지 방법을 사용하는 것이고, 攝化란 이 미묘한 방편을 가지고 교화하여 섭취하는 것이다.
823) 제3절 해의분의 작원문에서 자세히 언급하였다.
824) 제3절 해의분의 관찰문에서 자세히 언급하였다.
825) 29종 장엄.
826) 한 법구이고, 진여법성인 청정구를 말한다.
827) 17종의 국토장엄과 8종의 부처님장엄, 그리고 4종의 보살장엄 등이 29종이다.
828) 진여법성인 일구이다.

다. 진실한 법신829)을 알면 곧 진실로 귀의하려고 한다. 자비와 귀의, 그리고 미묘한 방편은 아래에서 설명한다.830)

【講說】

천친은 유연심에 대해 "사마타와 비파사나를 수행하여 미묘한 방편을 성취하여 중생을 구원하는 것이다."고 하여 작용하는 마음을 말하였고, 담란은 "지(止)와 관(觀)을 서로 병행하여 수행해서 둘이 아닌 마음을 이루는 것이다."라고 하여 깨달은 경계를 말하고 있다. 다시 말하면 천친은 용(用)을 말하고, 담란은 체(體)를 말한 것이기 때문에 체와 용이 둘이 아닌 도리에서 보면 같다고 할 수 있다. 이 유연심(柔軟心)이란 산스크리트어로 citta-karmanyatā라 하는데 이는 불국토의 청정을 깨닫게 하는 마음, 즉 중생들을 구원하는 작용이기 때문에 천친보살은 여기에 입각하여 말한 것이고, 담란은 지와 관을 균등하게 닦아 교만하지도 않고 낮추지도 않고 모든 법의 실상을 있는 그대로 깨달아 둘이 아닌 마음을 아는 경지를 말한 것이다. 사실 중생을 제도하기 위해서는 이 체와 용을 병행하지 않으면 안 된다. 왜냐하면 내가 먼저 최고의 경지가 어떤 것인 줄 알아야 자비심을 가지고 이 좋은 경지에 중생들로 하여금 도달하게 할 수 있다. 여기서 최고의 경지를 아는 것은 체(體)이고, 자비심을 가지고 중생을 인도하는 것은 용(用)이다. 사실 최고의 경지를 깨닫는 것도 중요하지만, 중생들에게 최고의 경지에 도달하도록 잘 인도하려면 좋은 방편을 터득하는 것도 중요

---

829) 앞 淸淨句를 설명하면서 부처님의 덕이 眞實智慧, 無爲法身이라고 하는 가운데 지혜와 무위를 생략한 것이기 때문에 진실지혜, 무위법신으로 보아야 한다.
830) 다음에 나오는 '깨달음에 장애되는 문'에 나온다.

하기 때문에 이 두 가지를 잘 병행해야 한다. 담란은 경지를 깨닫는 입장에서 말한 것이고, 천친은 방편을 터득한 입장에서 말한 것이다.

다음 담란이 "물에 그림자가 나타나듯이 청(淸)과 정(靜)이 서로 도와 성취된 것과 같다."고 하였는데 여기서 청(淸)이란 맑고 깨끗하며 선명하다는 의미이고, 정(靜)은 모든 작용이 그친 고요한 상태를 의미한다. 즉 어떤 그림자가 물 속에 나타날 수 있는 것은 물에 물결이 일어나지 않고 고요해야 하지만 물 자체가 맑고 깨끗하지 않으면 안 된다. 그래서 청과 정이 서로 도와야만 물체가 나타날 수 있다. 즉 지(止)인 사마타는 모든 작용이 일어나지 않고 고요한 상태의 정(靜)이며, 관(觀)인 비파사나는 물이 깨끗하고 맑아 어떤 물건이든지 모습이 나타날 수 있는 상태의 청(淸)이다. 만약 이 지와 관이 서로 돕지 않는다면 결국 물 속의 그림자를 볼 수 없는 것과 같다. 그래서 보살들이 중생을 구원하기 위해 사용한 미묘한 방편은 지인 사마타와 관인 비파사나를 수행하여 얻은 유연심에서 비롯된다고 한 것은 탁월한 견해라 하지 않을 수 없다.

본문에 "실상을 알기 때문에 곧 삼계 중생이 허망한 모습인 줄 안다. 중생이 허망한 줄 알면 곧 진실한 자비가 생긴다. 진실한 법신을 알면 곧 진실로 귀의하려고 한다."고 하였는데 여기서 실상(實相)이란 모든 것이 있는 그대로의 모습이다. 즉 삼라만상이 시간과 공간의 흐름 속에 변하기 때문에 무상(無常)이요, 이것은 인연에 의해 생긴 것이므로 참다운 자아(自我)인 실체, 즉 진실한 모습을 가지고 있지 않다. 그렇기 때문에 무아(無我)이다. 이러한 도리를 알지 못한다면 어찌 중생이 허망한 줄 알겠는가 하는 것이며, 보살은 이 중생들이 허망한 무상과 무아로 인해 태어나고 죽는 것을 알기 때문에 이들을 고통의 바다를 건너 피안인 열반적정(涅槃寂靜)의 세계에 인도하려는 아주 진실한 자비가 우러나올 수 있는 것이다. 그리고 이 열반적정의 세계에 도달하면 진실지혜(眞實智慧)이고 무위법신(無爲法身)이 저절로 출현하는 줄 안다면 우리에게 어찌 진실하게 귀의하려는 마음이 생기지 않겠는가 하는 의미이다.

(2) 미묘한 방편 회향

論 : 何者菩薩巧方便廻向 菩薩巧方便廻向者 謂說禮拜等五種修行 所集一切功德善根 不求自身住持之樂 欲拔一切衆生苦故 作願攝取一切衆生 共同生彼安樂佛國 是名菩薩巧方便廻向成就
論註 : 案王舍城所說無量壽經 三輩生中雖行有優劣 莫不皆發無上菩提之心 此無上菩提心卽是願作佛心 願作佛心卽是度衆生心 度衆生心卽攝取衆生 生有佛國土心 是故願生彼安樂淨土者 要發無上菩提心也 若人不發無上菩提心 但聞彼國土受樂無間 爲樂故願生 亦當不得往生也 是故言不求自身住持之樂 欲拔一切衆生苦故 住持樂者 謂彼安樂淨土爲阿彌陀如來本願力之所住持 受樂無間也 凡釋廻向名義 謂以己所集一切功德 施與一切衆生 共向佛道 巧方便者 謂菩薩願以己智慧火 燒一切衆生煩惱草木 若有一衆生不成佛我不作佛 而衆生未盡成佛 菩薩已自成佛 譬如火㮈欲摘一切草木 燒令使盡 草木未盡火㮈已盡 以後其身而身先故名巧方便 此中言方便者 謂作願攝取一切衆生 共同生彼安樂佛國 彼佛國卽是畢竟成佛道路 無上方便也

논 : 무엇이 보살의 미묘한 방편회향인가? 보살의 미묘한 방편회향이란 설한 바와 같이 예배 등 다섯 가지로 수행하여 쌓은 일체 공덕의 선근으로 자신이 안주할 즐거움을 구하지 않고, 일체 중생들의 고통을 제거하고자 하기 때문이다. 일체 중생을 섭취하여 다 같이 저 안락국토에 태어나기를 바라는 원을 세우는 것이다. 이것을 보살이 미묘한 방편회향을 성취하였다고 이름한다.

논주 : 왕사성에서 설하신 『무량수경』을 살펴보니 삼배(三輩)[831]로 왕생하는 가운데 비록 수행에 우열이 있지만, 모두 무상보리심을 내지 않는 것이 없다.[832] 이 무상보리심이란 곧 부처가 되려고 원하는 마음이고, 부처가 되려고 원하는 마음은 곧 중생을 제도하려는 마음이다. 중생을 제도하려는 마음은 곧 중생을 섭취해서 부처님이 계시는 국토에 태어나게 하려는 마음이다. 그렇기 때문에 저 안락정토에 태어나려고 원하는 사람은 반드시 무상보리심을 내야 한다. 만약 사람이 무상보리심을 내지 않고, 단 극락국토에서 끊임없이 즐거움을 받는 것만을 듣고 즐거움을 위해 태어나기를 원한다면 마땅히 왕생할 수 없을 것이다. 그러기에 "자신이 머무르는 즐거움을 구하지 않고[833] 일체중생의 고통을 없애기를 바라기 때문에"라고 말씀하셨다. 주

---

831) 쯔보이 순애이 著 이태원 역 『정토삼부경개설』 pp.233~237에 설해진 『무량수경』의 내용으로, 정토에 왕생하는 사람들의 근기를 上・中・下로 나누어 설한 것이 三輩이고, 이것을 『관무량수경』에서는 九品(같은 책 pp.464~482)으로 나누어 설하였다.
832) 제각기 왕생하는 三輩의 사람들에게는 공통적으로 '무상보리심을 일으키는 행위'가 있다. 이에 대한 자세한 언급은 졸저 『염불의 원류와 전개사』 pp.51~55에 있으니 참고하기 바람.
833) 자신이 깨달은 경계에 안주하지 않는다는 의미이다.

지락(住持樂)834)이란 저 안락 정토는 아미타여래의 본원력에 의해 주지하는 곳이기에 끊임없는 즐거움을 받는다는 것이다.

무릇 회향이라는 이름의 뜻을 해석하면 자신이 쌓은 일체공덕을 가지고 일체중생에게 베풀어 다 함께 불도에 향하게 하는 것을 말한다. 미묘한 방편이란 보살이 자기 지혜의 불을 가지고 일체중생의 번뇌초목을 태우고, 만약 한 중생이라도 성불하지 못하면 나는 부처가 되지 않겠다고 원하는 것을 말한다. 그런데 중생이 아직 다 성불하지 못했는데 보살은 스스로 이미 성불했다.835) 비유하면 부지깽이로 일체 풀과 나무를 집어 다 태우고자 하지만 풀과 나무는 아직 다 타지 않았는데 부지깽이가 이미 다 타버린 것과 같다. 그 몸은 뒤로 하고, 이 몸이 먼저이기836) 때문에 미묘한 방편이라 이름한다. 이 중에 방편이란 말은 일체중생을 섭취해서 함께 같이 저 안락한 부처님 국토에 태어나려고 원을 세우는 것을 말한다. 저 부처님 국토는 결국에 부처가 되는 도로이고 무상(無上)의 방편이다.

【講說】

먼저 '방편'에 대해 살펴보자. 이에 대해서는 '제1절 왕생론의 본지'에서 언급하였듯이 산스크리트어로 upāya라 하며 이는 어느 목적에 '접근하다', 또는 '도달하다'는 의미가 있고, 교방편(巧方便)이란 산스크리트어로 upāya-kauśalya라 하고, 번역하면 선교방편(善

---

834) 깨달음에 안주하는 즐거움.
835) 이 세계의 중생들이 아직 다 성불하지 못했는데 법장보살은 이미 성불하여 아미타불이 되었다는 것이다.
836) 노자의 『도덕경』 제7장에 있는 "是以聖人 後其身而身先外其身而身存"이다.

巧方便)과 같이 미묘한 방법, 혹은 좋은 수단을 의미한다. 이것은 다 부처님이나 보살이 중생들에게 법을 설할 때 상대의 능력과 조건에 맞게 여러 가지 좋은 방법과 수단을 사용하여 인도하는 훌륭하게 교화하는 방법이다. 다음 '회향'은 총설분의 회향문에서 왕상회향(往相廻向)과 환상회향(還相廻向)으로 나누어 자세히 언급하였기 때문에 생략한다.

그러면 이 단원에서 말한 미묘한 방편회향은 어떤 것인가에 대해 생각해 보자.『왕생론』에서 수행의 실천을 강조한 것은 앞에서 이야기한 것처럼 오념문(五念門)이다. 이 다섯 가지 수행으로 쌓은 선근을 가지고 자기만의 즐거움을 구한다는 것은 보살정신에서 어긋나는 것으로 독선적인 행위이기에 좋은 회향이라 할 수 없다. 이와 반대로 자기의 즐거움을 구하지 않고, 고통 속에 헤매는 중생들을 다 극락세계로 인도하는 데 회향하는 것은 좋은 회향이고, 여기서는 이것을 미묘한 방편회향이라 하였다.

그런데 법장비구는 수행하여 쌓은 공덕을 중생들에게 회향하지 않고 먼저 아미타라는 부처가 된 이유는 무엇인가에 대해 담란 스스로 문제를 제기하고, 여기에 불을 피우는 부지깽이와 노자의 『도덕경』설을 인용하여 답하였다. 즉 "아궁이에 부지깽이로 풀과 나무를 집어넣어 다 태우고자 하는데 풀과 나무를 아직 다 넣고 태우지 않았는데 부지깽이가 먼저 다 타버렸다"고 한 것은 나무는 중생이고 부지깽이는 법장비구에 비유한 말이고, 다음 "그 몸은 뒤로 하고, 이 몸이 먼저이다."고 한 것은 그 몸은 중생이고 이 몸은 법장비구란 것이다. 법장비구가 먼저 성불한 이유에 대해 담란이 두 가지 비유를 들어 미묘한 방편이라고 한 뜻은 무엇인가? 법장비구가 아미타불이 된 것은 부처의 자리에 안주하여 즐거움을 받기 위한 것이 아니고, 고통 속에 헤매는 중생을 고통이 없는 곳으로 인도하기 위해서이다. 이 고통이 없는 곳으로 인도하기 위해서는 먼저 고통이 없고 즐거움만 있는 장소를 만들지 않으면 안 되고, 이 장소를 건설하기 위해서는 건설할 능력을 갖추지 않으면 안 된다. 이 능력을 갖추기 위해 법장비구는 성불한 것이다. 다시 말하면 법장비구가 수행하여 성불한 것은 성불 자체가 목적이 아니고, 극락세계를 건설하여 중생을 인도하기 위한 것이 순수한 목적이기 때문에 이것이 미묘한 회향인 것이다.

본문 가운데 『도덕경』 제7장의 내용 전체를 의역하면 "천지 자연은 장구하다. 천지 자연이 장구할 수 있는 까닭은 그 자신을 살리려고 하지 않기 때문이다. 그러므로 장생할 수 있다. 성인은 이러한 자연의 이치를 본받아 자신을 내세우지 않는다. 그러나 오히려 앞서게 된다. 그 자신을 도외시하지만 오히려 자신이 보존된다. 그것은 자신의 사적인 기준이나 의욕을 버린 것이 아니겠는가! 그래서 능히 그 자신을 완성할 수 있다."[837)]는 중에 "자신을 내세우지 않는다. 그러나 오히려 앞서게 된다."는 것을 인용한 것인데 이를 직역하면 "그 몸은 뒤로 하고, 이 몸이 먼저다."이다. 노자가 말하고 싶은 이 7장의 본 뜻은, 성인은 자기 자신에 대한 개인적인 의욕을 버리고 내세우지 않기 때문에 성인이 되어 명성이 오래 간다는 것이다. 다시 말하면 노자의 본의는 자신이 위대하게 되고, 남으로부터 존경받기 위해서 자신을 내세우지 않아야 한다는 것이다. 그러나 담란이 이 한 구절을 인용한 것은 남으로부터 존경

---

837) 天長地久 天地所以能長且久者 以其不自生 故能長生 是以聖人後其身而身存 外其身而身存 非以其無私邪 故能成其私(최진석 지음『노자의 목소리로 듣는 도덕경』 p.75에서 인용하였다.)

받기 위해서 부처가 된 것이 아니고 오직 중생을 구제하기 위해 부처가 된 것이기 때문에 노자의 본의와는 다르다고 할 수 있다. 그러나 한편으로는 자신을 내세우지 않아야 성인이 되듯이 부처가 되는 것은 자기를 위하는 자리(自利)의 행위를 버리고 남을 위하는 보살도가 있어야 성불할 수가 있다고 하는 것과 같다.

이러한 것은 오늘날 종교를 신앙하는 사람들과 우리 불자들에게 많은 교훈을 준다. 지구상에는 많은 종교가 있고, 이 종교를 믿는 신자 또한 많지만 대부분이 개인의 이익과 한 집단의 안위만을 위하고, 자기 종교만을 위해 신앙하지, 법장비구처럼 종교를 초월하여 모든 인류를 구원하고, 모든 중생 제도를 목적으로 하지 않는다. 불교에서 대승이란 말을 자주 사용하는데 이 대승사상의 근본은 보살도이다. 이 보살정신은 나보다도 남을 위한 것이기 때문에 진정한 종교의 신앙은 자신과 한 집단, 한 종교만을 위하는 것이 아니고, 종교와 이념을 초월하여 모든 인류를 구원하기 위한 것이라고 생각한다. 이러한 보살도 정신이 모든 종교에서 행해진다면 아마도 이 지구상에 전쟁과 굶주림이 없을 뿐만 아니라 환경이 파괴되지 않고, 자연과 인간이 서로 조화를 이루면서 모든 인류가 평화롭고 행복하게 사는 세계가 되리라고 믿는다.

6) 깨달음에 장애되는 문

論註 : 障菩提門者
論 : 菩薩如是善知廻向成就 卽能838) 遠離三種菩提門相違法 何

等三種 一者依智慧門不求自樂 遠離我心貪著自身故
論註 : 知進守退曰智 知空無我曰慧 依智故不求自樂 依慧故遠離我心貪著自身
論 : 二者依慈悲門拔一切衆生苦 遠離無安衆生心故
論註 : 拔苦曰慈 與樂曰悲 依慈故拔一切衆生苦 依悲故遠離無安衆生心
論 : 三者依方便門憐愍一切衆生心 遠離供養恭敬自身心故
論註 : 正直曰方 外己曰便 依正直故生憐愍一切衆生心 依外己故遠離供養恭敬自身心
論 : 是名遠離三種菩提門相違法故

　논주 : 깨달음에 장애되는 문이란,
　논 : 보살이 이와 같이 잘 회향하여 성취한 줄 알았으면 곧 능히 세 가지 깨달음 문에 서로 어긋나는 법을 멀리 여의어야 한다. 어떤 것이 세 가지인가? 첫째는 지혜문(智慧門)에 의지해야 한다. 자기의 즐거움을 구하지 않는 것은 나라는 마음과 자신에 집착하는 것을 멀리 여의었기 때문이다.
　논주 : 나아갈 줄 알고 물러나는 것을 지키는 것이 지(智)이며, 공(空)과 무아(無我)를 아는 것이 혜(慧)이다. 지(智)에 의지하기 때문에 자신의 즐거움을 구하지 않고, 혜(慧)에 의지하기 때문에 내 마음이 자신에 집착하는 것을 멀리할 수 있다.
　논 : 둘째는 자비문(慈悲門)에 의지해야 한다. 일체 중생의 고통을 제거하는 것은 중생을 편안하게 하지 않는 마음을 멀리 여의었기 때문이다.

---

838) 『왕생론』 본문에는 '卽能'이 없다.

논주 : 고통을 제거한다는 것을 자(慈)라 하고, 즐거움을 주는 것을 비(悲)라 한다. 자에 의지하기 때문에 일체중생의 고통을 제거하고, 비에 의지하기 때문에 중생을 편안하게 하지 않는 마음을 멀리 여읠 수 있다.

논 : 셋째는 방편문(方便門)에 의지해야 한다. 일체 중생의 마음을 연민히 여겨 자신에게 공양하고 공경하는 마음을 멀리 여의었기 때문이다.

논주 : 바르고 곧은 정직을 방(方)이라 하고, 자기를 멀리하는 것을 편(便)이라 한다.839) 바르고 곧은 것에 의지하기 때문에 일체중생을 연민히 여기는 마음이 생기고, 자신을 멀리하기 때문에 자신에게 공양하고 공경하기 바라는 마음을 멀리 여읜다.

논 : 이것을 세 가지 깨달음 문에 서로 어긋나는 법을 멀리 여의는 것이라 이름한다.

【講說】
앞 '미묘한 방편의 교화'에서는 정토에 태어난 보살들은 지(止)인 사마타와 관(觀)인 비파사나를 수행하여 성취한 후 고통 속에 헤매는 중생들을 구원하기 위해 미묘한 방편을 갖추어야 한다고 하였고, 또 자비와 귀의, 그리고 미묘한 방편을 일으킬 것을 강조하였다. 담란은 이 자비와 귀의, 그리고 미묘한 방편에 대해서는 자세한 언급을 하지 않고 뒤에 한다고 하였는데 지금 이 지혜문・자비문・방편문 세 가지가 이에 대한 설명이다. 그러나 자비와 방

---

839) 여기선 便이란 편의라는 의미이기 때문에 자신의 입장, 즉 편의에 맞추지 않고 상대편인 중생들의 근기와 조건, 즉 입장에 맞춘다는 것으로 이해해야 할 것이다.

편은 앞 단원과 맞지만 앞 단원에 이야기한 귀의와 이 단원에 말한 자비는 서로 맞지 않기 때문에 세 가지를 다 여기서 설명한 것이라고 볼 수 없다. 이것은 담란이 좀 착각한 것이 아닌가 생각한다.

이 단원과 뒤의 단원은 보리인 깨달음에 장애가 되는 것과 도움을 주는 것에 대해 논하고 있는데, 먼저 보리에 대해 살펴보자. 이 보리, 즉 깨달음에 대해서는 앞 '왕생론의 본지' 가운데 두 번째 '왕생론이란 제명과 저자'에서 언급하였기 때문에 여기에서는 간단히 논할까 한다. 보리란 산스크리트어 bodhi의 음역으로 깨달음이란 뜻이지만 도(道)라고도 번역한다. 원시불전에서는 이 깨달음의 경지를 열반(nirvāna), 불사(不死) 혹은 불사의 도(amata-pada, accuta-pada), 적정(寂靜, santi, santa), 안은(安穩, yogakkhema) 등의 단어로 표현하고 있다. 이것은 타오르는 번뇌의 불꽃을 다 제거하여 깨달음의 지혜인 보리를 완성하여 모든 것이 고요하고 안온하며, 다시는 생사를 되풀이하지 않는 경지에 도달함을 의미한다. 이 보리인 깨달음의 경지에 도달하는데 방해되는 세 가지 문을 이 단원에서 말하고 있고, 다음 단원에서는 깨달음에 도움을 주는 세 가지 문에 대해 언급하였다.

첫째는 지혜가 없어 자신에게 집착하는 마음이 깨달음에 장애가 된다. 즉 지혜가 나오기 위해서는 마음이 고요하고 깨끗해야만 한다. 그런데 우리 인간들은 객관의 대상과 주관인 자신 등 모든 것에 집착하여 좋은 것을 가지려 하고, 싫은 것은 버리려고 하여 한없이 분별하는 마음을 일으키기는 것이 다반사이다. 그러므로 마음이 고요하고 깨끗하지 못해 지혜가 생기지 않는다. 이런 결과로 항상 어리석은 행위를 하여 고통의 길로만 가지 깨달음의 길로 향할 줄 모른다. 담란은 인생을 바르게 사는 길, 또는 부처님 제자가 해야 할 길과 안 해야 할 길을 잘 알아 앞으로 나아가고 뒤로 물러설 줄 아는 것을 지(智)라 하고, 객관의 대상인 이 세상 모든 것은 원소로 이루어진 것으로 지금 존재하는 것은 허망하고 가상(假相)이기 때문에 공(空)이고, 주관인 나라는 것도 진실하지 않고 영원히 존재하지 않기 때문에 무아(無我)인 줄 분명하게 아는 것을 혜(慧)라고 하였다. 그러기에 이 지혜를 얻기 위해서는 객관인 대상과 주관인 자신은 일시적으로 존재하는 가상인 줄 알아 집착하지 않고 항상 마음을 비우고 고요하게 가지려고 노력해야 한다.

둘째는 자비심이 없어 무엇이든 가지려고만 하고, 남에게 베풀려고 하지 않는 마음이 깨달음에 장애가 된다. 앞에서 말한 것처럼 지혜가 없는 사람은 집착하여 소유하려고만 든다. 이런 사람이 어찌 남을 연민히 여겨 고통을 제거하여 편안하게 해주려는 마음이 생기겠는가! 흔히 불교에서 하는 말이 "남에게 베풀어 복덕을 쌓지 않고는 성불할 수 없다"고 하였다. 다시 말하면 성불하는 길은 자비심으로 남에게 좋은 일을 많이 해서 복덕을 쌓아야만 하는데 자비심이 없어 행하지 않으면 이는 깨달음에 장애가 되는 것은 당연한 일이다.

셋째는 방편을 몰라 중생을 구원할 줄 모르는 것이 깨달음에 장애가 된다. 방편에 대해서는 앞 단원에서 언급하였듯이 남을 구원하기 위한 미묘한 방법이며 수단으로 이 방편을 사용하려는 사람은 먼저 자비심이 수반되어야 한다. 즉 자비심을 가진 사람이어야만 어떻게 하면 남을 잘 구원할까 생각하게 되고, 이 생각에 의해 미묘한 방법을 찾는다. 미묘한 방법인 방편을 사용하여 중생을 제도하여 공덕을 쌓지 않는다면 이 또한 깨달음을 얻을 수 없어 부처가 되지 못한다.

　담란이 "마음이 정직하고 바른 것을 방(方)이라 하고, 자신이 무아인 줄 알아 집착하지 않는 것을 편(便)"이라 한 것을 구체적으로 분석해 보자. 마음이 정직하고 바르고 고요해야 지혜가 생기기 때문에 방(方)은 지혜이고, 자신이 무아인 줄 알고 집착하지 않는 마음을 가져야 남을 불쌍히 여기는 자비심이 나오기 때문에 편(便)이 자비이다. 이 때문에 방편에는 지혜와 자비가 깃들어 있어 어느 한 가지가 빠지면 완전한 방편이 나올 수 없다.

　이상으로 보면 지혜와 자비, 그리고 방편 등 세 가지는 서로 연관관계가 있음을 알 수 있다. 즉 내 자신에 집착하여 지혜가 없는 사람은 남을 도우려는 자비가 있을 리 없고, 또 남을 구하려는 자비심이 없는 사람이 어찌 남을 구할 좋은 방법을 모색하겠는가! 이것을 반대로 말하면 내 것에 대해 탐하여 집착함이 없는 사람만이 남을 도우려는 자비심이 우러나게 되는 것이며, 이 자비심을 가진 사람이어야만 상대가 무엇을 원하고, 어떻게 하면 좋은 이익을 줄 수 있는가를 궁리하게 되며, 이 궁리에 의해 좋은 방법이 나오게 된다. 그러므로 이 세 가지 모두 공덕을 쌓는 행이며, 이 행이 없이는 깨달음을 얻을 수 없다. 만약 이 세 가지 중 한 가지만 행하면 좋은 공덕을 쌓는데 결여되어 보리를 얻을 수 없기 때문에 이를 다 병행하여야만 깨달음에 도달할 수 있다는 것을 우리는 명심해야 한다.

7) 깨달음에 이르는 문

論註 : 順菩提門者
論 : 菩薩遠離如是三種菩提門相違法 得三種隨順菩提門法滿足故 何等三種 一者無染淸淨心 以不[840]爲自身求諸樂故
論註 : 菩提是無染淸淨處 若爲身求樂卽違菩提 是故無染淸淨心 是順菩提門
論 : 二者安淸淨心 以拔一切衆生苦故
論註 : 菩提是安穩一切衆生淸淨處 若不作心拔一切衆生 離生死苦 卽便違菩提 是故拔一切衆生苦 是順菩提門
論 : 三者樂淸淨心 以令一切衆生得大菩提故 以攝取衆生生彼國土故
論註 : 菩提是畢竟常樂處 若不令一切衆生得畢竟常樂則違菩提 此畢竟常樂依何而得 依大乘門 大乘門者 謂彼安樂佛國土是也 是故又言以攝取衆生生彼國土故
論 : 是名三種隨順菩提門法滿足應知

  논주 : 깨달음에 이르는 문이란,
  논 : 보살이 이와 같은 세 가지 깨달음의 문에 서로 어긋나는 법을 멀리 여읠 수 있는 것은 세 가지 깨달음 문에 수순(隨順)하는 법을 얻어 만족했기 때문이다. 어떤 것이 세 가지인가? 첫째는 오염되지 않는 청정한 마음이다. 이는 자신을 위해 모든

---
840) 『왕생론』 본문에는 '不以'로 되어 있다.

즐거움을 구하지 않았기 때문이다.
  논주 : 깨달음의 경지〔菩提〕841)는 오염되지 않는 청정한 곳이다. 만약 자기 몸을 위해 즐거움만 구한다면 곧 깨달음에서 어긋난다. 그러므로 오염되지 않는 청정한 마음, 이것이 깨닫는 문에 수순하는 것이다.
  논 : 둘째는 편안하고 청정한 마음이다. 이는 일체 중생의 고통을 제거했기 때문이다.
  논주 : 깨달음의 경지는 이 일체중생을 편안하게 하는 청정한 곳이다. 만약 일체중생을 빼놓고 (자기의) 태어나고 죽는 고통을 여의는 것에만 마음을 쓰면 곧 깨달음에 어긋난다. 그러므로 일체중생의 고통을 제거하는 것이 깨달음의 문에 수순하는 것이다.
  논 : 셋째는 즐거운 청정한 마음이다. 일체 중생으로 하여금 큰 깨달음을 얻게 했기 때문이고, 중생들을 섭취하여 저 국토에 태어나게 했기 때문이다.
  논주 : 깨달음의 경지는 궁극적으로 항상 즐거움이 있는 곳이다. 만약 일체중생들로 하여금 궁극적으로 항상 즐거워하는 것을 얻게 하지 못하면 곧 깨달음에 어긋난다. 이 궁극적으로 항상 즐거움을 누릴 수 있는 것은 무엇에 의지하여 얻는가? 대승의 문842)에 의지해야 한다. 대승의 문이란 저 안락한 부처님 국토를 말한다. 그렇기 때문에 다시 말씀하시길, "중생들을 섭취

---

841) 원문에는 菩提라고만 되어 있지만 뜻을 분명하게 하기 위해서 '깨달음의 경지'라고 하였다.
842) 이 대승을 담란은 大義라고 하였는데 이 대의는 대승의 本義로 大乘菩薩道이다. 이에 대한 자세한 것은 총설분 ⑯ 大義門功德成就를 참조할 것.

하여 저 안락국토에 태어나게 했기 때문이라."고 하였다.

논 : 이 세 가지를 깨달음의 문에 수순하는 법이 완전히 갖추어졌다고 이름한다. 이를 마땅히 알아야 한다.

【講說】

이 단원은 진리를 크게 깨달을 수 있는 문에 들어가는 법을 세 가지로 나누어 설명한 것이다. 깨달음에 들어갈 수 있는 것은 앞 단원에서 말한 지혜문과 자비문, 그리고 방편문을 역행하지 않고 따르는 것이다. 이것을 천친보살은 수순이라고 하였다. 이 수순은 산스크리트어로 anusārin이라고 하는데 『비니모경』에서 "수순(隨順)이란 일곱 가지 대중이 여래가 제정하신 것과 가르친 것을 따르면서 수용하고 행하여 어기지 않는 것인데 이것을 수순이라 이름한다."[843]고 하였다. 이는 부처님의 제자로 출가자인 비구·비구니·식차마나·사미·사미니 등 다섯 대중과 재가자인 청신사와 청신녀 등이 부처님이 말씀하신 진리와 제정하신 계율, 그리고 교단의 입지를 수용하여 어기지 않고 지키는 것이다. 이것을 오늘날 일반 사회에서 말하면 민주주의에서 제일로 주장하면서 추구하고 있는 것은 개개인의 권리인데 이 권리를 주장하기 위해서는 먼저 마땅히 해야 할 의무를 실천하는 것이다. 다시 말하면 개인의 권리를 주장하고 누리기 위해서는 먼저 주어진 의무를 충실히 이행해야만 한다. 이 의무가 지금 이야기하고 있는 수순이 아닌가 생각한다. 즉 한 회사원이 월급을 많이 받기 위해서는 회사의 이익을 많이 창출해야 하고, 많은 이익을 창출하기 위해서는 각 개

---

843) 大正藏 24권 p.842a

인이 자기에게 주어진 임무를 충실히 이행하는 것이며, 한 국민이 자기의 권리를 주장하기 위해서는 먼저 국민 개개인이 헌법과 모든 국법을 지키면서 자기에게 주어진 의무를 충실히 이행해야 한다. 하물며 우주의 대진리를 깨닫고자 하는 부처님의 제자는 부처님이 설하신 진리를 잘 이해하고 실천해야 하며, 또 제정하신 계율을 어기지 말고 지켜야 하는데 이것이 수순이다.

천친보살은 이 깨달음의 문에 수순하는 것을 새로운 각도에서 보았다. 즉 앞에서 이야기한 지혜에 수순한 것이 오염되지 않는 청정한 마음이고, 자비에 수순하는 것이 편안하고 청정한 마음이며, 방편에 수순하는 것이 즐거운 청정한 마음이라 하여 세 가지 모두에 청정심을 붙였다. 이것을 바꾸어 말하면 최상의 깨달음의 경지는 청정한 마음의 세계이며, 이 청정한 마음의 세계는 무엇에 의해 조금도 오염되지 않고, 항상 편안하며, 항상 즐거운 곳이라 할 수 있다.

첫째 지혜문을 역행하지 않고 따르면 청정한 마음의 세계에 들어가게 되는데 이 청정한 마음의 세계는 오염되지 않는 곳이고, 이 오염되지 않는 청정한 마음은 자신을 위해 즐거움을 구하지 않는 행에 의해 이루어진다. 그리고 이 깨달음의 경지는 오염되지 않는 청정한 곳이라는 것은 말할 필요가 없다. 사실 깨달음의 세계는 지혜광명이 넘치는 세계이기 때문에 번뇌와 무명에 오염될 리가 없다. 오염되지 않는 세계에 들어가기 위해서는 나에 대한 집착을 없애야 하며, 나만의 즐거움을 바라지 말아야 한다. 사실 나에 대해 집착하여 자기만의 즐거움을 구하게 되는 원인은 오염된 번뇌가 있기 때문이며, 이 번뇌에 의한 행동은 어리석은 행위이며, 지혜가 있는 행이 아니기에 자신만의 즐거움을 구하는 독선적인 행위는 하지 말아야 한다.

둘째 자비문을 역행하지 않고 따르면 청정한 마음의 세계에 들어가게 되고, 이 세계는 항상 편안하다. 이 편안하고 청정한 마음을 가지기 위해서는 자기만의 고통을 제거하려고 하지 않고, 남의 고통을 먼저 제거하려는 보살행을 실천해야 한다. 남의 고통을 제거하는 보살도를 실천하는 행위는 공덕을 쌓는 것으로 이 공덕이 근본이 되어 깨달음을 얻게 된다. 이 역시 앞의 장애문에서 말하였듯이 자기만의 즐거움을 구하려는 독선적인 행위에서 벗어나 남을 먼저 구원하려는 마음에서 비롯되기 때문에 지혜문과 연관 관계가 있다. 즉 지혜가 있는 사람이 자비의 행이 깨달음을 얻는 행위인 줄 알고 실천하게 된다.

셋째 방편문을 역행하지 않고 따르면 청정한 마음의 세계에 들어가게 되고, 이 세계는 항상 즐거운 곳이다. 이 즐거운 청정한 마음은 자기만의 깨달음을 구하지 않고, 일체 중생이 다 깨달음을 얻게 하는 것이다. 깨달음의 세계는 항상 즐거움이 넘치는 곳이고, 이 즐거움이 넘치는 세계는 극락세계이다. 이 극락세계는 말 그대로 미묘한 즐거움이 항상 있는 세계이며, 이 미묘한 즐거움이 넘치는 곳은 깨달음의 세계이다. 그래서 담란은 항상 즐거운 세계에 들어가기 위해서는 대승의 문을 의지해야 하는데, 이 대승의 문은 극락세계라고 하였다. 이 대승이란 대승보살도이며, 대승인 보살들이 남을 이롭게 하는 행위를 실천하는 것으로 이는 출세간의 선근인 대자비심에서 비롯된다. 그렇기 때문에 법장비구는 이 대승의 정신에 의해 수행하여 아미타불이 되어 극락세계를 이룩한 것이다. 즉 극락세계가 이룩된 근본 원인은 대승의 정신에서 비롯된 것이고, 이곳은 모든 사람들로 하여금 깨닫게 하는 공간이다. 이것을 다른 각도에서 이야기하면 법장비구가 아미타불이 된 것은 극락세계를 건설하여 모든 중생들로 하여금 깨닫게 하려는 원력이 있었기 때문이다. 즉 아미타불이 모든 중생들을 인도하여 저 극락국토에 태어나게 하는 것은 모든 중생들이 깨닫도록 하기 위함이고, 이 깨달음의 세계에 들어가 항상 즐거움을 받게 하기 위한 것이다. 그러기에 깨달음의 세계에 들어가기 위해서는 모든 중생들을 깨달음의 세계에 인도하는 방편문을 역행하지 말고 수순해야 한다.

이상의 설을 세 가지 문에 대비하여 세 가지 마음을 도표로 하면 다음과 같다.

智慧門→자기의 즐거움을 구하지 않는 마음──→無染淸淨心→自利
慈悲門→일체 중생의 고통을 제거하는 마음──→安淸淨心──→利他
方便門→자신에게 공양과 공경하는 것을 멀리 여의는 마음→樂淸淨心──→利他

이것은 깨달음을 얻는 세 가지 마음이고, 이를 역행하면 깨달음을 얻는 데 장애가 되는 마음이다. 깨달음에 다가가는 문은 위 도표에서 보는 바와 같이 자리와 이타를 겸하는 보살도의 실천이 필수적임을 알 수 있다. 이것은 깨달음을 얻어 성불하는 기본적인 요소이기 때문에 우리 불자들은 이 세 가지 마음을 갖지 않으면 안될 것이다.

8) 명칭과 의미와의 연관관계

(1) 반야와 방편

論註 : 名義攝對者
論 : 向說智慧慈悲方便三種門 攝取般若 般若攝取方便應知
論註 : 般若者 達如之慧名 方便者 通權之智稱 達如則心行寂滅 通權則備省衆機 省機之智備應而無知 寂滅之慧亦無知而備省 然則智慧方便 相緣而靜 相緣而動 動不失靜 智慧之功也 靜不廢動 方便之力也 是故智慧慈悲方便攝取般若 般若攝取方便 應知者 謂應知智慧方便是菩薩父母 若不依智慧方便 菩薩法則不成就 何以故 若無智慧爲衆生時則墮顚倒 若無方便觀法性時則證實際 是故應知

논주 : 명칭과 의미와의 연관관계란,
논 : 앞에서 설한 지혜·자비·방편 세 가지 문은 반야를 섭취하고, 반야는 방편을 섭취하는 줄 마땅히 알아야 한다.
논주 : 반야란 일여(一如)를 통달한 혜(慧)의 이름이고, 방편이란 권(權)을 통달한 지(智)를 이름한다. 일여를 통달하면 곧 마음의 작용이 고요하고, 권(權)을 통달하면 곧 갖추어 여러 가지 근기를 살핀다. 근기를 살피는 지(智)는 갖추어져 있지만 아는 바가 없다. 적멸의 혜(慧)도 또한 아는 바가 없이 갖추어 살핀다. 그러기에 곧 지혜와 방편은 서로 반연하여 움직이기도 하고, 서로 반연해서 고요하기도 하다. 움직이면서 고요함을 잃지

않는 것은 지혜의 공덕이고, 고요하면서 움직임을 없애지 않는 것은 방편의 힘이다. 그렇기 때문에 지혜와 자비, 그리고 방편은 반야를 섭취하고, 반야는 방편을 섭취한다.

'마땅히 알라'는 것은 지혜와 방편 이것이 보살의 부모임을 말하고, 만약 지혜와 방편에 의지하지 않으면 보살의 법을 성취하기 어려운 줄 마땅히 알라는 것이다. 왜냐하면 만약 지혜가 없이 중생을 위할 때는 곧 전도에 떨어지고, 만약 방편이 없이 법성을 관할 때는 곧 실제(實際)를 증득하고 만다. 그러기에 '마땅히 알라'고 하였다.

【講說】

'명의섭대(名義攝對)'란 앞에서 이야기한 지혜문과 자비문, 그리고 방편문 세 가지 문과 자기의 즐거움을 구하지 않는 마음·일체중생의 고통을 제거하는 마음·자신에게 공양과 공경하는 것을 멀리 여의는 마음·오염되지 않는 청정한 마음·편안하고 청정한 마음·즐거운 청정한 마음 등 여섯 가지 마음은 제 각기 연관관계가 있고,844) 이 연관관계에 의해 지혜심(智慧心)·방편심(方便心)·무장심(無障心)·승진심(勝眞心) 네 가지 마음을 얻는다는 의미이다. 즉 아홉 가지 하나하나가 제각기 독립된 역할을 하는 것이 아니라, 서로 관계가 있어 지혜의 마음, 방편의 마음, 장애가 없는 마음, 뛰어나고 참된 마음을 얻게 되는 것이다.

반야는 산스크리트어로 prajñā라 하고, 번역하면 진실한 지혜, 깨달음의 지혜를 말하는데 이것은 하나하나의 현상을 분석하여 아는 인식이 아니고, 모든 것은 공(空)이라는 도리에서 전체적이고

---

844) 이에 대해서 앞 단원에서 논했다.

직관적으로 현실 그대로를 깨닫는 데서 나온다. 즉 일체 모든 법을 통달하여 득실(得失)과 그릇된 것과 바른 것을 아는 것인데, 이 지(智)와 혜(慧)를 나누어 설명할 경우는 지는 모든 것을 요달(了達)하여 안다는 요해(了解)이고, 혜는 무엇이든 비추어 사실 그대로 본다는 조견(照見)으로 보는 경우도 있다. 이것을 담란은 반야를 혜(慧)로 보고, 이 혜는 변하지 않고 한결같이 평등한 진리를 체득한 것이라 하였다. 그리고 방편을 지(智)로 보고, 이 지는 평등한 진리로부터 구체적인 모양으로 나타난 여러 가지 차별된 모습을 통달한 것이라고 하여 반대적인 입장에서 정의를 내리고 있다. 이것을 다시 말하면 일여(一如)하고 평등한 진리를 체득하여 마음의 작용이 끊어져 고요한 것이 혜이고, 차별된 모습을 통달하여 하나도 빼놓지 않고 모든 사람들의 소질과 능력, 그리고 근기와 마음을 다 아는 것이 지이다. 이 모든 사람들의 마음을 아는 지는 모든 사람들의 마음에 응하지만 분별하는 마음이 없으며, 일여를 깨달아 마음의 작용이 끊어지고 고요한 경지를 얻는 혜 또한 분별하지는 않지만 모든 사람들의 마음을 잘 안다. 그래서 혜와 지(智)인 방편은 서로 잘 어울려 현상적으로 나타나는 동(動)이 되기도 하고, 또 서로 잘 어울려 고요한 정(靜)이 되기도 한다. 즉 움직이면서 고요함을 잃지 않는 것은 지혜의 공덕이고, 고요함을 가지고 있으면서 모든 것에 응해 작용하는 것은 방편의 힘으로 보는 것은 담란의 탁견이라 하지 않을 수 없다.

　이것을 종합적으로 보면 지(智)는 공(空)의 입장에서 평등한 진리를 보는 것이고, 혜(慧)는 유(有)의 입장에서 분별하는 마음이 없이 현상적인 차별된 모습을 그대로 보는 것이라 할 수 있다. 그래서 지혜에 의해 우리가 궁극적으로 추구하고 있는 적멸한 열반의 경지를 알 수 있기 때문에 도달하려고 정진하여 결국 이르게 되며, 또 차별된 현상적인 모습을 알 수 있기 때문에 이에 집착하여 고통에 허덕이는 중생을 구제해야겠다는 자비심이 나오며, 이 중생을 구제하기 위해 묘한 방편도 나올 수 있는 것이다. 그래서 지혜는 적멸한 경지에 도달하려는 자리의 정신과 중생을 구원하려는 이타의 정신이 겸해 있는 보살도라 할 수 있어 6바라밀 가운데 마지막에 있는 것이 아닌가 생각한다.

본문에 "만약 지혜가 없이 중생을 위할 때는 곧 전도에 떨어지고, 만약 방편이 없이 법성을 관할 때는 곧 실제(實際)를 증득하고 만다."라는 가운데 실제란 앞 총설분 열여섯 번째 '대의문공덕성취(大義門功德成就)'에서 언급하였듯이 산스크리트어로 bhūta-koṭi라 하고 이는 허망을 떠난 열반의 깨달음으로, 『대지도론』에서는 "아라한은 대자비가 없어 본래 세운 서원은 일체 중생을 제도하겠다는 것이 없다. 또 실제를 깨달음으로 삼고 나서 생사를 여읜다."845)고 하는데, 실제란 자기의 이익만을 위하는 아라한이 깨달은 경지로 자비가 결여되어 있다. 그래서 이 문장의 의미는 성문이나 연각에게 자비가 결여되어 있는 원인은 완전한 지혜를 갖추지 못했기 때문으로, 보살이나 부처가 되지 못하고 실제만을 증득하고 만다는 것이다. 즉 자리와 이타심을 겸한 지혜 없이 중생을 구원하기 위해 작용하는 것은 보살의 정신을 잃어 전도된 견해에 떨어지게 되고, 또 중생을 구원하기 위해 사용하는 방편 없이 법성을 관하는 수행은 남을 위하는 이타심을 수반하지 않는 성문이나 연각의 깨달음밖에 얻지 못한다는 의미이다.

---

845) 대정장 25권 p.297c.

(2) 장애 없는 마음

論 : 向說遠離我心不貪著自身 遠離無安眾生心 遠離供養恭敬自身心 此三種法遠離障菩提心 應知
論註 : 諸法各有障礙相 如風能障靜 土能障水 濕能障火 五黑十惡障人天 四顚倒障聲聞果 此中三種不遠離障菩提心 應知者 若欲得無障 當遠離此三種障礙也

논 : 앞에서 설한 나라는 마음을 멀리 여의고, 자신에게 집착하지 않는 것과 중생을 편안하게 하지 않는 마음을 멀리 여의는 것, 그리고 자신에게 공양하고 공경하기를 바라는 마음을 멀리 여의는 것, 이 세 가지 법은 깨달음에 장애 되는 마음을 멀리 여의는 것인 줄 마땅히 알라.

논주 : 모든 법에는 각각 장애 되는 모습이 있다. 마치 바람은 능히 고요한 상태에 장애가 되고, 땅은 능히 물이 흐르는 데 장애가 되며, 불은 능히 습기에 장애가 된다. 다섯 가지 악[846]과 열 가지 악[847]은 인간과 천상 사람에게 장애가 되고, 네 가지 전도[848]는 성문에게 장애가 되는 것과 같다. 이 가운데 세 가지를 멀리 여의지 못하는 것은 깨달음에 장애가 되는 마음이

---

846) 한문에는 黑이라고 되어 있는데 白은 선을 뜻하고, 黑은 악을 의미하기 때문에 여기서는 살생·투도·음행·망어·음주 다섯 가지 악이다.
847) 몸으로 짓는 살생·투도·음행 등 세 가지와 입으로 짓는 망어·기어·양설·악구 등 네 가지, 그리고 생각으로 짓는 탐욕·진에·우치 등 세 가지를 합한 것이다.
848) 영원하지 않은 無常을 영원하다고 보며, 고통을 즐거움으로 보고, 거짓된 자기인 無我를 진실한 자기인 眞我로 보며, 깨끗하지 않은 不淨을 깨끗한 淨으로 보는 등 네 가지 전도된 마음이다.

다.

'마땅히 알라'는 것은 만약 깨달음에 장애를 없애려고 하면 마땅히 이 세 가지 장애를 멀리 여의어야 한다는 것이다.

【講說】

이 단원은 깨달음을 얻으려고 하면 마땅히 장애가 되는 세 가지를 여의어야 한다는 것을 비유를 들어 설명하고 있다. 즉 허공이 고요한 상태를 유지하고 싶지만 바람이 불면 장애를 받게 되고, 물이 순탄하게 흐르고 싶지만 흙이나 바위가 있으면 장애를 받게 되며, 어떤 일정한 습기를 유지하고 싶지만 따뜻한 불이 있으면 건조되기 때문에 불이 장애가 되고, 인간의 세계나 천상에 태어나고 싶지만 다섯 가지 악이나 열 가지 악을 지으면 천상에 태어나지 못하고 축생이나 지옥에 떨어지게 되며, 성문이 되고 싶지만 영원하지 않는 무상(無常)을 영원하다고 보고, 고통을 즐거움으로 보며, 거짓된 자기인 무아(無我)를 진실한 자기인 진아(眞我)로 보고, 깨끗하지 않는 부정(不淨)을 깨끗한 정(淨)으로 보는 등 네 가지 전도된 견해가 장애가 되어 성문이 되지 못한다.

이렇기 때문에 진실한 깨달음을 얻으려고 하면 '나'라는 마음을 멀리 여의고 자신에게 집착하지 말아야 하며, 모든 중생을 불편하게 하는 마음을 멀리 여의고, 그리고 자신에게 공양하고 공경하기를 바라는 마음을 멀리 여의는 이 세 가지를 실천해야 한다.

(3) 묘한 즐거움과 뛰어나게 참된 마음

論 : 向說無染淸淨心 安淸淨心 樂淸淨心 此三種心 略一處成就

妙樂勝眞心 應知
論註 : 樂有三種 一者外樂 謂五識所生樂 二者內樂 謂初禪二禪 三禪意識所生樂 三者法樂樂謂智慧所生樂 此智慧所生樂 從愛佛 功德起 是遠離我心 遠離無安衆生心 遠離自供養心 是三種心淸 淨增進 略爲妙樂勝眞心 妙言其好 以此樂緣佛生故 勝言勝出三 界中樂 眞言不虛僞不顚倒

논 : 앞에서 설한 오염되지 않은 청정한 마음, 편안하고 청정한 마음, 즐거운 청정한 마음 등 이 세 가지 마음을 요약하면 한 곳에서 묘한 즐거움과 뛰어나게 참된 마음을 성취한 것인데, 이런 줄 마땅히 알라.

논주 : 즐거움에는 세 가지가 있다. 첫째는 밖으로부터 오는 즐거움인데 5식(識)으로 생긴 즐거움[849]을 말하고, 둘째는 안에서 느끼는 즐거움[850]인데 초선과 2선(禪), 그리고 3선의 의식에서 생긴 즐거움이며, 셋째는 법락(法樂)의 즐거움[851]인데 지혜에서 생긴 즐거움을 말한다. 이 지혜로부터 생긴 즐거움은 부처님의 공덕을 좋아하고 바라는 데에서 일어난다. 이것은 나라는 마음을 멀리 여의는 것과 중생을 편안하게 하지 않는 마음을 멀리 여의는 것, 그리고 자신에게 공양하기를 바라는 마음을 멀리 여의는 것이다. 이 세 가지 마음이 청정하여 증진된 것을 간략하게 '묘락승진심(妙樂勝眞心)'이라 한다.

'묘(妙)'란 말은 좋다는 의미이고, 이 '락(樂)'은 부처님을 반연

---

849) 눈·귀·코·혀·몸 등 다섯 가지 식으로부터 생긴 즐거움이다.
850) 제6식인 의식에서 생긴 즐거움.
851) 진리를 음미하는 즐거움.

하여 생기기 때문이고, '승(勝)'이란 말은 삼계 중에 즐거움이 가장 뛰어난 것이고, '진(眞)'이란 말은 허망하지 않고 거짓이 없으며 전도되지 않는 것이다.

【講說】

이 세상 대부분 사람들이 돈을 벌기 위해 노력하고, 권력을 잡기 위해 노력하며, 학문과 과학을 이루기 위해 노력하는 것은 우선 가깝게는 나를 비롯한 내 가족이 고통을 받지 않고 화목한 가운데 즐거움을 누리기 위한 것이 목적일 것이고, 멀리는 이웃과 이 사회, 더 나아가서 국가와 이 지구상의 모든 사람들에게 안온한 즐거움을 주기 위해서라고 본다. 여기서 담란은 우리가 누리는 즐거움을 세 가지로 나누어 설명하고 있다.

첫째는 눈·귀·코·혀·몸 등 우리 몸의 감각기관이 객관대상인 빛깔이나 모양·소리·냄새·맛·촉감에 의해 싫은 것을 버리고, 좋은 것만을 받아들여 느끼는 즐거움이다. 이러한 즐거움은 영원하지 않고 순간적으로 지나가는 즐거움으로 마냥 허망하기만 하다. 예를 들면 요즈음 음식문화가 발달하여 수많은 음식이 있고 이를 먹는 방법도 다양하다. 그래서 음식을 먹으면서 즐거움을 느끼기 때문에 식도락(食道樂)이란 말도 있지만, 음식을 먹는 즐거움 때문에 많이 먹으면 배탈이 나 고통을 받기 쉽고, 혹은 음식을 적당히 먹어 즐거움을 느낀다고 하더라도 그것은 몇 시간도 가지 않는다. 술을 마시는 것도 비슷하다. 또 귀로 좋은 음악을 듣는 즐거움도 몇 시간이 가지 않고, 좋은 옷을 입고 느끼는 촉감도 며칠을 가지 못하며, 본인이나 자식이 목적한 바를 이루어 느끼는 즐거움도 몇 달이 가지 않듯이, 우리의 5근(根)으로 느끼는 즐거움은 얼마 가지 않기 때문에 이 즐거움이 지나가면 다시 노력하여 구해야 하는 수고로움이 따른다. 이러한 즐거움을 담란은 밖에서 오는 즐거움이라 하여 외락(外樂)이라 하고, 바람직한 즐거움이 아니라고 하였다.

둘째는 6근(根) 가운데 마지막 제6식인 우리의 의식에서 생기는 즐거움인데, 이는 밖에서 오는 것이 아니고 안에서 느끼는 즐거움이기 때문에 내락(內樂)이라 한다. 예를 들면 선정을 닦아 여기에서 느끼는 즐거움인데, 이는 앞에서 이야기한 5관(官)으로 느끼는 것이 아니라, 정신의 작용인 내면의 의식에서 느낀다. 우리가 사는 이 세계는 5근 작용이 주된 것이지만 천상으로 올라가면 갈수록 5근의 작용보다 의식의 작용이 주를 이룬다. 그러므로 무색계(無色界)는 아예 5근이 없고 의식만이 있는 세계이다. 아마도 의식으로 느끼는 즐거움이 5관으로 느끼는 즐거움보다는 시간적으로 길며, 더 실속이 있다고 본다. 담란은 이를 10선과 선정을 닦아 태어나는 초선과 2선, 그리고 3선의 하늘에서 의식으로 즐기는 것이라 하였다. 이렇게 의식으로 느끼는 천상의 즐거움도 시간적으로 제약을 받아 끝나는 날이 있어 영원한 즐거움이 되지 못한다. 왜냐하면 이 세계는 윤회라고 하는 세계에 포함되어 즐거움을 다 받고 나면 고통이 따르기 때문이다.

셋째는 지혜에서 생기는 즐거움인데 이는 진리를 깨달아 음미하는 법락(法樂)이다. 즉 우리가 수행하여 지혜를 얻고 진리를 깨달아 자성을 밝히는 즐거움으로, 태양이 언제까지나 빛나듯이 영원히 멸하지 않을 뿐만 아니라 모든 중생들에게 베풀어도 조금도 부족함이 없는 즐거움이다. 담란은 이러한 즐거움은 부처가 되기를 바라는 데서 오고, 앞에서 이야기한 세 가지 장애를 멀리 여의어 마음이 청정한 데에서 온다고 하였다. 또 이는 부처님을 반연하여 생긴 즐거움으로 아주 미묘하고, 3계를 벗어나 뛰어나며, 거짓이 없는 참된 마음, 즉 '묘락승진심'이라 하였다. 이러한 마음은 아미타 부처님의 마음이고, 부처님의 지혜에서 나타나는 것은 말할 것도 없다. 이 부처님의 지혜에서 나오는 즐거움을 한 마디로 표현하면 안락이라 할 수 있고, 안락을 대표적으로 말할 수 있는 곳은 극락정토이다. 이 극락정토는 법장보살의 청정한 지혜에 근본을 두어 생긴 것으로 이 즐거움이 넘치는 정토는 결국 성불하는 곳이라는 것을 강조하기 위한 것이 이 단원의 목적이라 할 수 있다.

9) 원하는 일 성취

論註 : 願事成就者
論 : 如是菩薩智慧心方便心無障心勝眞心 能生清淨佛國土應知
論註 : 應知者 謂應知此四種清淨功德 能得生彼清淨佛國土 非是他緣而生也
論 : 是名菩薩摩訶薩隨順五種法門所作隨意自在成就 如向所說身業口業意業智業方便智業 隨順法門故
論註 : 隨意自在者 言此五種功德力 能生清淨佛土 出沒自在也 身業者禮拜也 口業者讚歎也 意業者作願也 智業者觀察也 方便智業者廻向也 言此五種業和合 則是隨順往生淨土法門 自在業成就

논주 : 원하는 일을 성취한다란,

논 : 이와 같이 보살의 지혜심·방편심·장애가 되지 않는 마음〔無障心〕·수승하고 참된 마음〔勝眞心〕이 능히 청정한 부처님 국토에 태어나게 하는 줄 마땅히 알라.

논주 : '마땅히 알라'란 이 네 가지 청정한 공덕852)이 능히 저 청정한 부처님 국토에 태어나게 하며, 이것은 다른 반연에 의해 태어나는 것이 아닌 줄 마땅히 알아야 한다는 말이다.

논 : 이것을 보살마하살이 다섯 가지 법문에 수순하여 지은 것이고, 뜻에 따라 자재하게 성취함을 이름한다. 앞에서 말한 바와 같이 신업(身業)·구업(口業)·의업(意業)·지업(智業)·방편지업(方便智業)은 수순하는 법문이기 때문이다.

논주 : '뜻에 따라 자재하게'란 이 다섯 가지 공덕의 힘을 가지고 능히 청정한 불국토에 태어나면 출몰853)이 자재할 수 있음을 말한다. 신업은 예배이고, 구업은 찬탄이며, 의업은 원을 세우는 것이고, 지업은 관찰이며, 방편지업은 회향이다. 이 다섯 가지 업이 화합하면 곧 정토에 왕생하는 법문을 따르는 것이고, 자재한 업을 성취했다고 말한다.

【講說】

'원하는 일'이란 한 마디로 말하면 정토에 왕생할 보살들의 일이다. 다시 말하면 이 세계에 있으면서 정토에 태어나기를 원하는 보살의 의무란 5념문을 수행해야 하고, 여기서 얻어진 지혜의 마음, 방편의 마음, 장애가 되지 않는 마음, 수승하고 참된 마음 등

---

852) 논에서 이야기한 지혜심 · 방편심 · 무장심 · 승진심 네 가지이다.
853) 중생을 구제하기 위해 왔다 갔다 하는 것.

네 가지가 있어야 정토에 왕생해서 아미타 부처님을 친견하여 법문을 듣고 무생법인을 깨닫는 자리와 중생들을 구원하는 이타를 성취할 수 있다. 이 네 가지 마음에 대해서는 앞에서 이야기한 '미묘한 방편의 교화'는 방편심(方便心)의 설명이고, '깨달음에 장애되는 문'은 무장심(無障心)의 설명이며, '묘한 즐거움과 뛰어나게 참된 마음'은 승진심(勝眞心)의 설명이고, 지혜심(智慧心)에 대해서도 여러 단원에서 설명하였다. 즉 이 네 가지 공덕이 없이는 극락세계에 태어날 수 없기 때문에 이것은 왕생을 원하는 보살들이 마땅히 갖추어야 할 마음이다.

정토의 보살들이 시방국토의 모든 부처님 세계에 자유자재하게 다니면서 공양하고, 중생의 세계에 가서는 고통받는 사람들을 구원할 수 있는 것은 천친보살이 강조한 5념문을 수행하였기 때문이다. 즉 몸으로는 부처님께 예배하고, 입으로는 아미타 부처님을 찬탄하며, 뜻으로는 극락세계에 태어나기를 발원하고, 지혜로는 극락세계의 29종 장엄을 관찰하며, 방편으로는 고통 속에 헤매는 중생을 구제하기 위해 회향하는 데에서 얻어진 것이고, 이 5념문을 성취하면 출몰에 자유자재할 수 있다. 여기서 우리가 한 가지 알아야 할 것은 이 세계 사람들이 이 5념문을 수행하는 힘으로 정토에 왕생할 수 있고, 정토에 왕생하기만 하면 정토 장엄의 공덕과 아미타불의 법력에 의해 완전히 자유자재한 공덕을 성취할 수 있는 점이다. 그래서 이 세계에서 수행하는 사람이 5념문을 수행하여 설사 네 가지 마음을 이루지 못하더라도 걱정하지 말고 열심히 아미타불의 명호를 불러 우선은 왕생해야 한다.

10) 이롭게 하는 행 만족

(1) 다섯 가지 문

論註 : 利行滿足者
論 : 復有五種門漸次成就五種功德應知 何者五門 一者近門 二者大會衆門 三者宅門 四者屋門 五者園林遊戲地門
論註 : 此五種示現入出次第相 入相中初至淨土是近相 謂入大乘正定聚 近阿耨多羅三藐三菩提 入淨土已 便入如來大會衆數 入衆數已當至修行安心宅 入宅已 當至修行所居屋寓 修行成就已當至教化地 教化地則是菩薩自娛樂地 是故出門稱園林遊戲地門

　논주 : 이로운 행 만족이란,
　논 : 다시 다섯 가지 문이 있어 점차로 다섯 가지 공덕을 성취하는 줄 마땅히 알라. 무엇이 다섯 가지인가? 첫째는 근문(近門)이요, 둘째는 대회중문(大會衆門)이며, 셋째는 택문(宅門)[854]이고, 넷째는 옥문(屋門)[855]이며, 다섯째는 원림유희지문(園林遊戲地門)이다.
　논주 : 이 다섯 가지는 들어가고 나오는 모습을 보인 것이다. 들어가는 모습 가운데 처음 정토에 태어나는 것은 근상(近相)인데 대승의 정정취에 들어가면 아뇩다라삼먁삼보리에 가까워지는 것을 말한다. 정토에 왕생하고 나면 곧 여래의 대중들의 수

---

854) 집 앞마당인 것 같다.
855) 가옥 아니면 방을 말하지 않나 생각한다.

에 들어간다. 대중들의 수에 들어가고 나면 당연히 수행하여 마음이 편안한 집 마당에 들어가게 되고, 이 집 마당에 들어가고 나면 당연히 수행하는 집안에 들어가게 되며, 수행을 성취하고 나면 당연히 교화하는 땅에 들어가게 된다. 교화하는 땅이란 곧 이 보살들이 스스로 즐기는 땅이다. 그러므로 나오는 문을 원림유희지문이라 한다.

【講說】

여기서 말하는 '이롭게 하는 행 만족'이라는 것은 보살도인 자리와 이타를 원만히 성취한 것이다. 즉 정토에 들어가 수행하여 원만히 이룬 자리와 이 원만히 이룬 공덕을 남에게 베푸는 이타의 행을 원만하게 하는 것을 말한다. 이를 다시 말하면 정토에 들어가는 모습은 자리의 행으로 근문·대회중문·택문·옥문이고, 정토에 나오는 모습은 이타의 행으로 원림유희지문이다.

이 다섯 가지는 극락세계에 태어나서 얻는 이익이고, 앞에서 이야기한 5념문은 이 세계에서 수행하는 길이기 때문에 다르다. 즉 이 다섯 가지 문은 정토에 왕생하는 보살들이 마땅히 실천해야 할 길을 차례로 열거한 것이다. 이것을 담란은 다음과 같이 명쾌하게 설명하고 있다. 첫째 정토에 태어나는 사람들은 염불한 수행자로 모두 정정취 보살이다. 이 보살은 깨달음, 즉 보리에 가까워지기 때문에 근문이라 하고, 둘째 이미 정토에 태어난 사람들은 아미타 부처님의 가르침을 듣는 큰 대중들의 수에 합류하여 진리를 닦는 도반이 되기 때문에 대회중문이라 하며, 셋째 아미타 부처님의 법을 듣는 대중에 합류한 사람은 법을 듣고 선정을 수행하는 것이 마치 대문에 들어서 집 앞마당에 있는 것과 같기 때문에 택문이라 하였다. 넷째 선정을 수행한 사람은 한층 더 차원이 높은 여러 가지 진리를 닦는 것이 마치 방안에 있는 것과 같기 때문에 옥문이라 하고, 이 진리를 닦아 성취한 사람은 마땅히 고통 속에 헤매는 중생을 구원하기 위해 중생들이 사는 세계로 나오는 것이 마치 방에서 앞마당을 거쳐 대문을 나와 고통의 세계에 오는 것과 같고, 공원의 숲 속에서 노는 것과 같기 때문에 원림유희지문이라 하였다. 여기서 원림(園林)이란 번뇌가 숲 속처럼 많아 고통을 받는 곳이라는 것이고, 유희(遊戱)란 정토의 보살이 고통의 바다에서 중생을 구원하는 것이 마치 수고로움이 없이 기쁘게 노는 것과 같다는 의미이다.

(2) 다섯 가지 공덕의 모습

論 : 此五種門 初四種門 成就入功德 第五門成就出功德
論註: 此入出功德門 何者是 釋言
論 : 入第一門者 以禮拜阿彌陀佛爲生彼國 故得生安樂世界 是名入第一門
論註: 禮佛願生佛國 是初功德相
論 : 入第二門者 以讚歎阿彌陀佛隨順名義 稱如來名依如來光明智[856]相[857]修行 故得入大會衆數 是名入第二門
論註: 依如來名義讚歎 是第二功德相
論 : 入第三門者 以一心專念作願生彼 修奢摩他寂靜三昧行 故

---
856) 『왕생론』 본문에는 '智'가 없다.
857) 『왕생론』 본문에는 '想'으로 되어 있는데 종합적인 문맥으로 보면 "광명의 모습"으로 보는 것이 바람직하여 고려장경판 원문이 오자가 아닌가 한다.

得入蓮華藏世界 是名入第三門
論註: 爲修寂靜止故 一心願生彼國 是第三功德相
論: 入第四門者 以專念觀察彼妙莊嚴修毘婆舍那 故得到彼處受用種種法味樂 是名入第四門
論註: 種種法味樂者 毘婆舍那中 有觀佛國土淸淨味 攝受衆生大乘味 畢竟住持不虛作味 類事起行願取佛土味 有如是等無量莊嚴佛道味 故言種種 是第四功德相
論: 出第五門者[858] 以大慈悲觀察一切苦惱衆生 示應化身廻入生死園煩惱林中 遊戲神通至敎化地 以本願力廻向 故是名出第五門
論註: 示應化身者 如法華經普門示現之類也 遊戲有二義 一者自在義 菩薩度衆生 譬如獅子搏鹿所爲不難 如似遊戲 二者度無所度義 菩薩觀衆生畢竟無所有 雖度無量衆生而實無一衆生得滅度者 示度衆生如似遊戲 言本願力者 示大菩薩於法身中常在三昧 而現種種身 種種神通 種種說法 皆以本願力起 譬如阿修羅琴 雖無鼓者而音曲自然 是名敎化地第五功德相

  논: 이 다섯 가지 문 가운데 처음 네 가지 문은 들어가는 공덕을 성취한 것이고, 다섯 번째 문은 나오는 공덕을 성취한 것이다.
  논주: 이 들어가고 나오는 공덕의 문이 무엇인가를 여기에서 해석하였다.
  논: 들어가는 첫 번째 문이란, 아미타 부처님께 예배하는 것

---

[858] 『왕생론』본문에는 '者'가 없는데 앞 일문부터 사문까지 '者'가 있기 때문에 이도 고려장경판 원문이 잘못된 것 같다.

은 저 국토에 태어나려고 하기 때문에 안락세계에 태어날 수 있다. 이를 이름하여 들어가는 첫 번째 문이라 한다.

　논주 : 부처님께 예배하여 부처님 국토에 태어나기를 원하는 이것이 첫 번째 공덕의 모습이다.

　논 : 들어가는 두 번째 문이란, 아미타불을 찬탄하는 것은 명의(名義)에 수순하여 여래의 명호를 부르고, 여래의 광명지상(光明智相)에 의해 수행하기 때문에 대중의 무리에 들어갈 수 있다. 이를 이름하여 들어가는 두 번째 문이라 이름한다.

　논주 : 여래의 명의에 의해 찬탄하는 이것은 두 번째 공덕의 모습이다.

　논 : 들어가는 세 번째 문이란, 일심전념으로 저기에 태어나려고 원을 세우고, 사마타 적정삼매(寂靜三昧)의 행을 닦기 때문에 연화장 세계에 들어갈 수가 있다. 이를 이름하여 들어가는 세 번째 문이라 한다.

　논주 : 적정 삼매를 닦기 때문에 일심으로 저 국토에 태어나기를 원할 수 있다. 이것이 세 번째 공덕의 모습이다.

　논 : 들어가는 네 번째 문이란, 전념으로 저 미묘한 장엄을 관찰하고, 비파사나를 닦기 때문에 저곳에 태어나 여러 가지 법의 즐거움을 수용할 수가 있다. 이를 이름하여 들어가는 네 번째 문이라 한다.

　논주 : '여러 가지 법의 즐거움'이란 비파사나 가운데 관이 있으므로 부처님 국토의 청정한 것을 음미할 수 있고, 중생들은 대승의 한 맛에 들어가며, 결국에 헛되게 짓지 않는 맛에 머물러 가지게 되고, 여러 가지 이타의 행원을 일으켜 부처님 국토의 맛을 섭취한다. 이와 같이 한량없는 장엄된 불도의 맛이 있

기 때문에 '여러 가지'라 말한다. 이것이 네 번째 공덕의 모습이다.

논 : 나오는 다섯 번째 문이란, 대자비를 가지고 일체 고뇌하는 중생을 관찰하여 화현의 몸을 나타내어 생사의 국토[859], 번뇌의 숲에 들어가 신통으로 돌아다니는 것을 기뻐하고, 교화하는 곳에 이르러 본원력으로 회향한다. 그러므로 이를 이름하여 나오는 다섯 번째 문이라 한다.

논주 : '화현의 몸을 나타내어'란 『법화경』에서 '널리 나타낸다'는 비유와 같다. 유희(遊戱)에 두 가지 뜻이 있는데 첫째는 자재하다는 의미이다. 보살이 중생을 제도하는 것을 비유하면 사자가 사슴을 잡는 것처럼 아무런 어려움 없어 마치 노는 것과 같다는 것이고, 둘째는 제도했지만 제도한 바가 없다는 의미이다. 보살이 중생을 관하는 데 결국 있는 바가 없고, 비록 한량없는 중생을 제도하지만 실로 한 중생도 제도한 것이 없다는 것이다. 즉 중생을 제도하는 것을 보이는 것이 마치 노는 것과 같다.

'본원력'이란 말은 대보살은 법신 가운데 항상 삼매에 있어 여러 가지 몸, 여러 가지 신통, 여러 가지 설법을 나타내 보이는 것 모두 본원력으로 일으킨다. 예를 들면 아수라의 거문고는 치는 사람이 없어도 음곡이 자연히 연주되는 것과 같다.[860] 이것이 교화하는 곳으로 이름하여 다섯 번째 공덕이라 한다.

---

859) 본문에는 園, 즉 정원이라 하였지만 번역을 국토로 하였다.
860) 아수라는 8부 신중 가운데 하나로 제석천과 싸우는 귀신이지만, 아수라의 거문고는 아수라의 복덕에 의해 그 누가 치지 않아도 스스로 묘한 소리를 낸다. 이것은 극락정토의 악기도 두드리는 사람 없이 스스로 울려 진리를 설한다는 것에 비유한 것이다.

【講說】

 이 단원에 나오는 술어 가운데 명의(名義)에 수순(隨順)하는 것과 광명지상(光明智相)에 대해서는 앞 총설분의 찬탄문에서 언급하였고, 사마타와 비파사나는 앞 해의분의 작원문과 관찰문에서 자세히 언급하였기 때문에 생략한다.

 세 번째 작원문에 나오는 연화장세계에 대해 알아보자. 천친은 이 논에서 안락국이라는 단어를 9회, 아미타불국은 2회, 정토와 안락세계, 그리고 청정불국이란 단어를 각각 1회에 걸쳐 사용하여 아미타불이 계시는 국토를 이야기하면서 논 마지막에 왜 연화장세계를 언급하였을까? 이 연화장세계란 산스크리트어로는 kusuma-tala garbha-vyūhālaṁkāra-loka-dhātu-samudra로 연꽃에서 출생한 세계, 또는 연꽃 중에 함장(含藏)된 세계란 의미가 있다. 이에 대해 잘 언급하고 있는 경전은 『화엄경』과 『범망경』이다. 『화엄경』 「노사나불품」861)에서는 노사나불은 과거에 세운 원과 수행에 의해 깨끗하게 꾸며진 큰 연꽃 안의 세계에 계시기 때문에 연화장(蓮華藏)이라 하였고, 『범망경』862)에서는 천엽의 큰 연꽃으로 되어 있고, 하나하나의 잎이 한 세계로 백억의 수미산과 사천하, 남섬부주 등이 있고, 노사나불은 그 본원으로 연화대에 앉아 스스로 몸을 변화시켜서 천 몸의 석가가 되어서 하나하나의 잎 위에 의지하여 있고, 다시 천 석가는 백억의 보살 석가가 되어 각각 염부제 보리수 밑에 앉아 보살의 심지법문(心地法門)을 설한다고 하였다. 이 『범망경』의 설은 『화엄경』과 좀 달리 말하고 있으나 다 노사나불이 계신 세계를 연화장세계로 하는 것은 같다. 이 논의 저자인 천

---

861) 대정장 9권 pp.405a~418a에 자세히 언급되어 있다.
862) 대정장 24권 pp.997b~998a.

친보살은 그의 형인 무착의 『섭대승론』을 주석하여 『섭대승론석』863)이란 책을 만들었다. 이 책에서 그는 연화의 세계를 상(常)·락(樂)·아(我)·정(淨)이라는 네 가지 덕이 있는 곳이라 하였고, 법계진여(法界眞如)의 덕으로 이루어진 세계라고 하면서, 꽃 가운데 가장 좋은 꽃인 연꽃을 비유하여 장엄대연화(莊嚴大蓮花)라고 하였다. 즉 천친보살은 이러한 사상에 의해 『화엄경』과 『범망경』에서 노사나불이 계신 세계를 연화장세계라고 하는 것과 달리 아미타불의 정토를 법계진여의 덕으로 이루어진 세계로 보고 연화장이라고 하였다. 또 천친보살이 '연화'라는 말을 '우공덕'과 '좌공덕', '부동응화공덕' 등에서 언급한 것으로 보아 본인 스스로 연꽃에 대한 관심이 깊이 있었지 않나 생각한다. 이 연꽃과 극락세계의 관계를 잘 말하고 있는 경전은 『관무량수경』이다. 이 경의 내용을 앞에서도 한 번 인용했지만864) 다시 보면, "칠보로 된 땅 위에 크고 가장 좋은 연화의 좌대가 있는데, 연잎 하나하나에 백 가지 보배스런 색이 있고 8만 4천 가지 줄기가 있는데 마치 천상의 그림과 같으며, 줄기에는 8만 4천의 광명이 있다. 꽃잎이 작은 것은 가로 세로 250유순(由旬)이나 되는데 이와 같은 연꽃에 8만 4천의 잎이 있고, 하나하나 잎 사이에는 각각 백억 개의 마니주 보석으로 빛나게 장식되어 있다. 하나하나 마니주 보석으로부터 천 가지 광명을 발하는데, 그 광명은 일산과 같으며, 칠보로 이루어져 두루 땅 위를 덮고 있느니라. 석가비능가(釋迦毘楞伽) 보배로 좌대가 되어 있고, 이 연화대는 8만 가지 금강석과 견숙가보, 범마니보, 묘한 진주의 그물로 장엄되어 있으며, 그 좌대 위에는 자연히

---

863) 대정장 31권 p.264a.
864) 앞 총설분의 부처님 장엄 가운데 '좌공덕'에서 인용하였다.

네 기둥의 보당(寶幢)[865]이 있는데 하나하나의 보당은 8만 4천억의 수미산과 같고, 그 보당 위의 휘장은 야마천의 궁전과 같은데 5백억 개의 미묘한 보배 구슬로 장식되어 있느니라. 하나하나의 보배 구슬에는 8만 4천 가지 광명이 있고, 하나하나의 광명에는 8만 4천 가지 색다른 금색을 지니고 있으며, 하나하나의 금색은 안락국토에 두루하여 곳곳마다 변화해서 각각 여러 가지 모습을 지었는데 혹은 금강대가 되고, 혹은 진주 그물이 되며, 혹은 여러 가지 꽃구름이 되기도 하여 시방의 곳곳에서 뜻에 따라 변화하여 여러 가지 불사를 짓느니라."[866]라 하였다. 이는 아미타 부처님이 앉아 계시는 좌대인 연화대에 대한 설명이고, 이밖에 『관무량수경』 마지막 부분에 있는 9품 왕생에서는 다 한결같이 연꽃 속에서 태어난다고 말한 것은 화생(化生)하는 장소가 연꽃이라는 것으로 연꽃 자체가 극락세계라고 하는 것은 아니다. 그러나 천친은 극락세계와 연꽃의 관계가 깊다는 사상에 의해 극락세계를 연화장세계라 보지 않았나 생각한다.

다음 네 번째 문에서 "저곳에 태어나 여러 가지 법의 즐거움을 수용한다."고 한 것은 극락세계에 있는 29종 장엄을 모두 수용한다는 것인데, 담란이 이 가운데 청정한 공덕을 음미할 수 있는 '청정공덕'과 중생들을 구원하여 대승의 한 맛에 들어가게 하는 '대의문공덕', 아미타 부처님의 본원으로 왕생한 사람들을 끝까지 헛되게 짓지 않고 참되고 진실된 것만을 지어 멸하지 않고 영원히 머

---

[865] 보배 구슬로 장엄한 幢으로 여기서 당이란 부처님의 위신력을 드날리기 위하여 세우는 일종의 장대로 용머리 모양을 장대 끝에 만들고 거기에 깃발을 단 것이다.
[866] 쯔보이 순애이 著 이태원 譯 『정토삼부경개설』 pp.443~445의 연화대를 생각하는 관법이다.

물게 하는 '불허작주지공덕', 정토에 있는 보살들이 여러 가지 이타의 행원을 일으키는 '부동응화공덕'의 네 가지만 열거한 것은 29종 장엄 중 이것을 중요하게 여겼기 때문이다. 왜냐하면 '청정공덕'은 모든 장엄의 근본이 되기 때문이고, '대의문공덕'은 정토 보살들이 실천해야 할 대승 보살도이기 때문이며, '불허작주지공덕'은 정토 보살들이 수행하여 쌓은 공덕이 진실하고 이것을 사용하고 사용해도 부족함이 없이 영원히 존재해야 하기 때문이고, '부동응화공덕'은 정토 보살이라고 하면 고통 속에 헤매는 중생을 구제하는 행을 마땅히 실천해야 하기 때문이다.

다섯 번째 회향문에서 '화현의 몸을 나타내어'란 『법화경』의 「보문품」에서 관세음보살의 명호를 부르면 관세음보살은 이 소리를 듣고 여러 가지 화현의 몸으로 나타내어 구원하듯이, 정토의 보살들도 앞 네 가지 수행에 의해 얻은 공덕을 중생들을 구원하는 데 회향하는 것에 비유한 것이다. 이 보문품 가운데 몇 가지만 인용하면 "선남자야, 만일 한량없는 백천 만 억 중생이 모든 고뇌를 받을 때에 이 관세음보살의 이름을 듣고 일심으로 부르면 관세음보살이 즉시 그 음성을 듣고 나타나 다 해탈을 얻게 하느니라."[867]고 하였고, 또 "바다에서 흑풍[868]이 불어 배가 표류하여 멀리 나찰귀의 나라에 떨어지게 되었을지라도, 만일 한 사람이라도 관세음보살의 명호를 부르면 즉시 그 음성을 듣고 나타나 이 모든 사람들이 다 나찰의 환난을 벗어나게 되리라. 이 인연으로 이름을 관세음이라 하느니라."[869]고 하는 등 어떤 역경에 처해 있을지라

---

867) 대정장 9권 p.56c.
868) 먼지를 일으키며 햇빛을 가리고 맹렬히 부는 바람.
869) 대정장 9권 p.56c.

도 지극한 마음으로 관세음보살의 명호를 부르면 관세음보살은 이 소리를 듣고 와 구원해 주신다. 이러한 회향정신을 담란은 보문품 마지막에 "만일 중생이 이 관세음보살 보문품의 자재한 업과 보문(普門)으로 신통력을 나타냄[示現]을 들은 이 사람의 공덕은 적지 아니함을 마땅히 아오리다."[870]고 한 '보문시현(普門示現)'을 인용하여 설명한 것이다.

 담란은 정토의 보살이 중생을 구원하는 회향의 일은 사자가 사슴을 가지고 노는 것과 같이 자유자재하다고 비유하였고, 또 "한량없는 중생을 제도하지만 실로 한 중생도 제도한 것이 없다."고 한 『금강경』[871]의 설을 인용한 것은 공사상(空思想)에 입각한 것으로 담란의 높은 견해라 하지 않을 수 없다.

(3) 자리와 이타의 행 완성

論 : 菩薩入四種門 自利行成就應知
論註 : 成就者 謂自利滿足也 應知者 謂應知由自利故 則能利他 非是不能自利而能利他也
論 : 菩薩出第五門 廻向利益他[872] 行成就應知
論註 : 成就者 謂以廻向因 證敎化地果 若因若果無有一事不能利他 應知者 謂應知由利他故 則能自利 非是不能利他而能自利也

---

870) 대정장 9권 p.58b.
871) 佛告須菩提 菩薩發阿耨多羅三藐三菩提心者 當生如是心 我應滅度一切衆生令入無餘涅槃界 如是滅度一切衆已 而無一衆生實滅度者 何以故 須菩提 若菩薩有衆生相人相壽者相 則非菩薩(대정장 8권 p.755b)
872) 『왕생론』 본문에는 앞 '廻向'이 여기에 들어 있다.

논 : 보살은 들어가는 네 가지 문을 가지고 자리의 행을 성취하는 줄 마땅히 알라.

논주 : '성취'란 자리의 충만을 말하고, '마땅히 알라'란 자리로 말미암아 곧 능히 남을 이롭게 하는 것으로, 이 자리가 완전하지 못하면 남을 이롭게 하는 행을 할 수 없음을 마땅히 알라는 말이다.

논 : 보살은 나오는 다섯 번째 문을 가지고 남을 이익 되게 하는 행을 성취하는 줄 마땅히 알라.

논주 : '성취'란 회향하는 원인에 의해 교화하는 곳에서 결과를 얻는다. 혹은 인(因), 혹은 과(果)가 하나로 이타가 아닌 것이 없다. '마땅히 알라'란 이타이기 때문에 곧 능히 자리가 되며, 이것은 능히 이타가 아니면 자리가 되지 않는다는 것을 마땅히 알아야 한다는 말이다.

【講說】
이 세상 사람들이 어떤 일에 열심히 노력하는 것은 대부분이 자기의 성취감을 맛보기 위해서이다. 이러한 자기의 성취감을 가지고 남에게 회향하는 것은 이타의 정신으로 숭고한 보살도라 하지 않을 수 없다. 그러나 남에게 베풀기 위해서는 그것을 자기가 먼저 가지고 있지 않으면 안 된다. 즉 부처님의 진리를 베풀기 위해서는 본인이 먼저 깨달아 아는 것이 있어야 하고, 남의 굶주림을 해결하기 위해서는 먼저 양식을 갖고 있지 않으면 안 되며, 무의탁 노인들을 위해 양로원을 건설한다든가 아픈 사람을 위해 병원을 건립하는 등 복지시설을 갖추기 위해서는 거기에 소요되는 경제가 구비되지 않으면 안 된다. 그렇기 때문에 남을 돕기 위해서는 본인이 먼저 열심히 노력하여 베풀어주어야 할 것을 갖추지 않으면 안되기에 이 논에서는 "자리가 완전하지 못하면 남을 이롭게 하는 행을 할 수 없다."고 하였다.

다음 "이타이기 때문에 곧 능히 자리가 되며, 이것은 능히 이타가 아니면 자리가 되지 않는다."고 한 것은 쉽게 이해할 수 있는 문장은 아니다. 보살이 성불하기 위해 갖추어야 할 하나의 일이 있다면 그것은 많은 중생들에게 이익을 베풀어 복을 짓는 것이다. 즉 부처가 되는 자리를 위해 먼저 해야 할 일은 남을 구원해 주는 이타가 없이는 안 되기에 이타가 곧 자리라는 것이다. 불교에서 남에게 베풀어주는 보살행을 실천하는 것은 나에게 이익이 있기를 바라는 마음에서 하는 것은 아니지만, 결국 많은 이익이 돌아온다는 것은 부정할 수 없는 사실이다. 구마라집이 번역한 『금강경』에서 자주 강조한 말 가운데 하나가 "보살은 베푼다는 생각 없이 보시한 복덕이 불가사의하다."[873)고 하였다. 이 가운데 '베푼다는 생각 없이 보시한' 행위는 남을 위한 이타이고, '복덕이 불가사의하다.'는 것은 자기에게 주어진 복덕이 헤아릴 수 없이 많다는 것을 의미하기 때문에, 결국 준다는 생각 없이 베푸는 행위는 한량 없는 복이 오는 자리의 행이다.

오늘날 한국 사회에서는 매스컴이나 일반 자선 단체에서 불우한 이웃을 돕는 행사가 일년이면 몇 차례 실시되고 있다. 이 행사에 큰 기업체에서 이름을 밝혀 수십 억을 내는 것보다 익명으로 몇 천만 원을 내는 사람을 접하게 될 때 그 사람이 누구인지 모르

---

873) 須菩提 菩薩應如是布施不住於相 何以故 若菩薩不住相布施 其福德不可思議 ……중략…… 須菩提 菩薩無住相布施福德 亦復如是 不可思量(대정장 8권 p.749a)

지만 더 존경하게 된다. 이것은 남에게 베푼다는 상을 내지 않으려고 하는 것이기 때문에 몇 십억을 내는 사람보다 더 존경을 받게 된다는 것을 우리는 명심해야 한다.

(4) 속히 부처의 깨달음을 얻음

論 : 菩薩如是修五念門行自利利他 速得成就阿耨多羅三藐三菩提故

論註 : 佛所得法 名爲阿耨多羅三藐三菩提 以得此菩提故名爲佛 今言速得阿耨多羅三藐三菩提 是得早作佛也 阿名無 耨多羅名上 三藐名正 三名遍 菩提名道 統而譯之名爲無上正遍道 無上者 言此道窮理盡性更無過者 何以言之 以正故 正者聖智也 如法相而知 故稱爲正智 法性無相故聖智無知也 遍有二種 一者聖心遍知一切法 二者法身遍滿法界 若身若心無不遍也 道者無礙道也 經言 十方無礙人一道出生死 一道者一無礙道也 無礙者謂知生死卽是涅槃 如是等入不二法門 無礙相也

논 : 보살은 이와 같은 오념문의 행을 닦아 자기도 이롭게 하고 남도 이롭게 하며, 속히 아뇩다라삼먁삼보리를 얻을 수 있기 때문이다.

논주 : 부처님이 얻은 법을 '아뇩다라삼먁삼보리'라 하고, 이 깨달음을 얻었기 때문에 이름하여 부처라 한다. 지금 '속히 아뇩다라삼먁삼보리를 얻었다'고 말한 이것은 속히 부처가 될 수 있다는 것이다. '아(阿)'를 이름하여 '무(無)'라 하고, '녹다라(耨多羅)'를 이름하여 '상(上)'이라 하며, '삼먁(三藐)'을 이름하여

'정(正)'이라 하고, '삼(三)'을 이름하여 '변(遍)'이라 하며, '보리(菩提)'를 이름하여 '도(道)'라고 하므로 이것을 모두 해석하여 '무상정변도(無上正遍道)'라 이름한다. '무상(無上)'이란 이 진여의 이치를 다 깨닫고 법성을 다 깨달아 다시 이보다 나을 것이 없음을 말한다. 무엇 때문에 그렇게 말하는가? '정(正)'을 가지고 있기 때문이다. '정'이란 성인의 지혜이다. 법의 모습 그대로 알기 때문에 성지(聖智)라 부른다. 법성은 모양이 없기 때문에 성인의 지혜는 무지(無知)이다. '변(遍)'에 두 가지가 있는데 첫째는 성심(聖心)874)으로 일체 법을 두루 아는 것이고, 둘째는 법신으로 법계에 두루 가득한 것이다. 혹 몸875) 혹은 마음876)이 두루 하지 않는 것이 없다. '도(道)'란 장애가 없는 도로 경에 말씀하시기를 "시방에 걸림이 없는 사람은 일도(一道)에 생사를 벗어난다."877)고 하였다. '일도'란 걸림이 없는 도이며, '무애(無礙)'란 생사가 곧 열반인 줄 아는 것으로 이와 같은 둘이 아닌 법문에 들어가면 걸림이 없는 모습이 된다.

【講說】
이 단원에서는 정토에 왕생하기 위해 오념문을 수행하는 것은 속히 아뇩다라삼먁삼보리를 깨달아 부처가 되는 길을 실현하는 것이라고 강조하였다. 그래서 천친보살은 오념문을 수행하는 것은 자리와 이타의 행을 성취하는 것이며, 이로 인해 속히 깨달음을

---

874) 부처님의 마음.
875) 법신이다.
876) 부처님 마음.
877) 『화엄경』 菩薩明難品에 "文殊法常爾 法王唯一法 一切無礙人 一道出生死"(대정장 9권 p.429b)

얻어 부처가 된다고 하였고, 담란은 단적으로 이 깨달음을 얻은 자를 부처라 하고, 이 깨달음에 대해 자세히 해석하였다.

부처님의 깨달음을 산스크리트어로는 anuttara-samyak-saṁbodhi 라 하는데 이 가운데 a는 부정을 나타내는 접두어이고, nuttara는 '높다'는 상(上)으로 훌륭한, 최고라는 뜻을 가진 형용사이며, samyak는 '바르다'는 의미이고, saṁ은 '완전하다'는 접두어이며, bodhi는 깨달은 지혜로, 전체를 의역하면 위없이 높은 바르고 완전하게 깨달은 지혜라고 할 수 있다. 이것을 한문으로는 무상정등정각(無上正等正覺), 무상정진도(無上正眞道), 무상정변지(無上正遍知) 등으로 표현한다. 이것을 담란은 무상정변도(無上正遍道)라고 하면서 하나하나에 대해 설명하고 있는데 이 가운데 중요한 것만을 논하면 다음과 같다.

본문에서 "'정(正)'을 가지고 있기 때문이다"고 한 것에 대해 생각해 보자. 이 '정(正)' 속에 anuttara라는 내용이 포함되어 있다는 것이다. 즉 부처님이 깨달은 지혜는 바른데, 이 바른 것은 위없이 최고인 무상(無上)이다. 그리고 성인이신 부처님의 지혜는 모든 것을 왜곡되지 않게 있는 그대로 바르게 알기 때문에 '정(正)'이라 하기도 하고, '정지(正智)'라 하기도 한다. 담란은 이 정지를 무지(無知)라고 하였다. 왜냐하면 법성은 모양이 없기에 성인의 지혜는 무지이기 때문이다. 이 무지에 대해서는 앞에서 논했기 때문에 생략한다.

다음 본문에서 보리를 왜 도(道)라고 했을까를 생각해 보자. 원래 bodhi를 깨달음이라고 하는데 담란은 도라고 하면서 『화엄경』의 "시방에 걸림이 없는 사람은 일도(一道)에 생사를 벗어난다."는 설을 인용하여 설명하였다. 그리고 일도란 걸림이 없는 도이며,

이 걸림이 없는 도는 생사가 곧 열반인 줄 아는 불이법문(不二法門)이라고 하여 담란다운 해석을 하였다. 다시 말하면 시방세계의 모든 부처님들은 이 도에 의해 깨달음을 얻었고, 장차 부처가 될 사람들도 이 도를 의존하지 않으면 안 된다는 것이 담란의 본의이다. 원시불교이래 지금까지 부처님은 정법(正法)을 깨달은 이라고 하였다. 이 정법이란 말 그대로 바른 이치의 법, 또는 바른 진리의 가르침, 진실한 가르침으로 해석할 수 있지만, 그럼 이 바른 이치의 법이 무엇이냐고 하면 이것에 대한 대답은 그리 쉽지 않다. 이것을 담란은 아무 것에도 걸림 없는 무애(無碍)의 도(道)라 하고, 이 무애의 도는 생사를 한번에 벗어나고, 생사가 곧 열반인 줄 아는 불이(不二)의 이치라고 하였다. 이 불이의 이치는 『유마경』 제9 「입불이법문품(入不二法門品)」[878]에서 강조한 설로 이 경의 중심사상이다. 부처님께서는 중생들의 근기를 관찰하시어 구원하시는데 낮은 능력을 가진 사람에게는 낮은 법문을 설하여 실천하게 하고, 능력이 향상되면 좀 높은 법문을 설하여 실천하게 하여 최고의 경지에 도달하게 한다. 이 세상 사람들은 현상적인 존재에 집착하여 이것을 소유하기 위해 여러 가지 수단과 방법을 동원하는가 하면 심지어는 악한 일도 서슴없이 저질러 사회를 혼탁하게 할 뿐만 아니라, 자기의 심성을 악한 업으로 만든다. 이 현상적인 존재에 집착하는 병을 치료하기 위해 이 세상 모든 것은 거짓으로 이루어진 것으로 영원히 변하지 않는 진실한 것은 하나도 없으며, 결국 멸하여 공(空)하다는 법을 설하셨다. 그리하여 이 세상 모든 것은 무상(無常)하여 공으로 돌아간다는 공관(空觀)을 닦게 하였다. 그러나

---

878) 대정장 14권 pp.550b~551c.

공의 진리를 터득한 사람이 잘못하면 공에 집착하는 병에 걸리게 된다. 이런 사람을 치료하기 위해 불이법문을 설한 것이다. 즉 『유마경』「입불이법문품」은 앞「관중생품(觀衆生品)」에서 능력이 낮은 중생은 본래 공(空)한 것임을 밝힌 것을 보고 "보살들도 성문이나 연각처럼 공을 관하는 것을 근본으로 삼는다면 성문과 연각과 무엇이 다르겠는가?"라고 의심한다. 이러한 의심을 치료하기 위해 불이법문을 설한 것이다. 즉 보살들은 성문과 연각처럼 공을 관하기는 하지만 그러나 공을 주장하면서도 유를 버리지 아니하고, 유를 내세우면서 능히 온갖 교화를 이룬다. 그러므로 공은 유를 버리지 않고 있고, 유는 공을 버리지 않고 있기 때문에 공과 유는 본래 둘이 아니다. 이러한 도리를 밝혀 공에 대한 병을 치료하였다.

이 세상 대부분의 사람들은 어떠한 것이든 상대적으로 보는 습성이 있다. 예를 들면 좋은 것과 나쁜 것, 옳은 것과 그릇된 것, 바른 것과 바르지 않는 것, 착한 것과 악한 것, 아름다운 것과 더러운 것, 긴 것과 짧은 것, 높은 것과 낮은 것, 넓은 것과 좁은 것, 친한 것과 안 친한 것, 생과 사, 번뇌와 열반, 범부와 성인 등등 반드시 둘로 차별하여 자기 마음에 든 것은 취하고, 마음에 들지 않는 것은 버리려고 하는 분별하는 마음이 있기 때문에 분별심 속에서 한없이 헤맨다. 즉 범부들은 이러한 생사를 분별하는 곳에 머물러 헤매지만 성문과 연각은 이러한 분별을 초월한 열반의 경지에 머물고, 이보다 나은 보살들은 한 걸음 나아가 생사와 열반이 둘이면서 둘이 아닌 경지에 머물러 스스로는 고요한 정(靜)인 법신 자리에 있으면서 중생을 구원하기 위해 움직이는 동(動)인 보신과 화신의 자리에 있다. 그러기에 보살은 정과 동이 서로 걸림이 없는 자리에서 중생들에게 이익을 줄 수 있는 것이다.

즉 앞에서 말한 상대성은 둘이 다른 듯하지마는 다른 것이 아니요, 그렇다고 하나이면서 같은 것도 아니다. 그러니 하나이면서 하나가 아니요, 둘이면서 둘이 아니다. 일만 법이 서로 들어가서 하나가 되지만 그러나 둘을 떠나서 하나가 되는 것이 아니다. 이와 같은 둘이 아닌 법문은 부처님의 교설 가운데 최고의 요체인데 이 요체를 담란은 보리인 무애의 도라고 하였다.879) 이러한 것을 『화엄경』에서 '이사무애(理事無礙)'라 하지 않았나 생각한다.

論註 : 問曰 有何因緣 言速得成就阿耨多羅三藐三菩提 答曰 論言 修五門行 以自利利他成就故 然覈求其本 阿彌陀如來爲增上緣 他利之與利他 談有左右 若自佛而言 宜言利他 自衆生而言 宜言他利 今將談佛力 是故以利他言之 當知此意也 凡是生彼淨土 及彼菩薩人天 所起諸行 皆緣阿彌陀如來本願力故 何以言之 若非佛力四十八願便是徒設 今的取三願 用證義意 願言 設我得佛 十方衆生 至心信樂 欲生我國乃至十念 若不得生者 不取正覺 唯除五逆誹謗正法 緣佛願力故 十念念佛便得往生 得往生故 卽免三界輪轉之事 無輪轉故 所以得速 一證也 願言 設我得佛 國中人天 不住正定聚 必至滅度者 不取正覺 緣佛願力故住正定聚 住正定聚故 必至滅度 無諸廻伏之難 所以得速 二證也 願言 設我得佛 他方佛土諸菩薩衆來生我國 究竟必至一生補處 除其本願 自在所化 爲衆生故被弘誓鎧 積累德本 度脫一切遊諸佛國 修菩薩行 供養十方諸佛如來 開化恒沙無量衆生 使立無上正眞之道

---

879) 이 불이법문에 대한 것은 이영무 박사가 역해한 『유마경강설』(pp.359~378)을 참조하였다.

超出常倫諸地之行現前 修習普賢之德 若不爾者 不取正覺 緣佛願力故 超出常倫諸地之行現前 修習普賢之德 以超出常倫諸地行故 所以得速 三證也 以斯而推他力 爲增上緣 得不然乎 當復引例示自力他力相 如人畏三塗故 受持禁戒 受持禁戒故能修禪定 以禪定故修習神通 以神通故 能遊四天下 如是等名爲自力 又如劣夫跨驢不上 從轉輪王行便乘虛空 遊四天下 無所障礙 如是等名爲他力 愚哉後之學者 聞他力可乘 當生信心 勿自局分也

　논주 : 묻기를, 무슨 인연이 있어 속히 아뇩다라삼먁삼보리를 얻을 수 있다고 말하는가?
　답하기를, 논에서 말한 오념문의 행을 닦아 자리와 이타를 성취하였기 때문이다. 그런데 진실로 그 근본을 찾으면880) 아미타여래가 증상연881)이 된다. 타리(他利)와 자리(利他)에 대해 말하면 서로 다르다. 만약 부처님 쪽에서 말하면 마땅히 이타라 해야 하고, 중생 쪽에서 말하면 마땅히 타리라 해야 한다. 지금은 마땅히 부처님의 힘을 말하기 때문에 이타를 가지고 말한다. 마땅히 이러한 의미를 알아야 한다.
　대개 저 정토에 태어나는 것과 저 보살과 인천들이 일으키는 모든 행들은 모두 아미타여래에 반연한다. 무엇 때문에 그렇게 말하는가? 만약 부처님의 힘이 아니라면 48원은 곧 한갓 헛된 것일 것이다. 지금 세 가지 원을 가지고 뜻을 분명하게 증명하겠다.
　원에 말하기를 "만약 제가 부처가 되어서도, 시방의 중생들이

---

880) '자리와 이타의 행을 하게 된 원인을 규명하면'이라는 의미이다.
881) 총설분 묘색공덕성취의 강설에서 자세히 언급하였다.

지극한 마음으로 믿고 원하여 저의 나라에 태어나려고 십념을 해도 태어날 수 없다면 저는 부처가 되지 않겠습니다. 오직 오역죄와 정법을 비방한 사람은 제외합니다."882)고 하였다. 부처님의 원력을 반연하기 때문에 십념 염불로 곧 왕생할 수 있다. 왕생할 수 있기 때문에 즉시 삼계에 윤회하는 것을 면하게 되고, 이 윤회가 없기 때문에 속히 얻을 수 있다는 것이 첫 번째 증거이다.

원에 말하기를 "만약 제가 부처가 되어서도, 그 나라 가운데 인천이 정정취883)에 머물러 반드시 열반에 이르지 못한다면 저는 부처가 되지 않겠습니다."884)고 하였다. 부처님의 원력을 반연하기 때문에 정정취에 머물게 되고, 정정취에 머물기 때문에 반드시 열반에 도달하게 되며, 이로 인해 모든 윤회에 빠질 우려가 없기 때문에 속히 얻을 수 있다는 것이 두 번째 증거이다.

원에 말하기를 "만약 제가 부처가 되어서도, 다른 국토의 모든 보살들이 저의 국토에 태어나면 결국에는 반드시 일생보처885)에 이르게 될 것이다. 그들이 서원을 따라 자유로이 변하여 중생을 위해 큰 서원을 세워 공덕을 쌓아 모든 중생을 제도하고, 모든 불국토에 다니면서 보살의 행을 닦으며, 시방세계의

---

882) 48원 가운데 제18 念佛往生願이다.(쯔보이 순애이 著 이태원 譯『정토삼부경개설』pp.174~175)
883) 중생을 세 가지로 분류하는데 첫 번째 正定聚란 반드시 깨달음을 얻는다는 것이 결정된 사람으로 이 사람은 뒤로 물러나지 않는다. 두 번째 不定聚란 수행하지만 뒤로 물러날 수도 있고, 잘 하면 앞으로 전진할 수도 있는 사람이며, 세 번째 邪定聚란 수행하지 않아 반드시 악도에 떨어질 사람을 말한다.
884) 48원 가운데 제11 住正定聚願이다.(쯔보이 순애이 著 이태원 譯『정토삼부경개설』p.171)
885) 산스크리트어 eka-jātipratibaddha의 번역으로 보살의 높은 지위로서 다음 생에는 부처님이 되는 것이다.

모든 부처님께 공양하고, 항하의 모래와 같이 무량한 중생을 제도하여 위없이 바르고 참된 도를 세우게 하고, 차례 차례의 모든 지위의 행을 초월해 바로 보현보살의 덕을 닦게 하는 이는 제외합니다. 만약 그렇게 하지 못한다면 저는 부처가 되지 않겠습니다."886)고 하였다. 부처님의 원력을 반연하기 때문에 차례차례의 모든 지위를 초월하여 바로 보현보살의 덕을 닦을 수 있다. 차례차례의 모든 지위를 초월하기 때문에 속히 얻을 수 있다는 것이 세 번째 증거이다. 이러한 것으로 미루어 보면 타력이 증상연이 된다. 그렇지 않고 얻을 수 있겠는가!

또 다시 예를 들어 자력과 타력의 모습을 보일까 한다. 사람들은 지옥과 아귀, 그리고 축생에 떨어질까 두려워하여 금하는 계를 지키게 되고, 금하는 계를 지키기 때문에 능히 선정을 닦을 수 있으며, 선정이 있기 때문에 신통을 닦고, 신통력을 가지고 있기 때문에 능히 사천하에 돌아다닐 수 있듯이, 이와 같은 등을 이름하여 자력이라 한다. 또 졸장부는 나귀를 타고 날을 수 없어도 전륜성왕의 행렬에 들어가면 곧 허공을 날아 사천하를 돌아다니는 데 장애 될 것이 없는 이와 같은 것을 이름하여 타력이라 한다. 어리석은 후학들이여, 타력을 입어야 한다는 것을 들으면 마땅히 신심을 내야지 스스로의 능력에 집착하지 말라.

【講說】
여기서는 앞 단원의 내용을 보충하여 설명한 것으로 속히 깨달

---

886) 48원 가운데 제22 必至補處願이다.(쯔보이 순애이 著 이태원 譯『정토삼부경개설』p.177)

음을 얻을 수 있는 원인이 무엇인가에 대한 설이다. 즉 속히 깨달음을 얻을 수 있는 것은 앞에서 이야기한 오념문의 수행이지만, 이 수행에는 아미타불의 불가사의한 본원의 힘이 내포되어 있어 가능한 것이다. 이 불가사의한 본원을 단적으로 표현한 것은 본문에 "그런데 진실로 그 근본을 찾으면 아미타여래가 증상연이 된다."이다. 즉 불가사의한 본원력은 증상연으로 사람들로 하여금 속히 보리를 이루게 할 수 있는 힘이다.

이 증상연이 되는 수행은 오념문인데 이 오념문 가운데는 정토에 왕생을 원하는 수행과 왕생하여 무생법인을 얻는 자리의 행이 있고, 이 자리를 가지고 중생을 구제하기 위해 행하는 이타가 있다. 이 자리와 이타의 행을 완성하므로 인해 속히 깨달음을 얻어 부처가 되지만, 이렇게 속히 깨달음을 얻을 수 있는 근본 원인은 아미타불의 본원력이 작용하고 있기 때문이다. 그러기에 이 본원력의 작용이 증상연이 되는 것이다.

담란은 증상연이 되는 이유를 48원 가운데 제18 염불왕생원(念佛往生願)과 제11 주정정취원(住正定聚願), 그리고 제22 필지보처원(必至補處願) 세 가지를 예로 들어 설명하였다. 즉 18원에서 열 번만 아미타불을 염하면 정토에 왕생하여 다시는 삼계에 윤회하는 것을 끊는 것은 자력이 아니고 아미타불의 힘에 의한 것이며, 11원에서 정토에 태어나면 어떤 사람이든 정정취에 머물러 반드시 열반을 성취하고, 이 열반을 성취하기 때문에 윤회의 세계에 빠질 우려가 없는 것 역시 아미타불의 힘이다. 그리고 22원에서 정토의 보살들은 다음 생에는 반드시 부처가 되는 일생보처의 지위에 오르게 되는 것은 자기의 힘이 아니고 아미타불의 힘에 의해 되기 때문에 이것 역시 타력으로 증상연이라는 것이다.

다른 수행법에서는 성불하기까지의 단계를 10신(信)·10주(住)·10행(行)·10회향(廻向)·10지(地)·등각(等覺)·묘각(妙覺) 등을 거쳐 부처가 되는 52위(位)의 보살 수행법을 말하고 있고, 또 범부에서 성문, 성문에서 연각, 연각에서 보살, 보살에서 부처가 되는 등 여러 단계의 수행을 말하고 있다. 이 한 단계를 오르는데 많은 세월 동안 수행해 공덕을 쌓아야 한다. 그리고 이 수행하는 도중에 잘못하면 다시 뒤로 물러나는 수가 있어 성불로 가기는 수많은 어려운 일이 따른다. 그렇지만 정토교에서는 지극한 마음으로 열 번만 염불하면 염불한 공덕에 의해 정토에 왕생할 수 있고, 또 정토에 왕생하기만 하면 열반을 성취하고 일생보처의 지위에 오른다. 이렇게 쉽게 오를 수 있는 것은 아미타불의 불가사의한 본원의 힘에서 비롯된 것으로 이것을 증상연이라 한다. 그래서 담란은 본문에서 "어리석은 후학들이여, 타력을 입어야 한다는 것을 들으면 마땅히 신심을 내야지 스스로의 능력에 집착하지 말라."고 당부하였을 것이다. 이것은 자력만을 의지하여 윤회하는 고통을 받아 언제 열반을 성취하여 성불할지 모르는 길을 걷지 말고, 아미타불의 본원력을 입어 하루 빨리 윤회의 고통에서 벗어나는 타력을 의지하여 부처가 되어 중생을 제도하라는 것이다.

다음 본문에는 '타리(他利)와 이타(利他)'에 대한 설명이 있다. 이를 담란은 부처님 쪽에서 보면 이타고, 중생 쪽에서 보면 타리라고 하였다. 이 의미는 모든 것을 완전히 구비한 부처님께서는 다른 중생들에게 이익을 주기 때문에 다른 사람을 이익되게 한다는 뜻에서 이타라 하고, 중생들 쪽에서 보면 부처님이 베푸신 이익을 입기 때문에 다른 이의 이익을 받는다는 뜻에서 타리라고 하지 않았나 본다.

제4절 결론

論 : 無量壽修多羅優婆提舍願生偈 略解義竟
論註 : 經始稱如是 彰信爲能入 末言奉行 表服膺事己 論初歸禮 明宗旨有由 終云義竟示所詮理畢 述作人殊於玆成例

논 : 무량수경 우바제사 원생게의 의미를 간략히 해석하여 마친다.

논주 : 경의 서문에 '이와 같이'란 믿음이 능히 깨달음에 들어가는 것을 나타낸 것이고, 마지막에 '받들어 행한다'는 것은 부처님의 가르침을 가슴속 깊이 받들어 행한다는 것이다.

논의 서두에 귀명(歸命), 또는 예배라고 주장하는 취지에는 연유가 있음을 밝힌 것이고,[887] 마지막에 '의미를 해석하여 마친다.'고 말한 것은 설명할 것을 모두 하고 마친 것을 보인 것이다. 말하고 저술하는 사람이 달라도 여기에 예를 든 것이다.

【講說】

본문에서 "말하고 저술하는 사람이 달라도 여기에 예를 든 것이다."란 의미는 경전 서두에서 '여시(如是)'라 하고, 마지막에 '봉행(奉行)'이라 하는 것과 천친보살이 이 논 서문에서 '귀례(歸禮)'라

---

[887] 이 논 서두에 제1 게송에 "世尊我一心 歸命盡十方 無礙光如來" 가운데 귀명에는 반드시 믿음이 수반되어야 하는 이유를 밝힌다는 것이다.

하고 마지막 '의경(義竟)'이라 한 것은 글은 달라도 뜻은 같다는 것이다.

그럼 경전에서 처음 시작할 때 왜 '여시아문(如是我聞)'이라 하고 마지막에 '신수봉행(信受奉行)'이라고 했는지 생각해 보자. 부처님이 말씀하신 경과 율은 부처님이 생존하실 때는 결집되지 않았고, 열반하신 후 제1결집 당시에 편찬되었다. 그렇기 때문에 누군가가 석존께서 하신 말씀을 이야기하지 않으면 안 되었다. 다시 말하면 '내가 들은 바로는 석존께서 이와 같이 말씀하셨습니다'고 한 후 대중들의 동의를 받아야 했다. 이것이 바로 '여시아문(如是我聞)'이다. 우리가 잘 아는 바와 같이 경은 아난 존자가 들은 것을 외워 결집한 것이고, 율은 우바리 존자가 들은 것을 송출(誦出)하여 결집한 것이다. 아난 존자는 싯달다 태자가 아침에 샛별을 보고 마음을 깨쳐 부처가 될 때 태어났기 때문에 아난이라고 이름했는데, 이것을 한문으로 번역하면 '경희(慶喜)' 즉 '경사스럽고 기쁘다'라는 의미가 있다. 아난은 20세에 출가하였으므로 출가 이전의 법을 듣지 못했고, 때문에 부처님께서는 그를 위해 20년 동안 설법하신 내용을 다시 일러주었다고 한다. 아난 존자는 한번 들으면 무엇이나 다 기억하는 좋은 기억력과 지혜를 가지고 있어 다문제일(多聞第一)이라 한다.

이 아난 존자가 부처님 열반하실 때 '경전 첫 머리에 무슨 말을 해야 하겠습니까?'하니, 부처님께서 '여시아문'이라고 해야 한다고 하여 어떤 경이든지 맨 처음은 '여시아문'으로 되어 있다. 이는 '나는 이렇게 들었다.' 또는 '내가 들은 대로 결집한다.'는 것으로 이는 아난 존자 마음대로 지어 결집한 것이 아니고 석존께서 말씀하신 그대로라는 의미가 내포되어 있다. 즉 부처님께서 이와 같이 설하신 것이지 나의 뜻이나 견해를 하나도 붙이지 않고 그대로를 외어냈다는 것은 경전 모두 부처님이 직접 설하셨다는 것을 강조한 것이다. 여기에는 부처님 말씀을 그대로 전한다는 절대신앙을 나타내기 때문에 경전에 대한 믿음이 있을 수밖에 없어 이것을 '신성취(信成就)'라 한다.

다음 '신수봉행'이란 경전 처음부터 마지막까지 부처님께서 설하신 진리의 내용을 믿고 받들어 행하겠다는 듣는 사람의 굳은 신념을 표현한 것이다. 사실 아무리 좋은 진리의 말씀이라도 듣고 행하지 않으면 인생에 아무런 도움이 되지 못한다. 그러므로 경전을 보거나 듣는 사람의 마음 자세가 중요하지 않을 수 없다.

다음으로 이 논 처음에 "세존이시여! 저는 일심으로 모든 시방에 장애가 없는 광명을 가진 여래에게 귀의하옵고"라고 하는 가운데, '귀례(歸禮)'와 "의미를 간략히 해석하여 마친다."는 '의경(義竟)'이 경전에서 말한 '여시'와 '봉행'과 어떤 관계가 있는지 알아보자. 부처님께 귀의하는 예배에는 공경하는 마음 없이는 안 되고, 공경하는 마음이 우러나기 위해서는 상대방과 상대가 설한 진리를 진실하게 믿는 믿음이 없으면 안 되기 때문에, 경전에서 말한 '여시'가 '신성취'가 되듯이 믿음을 근본을 하고 있다.

그리고 논에서 이상으로 간략히 뜻을 해석하고 마친다는 '의경(義竟)'을 담란이 경의 '봉행'과 대비한 것은 아주 깊은 의미가 있다. 즉 지금까지 이야기한 이 논을 보는 사람과 듣는 사람으로 하여금 왕생행인 오념문을 실천하지 않으면 안 되고, 또 실천하여 타력의 본원력을 입지 않으면 한없는 세월동안 윤회하는 고통을 받는다는 경각심을 불러일으켜 이 논에서 강조한 수행을 실천하기를 간절히 바라는 마음에서 대비하여 논의 '의경(義竟)'과 경의

'봉행(奉行)'이 같다고 했지 않나 생각된다.

　필자가 이 논의 총체적인 결론을 내리면 다음과 같다. 천친보살이 유식의 유(有)에 근본을 두고 저술한 논에 대해 담란이 사론(四論)의 학자로 용수·구마라집·승조로 이어진 '공관(空觀)'사상의 영향을 받아 공관적인 기초 위에서 유(有)의 이 논을 주석한 것은 대단한 발상이라 하지 않을 수 없다. 그리고 이러한 것은 공사상(空思想)과 노장사상(老莊思想)을 중시하는 중국 사람들에게 쉽게 전파될 수 있는 계기가 되었다고 본다. 이런 점에서 볼 때 중국 정토사에서 담란의 업적은 지대하다고 하지 않을 수 없다.

　또 담란의 정토사상은 천친의 『왕생론』에 설해져 있는 오념문의 행을 계승함에 있어 그 근본 의도는 정토의 3엄(嚴)29종(種)의 공덕장엄을 경계로 하는 지관중심(止觀中心)의 한 차원 높은 보살도로 전환시켰다. 그리고 『무량수경』과 『관무량수경』에 설해진 십념염불과 용수의 이행품(易行品)에서 밝혀진 이행도(易行道)의 신방편(信方便)인 부처님을 염하고 명호를 부르는 사상을 받아서 자기 나름대로 정토와 염불의 개념을 새롭게 전개하여 중국인들에게 피력한 것은 그의 지대한 업적이다. 이러한 업적이 있었기 때문에 중국, 한국, 일본 등에서 정토와 염불에 대한 관심도가 높이 형성되었다[888]고 생각되어 다시 한번 담란대사에게 지극한 마음으로 두 손 모아 합장하여 존경의 예를 드리는 바이다.

無量壽經優婆提舍願生偈註卷下

---

888) 졸저 『염불의 원류와 전개사』 pp.321~322.

참고문헌

...... 《경전》 ......

『고음성왕다라니경』 (대정장 12권)
『관무량수경』 (대정장 12권)
『관정경』 (대정장 21권)
『금강경』 (대정장 8권)
『나마경』 (대정장 1권)
『대반야경』 (대정장 7권)
『대반열반경』 (대정장 12권)
『대보적경』 (대정장 11권)
『대아미타경』 (대정장 12권)
『대집경』 (대정장 13권)
『도지경』 (대정장 15권)
『도행반야경』 (대정장 8권)
『마하반야바라밀경』 (대정장 8권)
『무량수경』 (대정장 12권)
『미린다왕문경』 (대정장 32권)
『반주삼매경』 (대정장 13권)
『방광반야경』 (대정장 8권)
『범망경』 (대정장 24권)
『법구비유경』 (대정장 4권)
『법집경』 (대정장 17권)

490 참고문헌

『법집요송경』(대정장 4권)
『법화경』(대정장 9권)
『보살선계경』(대정장 30권)
『보살영락본업경』(대정장 24권)
『보운경』(대정장 16권)
『부증불감경』(대정장 16권)
『불본행집경』(대정장 3권)
『비니모경』(대정장 24권)
『사익범천소문경』(대정장 15권)
『수능엄삼매경』(대정장 15권)
『십송율』(대정장 23권)
『아미타경』(대정장 12권)
『열반경』(대정장 1권)
『유마힐소설경』(대정장 14권)
『유일난경』(대정장 17권)
『장엄경』(대정장 12권)
『좌선삼매경』(대정장 15권)
『증일아함경』(대정장 2권 p.826c)
『평등각경』(대정장 12권)
『화엄경』(대정장 9권)

······《인도찬술》······

법구『잡아비담심론』(대정장 28권)
용수『대지도론』(대정장 25권)
용수『십이문론』(대정장 30권)
용수『십주비바사론』(대정장 26권)
용수『중론』(대정장 30권)

천친 『무량수경우바제사』 (대정장 26권)
천친 『불성론』 (대정장 31권)
천친 『섭대승론석』 (대정장 31권)
천친 『십지경론』 (대정장 26권)

······《중국찬술》······

迦才 『정토론』 (대정장 제47권)
계주 『정토왕생전』 (대정장 제51권)
窺基 『法華玄贊』 (대정장 34권)
길장 『法華義疏』 (대정장 34권)
담란 『찬아미타불게』 (대정장 47권)
도선 『속고승전』 (대정장 제50권)
보도 『여산연종보감』 (대정장 제47권)
선도 『관경소』 (대정장 37권)
선도 『관념법문』 (대정장 제47권)
소강·문심 『왕생서방정토서응전』 (대정장 제51권)
승조 『주유마경』 (대정장 38권)
승조 『조론』 (대정장 45권)
왕일휴 『용서증광정토문』 (대정장 제47권)
종효 『낙방문류』 (대정장 제47권)
지경 『불조통기』 (대정장 제47권)
진제 『바수반두법사전』 (대정장 제50권)
혜능 『六祖大師法寶檀經』 (대정장 48권)
慧皎 『고승전』 (대정장 50권)
惠沼 『성유식논요의등』 (대정장 제43권)
현장 『대당서역기』 (대정장 51권)
『孟子』 盡心篇

老子『도덕경』
葛洪 저『抱朴子』
『장자』人間世篇・逍遙遊
『열이전』
『논어』衛靈公篇・季氏篇
『爾雅・釋天』
『吳越春秋』
『呂氏春秋』
『前漢書』

…… 《한국찬술》 ……

김용옥『삼국유사인득』
안진호 편『석문의범』
야운비구『자경문』
원효『무량수경종요』(대정장 37권)
원효『아미타경소』(대정장 37권)
윤호진『無我 輪廻問題의 硏究』
이태원『염불의 원류와 전개사』
이태원 편『법요집』보국사 출판
이영무 역해『유마경강설』
일연『삼국유사』
최진석『노자의 목소리로 듣는 도덕경』
『한한대사전』민중서림 출판
『불교학대사전』보련각 출판

…… 《일본찬술》 ……

가가와다까오『淨土敎の成立史的硏究』

나까므라 하지매 『佛教語大辭典』
나까무라 하지매 역 『정토삼부경』 상권
모찌즈끼 신꼬 『불교대사전』
모치쯔끼 신코 저, 이태원 역 『中國淨土敎理史』
미꼬가미에류 『往生論註解說』
야마구치 수수무 『世親の淨土論』
우이하꾸쥬 『인도철학사』
쯔카모도젠류 『中國淨土教史研究』
쯔보이 순애이 저, 이태원 역 『정토삼부경개설』
토도교순 『無量壽經論註の研究』 p.8
하야시마꾜쇼·오오타니코씬 저 『淨土論註』(『佛敎講座』제22권)
후지하라 료세쯔 『念佛思想の硏究』

…… 《논문》 ……
다께우찌 쇼꼬 「龍樹-中觀思想と菩薩道」『淨土佛敎の思想』
다께우치 쇼코 「世親—唯識思想と淨土敎—」『淨土佛敎の思想』
시가라끼또시마로 「曇鸞敎學における信の考察」(『曇鸞敎學の研究』眞宗學論叢 제1호)
이태원 「淨土敎判說에 대한 一考察」(伽山 李智冠스님 華甲紀念論叢 『韓國佛敎文化思想史』 하권
이태원 「정토사상에 나타난 장엄」(중앙승가대학교 『논문집』 제3집)

찾아보기

a-mala 97
abhidharma 38
adhipati-pratyaya 125
adhiṣṭhāna 388
ālambana-pratyaya 125
alamkara 97
Amitābha(無量光) 42
Amitāyus(無量壽) 42
anulomayati 88
anusārin 445
anuttara-samyak-saṁbodhi 476
arhat 272
ātman 60
bandhu 45
bhaga 55
Bhagavat 55
bhāvanā 281
bodhi 440
bodhi-sattva 47
brahman 60
citta-karmaṇyatā 430
dharma-cakra 202
dharma-dhātu 190

eca-citta 258
eka-dharma-pada 420
eka-dharmasya-padaḥ 420
eka-kṣaṇa 258
gata 272
gāthā 44
hetu-pratyaya 125
karuṇā 112
kṣānti 312
maitrī 112
mala-viśuddhi 97
mitra 112
mātṛkā 38
māyā(幻) 60
namas 59
nirvāna 394
Nāgarjuna 100
parlṇāma 232
pañca-kaṣāya 28
prajāpati(造物主) 60
prajña 450
prasāda 393
samanantara-pratyaya 125

Śamatha　286
samtaksaṁbuddha　273, 274
santi　440
Śarīra　303
Śaraṇaṃ　59
sattva　48
saṃsāra　75
sukhāvati　159
sūtra　42
tathā　272
tathāgata　272
upāya　434
upāya-kauśalya　434
Vasu　45
vat　55
vipaśyanā　95
viūha　97
yathā-bhūtam　405
yoga　281
yogakkhema　440

……（ㄱ）……

가라구라　310
가명(假名)　20
가명인(假名人)　71
가아(假我)　60
가재(迦才)　13
가전린다(迦旃隣陀)　127
가지(加持)　388
감로관정(甘露灌頂)　324
강북　164
거가리　206, 210
겁탁　28
게(偈)　44
격의불교(格義佛敎)　80
견불증상연(見佛增上緣)　126
견숙가보　181
견탁　28
결정심(決定心)　281
결정종성(決定種性)　168
경기(慶忌)　388
계경(契經)　42
계주　13
고기송(孤起頌)　44
골상(骨想)　291
공(空)　288, 323
공관사상(空觀思想)　72
공구여의원(供具如意願)　351
공보(共報)의 용(用)　424
공사상(空思想)　14
공양제불원(供養諸佛願)　351
공자　34
공처천　93

관(觀) 288
『관념법문』 126
관불삼매(觀佛三昧) 333
관세음 213
관음보살 369
관일이문론(觀一異門論)』 71
관정(灌頂) 425
관행체상(觀行體相) 264
광명공덕(光明功德) 335
광명지상(光明智相) 465
광보(廣普) 37
괴란상(壞爛想) 291
교방편(巧方便) 434
교시가 163
구담 193
구상(九相) 288, 290
구업(口業) 193
구업공덕(口業功德) 371
9품 347
국기(國紀) 35
국사(國史) 34
권가(權假) 253
권속공덕(眷屬功德) 341
권속장수원(眷屬長壽願) 345, 351
귀명(歸命) 59, 63
귀의(歸依) 59
근문(近門) 461
근본무분별지(根本無分別智) 378

근연(近緣) 125
『금강경』 471
『금강반야경』 15
금강석 181
금산(金山) 122
기관생신(起觀生信) 264
기세간(器世間) 90
길장(吉藏) 14

…… (ㄴ) ……

나망(羅網) 134, 329
나찰(羅刹) 148
『낙방문류』 13
난생(卵生) 94
난행도 18
내락(內樂) 457
네 가지 전도 453
노자 435
노장사상(老莊思想) 19
『논어』 19
논의(論議) 35
논의경(論議經) 35
농란상(膿爛想) 291
농서(壟西) 164
『능엄경』 251
능위(能爲) 355

······ (ㄷ) ······

다라니 278
다섯 가지 악 453
대룡(Mahānāga) 25
『대반열반경』 17, 20, 303
『대방등대집경』 17
『대보적경』 20
대세지보살 213, 369
대승론(大乘論) 67
대승의 문 444
『대승파유론』 26
대엄사 15
대의(大義) 161
대의문공덕(大義門功德) 347
대적멸 396
대중공덕(大衆功德) 382
『대지도론』 14, 17, 18, 149, 244
『대집경』 20, 218
대회중문(大會衆門) 461
도(amata-pada) 440
도교 18
『도덕경』 435
도선 13, 305
도솔타천(兜率陀天) 123
도안 81
도은거 17
도작 26

도종성(道種性) 111
『도행반야경』 379
득변재원(得辯才願) 227
등각(等覺) 225
등각성(等覺性) 111
등무간연(等無間緣) 125
등통(鄧通) 388

······ (ㅁ) ······

마니여의보 298
마니주 181
『마하반야바라밀경』 146
『마하연론』 162
만다라 140
말법시대 26
말후(末後)의 몸 180
맹모삼천(孟母三遷) 254
멸제약(滅除藥) 251, 279
멸죄증상연(滅罪增上緣) 126
명심보리(明心菩提) 47
명의(名義) 465
명의섭대(名義攝對) 265, 450
명탁 28
묘각성(妙覺性) 111
묘색공덕(妙色功德) 316
묘성공덕(妙聲功德) 336
묘유(妙有) 356

무간(無間) 259
무간심(無間心) 252
무구(無垢) 97
무구륜(無垢輪) 406
무량광(amita-ābha) 33
무량수(amita-āyus) 33
무력증상연(無力增上緣) 125
무루업(無漏業) 197
무분별지(無分別知) 379
무불시대(無佛時代) 26, 238
무상(無相) 72
무상대보(無上大寶) 210
무상보리(無上菩提) 47, 340
무상선근(無相善根) 29
무상장엄(無相莊嚴) 97
무상정변지(無上正遍知) 476
무색계 93
무생(無生)의 생(生) 355
무생무멸(無生無滅) 20
무생법인(無生法忍) 307, 324
무소 165
무소유처천 93
무아(無我) 288, 323
무아설(無我說) 60, 75
무아이론(無我理論) 75
무애(無碍) 20
무애(無礙) 324
무여공양(無餘供養) 411

무연(無緣) 113
무외(無畏) 323
무위(無爲) 213, 355, 420
무위법신(無爲法身) 107, 421
무위자연사상(無爲自然思想) 80
무장심(無障心) 450, 460
무정장엄(無情莊嚴) 320
무제공양공덕(無除供養功德) 410
무지(無知) 381, 475
무지(無知)의 지(知) 378
무후심(無後心) 252
문명사상(聞名思想) 146, 338
문법사상(聞法思想) 146
문수보살 408
문심 13
미득정심(未得淨心) 392
『미린다왕문경』 79
미얀마 304
미증정심(未證淨心) 393
미증정심보살(未證淨心菩薩) 289
민수(澠水) 348

······ (ㅂ) ······

바라문교학 25
바수반두보살 34
반야 449, 450
「반야무지론(般若無知論)」 379

반야바라밀 278
반주삼매(般舟三昧) 333
『반주삼매경』 146
반창상(胖脹想) 291
발보리심(發心菩提) 47
『방광반야경』 379
방장(方丈) 102
방편 449
방편문 447
방편법신(方便法身) 417
방편심(方便心) 450, 460
방편지업(方便智業) 459
『백론』 14, 17
백장(百丈) 398
번뇌 406
번뇌탁 28
범마니보 181
『범망경』 467
범음(梵音) 144
범천(梵天) 144
범행(梵行) 144
법계 186, 190
법계신(法界身) 191
법계진여(法界眞如) 468
법구(法句) 417
법락(法樂) 455, 457
법사품 313
법상(法相) 35

법설(法說) 37
법성 84, 106
법성법신(法性法身) 417
법신사리(法身舍利) 303
법연(法緣) 30, 113
법의(法義) 37
『법화경』 20, 154, 162, 214, 313, 327
법흥사 305
베다(Veda) 25
별보(別報)의 체(體) 424
별상 257
별상관(別相觀) 362
보당(寶幢) 181, 469
보도 13
보리 440
보리살타 47
보리유지(Bodhiruci) 14, 17, 168, 286
보문품 214
보살마하살도 251
보살승(菩薩僧) 162
『보살영락본업경』 20
보생삼매(報生三昧) 391
보왕여래성기(寶王如來性起) 106
『보장론』 379
보지공덕(寶地功德) 135
보처(補處) 214

보현보살 94, 397
복심보리(伏心菩提) 47
본원(pūrva-praṇidhāna) 100
본원력 94
본처 406
봉정암 305
부동응화(不動應化) 219
부동응화공덕(不動應化功德) 405
부정관 291
부정근성(不定根性) 168
『부증불감경』 20, 177
분별지(分別知) 379
분주북산(汾州北山) 14
불공(不空) 355
불공법(不共法) 323
불립삼매(佛立三昧) 333
『불본행집경』 305
불사(不死) 440
불사의변신(不思議變身) 394
불선업(不善業) 197
불성(佛性) 14
불이법문(不二法門) 477
불일불이(不一不異) 75
『불조통기』 13
불치사(佛齒寺) 304
불허작주지공덕(不虛作住持功德) 387
『비니모경』 445

비상비비상처천 93
비수갈마(毘首羯磨) 119
비유정장엄(非有情莊嚴) 97
비파사나 288, 429

······ (ㅅ) ······

사견어(邪見語) 55
4대(大) 320
사론(四論) 14, 18
사론종 14
사리 303
사리불 206
사마타 285, 429
4선천 93
사위국 32, 65
사천하 92
산서성 13
산자야 185
삼계 90, 92
삼계교 28
삼공(三空) 355
『삼국유사』 304
삼매 153
삼배(三輩) 433
3선천 93
삼십삼천(三十三天) 123
32상 186

삼유(三有)　122, 252, 355
삼장　84
삼천대천세계　66
삼학　303
상법(上法)　197
상법(像法)　28, 54
상법시대　238
상상법(上上法)　197
상선(上善)　413
상속심(相續心)　281
상수(上首)　204
상수공덕(上首功德)　384
상수자(上首者)　402
상원사　305
상응　35
상지보살(上地菩薩)　289
상행삼매(常行三昧)　333
색계　92
생즉무생(生卽無生)　20
『서경(西經)』　37
서분(序分)　40
석가모니　32
석가비능가(釋迦毘楞伽)　181, 468
석도안　17
『석문의범』　294
석벽(石壁)　14
『선경(仙經)』　14
『선경』　18

선교방편(善巧方便)　435
선교섭화(善巧攝化)　265
선도　26
선랍(禪臘)　261
선삼매(禪三昧)　343
선성(善星)　210
선정　153
선지식　236
『선택집』　30
설의(說義)　37
섭생증상연(攝生增上緣)　126
성공덕(性功德)　310
성도문(聖道門)　30
성문　23
성문론(聲聞論)　67
성문승(聲聞僧)　162
성심(聖心)　475
성조　313
성종성(聖種性)　106, 110
성종성(性種性)　111
성지(聖智)　381, 475
세 가지 복　237
세 가지 일　275
세간　247
세존(世尊)　53, 55
소강　13
소상(燒想)　291
소연연(所緣緣)　125

『속고승전』 13, 18
쇄신사리(碎身舍利) 303
수공덕(水功德) 322
『수능엄경』 20
수능엄삼매 251
『수능엄삼매경』 255
수다라 83, 84
수명무량원(壽命無量願) 344
수미산 122, 204
수사발심(隨事發心) 56
수순(隨順) 443, 445
수용공덕(受用功德) 343
수청주 112
순보리문(順菩提門) 265
순심(淳心) 281
순임금 213
쉐다곤 파고다 304
스리랑카 304
습기(濕氣) 53, 406
습생(濕生) 94
습종성(習種性) 111
승의제진여(勝義諦眞如) 420
승조 20, 379
승진심(勝眞心) 450, 460
승현 81
『시경(詩經)』 37
시법여불공덕(示法如佛功德) 412
식(prāṇa) 60

식처천 93
신방편 27, 30
신방편(信方便) 26
신불인연(信佛因緣) 30
신선방술적(神仙方術的) 17
신업 270
신업공덕(身業功德) 370
실상(實相) 237, 250
실상신(實相身) 277
실제(實際) 165, 396, 450
심(尋) 185
심업공덕(心業功德) 372
심지법문(心地法門) 467
심호 304
십념(十念) 236, 250, 258
십력(十力) 323
십성(十聲) 258
『십이문론』 14, 17
『십주비바사론』 22, 26, 100, 162
십주지(十住地) 198
『십지경』 396
『십지경론』 20

······ (ㅇ) ······

아(我) 55
아귀 92

아기달 205
아뇩다라삼먁삼보리 180
아뢰야연기설(阿賴耶緣起說) 80
아비대지옥 243
아비발치 22
아사세 185
아사타선인 173
아승지겁 66
악도(惡道) 236
안락정토 31
안문 13
안은(安穩) 440
애락(愛樂) 180
『약론안락정토의』 16
양공덕(量功德) 307
『업도경』 20, 249
업사성변(業事成辨) 260
여거(如去) 272
여덟 가지 어려운 몸 373
여래(tathāgata) 31, 194, 270, 272
『여산연종보감』 13
여산혜원 80
여실(如實) 280
여실수행(如實修行) 218
『여씨춘추(呂氏春秋)』 388
연심보살(軟心菩薩) 164, 228
연화장세계 467

열 가지 악 236, 453
열반(nirvāna) 440
『열반경』 305
『열이전』 149
염마천(炎摩天) 123
염부나(閻浮那) 122
염부제 299, 398
염불왕생원(念佛往生願) 483
영락(瓔珞) 123
예배 63
오념력(五念力) 267
5대 320
오대산 14
오병(五兵) 279
오수음(五受陰) 177
오역죄 235
오온아(五蘊我) 60
『오월춘추(吳越春秋)』 388
오음(五音) 137
오체투지(五體投地) 63
오탁악세 27
옥문(屋門) 461
왕사성 32, 161, 433
왕상(往相) 292
왕상회향(往相廻向) 293
『왕생론주』 16
『왕생서방정토서응전』 13
왕일휴 13

외도(外道) 23
외락(外樂) 457
요리(要離) 388
요임금 213
욕계 92
욕생심(欲生心) 147
『용서증광정토문』 13
용수(nāgārjuna) 14, 24
우공덕(雨功德) 331
우바제사(優婆提舍) 24, 43
우파니샤트 60
원게대의(願偈大義) 264
원림유희지문(園林遊戲地門) 461
원사성취(願事成就) 265
원생게(願生偈) 34
원심(願心) 416
원홍 305
원효 168, 239
월나라 127
위나라 164
위물신(爲物身) 277
유가(瑜伽) 19
유간심(有間心) 252
유공용지(有功用地) 393
유력증상연(有力增上緣) 125
유루(有漏) 250
유루심(有漏心) 84
유마거사 102

『유마경』 313
『유마힐소설경』 20
유상(有相) 72
유상장엄(有相莊嚴) 97
유순(由旬) 308
유시(酉時) 279
유연심(柔軟心) 429, 430
유정천(有頂天) 327
유지(有知) 381
유통분(流通分) 40
유포어(流布語) 55
유후심(有後心) 252
유희(遊戲) 466
6경(境) 78
6근(根) 78
6대(大) 320
육도중생 327
6바라밀 303
6식(識) 78
6욕천 92
윤회이론(輪廻理論) 75
은거(隱居) 14
응공 270, 272
응화신(應化身) 406
의상대사 305
의업(意業) 374
250유순 181
이보리장(離菩提障) 265

2선천 93
이승(二乘) 347
이제(二諦) 84
이행도 18, 27
이행만족(利行滿足) 265
인간세편(人間世篇) 189
인연(因緣) 125
인연생(因緣生) 20
인욕 312
인의예지신(仁義禮智信) 247
인천교(人天敎) 29
인행시(因行時) 33, 91
일념변지공덕(一念遍至功德) 409
『일륜노가론(壹輪盧迦論)』 26
일산 181
일생보처 397, 481
일심(一尋) 184, 186
일여(一如) 404, 449
일월등명불 154
일장(一丈) 185
일체종지 200
일출동방사적사황(日出東方乍赤乍黃) 279
임병투자개진열전행(臨兵鬪者皆陳列前行) 279
『입능가경』 15
입법구(入法句) 354

…… (ㅈ) ……

『자경문(自警文)』 254
자대어(自大語) 55
자비문 447
자아(自我) 60, 76
자안(子安) 148
자장율사 304
잡생(雜生) 342
잡선(雜善) 200
잡업(雜業) 342
장엄 32
『장엄경』 147
『장자(莊子)』 19, 189
장행(長行) 34
재결정(在決定) 250, 257
재심(在心) 250, 256
재연(在緣) 250, 256
적멸보궁 305
적멸평등(寂滅平等) 391
적습(積習) 106
적정(寂靜) 287, 323, 440
적정삼매(寂靜三昧) 465
전륜성왕 185, 299
전륜왕도(轉輪王道) 122
전신사리(全身舍利) 303
『전한서(前漢書)』 388
정경(正經) 42

정마니주(淨摩尼珠) 363, 365
정법 28, 235
정법시대 238
정변지(正遍知) 20, 188, 270, 271, 273
정변지해(正遍智海) 186
정심보살(淨心菩薩) 289, 393
정암사 305
정입원심(淨入願心) 264
정정취(正定聚) 23, 426
정종분(正宗分) 40
『정토론』 13
『정토왕생전』 13
제바 14
제바달다 185, 204, 210
제석천 163
제일의(第一義) 356
제일의제(第一義諦) 295, 353
조공 410
조나라 164
『조론』 21, 379
조림(稠林) 293
종극(宗極) 379
종종사공덕(種種事功德) 314
종효 13
좌공덕(座功德) 368
주공덕(主功德) 339, 384
주석장구경(註釋章句經) 37

주양(朱陽) 260
『주유마경』 21
『주유마힐경』 313
주정정취원(住正定聚願) 483
주지(住持) 148, 339, 388
주지락(住持樂) 434
중관사상 18
중국 144
『중론』 14, 17
중법(中法) 197
중생세간(衆生世間) 90
중생연(衆生緣) 113
중생탁 28
증상(增上) 402
증상연(增上緣) 125, 480
증상인(增上人) 360
증생증상연(證生增上緣) 126
『증일아함경』 77
지(止) 285
지경 13
지공덕(地功德) 326
지관(止觀) 95
지업(智業) 459
지옥 92
지장엄(地莊嚴) 134
지혜문 446
지혜심(智慧心) 450, 460
진신관(眞身觀) 190, 370

진실지혜(眞實智慧) 421
진실한 법신 430
진아(眞我) 60
진여 404
진여법계(眞如法界) 191
진여법성(眞如法性) 417
진흥왕 304
짐조(鴆鳥) 165

······ (ㅊ) ······

『찬아미타불게』 16, 18
찰나 258
참회 239
천친 19
천친(Vasubandhu) 45
청어상(靑瘀想) 291
청정(pariśuddha) 98
청정구 419
초나라 127
초선천 93
촉공덕(觸功德) 317
총림(叢林) 104
총상(總相) 257, 359
총상관(總相觀) 362
축생 92
출도보리(出到菩提) 47
출세간 247

출유이유(出有而有) 20
출출세선법(出出世善法) 109
충담상(蟲噉想) 291
치수(淄水) 348
친연(親緣) 125
칠보 181

······ (ㅋ) ······

카르만(karman) 77

······ (ㅌ) ······

타화자재천(他化自在天) 123
태생(胎生) 94
태화탑(太和塔) 304
택문(宅門) 461
통도사 304, 305

······ (ㅍ) ······

팔부귀신(八部鬼神) 207
80수형호 186
패괴상(敗壞想) 291
『평등각경』 20
평등법신(平等法身) 391
평요산사(平遙山寺) 13

『포박자(抱朴子)』 279
필지보처원(必至補處願) 483

회향 232
흑풍 470

······ (ㅎ) ······

하락(河洛) 164
하법(下法) 197
해시(亥時) 279
해의(解義) 264
해인삼매(海印三昧) 332
해탈(mokṣa) 78
허공공덕(虛空功德) 328
허현(虛玄) 379
현성(賢聖) 161, 247
현중사 14
혈도상(血塗想) 291
형상공덕(形相功德) 312
혜능대사 77
호견 398
호법득장명증상연(護法得長命增上緣) 126
혹지(惑智) 381
화생(化生) 152
『화엄경』 20, 106, 198, 467
화자재천(化自在天) 123
환상회향(還相廻向) 293
황곡(黃鵠) 148
황룡사 304

서주 태원西舟太元

해인사 강원 대교과 및 동국대학교 불교대학을 졸업하고, 일본 교토(京都) 불교(佛敎)대학 대학원에서 석사학위와 문학박사를 취득하였다. 해인사에서 득도(은사 李智冠)하였으며, 중앙승가대학교 교수와 총장, 복지법인 승가원 이사장, 불교방송 이사를 역임하였다. 현재는 재단법인 대한불교 조계종 대각회 이사, 보국사 회주, 해인사 염불암 회주로 있다.
저서로『정토삼부경 역해』,『念佛의 源流와 展開史』,『초기불교 교단생활』,『왕생론주 강설』,『정토의 본질과 교학발전』이 있고, 역서로『정토삼부경개설』,『중국정토교리사』,『염불, 정토에 왕생하는 길』등이 있으며, 이외 다수의 논문이 있다.

왕생론주 강설

초판 1쇄 발행 2003년 5월 30일 | **초판 3쇄 발행** 2018년 11월 1일
지은이 이태원 | 펴낸이 김시열
펴낸곳 도서출판 운주사

　　　(02832) 서울시 성북구 동소문로 67-1 성심빌딩 3층
　　　전화 (02) 926-8361 | 팩스 0505-115-8361
ISBN 978-89-5746-100-6　93220　값 25,000원
http://cafe.daum.net/unjubooks 〈다음카페: 도서출판 운주사〉